教育部中等职业教育改革创新示范教材
计算机及应用专业职业教育新课改教材

常用办公设备使用与维护

第2版

主　　编　李林孖
副 主 编　吴利华　关伟明
参　　编　刘　仁　李　洋　方　莉

机 械 工 业 出 版 社

本书是经过出版社初评、申报，由教育部专家组评审、教材遴选工作小组审定确定的首批“教育部中等职业教育改革创新示范教材”。

本书从简单实用的角度出发，采用通俗的语言，以项目的形式，结合实际工作任务，将常用办公设备的选购、安装、使用以及维护的相关知识介绍给读者。本书主要内容包括现代办公设备的基础知识、打印输出设备、复印与复制设备、影像设备以及其他常用办公设备的技术特点和使用与维护方法。

书中内容系统全面、结构清晰合理、通俗易懂、案例丰富。本书可以作为各类职业院校计算机应用技术、电子商务、广告装潢、文秘等专业的教材，也可作为社会培训机构用书及广大办公室工作人员的参考用书。本书提供PPT电子课件，教师可登录机械工业出版社教育服务网（www.cmpedu.com）以教师身份免费注册后下载或联系编辑（010-88379194）咨询。本书还配有视频，读者可扫描书中的二维码在线观看。

图书在版编目（CIP）数据

常用办公设备使用与维护/李林孖主编．—2版．—北京：机械工业出版社，2019.2（2024.6重印）

教育部中等职业教育改革创新示范教材

计算机及应用专业职业教育新课改教材

ISBN 978-7-111-61716-7

Ⅰ．①常… Ⅱ．①李… Ⅲ．①办公设备—使用方法—中等专业学校—教材 ②办公设备—维修—中等专业学校—教材 Ⅳ．①C931.4

中国版本图书馆CIP数据核字（2019）第001898号

机械工业出版社（北京市百万庄大街22号 邮政编码100037）

策划编辑：梁 伟 责任编辑：梁 伟 王 荣

责任校对：佟瑞鑫 封面设计：鞠 杨

责任印制：郜 敏

北京富资园科技发展有限公司印刷

2024年6月第2版第11次印刷

184mm×260mm・20.75印张・480千字

标准书号：ISBN 978-7-111-61716-7

定价：55.00元

电话服务

客服电话：010-88361066

010-88379833

010-68326294

网络服务

机 工 官 网：www.cmpbook.com

机 工 官 博：weibo.com/cmp1952

金 书 网：www.golden-book.com

机工教育服务网：www.cmpedu.com

第2版前言

现代办公设备的应用已深入到社会各个领域，在日常办公活动中学会使用办公设备，并能处理设备使用过程中的一些简单故障，已成为职业院校学生，特别是计算机相关专业、电子商务、广告装潢、文秘专业学生从业能力的基本要求。通过学习，学生可以掌握日常办公活动中经常使用的办公设备，提高实际工作能力，适应信息社会发展的需要，使学生在毕业后，能尽快具备现代办公的意识和能力，增加就业机会和竞争力。

本书第1版自2011年问世以来，深受各方好评，2012年被教育部确立为首批“教育部中等职业教育改革创新示范教材”。近年来，承蒙广大职业院校教师与学生的厚爱，该书已经连续印刷多次。虽然取得了一定成绩，但也存在一些不足。

随着信息技术的迅速发展，日常办公设备的规格、型号不断更新，第1版书中所述设备的规格型号已经不能适应社会的需求，同时职业院校人才培养方面也提出了更高的要求，进一步强调对学生实践技能的培养与训练。因此，内容的适时更新与不断完善势在必行。本次修订始终本着“实用、管用、够用”的原则，在尽量保持原有教材的“原版特色和内容体系”不变的前提下，在培养学生实践技能训练等方面进行更新和充实。修订的主要内容有以下几个方面：

1）在文档编辑方面，针对第1版中有关排版、编辑、内容等方面存在的纰漏和差错进行更正。通过修订，力求做到概念准确、表述正确、数字精确。

2）在结构编排方面，第1版中每个项目分为4个任务，分别为认识和选购、安装、使用和维护，在每个任务中又包括任务情境、任务分析、任务实施、知识扩展和触类旁通共5部分内容；在本书中，依然延续第1版中每个项目含有4个任务的体例，但每个任务的内容变为任务情境、任务分析、任务实施、任务扩展4部分内容，新增加的任务扩展内容主要考查学生对此类设备的选购和认识，强化学生实践技能的训练与培养。

3）在内容选择方面，将第1版中“知识拓展”和“触类旁通”等内容融入到本书各个项目任务中，以“知识储备”“温馨提示”“经验分享”等形式呈现，使其对学生的学习更具有针对性。

4）在设备型号选取方面，由于办公设备应用领域新技术、新产品层出不穷，设备型号不断更新，第1版所选择的设备型号在本书中绝大多数进行了更新，将市场占有率比较高、型号比较新的设备作为本书所选用的型号进行讲解。

5）在内容更改方面，第1版中“项目领域9”内容讲授“视频展示仪”，在本书中更改为“高拍仪”，以新型展示设备呈现。

6）在操作系统选择方面，第1版中设备使用环境为Windows XP操作系统，随着主流操作系统的改变，在本书中设备使用环境更改为Windows 7操作系统，与时俱进。

7）在内容呈现方面，第1版中没有配置教学视频，而在本书中针对教学重点、难点配置了大量的微课视频，通过扫描书中的二维码可以在线观看，方便读者学习，也可作为教师授课的素材使用。

本书从实际操作入手，以任务驱动方式，突出实际应用，通过具体任务讲解使读者了解常用办公设备的基础知识，掌握设备的选购、安装、使用、故障的维护及设备保养等相关知识。在编写过程中，力求使用最新的资料，尽量做到简洁明了，通俗易懂，步骤清晰。

本书共14个部分，导学简述现代办公设备的主要功能、类别、发展趋势以及办公设备使用的相关要求；项目领域1～3介绍各种打印输出设备，包括针式打印机、喷墨打印机、激光打印机等设备的技术特点及使用与维护方法；项目领域4～8介绍复印与复制设备，包括复印机、一体化速印机、扫描仪、传真机、多功能一体机等设备的技术特点及使用与维护方法；项目领域9～12介绍影像设备，包括投影机、高拍仪、数字照相机、数字摄像机等设备的技术特点及使用与维护方法；项目领域13介绍其他常用办公设备，包括光盘刻录机、移动存储设备、数字摄像头、碎纸机等设备的技术特点及使用与维护方法。

本书由李林孖任主编，吴利华和关伟明任副主编，参加编写的还有刘仁、李洋和方莉。其中，项目领域1、项目领域4及项目领域8由李林孖编写，导学及项目领域6由吴利华编写，项目领域11及项目领域12由关伟明编写，项目领域2、项目领域5及项目领域7由刘仁编写，项目领域10及项目领域13由李洋编写，项目领域3及项目领域9由方莉编写。全书由李林孖负责统稿。

由于编者水平有限，书中难免有疏漏和不妥之处，敬请读者和专家给予批评指正。

编　者

第1版前言

本书是经过出版社初评、申报，由教育部专家组评审、教材遴选工作小组审定确定的教育部首批“教育部中等职业教育改革创新示范教材”。

随着科学技术的飞速发展，现代办公设备的应用已深入到社会各个领域。因此，在日常办公活动中学会使用办公设备，并能处理设备使用过程中的一些简单故障，已成为职业院校学生，特别是计算机相关专业、文秘专业毕业生工作能力的基本要求。通过学习，学生可以掌握日常办公活动中经常使用的办公设备，提高实际工作能力，适应信息社会发展的需要，使学生在毕业后，能尽快具备现代办公的意识和能力，增加就业机会和竞争力。

本书从实际操作入手，以任务驱动方式，突出实际应用，通过具体任务讲解使读者了解常用办公设备的基础知识，掌握设备的选购、安装、使用、故障的维护及设备保养等相关知识。在编写过程中，力求使用最新的资料，尽量做到简洁明了、通俗易懂、步骤清晰。本书适合职业院校计算机相关专业、文秘专业学生学习，也可供办公人员使用。

本书共14个部分，导学简述现代办公设备的主要功能、类别、发展趋势以及办公设备使用的相关要求；项目领域1～3，介绍各种打印输出设备，包括针式打印机、喷墨打印机、激光打印机等设备的技术特点及使用与维护方法；项目领域4～8，介绍复印与复制设备，包括复印机、一体化速印机、扫描仪、传真机、多功能一体机等设备的技术特点及使用与维护方法；项目领域9～12，介绍影像设备，包括投影机、视频展示仪、数字摄像机、数字照相机等设备的技术特点及使用与维护方法；项目领域13，介绍其他常用办公设备，包括刻录机、数字摄像头、移动存储设备、碎纸机等设备的技术特点及使用与维护方法。

本书配有教师授课电子课件，可登录机械工业出版社教材服务网www.cmpedu.com以教师身份免费注册并下载，或联系编辑（010-88379194）。

本书由李林孖任主编。其中，其中项目领域1、项目领域2、项目领域4、项目领域5及项目领域7由李林孖编写，项目领域3、项目领域8、第项目领域9及项目领域13由吴利华编写，项目领域11及项目领域12由关伟明编写，项目领域6由刘仁编写，项目领域10由李洋编写，导学由闫明编写。全书由李林孖负责统稿。

本书是编者根据多年的实际教学经验编写而成，由于现代办公设备发展非常迅速，加之作者水平有限，书中难免有疏漏和不妥之处，敬请读者和专家给予批评指正。

编　者

二维码索引

序号	视频名称	图形	页码	序号	视频名称	图形	页码
31	刻录机的使用		303	34	碎纸机选购		319
32	移动存储设备选购		307	35	碎纸机使用		319
33	移动硬盘分区操作		311				

目　　录

导　　学

职业能力目标

1）能够了解办公设备分类及发展趋势。

2）能依据性价比了解常用办公设备选购。

3）能依据设备特性了解常用办公设备的使用环境及安装要求。

4）能依据故障现象了解办公设备的故障原因。

现代办公是将计算机技术、通信技术、系统科学和行为科学与各种办公设备有机地结合起来，通过办公人员的操作，能高效地综合处理各种办公信息的一项综合性的工作方式。

职 业 应 用

伴随着办公自动化技术的进步和办公室工作细化的需求，办公自动化对设备的要求不断提升，各类新型办公设备产品层出不穷，更新换代速度越来越快。大多数办公设备属于以机电为基础的耐用设备，在各类办公室中不同类型的设备同时服务于办公的现象比较常见。

一、办公设备的应用领域

办公设备的应用领域非常广泛，已经渗透到人们工作、学习、生活的各个方面。目前，办公设备主要应用领域有企业事业单位、文化教育、家庭娱乐、商业运作等方面。

1. 企业事业单位

企业事业单位作为办公设备应用领域的前沿，一直都致力于“效率”的提升，而当今办公自动化技术的兴起，大多数企业事业单位购进了大量办公自动化设备。例如，办公室中常见的传真机、打印机、复印机等基本的办公设备，用于提升自身办公自动化水平，并且它们的利用率不断提升，已成为企业事业单位日常办公活动中不可缺少的工具。

2. 文化教育

教育领域作为新技术、新知识的传播媒介，从一开始就伴有办公设备的使用。从最初的手动油印机发展到现在的一体化速印机，从最初的黑板板书教学发展到现在的多媒体教学，无疑都为办公设备在教育领域的应用提供了一个有力支撑。从“原始”到“现代”的变化，无处不体现“现代科技”的影子，给现代教育方式带来了巨大的冲击和变革。

3. 家庭娱乐

从某种意义上讲，现代的家庭生活就是一种“娱乐”式的生活，而娱乐本身就是利用现代科技给人们的生活带来各种变化。比如，外出旅游需要携带数字照相机、数字摄像机等，为人们留下美好的记忆。如果观看大屏幕电视还感觉屏幕不够大，则可以利用投影机，显示更大的画面。这些“办公”设备为大家提供了高品质的服务，同时提升生活质量，这些都是以往无法想象的。

4. 商业运作

办公设备在商业上主要的应用体现在两个方面：

1）商业销售领域。在这个领域中，办公设备被单纯地作为商品，销售到企业事业单位、家庭或个人办公用户等诸多方面。

2）商业推广领域。不同商家一般都希望通过高端技术及产品来吸引客户，已达到推广自己产品的目的，此时高端办公设备就会浮出水面，增加设备的使用价值。

二、办公设备的定义与分类

“办公”是信息处理的重要组成部分，诸如起草文件、通信、各种业务文档、内外部文件接收、发送、查询、存档等。随着科学技术的飞速发展，先进、现代化的办公设备代替传统、复杂、低效的人工方式，实现快速全方位的信息采集、存储、处理、分析等是现代化办公的追求和必然。

1. 办公设备的定义

办公设备有狭义概念和广义概念之分。狭义概念指多用于办公室处理文件的设备。例如，人们熟悉的传真机、打印机、复印机、投影机、碎纸机、扫描仪等，还有台式计算机、笔记本式计算机、考勤机、装订机等。广义概念泛指所有可以用于办公室工作的设备和器具。这些设备和器具在其他领域也被广泛应用，包括电话、程控交换机、小型服务器、计算器等。

2. 办公设备的分类

（1）依据使用对象分类　办公设备可分为普通办公设备和专业办公设备。在办公室经常能见到的传真机、打印机、复印机等就是普通办公设备；在邮局、银行、金融等机构和部门使用的票据打印机、POS机等称为专业办公设备。

（2）依据功能和用途分类　办公设备可分为文件输入及处理设备、文件输出设备、文件传输设备、文件存储设备、文件整理设备、网络设备等。每一类设备又包括多种产品，以下列举的只是其中的主要设备或常用设备。

1）文件输入及处理设备：包括计算机、打字机、扫描仪等。

2）文件输出设备：可分为文件复制设备和文件打印设备。文件复制设备包括制版印刷一体化速印机、油印机、小胶印机、晒图机、静电复印机、数字式多功能一体机、数字印刷机、轻印刷机、喷墨复印机等。文件打印设备包括激光打印机、喷墨打印机、针式打印机和绘图机等。

3）文件传输设备：包括传真机、计算机、电传机等。

4）文件存储设备：包括缩微设备、硬盘等。

5）文件整理设备：包括分页机、裁切机、装订机、打孔机、折页机、封装机等。

6）网络设备：包括网络适配器、路由器、交换机、调制解调器等。

三、常用办公设备的发展

现代办公设备的核心就是各种计算机。随着信息技术、网络技术的发展和成熟，现代办公设备的更新换代速度明显提高，其发展趋势主要表现在以下方面。

1. 工作方式由模拟转变为数字

20世纪90年代以前生产的复印机是模拟复印机，这种复印机功能单一，效率较低。数字复印机诞生以来，成为市场的新宠。随着计算机技术特别是多媒体技术的不断发展，各种信息的处理都可以通过计算机及其外部设备进行，从而形成数字化的信息。办公设备的数字化主要体现在信息的数字化处理、数字化传输等方面，提高了信息处理能力，扩大了信息的存储容量。

2. 工作速度越来越快

早期的传真机的通信速度一般不高于9600bit/s，而现在市场上主流传真机的通信速度已达33 600bit/s，并且有进一步提高的趋势。随着数字压缩技术的发展，通信速度会越来越高。打印机、复印机的输出速度也由每分钟数页，发展到每分钟数十页甚至上百页。

3. 多功能复合化

随着数字技术和网络技术的发展，计算机的普及和进入家庭，使得办公设备已成为办公室和家庭不可缺少的工具。以前具有独立功能的办公设备占用空间，功能单一、价格昂贵，而现今，SOHO（家庭办公室、小型办公室）要求办公设备占用空间小，具有更多的功能，而且价格要低，这种多功能复合型的办公设备应运而生。因此，集多种功能为一体的复合型办公设备已成为市场的主流。

4. 输出方式由黑白向彩色发展

色彩在办公事务中的应用越来越广泛，报表、设计图、标书等都需要用彩色来进行表达。复印机、打印机、传真机的印品实现彩色化，这有助于人们对信息的理解，延长注意力，使信息搜寻更加轻松。从企业角度讲，办公的彩色化可以让员工的工作效率得到提高；从商业角度讲，彩色化的办公环境实际上是提高了人性化，使商业价值日益明显。

5. 分辨率越来越高

随着信息技术的发展，打印机的输出分辨率由针式打印机的180dpi发展到激光打印机的1200dpi，甚至更高。由于在软件方面采用了分辨率增强技术，打印出来的文字和图像更加逼真，效果更好。

6. 接口越来越简单

通用串行总线（USB）接口作为一种新的计算机互连设备，使外部设备与计算机的连接更加高效、便利。这种接口适合多种设备，具有即插即用和支持热插拔的特点，已成为办公设备的标准配置。

7. 网络化程度越来越高

由于计算机与互联网的发展，人们更加希望及时准确地获取信息，以便为下一步工作做好准备。随着网络的普及，办公设备网络化已成为一种潮流，其优势主要表现在：更低的成本、强大的管理、减少设备维护、提高用户的工作效率和满意度。

8．绿色环保成为趋势

在社会大力发展低碳环保生活的今天，办公设备的自动化也带来了一些诸如噪声、废气、废物、辐射等问题，它们不仅污染环境，还给操作人员的健康带来不良的影响。因此，“绿色环保”成为办公设备的发展趋势，省电、省纸、省墨、静音的办公设备会受到人们的欢迎。

总之，办公设备向着高效化、多能化、复合化、网络化、智能化、综合化、环保化方向发展，使办公设备真正成为人们工作、学习、生活中不可或缺的工具和助手。

四、常用办公设备的管理

为了保证办公设备正常的运转，提高办公设备的工作效率和使用效率，需要制定相关管理制度及适用范围。

1．办公设备的购买

1）办公设备购买要符合办公实际环境。

2）对于临时增购的办公设备要遵循性价比适中的原则。

2．办公设备的使用和保养

1）使用设备前应详细阅读操作手册，使用时严格按照操作规范进行。

2）各类设备的保养和维修，应参照规范，组织实施。

3）对办公设备运行、保养情况应进行监督检查，对设备的维修要遵照相关规范。

3．办公设备维修管理

1）设备发生故障无法自行修理时，应该找专业人士处理，不能擅自处理。

2）设备发生故障，应及时联系供应商进行维修。保修期外的设备，按照经济可行的维修方案进行维修。

4．办公设备分类管理

1）专管专用，所有办公设备都要指定专人使用管理。

2）办公设备要定期进行维护，以免老化影响使用。

3）办公设备的使用人员要保证设备的安全。

新兵训练营

作为职业院校的学生，职业能力和职业素养在今后的职场中都是必备的。在当今的工作环境中，办公设备的使用是非常广泛的，要求职业院校的学生对办公设备有一定的了解，适应未来工作岗位的要求。

一、常用办公设备的基本介绍

在现代办公环境和管理业务中，多媒体计算机、打印机等信息处理设备，复印机、传真机、扫描仪等设备是必不可少的办公辅助设备，它们的应用直接影响到办公方式和办公效率的改善和提高。

1. 多媒体计算机

多媒体计算机是现代办公的核心设备，如图0-1所示。一个多媒体计算机系统主要由主机、显示器、键盘、鼠标、音箱及操作系统、多媒体应用软件等组成。

图 0-1　多媒体计算机

为了使计算机与外部设备更加方便地连接，发挥外部设备的性能，计算机提供了一些常用设备的接口，如串行接口、并行接口、USB接口、SCSI接口、IEEE 1394接口等。

目前，多媒体计算机主要有台式和便携式两类，主要技术指标包括CPU主频、内存容量等系统配置和常用外部设备的性能等方面。

2. 打印机

打印机是办公设备中主要的输出设备之一。打印机分为击打式和非击打式两大类。击打式以针式打印机为主，非击打式以激光、喷墨打印机为主，如图0-2所示。

a）　　b）　　c）

图 0-2　打印机

a）针式打印机　b）激光打印机　c）喷墨打印机

打印机的主要技术指标包括分辨率、打印速度、打印幅面、接口方式等。

随着网络技术的发展，网络打印技术已经日益成熟并开始实施。网络打印并不是共享打印，它与平时使用的共享打印功能的不同之处是：共享打印需要有一台计算机作为打印服务器，随时为其他客户端准备打印服务；而网络打印不需要另外配置一台计算机作为打印服务器，只需具有网络端口的打印机，将其中一端插入打印机，另一端插入交换机即可。它具有高速、高效、无需网络等待、不易数据丢失等优点。

3. 复印机

复印机是现代办公中使用最为广泛的一种信息复制设备，主要有静电复印机和数字复印机两大类，如图0-3所示。静电复印机是使用光学系统，通过曝光、扫描、显影、转印、定影等基本步骤，完成复印过程的复印机。而数字复印机通过CCD传感器对文件进行曝光、扫描，产生原稿的数字信号，经过光电转换，再经过显影、转印、定影等基本步骤，最终完成复印过程。

与静电复印机相比，数字复印机具有成像速度快、元件磨损小、图像更清晰、支持网络和存储等优点，但价格较高。

a）　　　　　b）

图 0-3　复印机

a）静电复印机　b）数字复印机

4. 传真机

传真机是一种经过传输线路或网络，应用扫描和光电变换技术，把文件、图表、照片等静止图像转换成电信号，传送到接收端，以记录形式进行复制的通信设备。

目前市场上常见的传真机可以分为热敏纸传真机、热转印式普通纸传真机、激光式普通纸传真机、喷墨式普通纸传真机四大类，如图0-4所示。随着大规模集成电路、微处理机技术、信号压缩技术的应用，传真机正朝着自动化、数字化、高速、保密和体积小、重量轻的方向发展。

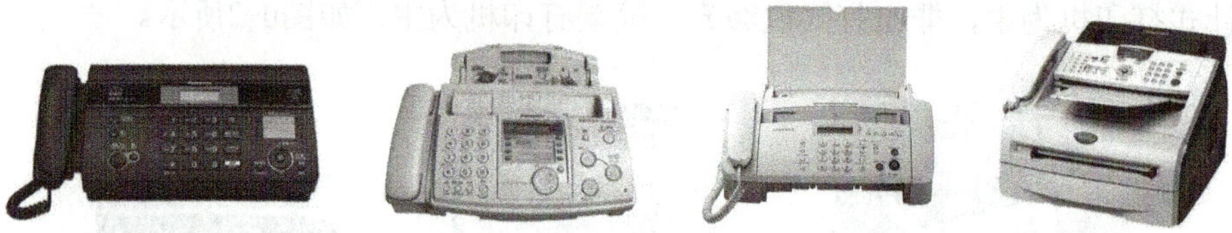

a）　　　　　b）　　　　　c）　　　　　d）

图 0-4　传真机

a）热敏纸传真机　b）热转印式普通纸传真机　c）激光式普通纸传真机　d）喷墨式普通纸传真机

5. 扫描仪

扫描仪是一种捕捉图像和文档信息并将其转换为计算机可以显示、编辑、存储和输出的数字化输入设备。按扫描方式可以分为平板式、手持式、胶片扫描仪、滚筒式和CIS扫描仪五类，其中前三类扫描仪如图0-5所示。

a）　　　　　b）　　　　　c）

图 0-5　扫描仪

a）平板式扫描仪　b）手持式扫描仪　c）胶片扫描仪

除了上述设备之外，还有诸如数字照相机、数字摄像机、多功能一体机、速印机、刻录机、碎纸机等先进的办公设备，它们在日常办公活动中也是必不可少的工具。

二、常用办公设备的选购及注意事项

办公设备都是集光、机、电一体的高科技产品，由于其自身的专业性，用户在选购设备时，要考虑以下几方面，才能选购到既经济又实用的设备。

1. 从用户的实际需求方面考虑

用户一定要明确自己所选购的设备要做什么，不要盲目追求更多的功能、更高的性能指标，造成不必要的经济浪费。

2. 从设备的功能方面考虑

不同厂家、不同型号的设备具有不同的功能。因此，用户在选择办公设备时，要依据实际工作需求，来决定选购哪个厂家生产的设备及具体型号。

3. 从设备的使用量方面考虑

对于一般的办公设备而言，价格决定档次、速度和耐用性。因此，用户在选购哪种设备时，应充分考虑实际工作环境的使用量及对设备的具体要求，选择相应档次和型号的设备。

4. 从设备型号方面考虑

科学技术日新月异，新产品是改良、完善前一代产品存在的不足，在此基础上而产生的，因此不但在功能上先进，而且在使用方便性、耐用性和环保方面有较大的改进。因此，用户要尽量选择较新型号的产品。

5. 从设备市场占有率考虑

目前，社会上使用的大部分办公设备都是国外品牌，而大多数用户均在国内使用。因此，最好选择市场销量大、占有率高，在国际上名列前茅的品牌，以保证用户选购的产品具有较高的性价比。

6. 从售后服务方面考虑

办公设备都是一些高精密的电子产品，与一般的家用电器不同，其复杂性、专业性都较强。在设备使用过程中，其售后服务能力与技术水平高低对保障设备的正常运行是非常重要的。因此，用户只有选择到正规专营店或厂家指定专营店去购买，才能保证设备的正常维护维修，使售后服务得到真正的保障。

三、常用办公设备的使用环境和要求

目前，常用的办公设备都是由机械部件和电子部件组成的，都是非常精密及复杂的设备，对使用环境的要求比较高。为了保证安全和最大限度地发挥办公设备的功能，在使用过程中要注意以下几点。

1. 对环境的要求

办公设备要应在太阳光不能直射、温度和湿度适宜的条件下使用。办公设备的温度一般要求保持在10～35℃，而湿度要控制在30%～70%，如果超过则要采取增加通风、调节温度等措施，来满足工作环境的要求。

2. 对灰尘的要求

灰尘对办公设备，特别是精密机械和接插件的影响较大，当大量灰尘落入到设备内时，可能引起各插件接触不良。因此，要保持办公设备使用环境的清洁。

3. 对供电的要求

我国市区电压为220V，办公设备一般都采用电源稳压技术。如果电压不稳或电源不具有连续供电能力，都会造成设备不必要的损坏。

4. 对放置位置的要求

办公设备应水平放置，不要随意搬运。在设备工作过程中，应尽量保持设备平衡，防止撞击，也不要在设备上放置重物。如果在不稳定的工作状态下，将影响设备的正常启动、运行，甚至有可能导致设备的异常，缩短寿命。

5. 对静电的要求

静电对办公设备的影响主要表现在静电对半导体元器件的击穿上。目前，大多数设备内部都有防静电保护电路，但在使用时，如果不注意静电的影响，过高的静电可能会击穿元件或对操作人员造成头痛、情绪烦躁等现象，所以一定要注意设备的接地与屏蔽、工作环境的治理，养成良好的工作习惯。

四、办公设备的常见故障

由于办公设备都是非常精密的电子设备，在使用过程中可能出现各种故障。一个很小的故障不但影响设备的正常工作，而且可能带来许多未知的损失。办公设备出现的故障，大致可以分为软件故障、硬件故障、人为故障和病毒故障四大类。

1. 软件故障

软件故障是由于软件本身设计缺陷或使用操作不当所引起的错误，常常表现在程序运行异常、处理结果出错等方面。

2. 硬件故障

硬件故障是由于设备中元器件老化、损坏而引起的设备性能、功能不良等故障。例如设备工作电压超过额定范围，引起性能下降，甚至出现电路短路、设备损坏等故障。

3. 人为故障

人为故障是由于操作者使用不当或失误引发的故障。人为故障在设备故障中所占的比例较大，而且导致的结果一般比较严重。常见的故障有设备进水、随意插拔外设、板卡或连接线短路、随意搬动设备、信号线连接错误等。

4. 病毒故障

病毒故障是由于计算机病毒所引发的计算机故障。由于计算机病毒自身特点，病毒的防治除了在技术方面进行预防和清除外，还要在道德和法律层面加强教育、管理。

五、重要标识

包装标识是用来指明被包装物质的性质和物流活动安全需要进行的文字和图像的说

明。在国际物流中，要求在包装上正确绘制货物的运输标识和必要的指示标识。用户在购买设备时要注意所购设备是否符合相关认证标准，在运输存放设备的过程中要注意按照相关标识妥善保管设备。

1. 常见包装储运标识（见图0-6）

图 0-6 常见包装储运标识

知识储备

产品包装储运标识

1）小心轻放：用于碰撞易碎，需要轻拿轻放的运输包装件。

2）禁止手钩：用于不得使用手钩搬动的运输包装件。

3）向上：用于指示不得倾倒倒置的运输包装件。

4）怕热：用于怕热的运输包装件。

5）远离放射源及热源：用于指示远离放射源及热源运输包装件。

6）由此吊起：用于指示吊起运输包装件时放链条或绳索的位置。

7）怕湿：用于怕湿的运输包装件。

8）重心点：用于指示运输包装件的重心所在处。

9）禁止翻滚：用于不得滚动搬运的运输包装件。

10）堆码重量极限：用于指示允许最大的堆码重量的运输包装件。

11）堆码层数极限：用于指示允许最大码层数的运输包装件，图中 N 为实际堆码层数，印刷或喷涂时用阿拉伯数字表示。

12）湿度极限：用于指示需要控制湿度的运输包装件。

2. 常见认证标识（见图0-7）

图 0-7 常见认证标识

知识储备

产品认证标识

（1）国际电工认证　CB体系（电工产品合格测试与认证的IEC体系）是国际电工委员会电工产品合格测试与认证组织（IECEE）运作的一个国际体系，IECEE各成员国认证机构以IEC标准为基础对电工产品安全性能进行测试，其测试结果（即CB测试报告和CB测试证书）在IECEE各成员国得到相互认可。目的是为了减少由于必须满足不同国家认证或批准准则而产生的国际贸易壁垒。

（2）国家节能认证　中国节能产品认证所有权属于中国节能产品认证管理委员会，使用权归中国节能产品认证中心。它是经中国节能产品认证管理委员会确认并通过颁布认证证书和节能标识，证明某一产品为节能产品的活动，属于国际上通行的产品质量认证范畴。

（3）中国长城认证　中国电工产品认证委员会（China Commission for Conformity Certification of Electrical Equipment，CCEE）是代表中国参加国际电工委员会电工产品安全认证组织（IECEE）的唯一机构，是中国电工产品领域的国家认证组织。CCEE的宗旨是保障人身健康和生命财产安全，维护社会及各利益方的合法权益，提高电工产品质量和企业管理水平，促进国际贸易。

（4）美国FCC认证　美国联邦通信委员会（Federal Communications Commission，FCC）是由美国政府设立的一个独立机构，许多无线电应用产品、通信产品和数字产品要进入美国市场，都要求FCC的认可。

（5）欧洲CE认证　CE认证（Conformite Europeenne），是一种安全认证标识，被视为制造商打开并进入欧洲市场的护照。在欧盟市场，CE标识属强制性认证标识，不论是欧盟内部企业生产的产品，还是其他国家生产的产品，要想在欧盟市场上自由流通，就必须加贴CE标志，以表明产品符合欧盟《技术协调与标准化新方法》指令的基本要求。这是欧盟法律对产品提出的一种强制性要求。

（6）德国GS认证　GS的含义是德语“Geprufte Sicherheit”（安全性认证），也有“Germany Safety”（德国安全）的意思。GS认证以德国产品安全法（GPGS）为依据，按照欧盟统一标准EN或德国工业标准DIN进行检测的一种自愿性认证，是欧洲市场公认的德国安全认证标识。

（7）美国UL认证　UL是美国保险商实验室（Underwriter Laboratories Inc.）的简写。UL是美国最有权威的，也是世界上从事安全试验和鉴定的较大的民间机构。它是一个独立的、非营利的、为公共安全做试验的专业机构。它采用科学的测试方法来研究确定各种材料、装置、产品、设备、建筑等对生命、财产有无危害和危害的程度；确定、编写、发行相应的标准和有助于减少及防止造成生命财产受到损失的资料。

（8）瑞典TCO认证　由瑞典专业雇员协会（Swedish Federation of Professional Employees，TCO）推行的一种显示器认证标准。要通过这个由瑞典劳工联盟提出的认证标准，必须在生态（ecology）、能源（energy）、辐射（emissions）和人体工学（ergonomics）

四个方面都达到标准才可以。从这四个方面不难看出，TCO认证是针对人体健康和生态环境所设定的标准，直接关系显示器对使用者健康的影响。

（9）EMC认证　电子、电器产品的电磁兼容性（EMC）是一项非常重要的质量指标，不仅关系到产品本身的工作可靠性和使用安全性，还可能影响到其他设备和系统的正常工作，关系到电磁环境的保护问题。从1996年起，所有电气电子产品必须通过EMC认证，加贴CE标识才能在欧盟市场上销售。

（10）美国能源之星　能源之星（Energy Star）是美国能源部和美国环保署共同推行的一项政府计划，旨在更好地保护生存环境，节约能源。1992年由美国环保署参与，最早在计算机产品上推广。现在纳入此认证范围的产品有家用电器，制热、制冷设备，电子产品，照明产品等。我国市场上做得最多的是照明产品，包括节能灯（CFL）、灯具（RLF）、交通信号灯和出口指示灯。

（11）中国3C认证　它是中国政府为保护消费者人身安全和国家安全，加强产品质量管理，依照法律法规实施的一种产品合格评定制度。中国强制认证（China Compulsory Certification，CCC）标识2003年全面实施。

项目小结

随着科技的飞速发展，现代办公活动中都离不开常用的办公设备。它们都是一些高精密的电子设备，诸如计算机、打印机、复印机、传真机、扫描仪等设备，这些设备为人们的工作带来了极大的便利。

通过本项目的学习，了解了办公设备的基本类型及发展趋势，熟悉了常用办公设备的选购及注意事项，掌握了办公设备的使用要求以及办公设备的管理原则等内容，为学生今后步入职场提供了一些帮助。

实战强化

1. 列举办公设备名称

查看教师或父母单位办公室的办公设备，在表0-1中列出所使用的办公设备名称。若有不认识的设备，请在备注中写出该设备的标识。

表0-1　办公设备表

设备序号	办公设备名称	备注
1		
2		
3		

2. 市场调查

到所在城市的电子市场或办公设备商店走访，观察正在销售的办公设备，在表0-2中列出办公设备的种类、型号和价格。

表 0-2 办公设备调查表

设备序号	办公设备种类	办公设备型号	价格（元）
1			
2			
3			

职业应用项目领域 1　使用针式打印机

职业能力目标

1）能依据产品性价比选购符合实际需求的针式打印机。

2）能依据产品说明书安装、调试针式打印机。

3）能依据不同情况使用针式打印机。

4）能依据故障现象诊断、维护与保养针式打印机。

与电子计算机的历史相比，打印机及印刷技术的历史要远得多。20 世纪 60 年代，随着电子计算机产业的迅速崛起，日本精工株式会社结合了由手表发展出的精密加工技术的经验和资源，经过 4 年多的研发，于 1968 年 9 月正式推出了全球第一台针式打印机 EP-101，给全球的电子计算机产业带来了巨大的影响和震撼。打印机是计算机的一种重要外部输出设备，而针式打印机是应用最早、使用最为广泛的一种打印机。

任务1　认识和选购针式打印机

针式打印机又称为点阵式打印机，属于击打式打印机的一种，利用机械和电路驱动，使打印针撞击色带和打印纸，在纸上打印出点阵，再由点阵组成字符或图形来完成打印任务，它在办公事务中应用非常广泛。

任务情境

在财务应用中，针式打印机具有独特的作用，财务应用中特有的票据、单据、凭证、各种报表等都离不开针式打印机。

某公司经理委托财务科的小张为本部门选购一台打印机，用来打印票据。

“应该选购一台什么样的打印机呢？”

“选购针式的。”

“买普通的。”

“买价格贵，质量就能好。”

“买品牌的，使用放心，而且售后服务较好！”

如何为财务部门选购一台针式打印机呢？

任务分析

打印机品牌多样，种类繁多，用户在选购打印机时往往会有许多困惑，这就需要对打印机种类及主要技术指标有一个初步了解，才能有的放矢地选购打印机。

1. 打印机分类

打印机按其工作方式可分为击打式和非击打式两大类。非击打式打印机是利用喷墨、光、电等各种物理和化学的方法印刷出文字和图形，主要包括喷墨打印机、激光打印机、热升华打印机等；击打式打印机是利用机械作用击打色带和纸张，如针式打印机。不同类型打印机如图1-1所示。

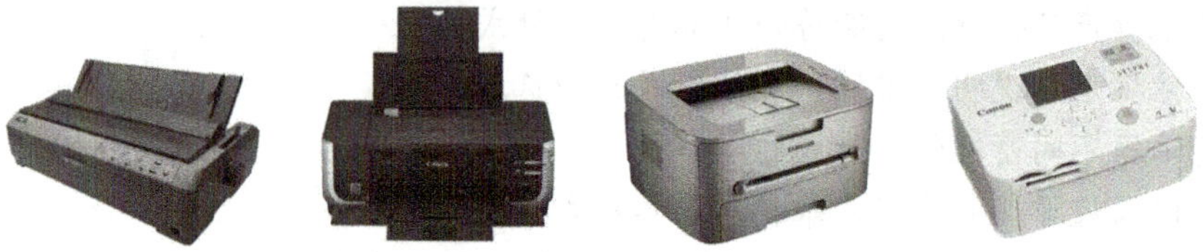

a）　　b）　　c）　　d）

图 1-1　打印机

a）针式打印机　b）喷墨打印机　c）激光打印机　d）热升华打印机

2. 技术指标

打印机技术指标主要包括：分辨率、打印速度、打印幅面、接口方式、打印针寿命、复印能力、平均故障间隔时间、缓冲区等。

（1）分辨率　打印机的打印质量指打印出的字符的清晰度和美观程度，用打印分辨率（dpi）来表示，即每英寸打印多少个点。针式打印机的分辨率一般为180dpi；喷墨打印机的分辨率近于600dpi；激光打印机的分辨率为600dpi以上。

（2）打印速度　打印机按印字输出方式可分为串式、行式和页式。串式打印机是逐字、逐行、逐页地顺序打印，打印的基本单位为一字符，打印速度一般不高；行式打印机是逐行、逐页地打印，打印的基本单位为一行，打印速度较快；页式打印机是逐页打印，打印的基本单位是一页，打印速度非常快。

打印速度也可分为串式、行式和页式打印速度。串式打印机的打印速度用每秒钟的字符数（cps）来表示；行式打印机用每分钟打印的行数（lpm）来表示；页式打印机用每分钟打印的页数（ppm）来表示。

（3）打印幅面　打印幅面表示可以打印纸张的大小。打印机的打印幅面一般有：A0（1189mm×841mm）、A1（841mm×594mm）、A2（594mm×420mm）、A3（420mm×297mm）、A4（297mm×210mm）、B0（1456mm×1030mm）、B1（1030mm×728mm）、B2（728mm×515mm）、B3（515mm×364mm）、B4（364mm×257mm）、B5（257mm×182mm）等几种。

（4）接口方式　几乎所有的打印机都使用并行端口、IEEE 1394和USB。计算机特别指定了两种不同的外部设备端口：串行端口和并行端口，打印机大部分使用并行端口。

（5）打印针寿命　打印针寿命是打印针进行多少次撞击后才会报废的数值，它的单位是“次击打/针”。目前针式打印机的打印针寿命可以达到4亿次击打/针。

（6）复印能力　复印能力是针式打印机一次能够在复写式打印纸上最多打出“几联”内容的能力。例如，“1+6”表示可以在7层全部打印出内容。

（7）平均故障间隔时间　平均故障间隔时间（MTBF）指打印机平均能够正常运行多长时间，才发生一次故障。针式打印机能达到10000h或以上。

（8）缓冲区　缓冲区又称为缓存，是内存空间的一部分。在内存空间中预留了一定的存储空间，这些存储空间用来缓冲输入或输出的数据，这些预留的空间称为缓冲区。缓冲区的单位为KB，目前针式打印机的缓冲区大小为256KB左右，数值越大越好。

知识储备

针式打印机耗材

1．打印纸

（1）普通打印纸　常见的打印纸一般分为60g、70g、80g等级别（本书的纸重是指纸张每平方米的质量）。通常数值越大表示纸张的厚度越厚，一般的文字打印可以选择70g、80g的打印纸。A4打印纸如图1-2所示。

打印纸按照生产工艺不同分为中性纸和酸性纸。中性纸为100%木浆，使用时不易产生粉尘，对打印机和用户有很好的保护作用，能长期保存；酸性纸为木浆和草浆的混合浆，容易产生粉尘，纸张容易变色，不易长期保存。

打印纸按幅面规格分为A系列、B系列和C系列。纸张制成后，经过修整切边，裁成一定的尺寸，规定以A0、A1、A2、B1、B2等标记来表示纸张的幅面规格。其相应的规格尺寸见表1-1。

表1-1　纸张幅面规格尺寸

规　格	幅宽/mm	长度/mm	规　格	幅宽/mm	长度/mm	规　格	幅宽/mm	长度/mm
A0	841	1189	B0	1000	1414	C0	917	1279
A1	594	841	B1	707	1000	C1	639	917
A2	420	594	B2	500	707	C2	458	639
A3	297	420	B3	353	500	C3	319	458
A4	210	297	B4	250	353	C4	229	319
A5	148	210	B5	176	250	C5	159	229
A6	105	148	B6	125	176	C6	114	159
A7	74	105	B7	88	125	C7	79	114
A8	52	74	B8	62	88	C8	57	79

（2）无碳复写纸（压感打印纸）　无碳复写纸（CCP）是一种新颖的复写纸，多应用于单据。以三联的无碳复写纸收据来说，可以分为上纸、中纸、下纸。上纸又称背涂纸（代号CB），纸的背面涂有含力敏色素油的微胶囊；中纸又称正反双涂纸（代号CFB），纸的正面涂有显色剂，背面涂有含力敏色素油的微胶囊；下纸又称面涂纸（代号CF），纸面只涂有显色剂。自显色纸（代号SC）是在纸的背面涂有含力敏色素油的微胶囊，正面涂有显色剂和含力敏色素油的微胶囊。

现在的发票、合同、条约等有法律效力的正规单据已经全部采用无碳复写纸。无碳复写纸是一种隐色复写纸，具有直接复写，直接显色的功能。它的显色主要是：在外力作用下，使微胶囊中的力敏色素和油溶液溢出与显色剂接触后发生染色反应，从而起到复写的作用。主要用于多联表格、票据、连续财票、一般业务财票等。

无碳复写纸按规格可以分为卷筒纸和平板纸。卷筒纸的宽度为 160 ～ 1940mm，平板纸的尺寸可从 420mm×530mm 至 1420mm×1420mm，如图 1-3 所示。

图 1-2　A4 打印纸

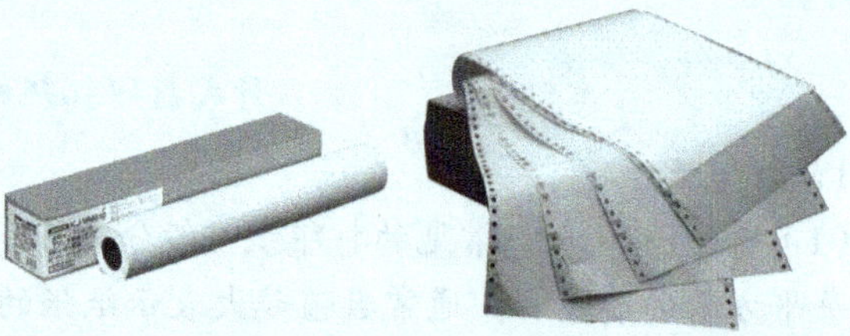

图 1-3　无碳复写纸（卷筒纸、平板纸）

2．色带

从最早的机械撞击式的英文打字机到后来的针式打印机，使用的都是色带。色带的工作原理就是利用针式打印机机头内的点阵撞针或是英文打字机中的字母撞件，去撞击打印色带，在打印纸上产生打印效果。色带是以尼龙丝为原料编织而成的带基经过油墨的浸泡、染色后制成的。针式打印机色带及色带架如图 1-4 所示。

图 1-4　针式打印机色带及色带架

经验分享

针式打印机的选购

目前，针式打印机的用户主要为行业用户，选购时要针对不同的用途选择主流产品。

（1）通用针式打印机　在通用针式打印机产品中，最为经典的要数爱普生（ESPON）企业级通用宽行针式打印机 LQ—1600K 和实达通用宽行针式打印机 LQ—1900KⅢ。它们广泛运用于金融业、企业、事业的各种报表和文档的打印，其中 LQ—1600K 以其简单、易用、可靠深受广大用户的喜爱。

（2）专用针式打印机 在票据和存折针式打印机市场中现在最有生命力的首推平推式专用打印机，它广泛应用于金融、邮电、税务、铁路、民政、公安等行业领域。市场目前被 OKI、EPSON、实达、得实、富士通、NEC 等几家垄断，其中以 OKI、EPSON、实达所占的市场份额最大。

任务实施

1. 明确选购目标

财务人员日常工作中离不开计算机、打印机、点钞机、计算器、电话、票据夹等办公物品，它们都要有固定的位置。这是财务工作的基本要求，目的是使财务工作规范化，减少出错的可能。办公用品都应该在不影响基本功能的前提下，设计得尽可能紧凑，以节约空间。因此，要明确此次选购的目标，要从以下几个方面进行考虑。

1）需要进行票据打印。

2）需要进行报表打印。

3）需要具有多页的复写能力。

4）可以使用多种介质进行压缩打印。

5）使用的耗材价格合适。

6）打印机所占面积不要太大。

7）具有良好的售后服务。

2. 市场及网络调研

通过对市场调查及网络查询，依据所提出的选购目标，对不同的产品进行比较，从满足业务工作要求、产品性能、价格、售后服务等多方面进行考虑，最终决定选择OKI 7000F+针式打印机，作为财务科本次选购的机型。

OKI 7000F+外观非常时尚、现代，充满高科技气息，如图1-5所示。OKI 7000F+是80列平推针式打印机中身形最小的，占用面积仅为0.10m^2。整机采用流线型设计，机身简洁亮丽，让使用者眼前一亮。功能键都运用了人体工程力学技术，最大限度地减轻了频繁按键而带来的疲劳感，产品的操作舒适、便捷。

图 1-5 OKI 7000F+ 平推针式打印机

扫描二维码，观看针式打印机选购视频。

扫码看视频

经验分享

针式打印机选购的注意事项

（1）明确自身应用特点 有些用户在购置打印机后，打印机往往不能满足全部需求，这是由于在选购之前没有明确分析自身的需求，盲目地进行选购造成的。

（2）注重产品性价比 在选购打印机时，产品的性价比应该是用户考虑的首要问题。在购置打印机时，具有超高性价比、功能全面、使用成本较低的打印机是用户所追求的。

（3）考虑纸张适应能力 打印机经常需要打印不同的纸张介质，要求用户在选购时要考虑购买纸张适应能力强的机型，可以大大提高工作效率和打印机的使用率。

（4）选购合适的耗材 对于针式打印机来说，色带是主要耗材。在选购打印机时，要考虑色带的通用性及使用寿命。品质优良的色带不只体现在字符打印的质量上，还表现在使用寿命上。

（5）选择具有良好售后服务的产品 目前，社会上流行的各种针式打印机都是由专业厂家生产的，其售后服务的质量是有保障的，还要考虑本地是否有专门的维修部门。

任务拓展

某淘宝店为扩展业务，需要购置一台针式打印机，用于打印票据，其具体要求如下：

1）打印机为24针打印机，打印针寿命为4亿次击打/针以上，接口为USB 2.0接口，打印宽度为80列。

2）噪声水平要求小于60dB。

3）最高分辨率不低于360dpi×360dpi。

4）打印速度为100CPS以上。

5）纸张类型支持单页纸、单页拷贝纸、连续纸（单页纸和多页纸）、信封、明信片、带标签的连续纸等。

6）设备价格控制在1500元左右。

按要求选择3款针式打印机，将各款打印机技术参数填写到表1-2，用于帮助客户进行选购。

表 1-2 针式打印机参数对照

相关设备参数	备选设备-1	备选设备-2	备选设备-3
参考价格			
品牌			
型号			
……			

经验分享

针式打印机耗材选购的注意事项

1. 选购打印纸

（1）选购普通打印纸

1）观察纸张的白度。在用户的观念中，纸越白越好。如果纸张太白，一般是加入过量的荧光剂造成的，对人体有害，所以应该选择白色比较柔和的纸张。

2）观察纸张的光滑度。十分光滑的打印纸并不适合打印机的使用，因为机器的进纸工作由搓纸轮来进行，微涩的纸张在送纸时更为顺利。

3）观察纸张的硬度。打印纸的硬度在选购时受到用户的很大重视，往往认为纸越硬越好，其实纸张的软硬度要适中，使用过硬的纸张不但影响打印机使用寿命，而且危害人体健康。

4）观察纸张原料及性质。纸张按原料分为全木浆和草浆两种，由于采取的生产工艺不同，又为分中性纸和酸性纸。中性纸价格稍高，不易起静电，不易卡纸，对人体健康也无害。

（2）选购无碳打印纸

1）应注意观察外包装是否受损。

2）压感打印纸应在外包装上注明。

3）打开外包装检查里面的包装是否有合格证，纸张是否受潮，是否起皱，显色是否能达到要求。

4）确认打印纸的规格是否是自己所需要的，以免造成不必要的浪费与麻烦。

2．选购色带

（1）注意吸附油墨的带基　色带带基是以尼龙丝为原料编织而成的，它的质量高低直接影响差色带使用寿命和油墨附着渗透的能力。市场上用的带基分为尼龙6和尼龙66，尼龙66比尼龙6弹性要好，可长时间打印。尼龙66又分低密、中密、高密和高密加捻4种，密度越高，经、纬织数越多，弹性越好。

在选购时，用手摸带基表面，柔软细腻，有滑爽感者为佳；拉时弹性好，复原性好者为佳；拉伸带基后，手指会感觉到有一股柔合的弹力，而不能有硬的感觉；用手背来回贴着带基的侧面滑动，感觉是否有不平整或者有毛边。

（2）注意色带上的油墨　优质的色带油墨都是经过脱脂处理的，用手去触摸时，手指上都不会留下很明显的油墨痕迹，这种油墨的印墨过程也是非常均匀的，前后打印效果没有很明显的差别。好的油墨颗粒小，不会堵塞针孔，流动性好，pH值均匀，涂墨时吸附性强，保湿性好，可长时间打印且打印时颜色过渡缓慢。

（3）注意色带的接口部分　优质色带的焊缝都是使用超声波焊接而成的，能够有效地保证接头质量。其接口平整细窄，误差比较小，硬化程度很轻，打印的时候不挂针，接口强度较大，抗拉力也强。挑选色带时，色带接头处一定要平滑，否则造成色带磨损严重、损伤，甚至折断打印针，因此选购色带时应仔细观察其接口焊缝的情况。

（4）注意色带的绿色环保问题　优质正品色带均通过环保检测，各项指标均达A级环保标准。

温馨提示

选购色带时要注意型号

在选择色带时，一定要注意色带型号与所使用的打印机是否匹配，否则不能使用。

任务2 安装针式打印机

针式打印机的安装是非常简单的，只要用户在安装前仔细阅读用户手册，按照用户手册的安装步骤要求，就可以完成针式打印机的安装工作。

任务情境

财务科小张从某公司买回一台OKI 7000F+针式打印机，并与公司技术人员来到办公室，在进行安装前，小张提出一个建议，由他来进行安装，技术人员从旁指导，那么小张应如何来安装这台打印机呢？

任务分析

1. 针式打印机安装环境选择

针式打印机对安装环境要求和安装位置的选择是很有讲究的，在安装时要注意以下方面：

1）针式打印机工作的房间要保持清洁，空气中不能含有酸、碱、油类及金属粒子，尽可能地减少灰尘。

2）放置针式打印机的工作台必须平稳无振动，避开火炉、暖气片等发热装置，避免阳光直射。

3）避免在较强的电场中使用针式打印机，还应避开诸如扬声器和无线电话机座。

4）针式打印机的工作环境温度：5～40℃，温度不能突变，变化率应小于每小时10℃；工作环境湿度：30%～85%，不结露。

5）供电电源的电压要稳定，最好接入交流稳压电源，避免与大型电动机、电冰箱、空调等大功率或有干扰的电器使用同一电源。

2. 打印机各部件名称及功能

1）打印机正面各部件名称如图1-6所示。

打印机正面各部件功能：①打印头是用来打印字符的部分；②纸厚调节杆可根据用纸厚度调节分档值；③换纸杆可根据所使用的纸进行切换；④导纸组件/切纸刀是用来确定单页纸左端位置的支架，通过左右移动可以调整左端打印纸位置；切纸刀用于切割纸张；⑤载纸台是用来手动放置单页纸的台面；⑥电源开关用于开启或关闭电源；⑦色带是打印所需的；⑧色带盒内装打印所需要色带；⑨顶盖用于在更换色带盒时开启或关闭。

2）打印机背面各部件名称如图1-7所示。

打印机背面各部件功能：①电源接口用于插入电源导线；②拖拉进纸器用于放入连续纸；③并行接口用于插入并行连接线；④USB接口用于插入USB接口的导线连接器。

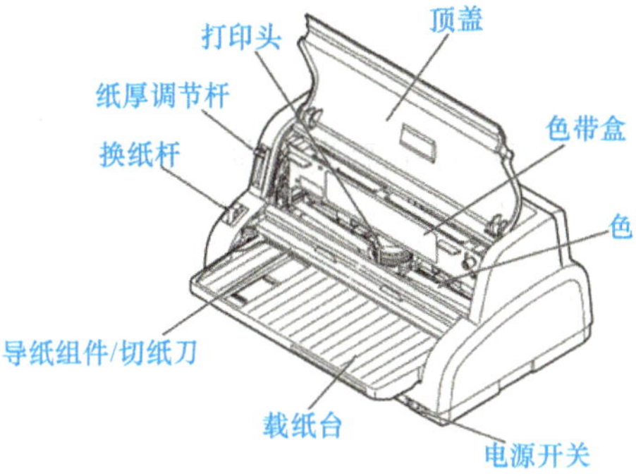

图 1-6　打印机正面

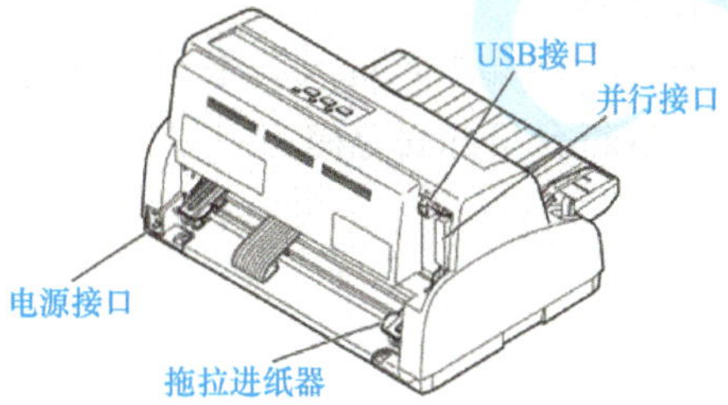

图 1-7　打印机背面

任务实施

1. 放置打印机

打印机必须放置在水平且稳定的平台上；为了便于日常工作与维护，打印机四周要预留出足够的空间，同时放置的位置要靠近电源。

2. 去除固定用止动器

操作步骤：

第1步：打开顶盖，用手握住顶盖右侧的手柄，按图1-8中的箭头方向将其打开。

第2步：按图1-9中箭头方向，将止动器拆下。

第3步：关闭顶盖，如图1-10所示。

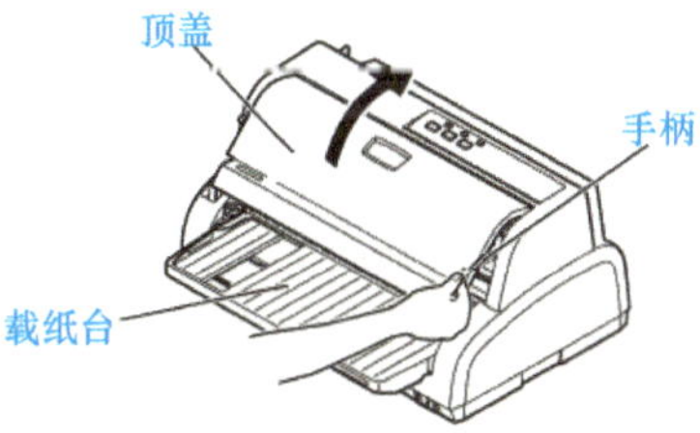

图 1-8　去除固定用止动器第 1 步

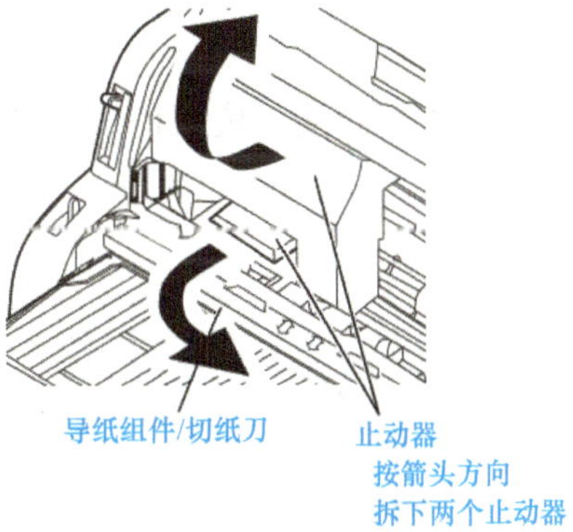

图 1-9　去除固定用止动器第 2 步

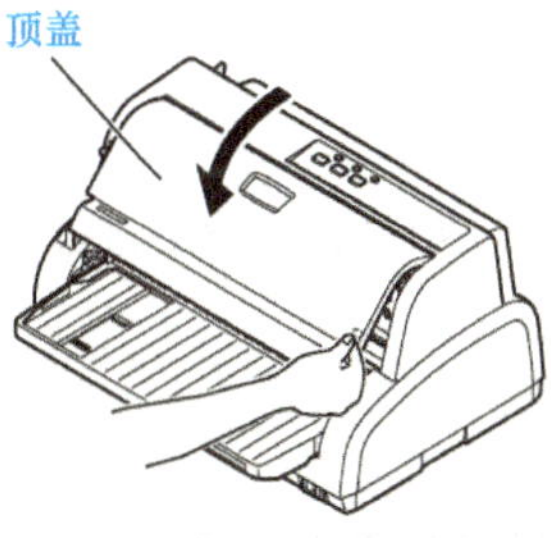

图 1-10　去除固定用止动器第 3 步

3. 安装载纸台

操作步骤：

将载纸台前端卡爪插入导纸组件下方插孔，按图1-11中箭头方向，平推载纸台，使定位杆卡入载纸台下部固定槽。

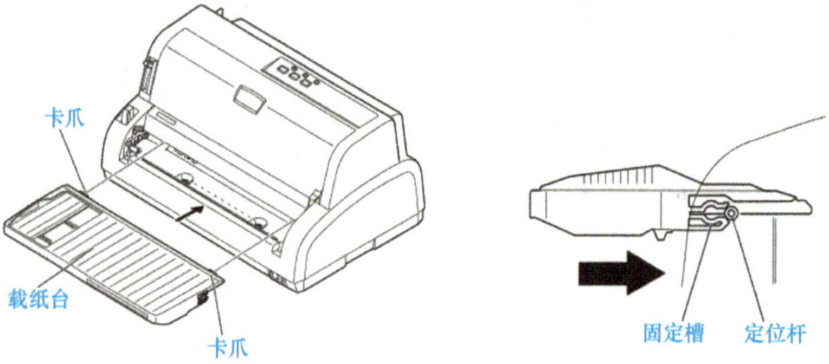

图 1-11　安装载纸台

温馨提示

安装载纸台

不要过度卡压载纸台卡爪，否则有可能损坏载纸台。

4. 拆卸载纸台

操作步骤：

用手握住载纸台两端，按图1-12中箭头方向用力向外拉，使定位杆脱离载纸台下部固定槽，并取下载纸台。

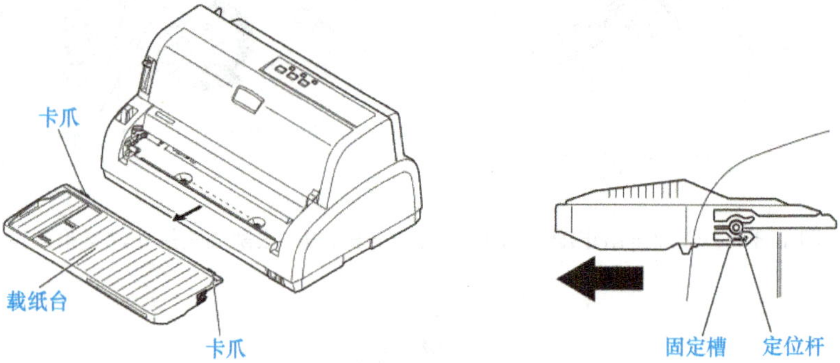

图 1-12　拆卸载纸台

5. 更换色带盒

操作步骤：

第1步：关闭电源开关，将电源开关置于OFF。

第2步：将纸厚调节杆置于分档值9后，握住顶盖右侧的手柄，按图1-13中箭头方向将顶盖打开。

第3步：将传动机构移至中间位置，如图1-14所示。

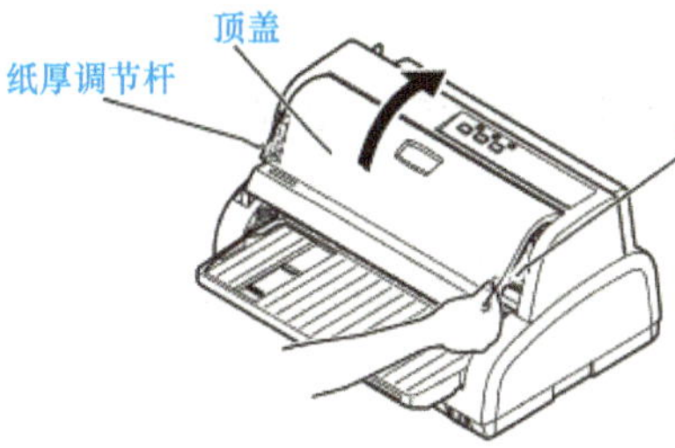

图 1-13　更换色带盒第 2 步

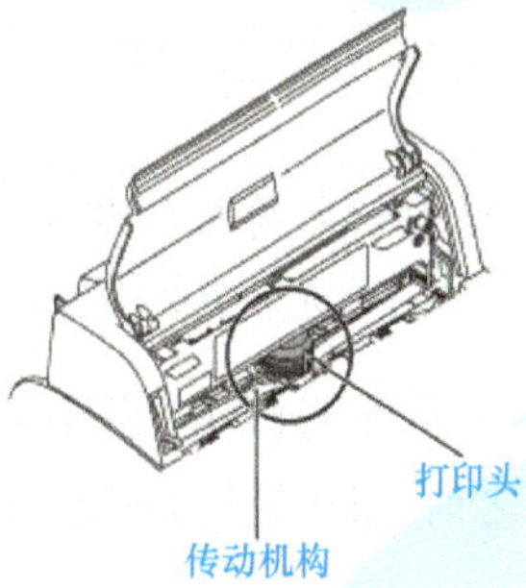

图 1-14　更换色带盒第 3 步

第4步：除去色带盒的包装纸，其内部结构如图1-15所示。

第5步：沿图1-16中箭头方向，向外拉导纸组件两侧的把手，使导纸组件进入锁定位置。

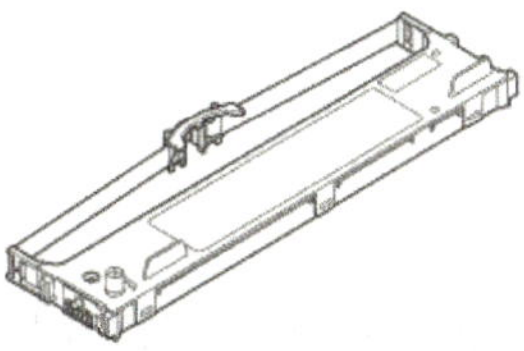

图 1-15　更换色带盒第 4 步

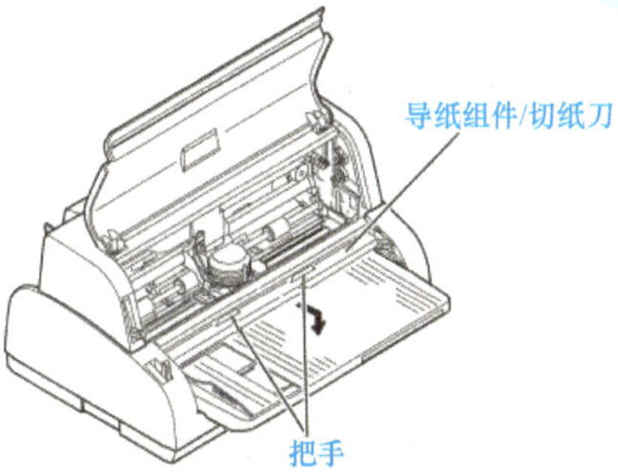

图 1-16　更换色带盒第 5 步

第6步：将色带盒两端的支脚插入打印机的U形沟部，直至其吻合不动为止，如图1-17所示。

第7步：用手指捏住色带盒上的色带导引，使其插入到打印头与色带保护架之间，如图1-18所示。

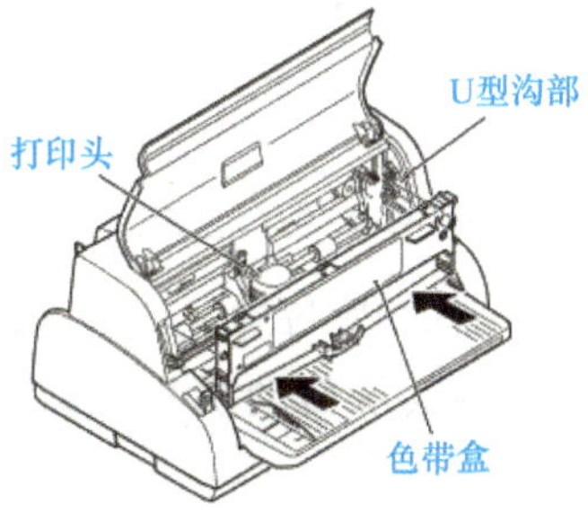

图 1-17　更换色带盒第 6 步

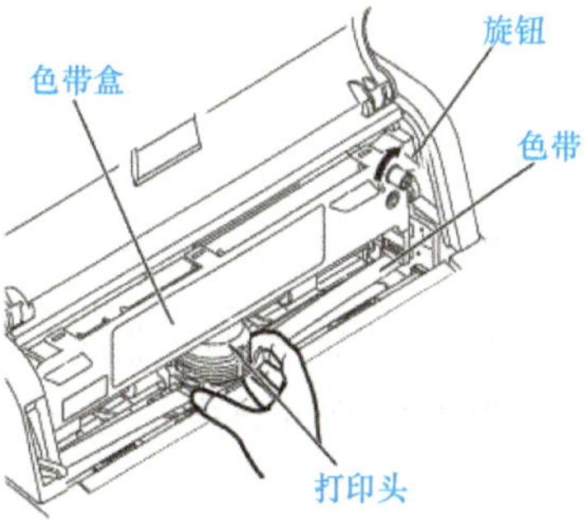

图 1-18　更换色带盒第 7 步

第8步：将旋钮朝顺时针方向（箭头方向）转动，卷紧色带，如图1-19所示。

温馨提示

色带安装注意事项

勿将旋钮朝箭头的相反方向转动，否则会导致色带卡带。在使色带通过打印头与色带护罩之间的空隙时，需确认无扭曲、折断。

第9步：轻抬导纸组件下侧中间位置，靠弹簧拉力使其恢复原位，如图1-20所示。打印之前，请根据打印纸规格正确设置调节杆分档值。

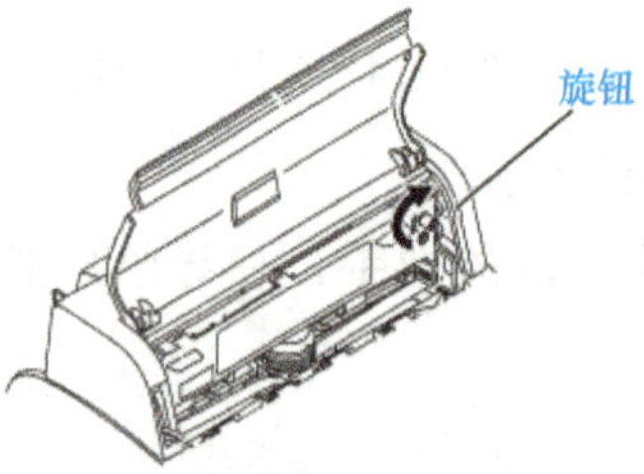

图 1-19　更换色带盒第 8 步

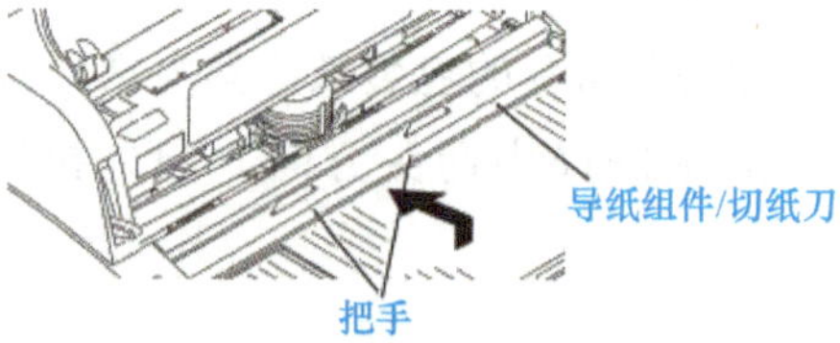

图 1-20　更换色带盒第 9 步

第10步：关闭顶盖。

6. 拆卸色带盒

操作步骤：

第1步：将电源开关置于OFF。

第2步：将纸厚调节杆设置于分档值9后，用手拿住顶盖右侧的手柄将其打开，如图1-21所示。设定于分档值9是为了便于拆卸色带。

第3步：将传动机构移至中间位置，如图1-22所示。

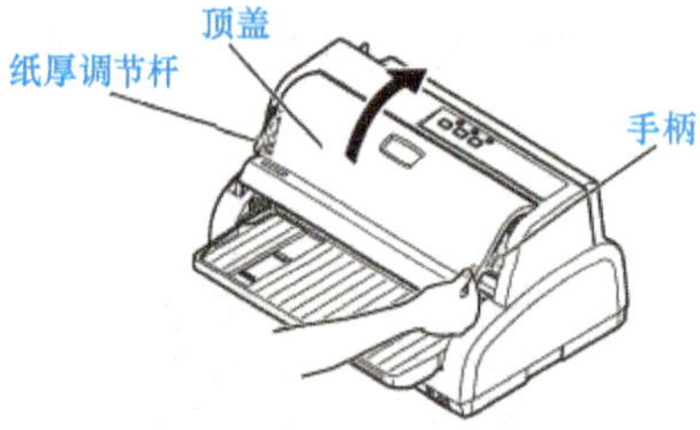

图 1-21　拆卸色带盒第 2 步

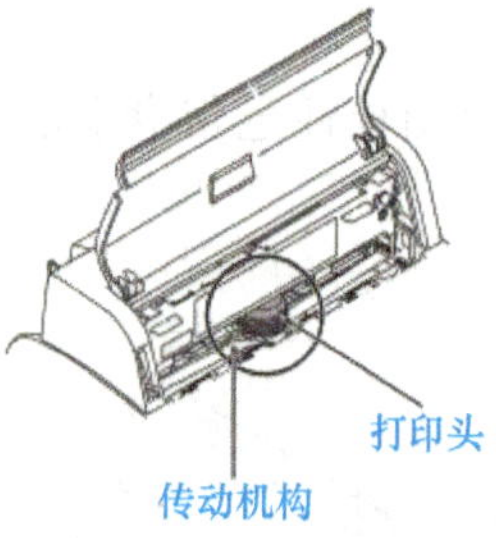

图 1-22　拆卸色带盒第 3 步

第4步：向外拉导纸组件两侧的把手，使导纸组件进入锁定位置，如图1-23所示。

第5步：用手指捏住色带导引，往前上方拉出，将其从传动机构上取下，如图1-24所示。

第6步：将色带盒的两侧向前拉出，解除锁定，并将整体按箭头取下，如图1-25所示。

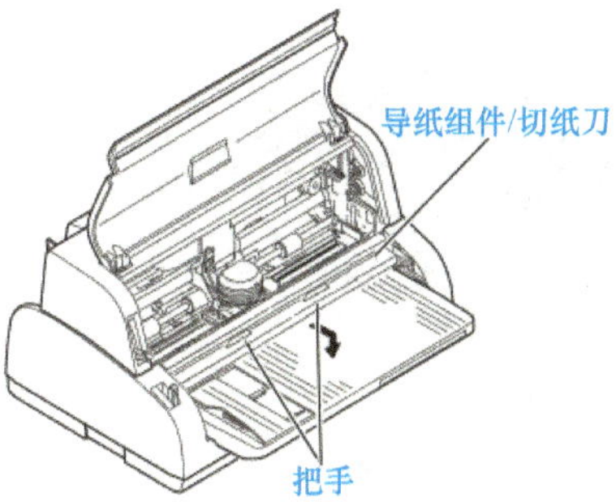

图 1-23 拆卸色带盒第 4 步

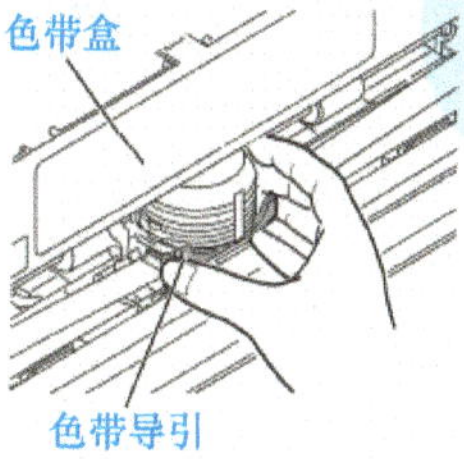

图 1-24 拆卸色带盒第 5 步

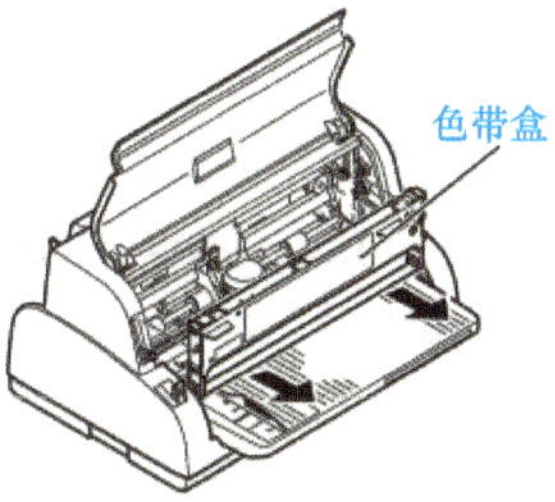

图 1-25 拆卸色带盒第 6 步

温馨提示

更换色带注意事项

刚打印后打印头温度很高，因此请勿触摸打印头及其四周。色带盒的拆卸须待打印头温度降低后方可进行。

7. 连接电源

操作步骤：

第1步：关闭电源开关，将电源开关置于OFF。

第2步：将电源线与打印机的交流电源接口连接。

第3步：将电源线的插头正确插入到插座中，将打印机的电源开关置于ON，确认“电源”指示灯是否点亮。

8. 连接到主机

OKI 7000F+打印机装备有并行接口和USB接口，其连接如下。

操作步骤：

第1步：关闭电源开关，将电源开关置于OFF，同时将计算机的电源开关置于OFF。

第2步：连接接口电缆，用打印机侧的金属扣环固定电缆，以免脱落，如图1-26所示。

第3步：将接口电缆连接到计算机。

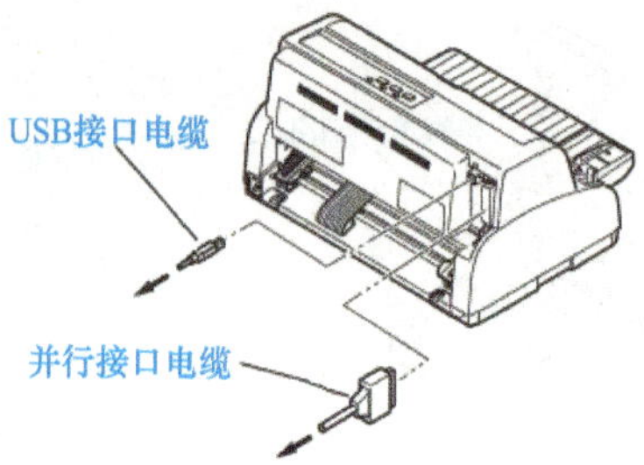

图 1-26　打印机与计算机连接示意图

温馨提示

USB接口电缆

目前市面上所销售的打印机，如OKI、EPSON等品牌打印机均不提供打印机USB连接电缆，接口电缆需要用户自行购买。

9．安装驱动程序

OKI 7000F+打印机可以运行在装有Windows 8、Windows 7及早期版本的Windows系统个人计算机中，随机光盘中包括打印机的驱动程序及帮助文档等内容。

现以OKI 7000F+打印机安装在Windows 7操作系统环境下为例进行说明。

具体操作：

第1步：将USB接口电缆连接到打印机和计算机后，将打印机电源打开，计算机会自动发现新硬件，并出现“找到新硬件向导”对话框，单击“下一步”按钮，出现OKI 7000F+软件安装对话框，选择“从列表或指定位置安装（高级）”，单击“下一步”按钮。

第2步：放入驱动光盘，选择从光盘进行安装，依据相应提示进行。

10．打印测试

打印测试是检测打印机能否正常使用的一项重要的步骤。打印测试之前，首先确定是否正确连接打印机和计算机，并确定是否安装符合系统需求的打印机驱动程序。

打印测试时，请使用A4尺寸以上纵置的单页纸或254～305mm宽的连续纸。现以A4尺寸的单页纸为例，介绍测试的步骤。

具体操作：

第1步：将换纸杆设于单页纸位置。

第2步：将电源开关置于ON，然后按“常速打印/换行”开关。使用连续纸时也按相同的开关。

第3步：装入单页纸，将单页纸的左端对齐导纸器，笔直插入单页纸，直至其抵达内侧尽头。大约1s后，单页纸被自动吸入。

第4步：打印机开始打印。按“联机”开关，中断打印。再次按“联机”开关，重新开始打印。

第5步：按“高复写/进纸/退纸”开关，排出单页纸，或在试印结束时排出单页纸。

第6步：关闭电源开关。

扫描二维码，观看针式打印机安装视频。

扫码看视频

任务拓展

EPSON LQ—1600KⅢH是使用非常广泛的宽行24针打印机，是非常经典的机型，市场占有率非常高，深受人们的喜爱。

1. 安装LQ-1600KⅢH打印机

操作步骤：

第1步：关闭打印机电源开关。

第2步：打开导纸器和打印机盖，并将其向上移动，如图1-27所示。

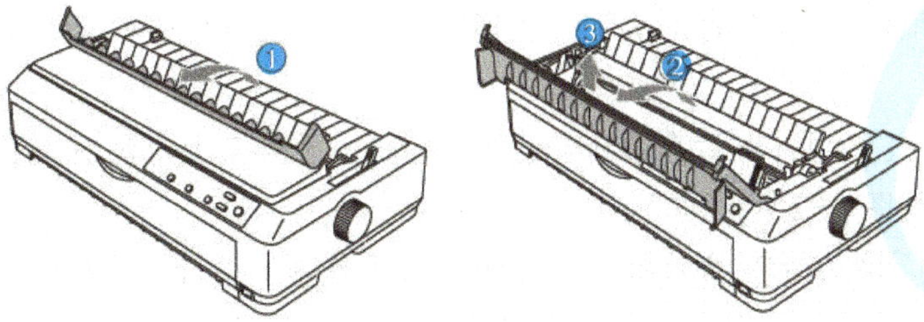

图 1-27 安装步骤 2

第3步：向上抬起压纸组件两边的小钮，从打印机中取出组件。然后用手滑动打印头到打印机中间位置，如图1-28所示。

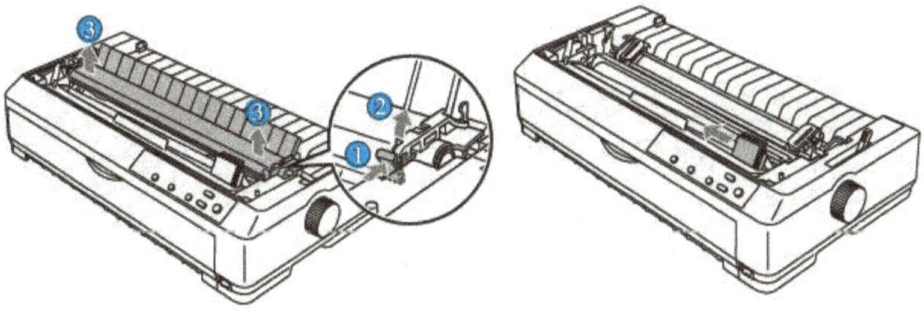

图 1-28 安装步骤 3

第4步：从包装中取出色带架。

第5步：按住色带导轨的两侧，并将它从色带架中拉出，如图1-29所示。

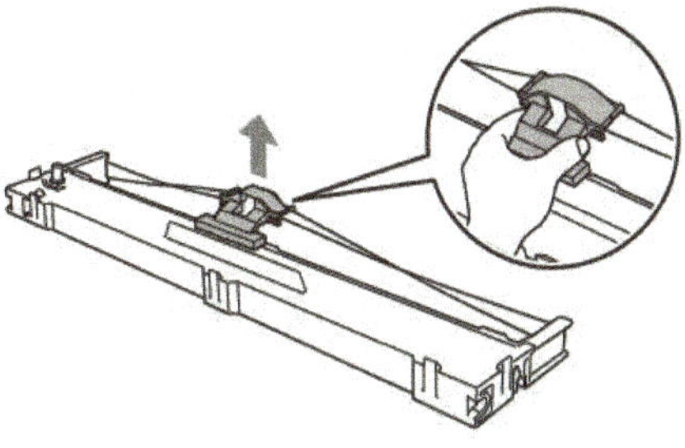

图 1-29 安装步骤 5

第6步：按照图1-30所示的角度，把色带架插入打印机中，然后用力按住色带架两侧，将其钩在打印机的小柱上，然后插入。

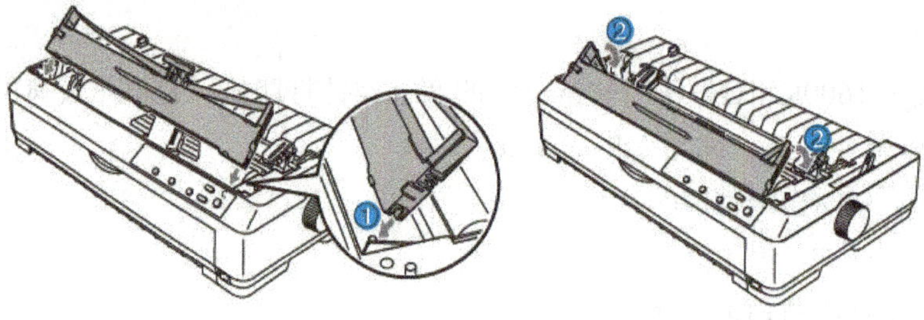

图 1-30　安装步骤 6

第7步：滑动色带导轨到打印头中，直到锁定到位。转动色带松紧旋钮以便色带到位，如图1-31所示。

第8步：放下压纸组件可将其重新安装在打印机的安装架上，然后按下组件两端的小钮直到锁定到位，如图1-32所示。

第9步：将打印机盖前部小片插入到打印机的插槽中，并向下插入到位，然后向下按直到听见“咔嗒”声，表示已到位。最后安装导纸器，如图1-33所示。

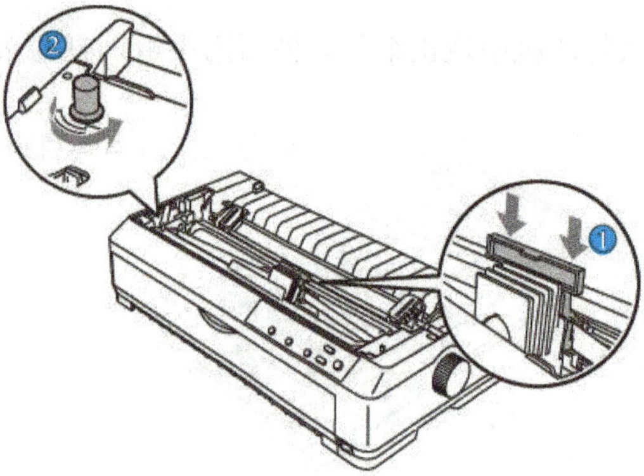

图 1-31　安装步骤 7

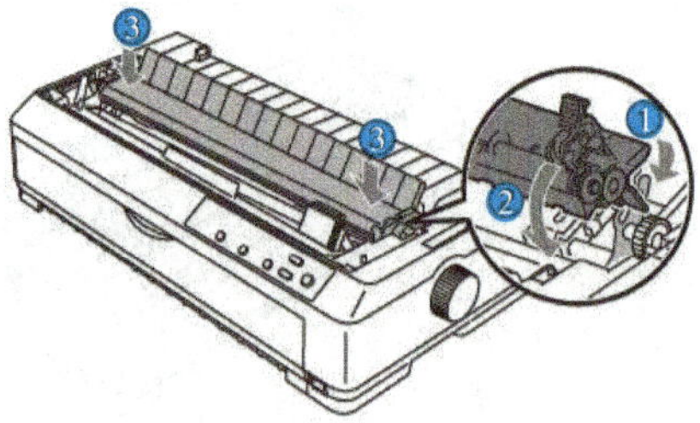

图 1-32　安装步骤 8

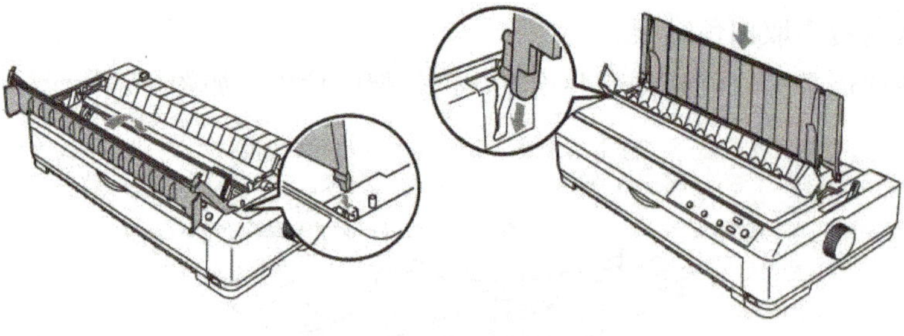

图 1-33　安装步骤 9

2. LQ-1600KⅢH打印机电源线与数据线的连接

在打印机与计算机相连接的时候，必须关闭打印机与计算机的电源开关，然后用数据线将打印机与计算机相连接，其连接方法与OKI 7000F+的连接方法是一致的。

经验分享

打印机共享

打印机是一种相对昂贵的办公设备，在一个办公室中，如果只有一台针式打印机，为了更好提高它的使用效率，大多采用网络共享打印机。那么如何来实现打印机共享呢？

由于计算机操作系统不同，进行共享设置操作会有所不同。下面在Windows 7环境下，对LQ-1600KIIIH打印机进行共享设置。

操作步骤：

第1步：单击“开始”按钮，选择“设备和打印机”菜单项，如图1-34所示。

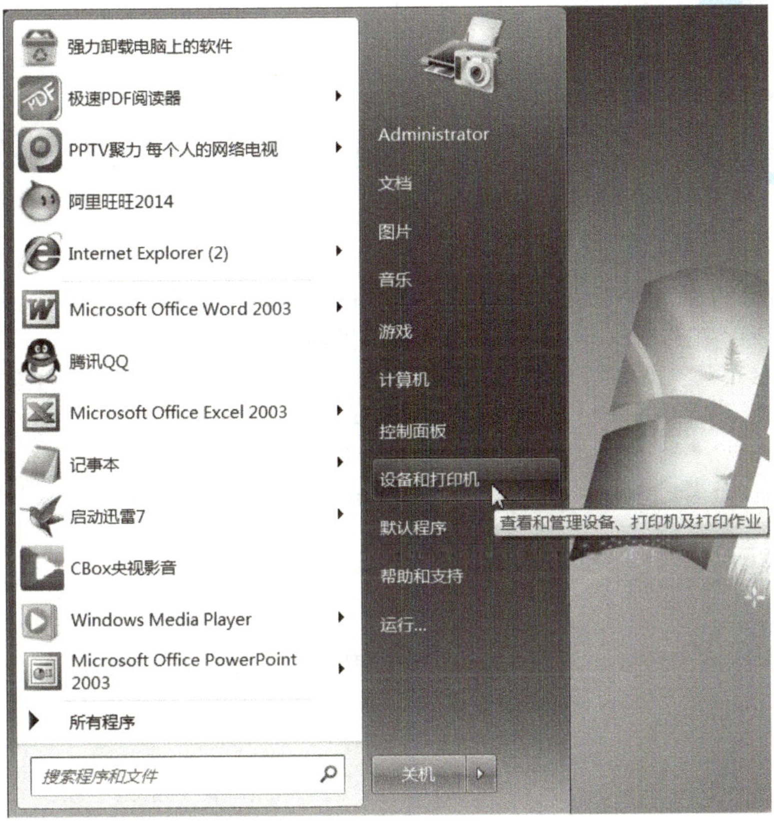

图 1-34　选择“设备和打印机”菜单项

第2步：在弹出的窗口中选择需要共享的打印机（前提是打印机已正确连接，驱动程序已正确安装），在打印机“EPSON LQ-1600 KIIIH ESC/P 2”图标上单击鼠标右键，选择“打印机属性”命令，如图1-35所示。

第3步：切换到“共享”选项卡，勾选“共享这台打印机”复选框，并且设置一个共享名“EPSON LQ-1600 KIIIH ESC/P 2”，单击“确定”按钮，如图1-36所示。

图 1-35　选择“打印机属性”菜单项

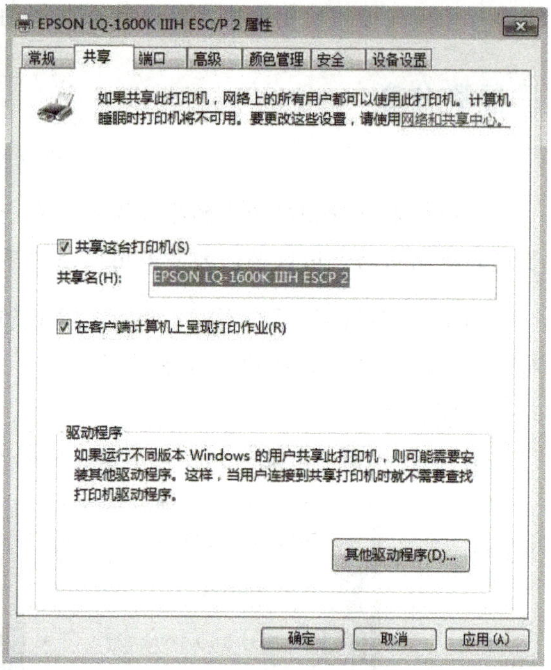

图 1-36　设置打印机“共享”

3. 进行高级共享设置

第1步：在控制面板中打开“网络和共享中心”窗口，如图1-37所示。记住所处的网络类型（本例中为“工作网络”），单击“选择家庭组和共享选项”。

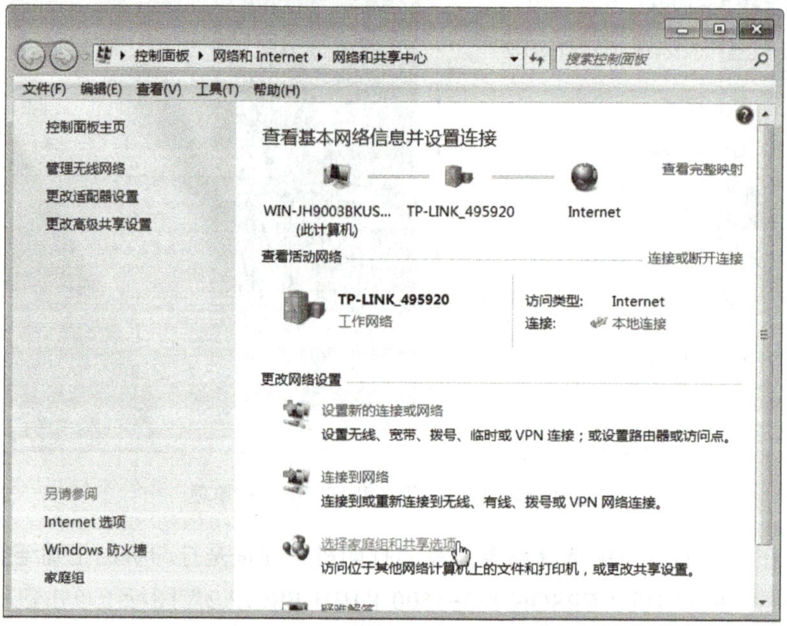

图 1-37　单击“选择家庭组和共享选项”

第2步：在“家庭组”窗口中单击“更改高级共享设置”，弹出“高级共享设置”窗口，如图1-38所示。这里选择“启用文件和打印机共享”与“关闭密码保护共享”，设置完成后，单击“保存修改”按钮。

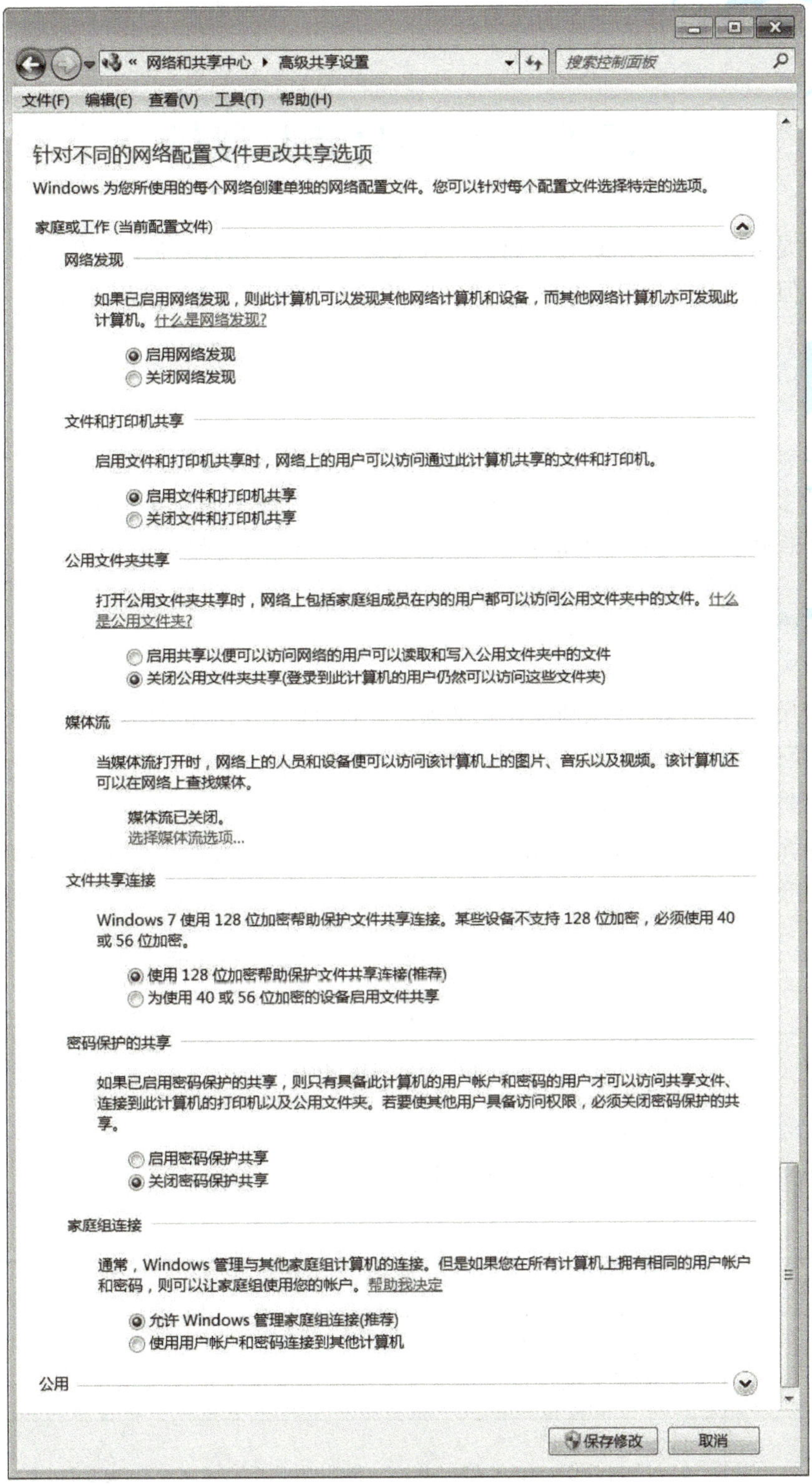

图 1-38 “高级共享设置”的具体设置

如果是公共网络，具体设置和上面的情况类似，但相应地应该设置“公共”下面的选项，而不是“家庭或工作”下面的选项。

任务3　使用针式打印机

打印机是办公室中使用最为广泛的一种设备，充分掌握打印机的正确使用方法是非常重要的，不但为日常办公带来了极大的便利，而且可以延长设备的使用寿命。

任务情境

财务科领导让小张打印一份财务报表，小张要使用新购置的打印机进行打印，见到打印机上如此多的控制按钮，他不知道如何进行操作，才能完成领导安排的工作任务。他非常着急，随后他取出了OKI 7000F+产品使用说明书，详细看了起来。

任务分析

要想使用好打印机的各项功能，就必须对打印机的各功能键有深入的了解。下面，介绍OKI 7000F+打印机的控制面板中各按键的功能。

1. 打印机的操作面板

在OKI 7000F+打印机的显著部位，设计了打印机操作控制面板，如图1-39所示。

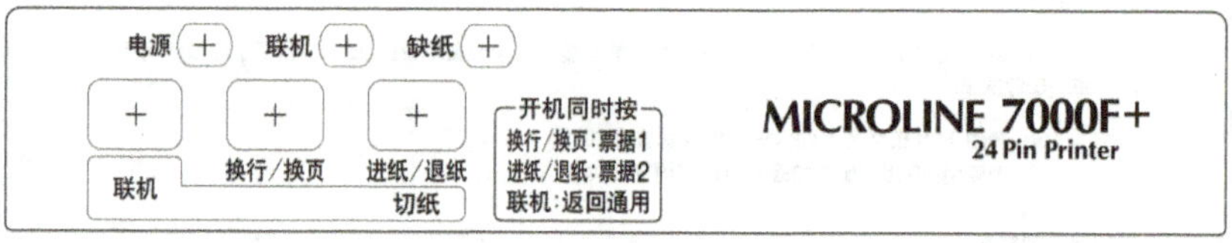

图 1-39　打印机操作面板

2. 操作面板各按键的功能

OKI 7000F+针式打印机各按键名称及其功能见表1-3。

表 1-3　按键名称及其功能

键　名	功　能
联 机	1）联机时，脱机 2）脱机时，联机
换行/换页	1）联机时，无效 2）脱机时，①连续纸模式时，换1行。持续按住此开关，则连续纸被送出到次页首行为止 ②单页纸模式时，换1行。持续按住此开关，则排出单页纸

（续）

键　　名	功　　能
进纸/退纸 切纸	1）联机时，①连续纸模式时，将连续纸送入切纸位置，再按下或一旦接收数据即刻回归原来位置 ②单页纸进纸时此模式无效 2）脱机时，①连续纸模式时，在拖拉进纸器放置连续纸后按此开关，连续纸被自动送至首行打印位置 放置着连续纸时，使连续纸退至拖拉进纸器的位置 ②单页纸模式时，当单页纸进纸时按此开关，单页纸被排出
进纸/退纸 切纸 + 联机 〔正向微量进纸〕	1）联机时，无效 2）脱机时，放置着打印纸时，正向微量进纸
进纸/退纸 切纸 + 换行/换页 〔逆向微量进纸〕	1）联机时，无效 2）脱机时，放置着打印纸时，逆向微量退纸
联机 + 进纸/退纸 切纸	1）联机时，无效 2）脱机时，设定压缩打印模式。切换无压缩、75%压缩、50%压缩
联机 + 换行/换页	1）联机时，无效 2）脱机时，设定打印纸开始位置（首字符打印位置）

3. 指示灯含义及功能

OKI 7000F+针式打印机各指示灯含义及功能见表1-4。

表 1-4　指示灯含义及功能

指　示　灯	状　　态	功　　能
电源（绿色）	点亮	接通电源
	熄灭	切断电源
	闪烁	低消耗电力模式
联机（绿色）	点亮	联机（可打印）
	熄灭	脱机（不可打印）
	闪烁	供纸等待报警状态
缺纸（橙色）	点亮	纸张用尽状态
	熄灭	供纸用尽状态
	闪烁	卡纸报警状态

任务实施

1. 使用单页纸

（1）单页纸的放置

操作步骤：

第1步：将电源开关置于ON。如果正在使用连续纸，则将连续纸排出。

第2步：将换纸杆置于单页纸处，如图1-40所示。

第3步：将导纸器置于单页纸的左端位置，如图1-41所示。

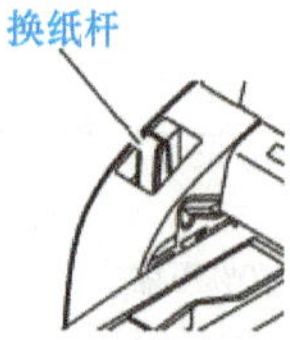

图 1-40 换纸杆置于单页纸

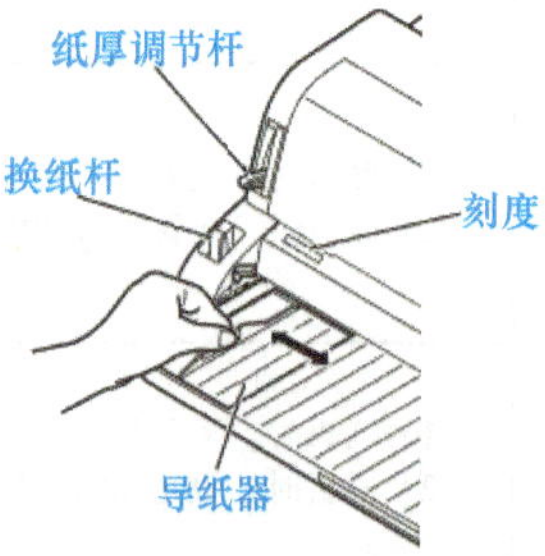

图 1-41 导纸器置于单页纸的左端位置

第4步：调整纸厚调节杆的刻度位置，使之符合正在使用的打印纸规格。

第5步：将打印纸的打印面朝上，并将其按图1-42所示箭头方向，左端对齐导纸器，笔直插入，直至其抵达内侧尽头。大约1s后单页纸被自动吸入。

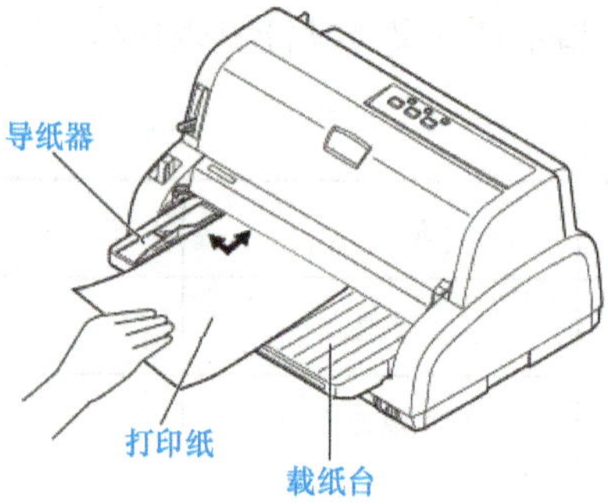

图 1-42 放置单页纸

（2）单页纸的排出

操作步骤：

第1步：按“联机”开关，进入脱机状态。

第2步：持续按“换行/换页”开关或“进纸/退纸”开关，打印纸自动排出到载纸台。

2. 使用连续纸

（1）连续纸的放置

操作步骤：

第1步：打开打印机电源开关，将电源开关置于ON。

第2步：将换纸杆设定于连续纸处。

第3步：拉起左侧拖拉进纸器的锁定杆，调整横向的打印位置。调整位置后，按下锁定杆固定，如图1-43所示。

第4步：按图1-44所示箭头方向，拉起右侧拖拉进纸器的锁定杆，根据连续纸的宽度移动右侧拖拉进纸器。导纸器与左右拖拉进纸器等间距移动。

第5步：按图1-45所示箭头方向，打开左右拖拉进纸器盖装入连续纸，然后关闭拖拉进纸器盖。

第6步：按图1-46所示箭头方向，根据连续纸的宽度调整右侧的拖拉进纸器，然后按下锁定杆将其固定。

第7步：按“进纸/退纸”开关，连续纸被自动吸入，直至到达第一行打印位置为止，“联机”指示灯点亮。

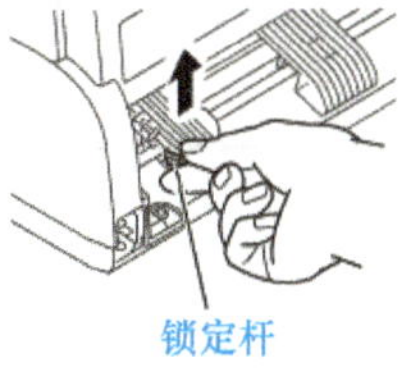

图 1-43　调整左侧拖拉进纸器的锁定杆

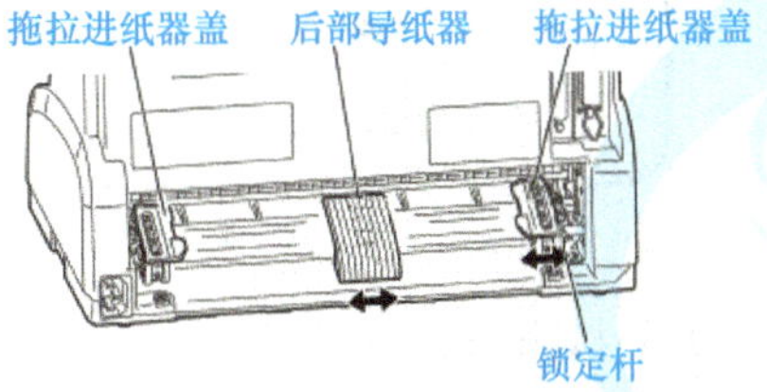

图 1-44　调整右侧拖拉进纸器的锁定杆

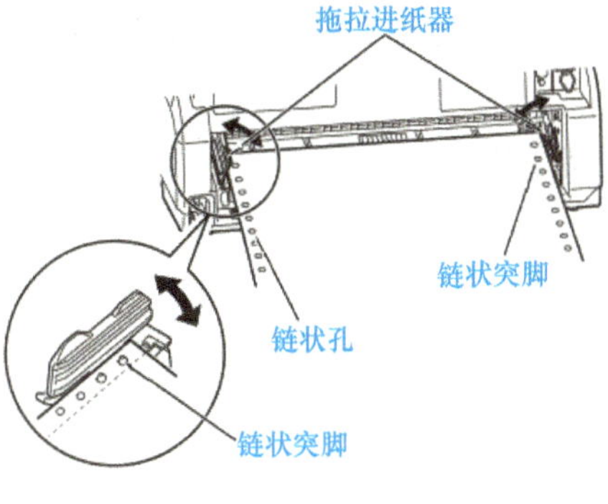

图 1-45　装入连续纸

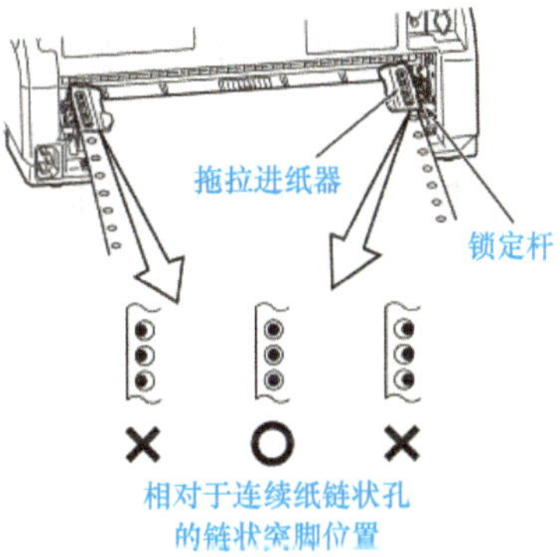

图 1-46　调整拖拉进纸器的锁定杆

温馨提示

安装连续纸注意事项

1）在安装连续纸时，注意左右链状孔与链状突脚的位置不要错位，勿使连续纸张绷得过紧或过松。

2）在安装连续纸时，放置位置对打印机使用效果是非常重要的，其安装示意如图1-47所示。同时要注意以下几方面：

①放置打印机的桌子高度设定为75cm左右。

②将连续纸沿送纸路径与打印机平行放置，左右方向的错位控制在3cm以内。

③将打印机后部与桌子边缘对齐。

④打印机的后部距离墙壁60cm以上。

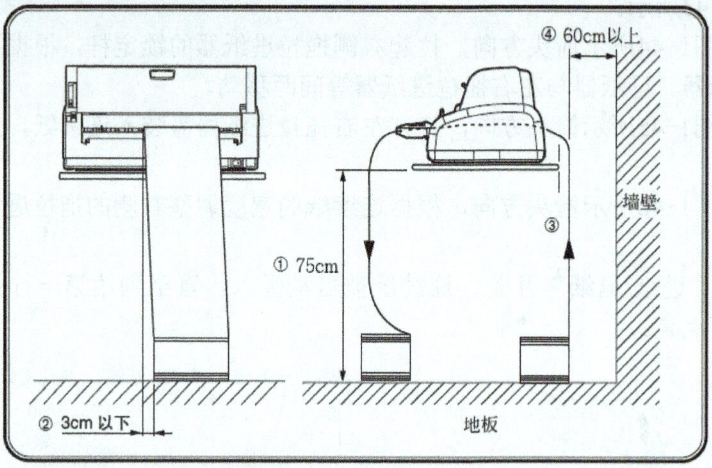

图 1-47　安装连续纸示意

（2）连续纸的排出

1）切下打印完的连续纸。

操作步骤：

第1步：在“联机”指示灯点亮的状态下，按“进纸/退纸”开关，连续纸被排出到载纸台上。

第2步：按图1-48所示箭头方向，从撕纸缝处切下连续纸。

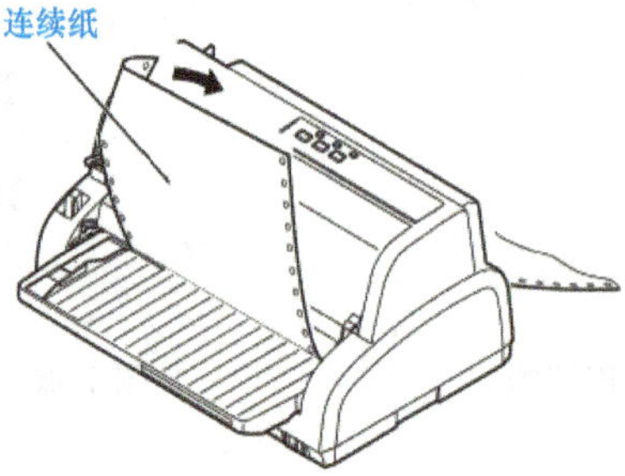

图 1-48　切下连续纸

第3步：再按一次“进纸/退纸”开关，连续纸回到原来的位置。

2）取下连续纸。

操作步骤：

第1步：切下打印完的连续纸。

第2步：按“联机”开关，进入脱机状态。

第3步：按“进纸/退纸”开关，连续纸的前端退至拖拉进纸器处。

第4步：打开拖拉进纸器盖，取出连续纸，如图1-49所示。

第5步：将拖拉进纸器盖复位。在拖拉进纸器的面前切下连续纸的撕纸缝时，请在脱机状态下按“换行/换页”开关排出剩余的连续纸。

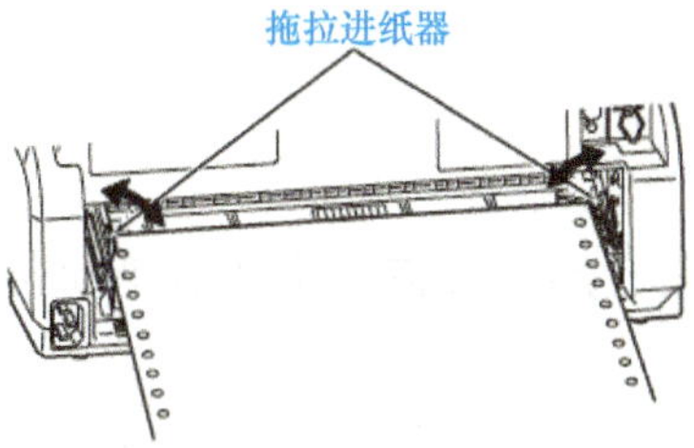

图 1-49　取出连续纸

3. 单页纸和连续纸的切换

由单页纸切换到连续纸：将换纸杆置于连续纸位置，如图1-50所示。

由连续纸切换到单页纸：将换纸杆置于单页纸位置，如图1-51所示。

扫描二维码，观看针式打印机使用视频。

扫码看视频

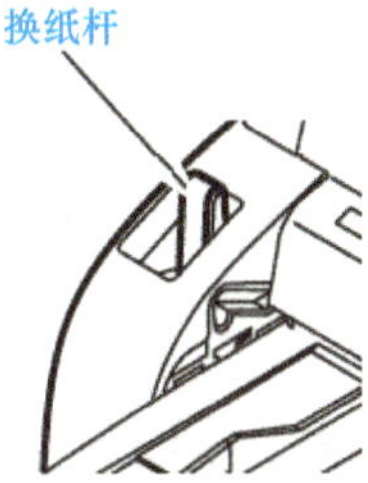

图 1-50　由单页纸切换到连续纸

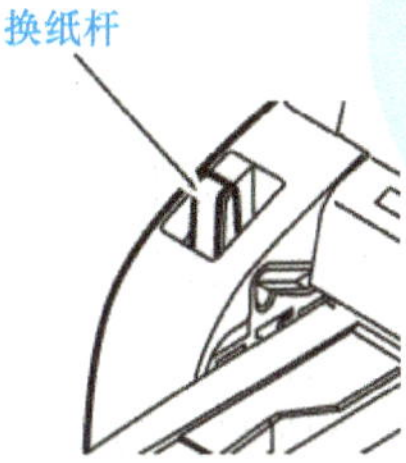

图 1-51　由连续纸切换到单页纸

任务拓展

1. 修正打印纸起始位置

操作步骤：

第1步：打印机的菜单设定，确认进行修正的打印纸模式的起始位置为“6.35mm（3/12英寸）”。

第2步：移动换纸杆，选择进行设定的打印纸位置。

第3步：使用连续纸时将打印纸放置于拖拉进纸器。

第4步：按“进纸/退纸”开关，手动插入单页纸的场合，按住开关将打印纸放置于台面。

第5步：对准起始位置。按以下开关调整起始位置，正向微量进纸，要按住“进纸/退纸”开关，按“联机”开关；逆向微量进纸，要按住“进纸/退纸”开关，按“换行/换页”开关。

第6步：打印纸起始位置成为基准位置首行字符中心6.35mm后，松开开关，作为新的起始位置修正而被保存。

2. 压缩打印的设定

一行的压缩率可设定为无压缩（100%）、75%或50%，如果要设置不同的压缩比例，则可以采用以下方法。

操作步骤：

第1步：确认“联机”指示灯熄灭。

第2步：按住“联机”开关，然后每按一下“进纸/退纸”开关，可以100%→75%→50%→100%的压缩率进行转换。

第3步：松开“联机”开关和“进纸/退纸”开关，当前指示灯所显示的压缩率即被设定。

各压缩率时的指示灯闪烁状态如下所示：

1）压缩率100%时，“缺纸”指示灯和“联机”指示灯闪烁。

2）压缩率75%时，“联机”指示灯闪烁。

3）压缩率50%时，“缺纸”指示灯闪烁。

3. 设定打印纸的起始位置

“起始位置”指打印纸的第一行，自动供纸时打印纸停止的位置，可将打印纸的起始位置设置于任意位置。

操作步骤：

第1步：将打印机的电源开关置于ON。之前有供纸时，请将其排出。

第2步：移动换纸杆，选择要进行设定的打印纸位置。

第3步：放入打印纸。

第4步：调整起始位置，操作以下开关，调整起始位置。正向微量进纸，边按“进纸/退纸”开关，边按“联机”开关。逆向微量进纸，边按“进纸/退纸”开关，边按“换行/换页”开关。

第5步：按下“联机”开关的同时，按“换行/换页”开关，首行打印位置保存在存储器中。

经验分享

使用打印机的注意事项

为了使打印机能够正常工作，在使用打印机的时候要注意以下几个方面，这不仅可提高打印机的使用效率，还可以延长设备的使用寿命。

1）认真阅读打印机操作使用手册。正确设置开关按钮，使用操作面板，正确装纸等，避免乱操作带来的故障。

2）每次打印前，必须检查打印机进纸和出纸是否畅通。打印机内部是否有异物，打印机色带是否在正确的位置。

3）严禁在打印过程中旋动调节手柄。

4）经常检查打印头前端与打印辊之间的距离是否符合要求，根据打印纸的厚度来调节打印头间隙调节杆的位置。

5）注意机械运动部件和部位的润滑。

6）使用高质量完好的色带。

7）打印蜡纸时不要将色带取下。

8）注意开关机的顺序。按照常规的方法，先开打印机及其他外设，后开主机；先关主机，后关打印机及其他外设。切忌频繁地开关机器电源。

9）使用标准打印纸进行打印，否则会引起卡纸和断针故障。

10）打印机供电和接地应该正确。不论是电源插头、串行电缆和并行电缆，都应在所有设备电源关闭的条件下进行插接。

任务4 维护与保养针式打印机

针式打印机在使用过程中，可能会出现这样或那样的故障，为了更好地分析和解决各种故障，必须理解和掌握各种故障的原因和解决办法，提高工作效率。

任务情境

财务科小张使用OKI 7000F+打印机一段时间之后，发现打印文稿的文字颜色越来越浅，而且打印机在工作过程中出现轻微的杂音，有时出现卡纸的现象。此时的小张无法自行处理打印机出现的上述情况，电话咨询了售后服务人员，明白了发生上述故障的原因。

任务分析

通过咨询了售后服务人员，明白了产生故障的原因，主要是色带使用时间较长，需要进行更换，同时在使用过程中，纸和灰尘对针式打印机的使用都可能产生不利的影响。

任务实施

1. 更换色带

操作步骤：

第1步：将色带导引从色带盒中取下，松开色带盒盖上的卡爪（6处），取下盖子，如图1-52所示。

第2步：取出用完的色带，去除色带盒内及其周围、从动齿轮、驱动齿轮周围的色带屑和纤维屑，如图1-53所示。

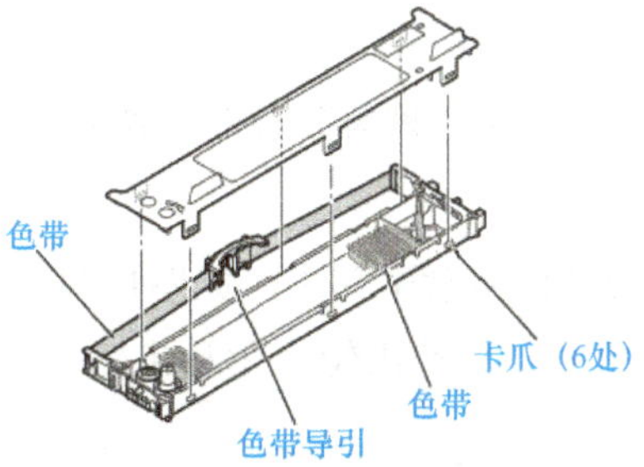

图 1-52 色带盒内部结构

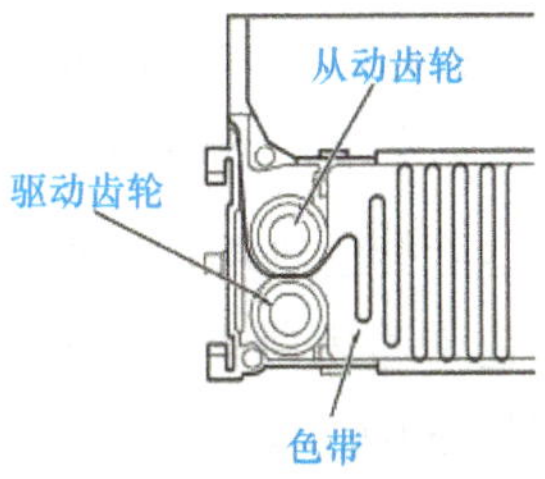

图 1-53 色带盒齿轮结构

第3步：去除新色带的包装纸，从箱内将色带抽出20～30cm。

第4步：将色带盒盖于色带箱上，然后将色带盒与箱一起按图1-54所示箭头方向翻转。

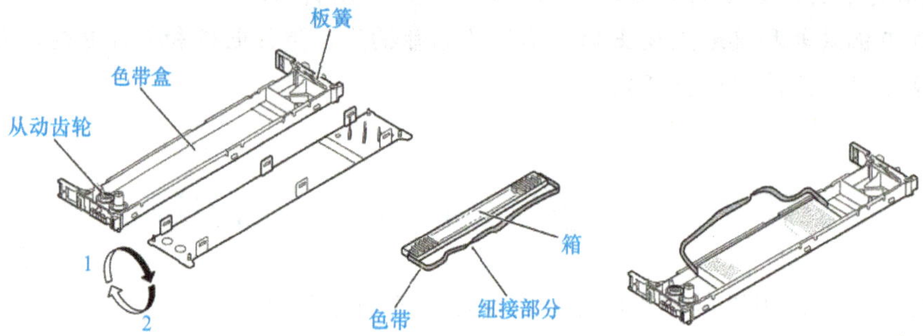

图 1-54　色带放置前准备

温馨提示

翻转色带盒注意事项

翻转色带盒时，从动齿轮、驱动齿轮和板簧可能会脱落。安装色带时请确认从动齿轮、驱动齿轮和板簧没有脱落。

第5步：色带的安装过程中存在反转扭曲部分，请按图1-55所示安装设置色带的反转扭曲部分。

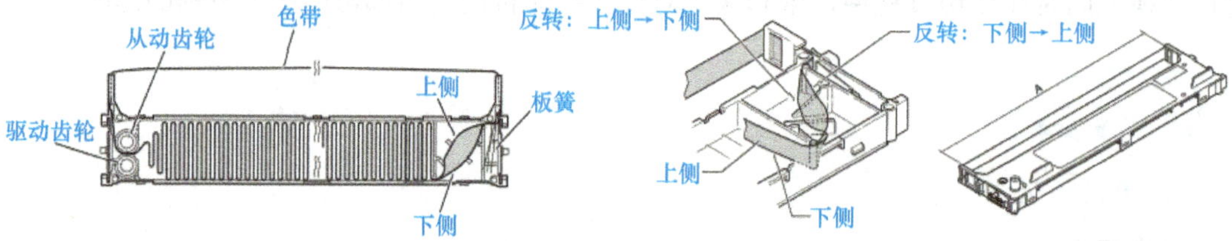

图 1-55　色带的反转扭曲

温馨提示

色带反转注意事项

如果色带的反转扭曲部分没有正确设置安装，则将可能导致图1-55所示的A部分扭曲变形，色带出现卡带，打印头或装置受损。

第6步：轻轻地除掉色带箱，不要将色带从色带盒中弹出，如图1-56所示。

第7步：确认色带盒内色带是否折断、扭曲，从动齿轮、驱动齿轮是否从框架浮起，然后关闭盖子，如图1-57所示。

第8步：按顺时针方向转动旋钮，收紧色带。

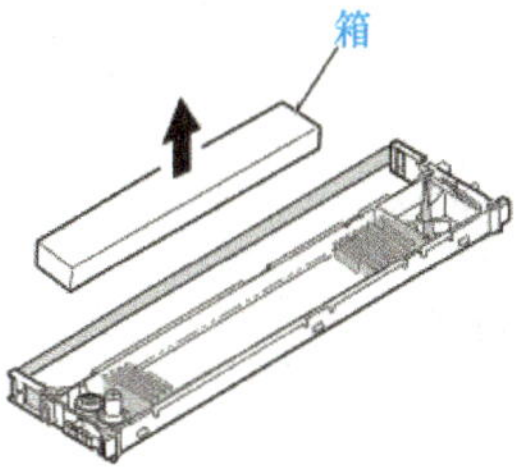

图 1-56　从色带盒取出色带

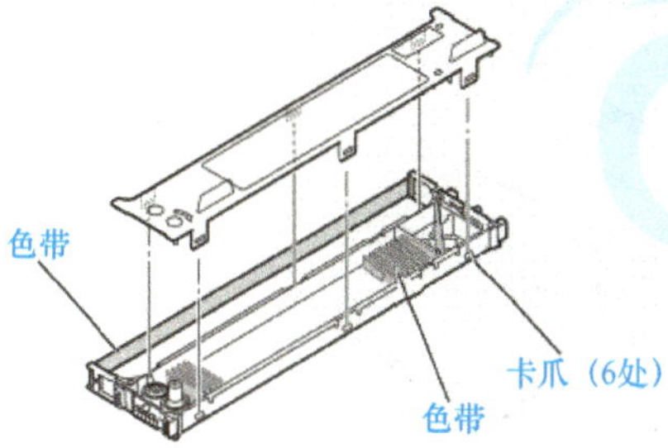

图 1-57　关闭色带盒盖子

第9步：将色带安装到色带导引上，边留意上下方向边安装新的色带至色带盒内，如图1-58所示。

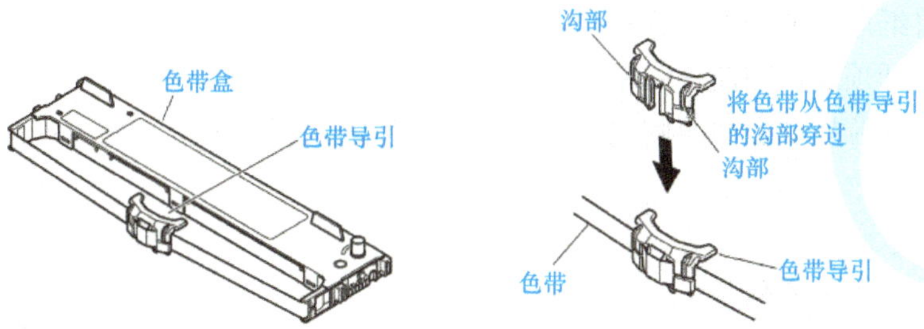

图 1-58　将色带安装到色带导引上

温馨提示

色带安装注意事项

1）转动旋钮、色带不动或走动异常时，请重新打开顶盖确认色带的走带路线，如图1-59所示。

2）请勿朝箭头相反方向转动旋钮，否则导致色带卡带。

3）一个色带盒最多只能更换3次色带。更换4次以上仍继续使用，则导致色带运转不良或色带夹带。更换色带时，请在色带盒上标记更换次数记录，更换3次色带后，请更换色带盒。

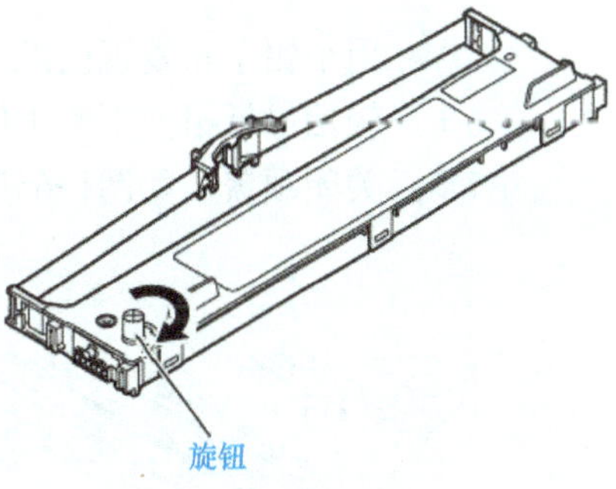

图 1-59　色带旋钮

2. 夹纸故障处理

（1）单页纸夹纸在打印机内部时　操作步骤：

第1步：将电源开关置于OFF。

第2步：将纸厚调节杆置于分档值9的位置。

第3步：将打印头移至无打印纸处，如图1-60所示。

第4步：旋转卷轴旋钮，从前部或后部拉出单页纸，如图1-61所示。

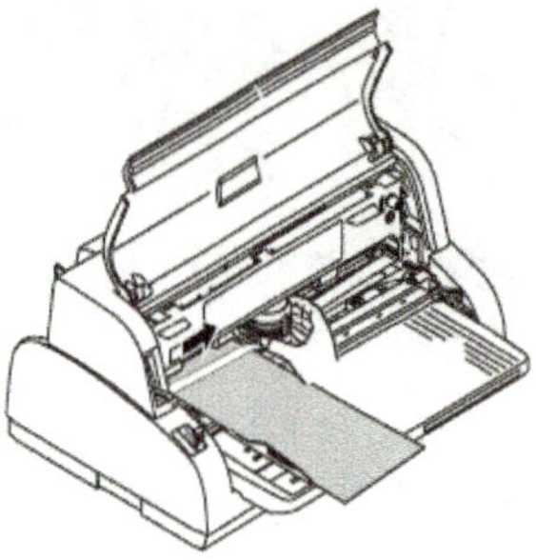

图 1-60　移动打印头

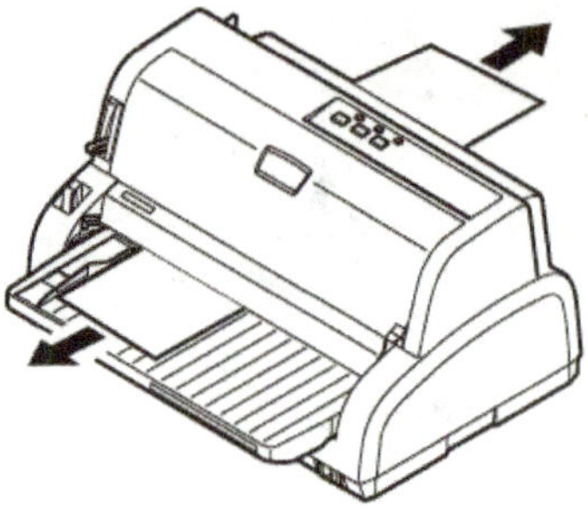

图 1-61　拉出单页纸

（2）在打印机内部残留有破损的单页纸时　操作步骤：

第1步：将电源开关置于OFF。

第2步：将纸厚调节杆置于分档值9的位置。

第3步：打开顶盖，如图1-62所示。

第4步：向外拉导纸组件两侧把手，使导纸组件进入锁定位置，如图1-63所示。

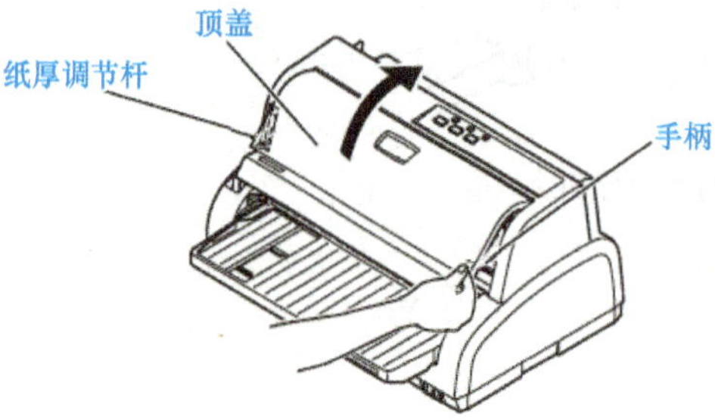

图 1-62　打开顶盖

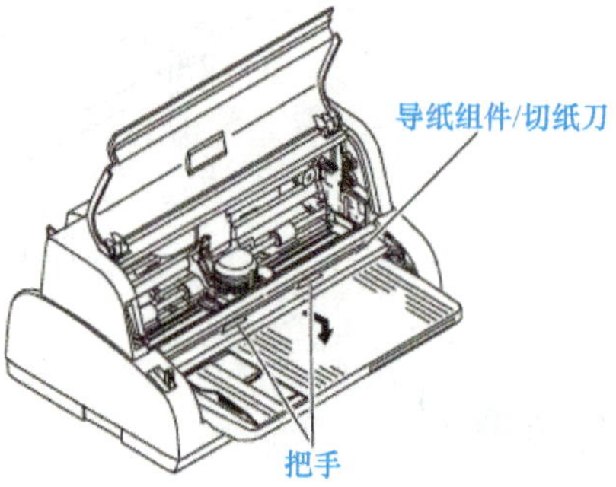

图 1-63　向外拉导纸组件

第5步：用小钳子将发现的纸屑取出。

第6步：轻抬导纸组件下侧中间位置，靠弹簧拉力使其恢复原位，如图1-64所示。

第7步：关闭顶盖，如图1-65所示。

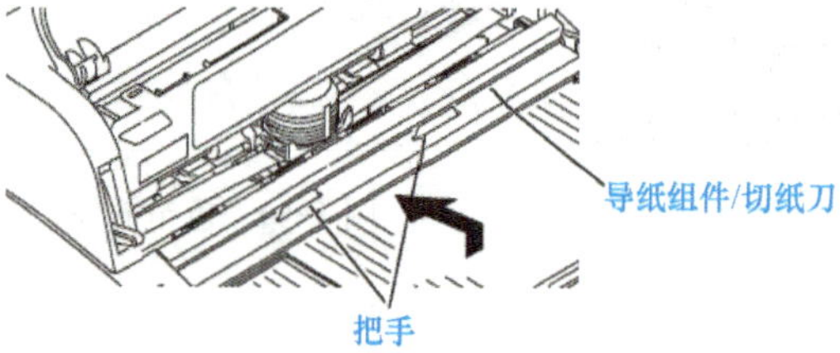

图 1-64　轻抬导纸组件盖

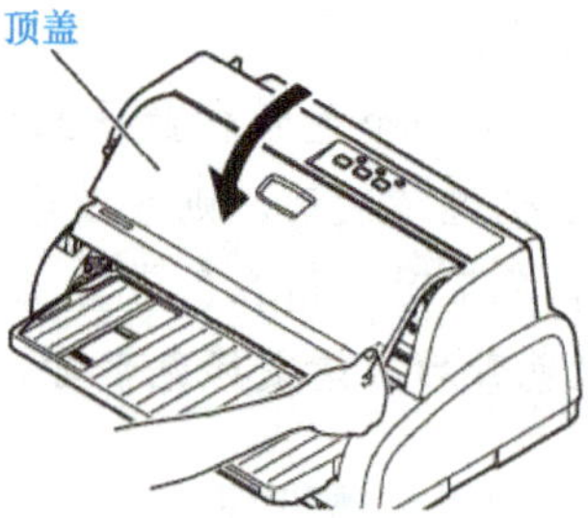

图 1-65　关闭顶盖

（3）连续纸在打印机内部夹纸时　操作步骤：

第1步：将电源开关置于OFF。

第2步：切下未打印的连续纸，如图1-66所示。

第3步：从拖拉进纸器上取出连续纸，如图1-67所示。

第4步：从前部或后部拉出连续纸，如图1-68所示。

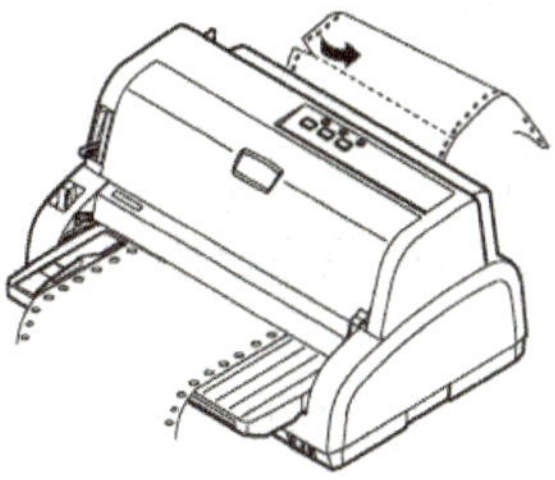

图 1-66　切下未打印的连续纸

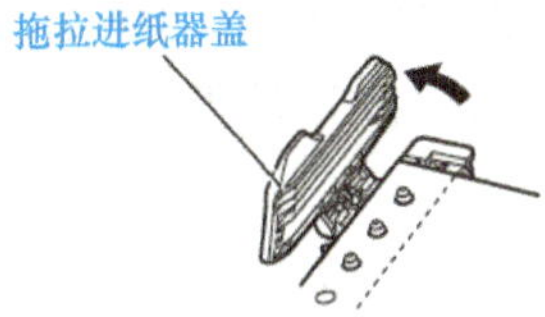

图 1-67　取出连续纸

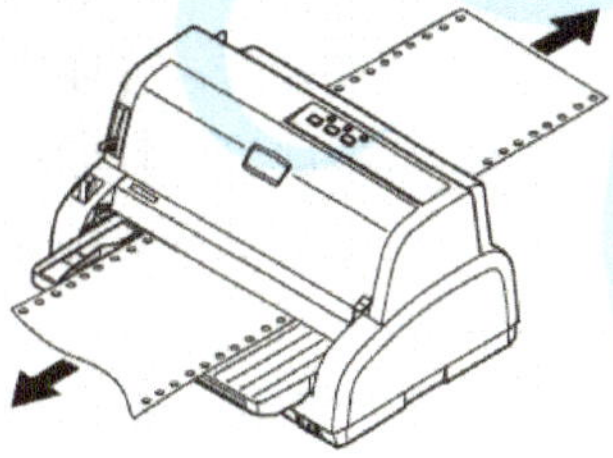

图 1-68　拉出连续纸

（4）在打印机内部残留有破损的连续纸　操作步骤：

第1步：将电源开关置于OFF。

第2步：将纸厚调节杆置于分档值9的位置。

第3步：打开顶盖，如图1-69所示。

第4步：向外拉导纸组件两侧把手，使导纸组件进入锁定位置，如图1-70所示。

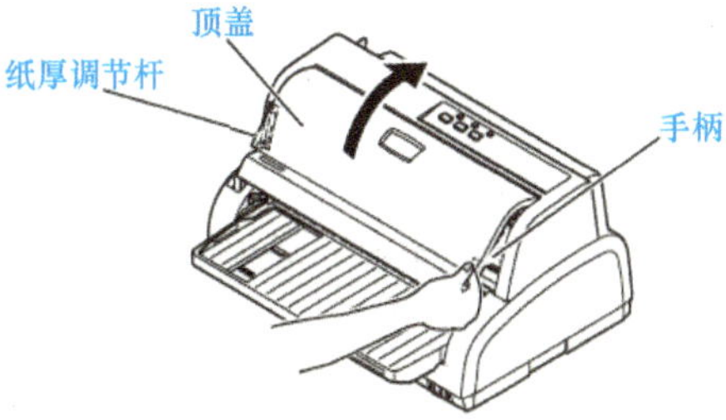

图 1-69　打开顶盖

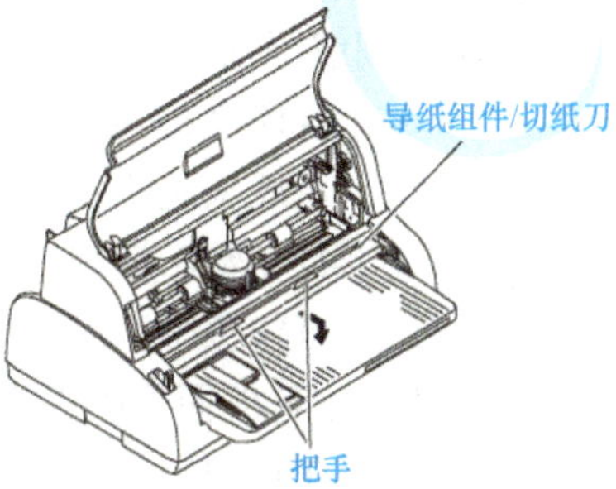

图 1-70　向外拉导纸组件

第5步：用小钳子将发现的纸屑取出。

第6步：轻抬导纸组件下侧中间位置，靠弹簧拉力使其恢复原位，如图1-71所示。

第7步：关闭顶盖，如图1-72所示。

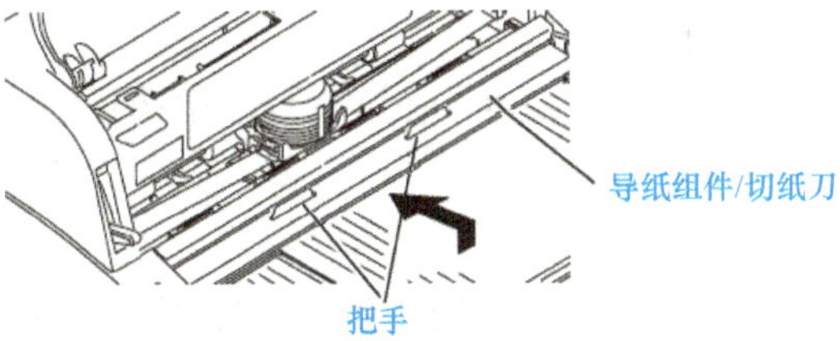

图 1-71　轻抬导纸组件盖

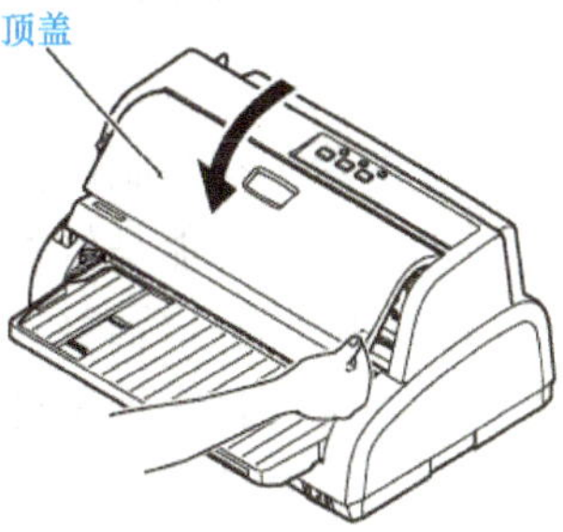

图 1-72　关闭顶盖

3. 其他故障处理

（1）打印机不打印

1）故障现象：“暂停”指示灯不亮，但打印机不打印。

处理方法：检查是否正确安装了打印机的软件；检查软件的打印机设定值；检查接

口电缆的两端，确认该电缆是否适合打印机和计算机的规格。

2）故障现象：“暂停”指示灯和“缺纸”指示灯闪烁且打印机鸣叫三声。

处理方法：打印机可能缺纸，重新在打印机中装入打印纸。

3）故障现象：打印机的声音似乎正在打印，但实际并无打印输出。

处理方法：可能未正确安装色带，确认是否正确安装了色带；可能色带已用旧，更换色带盒。

4）故障现象：打印机发出奇怪的噪声，蜂鸣器鸣叫五次，并且打印机突然停止打印。

处理方法：关闭打印机电源开关让打印头冷却，然后检查是否打印机夹纸、色带卡住或者有其他的问题。再重试一下打印。如果打印机仍然不能正常工作，请与售后服务联系。

5）故障现象：打印机鸣叫多次。

处理方法：关闭打印机，再次打开。如果打印机鸣叫三次，检查是否打印机缺纸；如果打印机鸣叫一次，可能对控制面板做无效的操作。如果打印机依然不能正常工作，关机并与售后服务联系。

（2）打印模糊或不均匀

1）故障现象：打印字符的底部部分丢失。

处理方法：可能未正确安装色带盒。

2）故障现象：打印输出模糊。

处理方法：可能色带已用旧，更换色带盒；纸厚调节杆可能未正确设置。

（3）在打印的字符或图形中丢点

1）故障现象：在打印输出中丢失一行点。

处理方法：可能是打印头损坏，停止打印并与售后服务联系，更换打印头。

2）故障现象：在随机位置丢失点。

处理方法：可能是在色带中有许多空隙或者色带松弛，重新安装色带盒。

（4）打印的字符不对

1）故障现象：打印机不打印用应用软件传送的字体或字符。

处理方法：检查是否正确安装了打印机软件。

2）故障现象：在控制面板上选择的字体未被打印。

处理方法：可能是软件的设定覆盖了控制面板的设定，在软件程序中选择字体。

（5）单页纸没有正确进纸

1）故障现象：打印纸未进纸。

处理方法：连续纸可能留在打印机中，取出连续纸，将换纸杆设定到单页纸位置并插入新的一页纸。

2）故障现象：打印纸进纸卷曲或夹纸。

处理方法：关闭打印机电源开关，拉出夹纸，将一页新纸垂直插入导纸器中，并确认所用的打印纸类型是否正确。

3）故障现象：打印纸没有完全退出。

处理方法：使用“换行/换页”键将一页退出，使用在规定范围内的打印纸。

（6）连续纸没有正确进纸

1）故障现象：拖拉进纸器不进纸。

处理方法：检查换纸杆是否设定到连续纸位置，如果不是，将换纸杆移到正确位置；打印纸可能从拖拉进纸器上脱落，将打印纸安装在拖拉进纸器上。

2）故障现象：进纸卷曲或夹纸。

处理方法：确认导纸器位于直立位置；连续纸的打印备用纸可能妨碍连续纸垂直进纸，确认打印备用纸不妨碍进纸，打印备用纸与打印机之间应保持在1m之内的距离；检查连续纸两边的孔是否平行；确认链齿已锁定且链齿盖关闭。

3）故障现象：打印纸不能正确退出。

处理方法：撕下进入打印机中的打印纸，然后按“换行/换页”键或“进纸/退纸”键向前进纸。

4）故障现象：当在单页纸与连续纸之间进行切换时，打印机鸣叫多次，并且“暂停”指示灯亮。

处理方法：如果此时打印纸仍留在打印机中，则可以试着改变换纸杆的位置，将换纸杆放回到以前的位置并且退纸，然后改变换纸杆的位置。

任务拓展

对针式打印机的日常维护包括定期检查各部件或装置，以及调整出现偏差的部件或装置。

1. 日常检查

日常检查是在平时使用打印机时，检查是否正确使用打印机，并由此确认打印机在最佳环境下工作。主要检查以下几点：

1）打印纸是否被压纸轮或打印机的盖板卡住。

2）拆下色带盒，认清色带盒旋钮旁的方向标记，用手顺着标记转动色带盒上的旋钮，查看有无卡涩现象，如有就必须更换色带盒。

3）色带盒的安装位置是否正确。

4）打印机内有无杂物，若有则取出。

5）打印头前面的色带保护片有无破损，如果有破损，在打印过程中将出现打印针刮色带或刮纸现象，最终将打印针刮断。

2. 定期检查

针式打印机在使用了6个月或打印100万行字符后必须对其进行一次周期性检查，主要包括以下内容：

1）检查打印机的机械装置，查看有无螺钉松动或脱落现象，字车导轨轴套是否磨损。输纸机构、字车和色带传动机构的运转是否灵活，若有松动、晃动或不灵活，则应分别予以紧固、更换或调整。

2）检查色带及色带盒，如果发现色带表面起毛或色带盒太紧就应及时更换（注意色带的质量），否则色带盒太紧会影响字车移动，色带破损则会刮断打印针。

3）打印机使用了6个月或打印了100万行字符后，要检查打印头和打印辊之间的间隙是否符合要求，若有偏离就得调整。

温馨提示

清洁打印机注意事项

1）注意勿使纸屑等进入机内。

2）刚打印后打印头及其周围温度很高，不要在刚工作后做清洁。

3）用户应经常进行打印机表面的清洁维护，保持打印机外观的清洁。

4）不要使用硬布及稀释剂、酒精和汽油等易燃溶剂擦拭设备。

项目小结

针式打印机是现代办公活动中使用最广泛的办公设备之一，它改变了人们的办公方式提高了办公效率。目前，针式打印机正朝着专门化、小型化和低价位方向发展。

本项目主要从针式打印机的选购、安装、使用、日常维护和保养、耗材的选购等基本常识和技巧进行具体的介绍。同时，列举了针式打印机的常见故障与处理方法，以使读者能够借助使用手册和使用经验对一些常见的简单故障进行排除。

实战强化

1. 针式打印机LQ-1600KⅢH的安装与使用

（1）目的要求

熟悉针式打印机的基本结构，并能进行正确安装和使用。

（2）实践内容

1）打开包装，清点配件是否齐全，根据实物写出名称，并写入表1-5。

表1-5　配件名称

序　号	1	2	3	4	5	6	…

注：取出包装保护材料，并妥善保存，以备下次使用。

2）打印机的安装。

3）测试打印机。

4）使用单页纸打印。

5）使用连续纸打印。

6）使用压感纸打印。

（3）测试项目（见表1-6）

表 1-6　测试项目

序　号	项　目	操作项目	学生自评	教师评价	备　注
1	配件识别	写出各配件的名称			
2	安装打印机	① 安装卷轴旋钮 ② 安装色带 ③ 安装导纸器 ④ 自检打印机 ⑤ 调整打印纸安装的位置 ⑥ 安装打印机数据线 ⑦ 安装驱动程序 ⑧ 操作是否规范			
3	使用打印纸打印	① 使用单页纸打印 ② 使用连续纸打印 ③ 使用压感纸打印 ④ 操作是否规范			
4	控件面板的使用	各功能键的使用是否正确			
5	使用注意事项	要求口述正确			

2. 针式打印机LQ-1600KⅢH使用环境、色带的更换和清洁

（1）目的要求

1）熟悉打印机的使用环境。

2）掌握打印机色带的更换方法。

3）掌握打印机的清洁方法。

（2）实践内容

1）打印机的使用环境。

2）更换色带。

3）清洁打印机。

（3）测试项目（见表1-7）

表 1-7　测试项目

序　号	项　目	操作项目	学生自评	教师评价	备　注
1	选择打印机的使用环境	① 打印机的位置选择是否合理 ② 供电电源及插头是否正确			
2	更换色带	① 掌握取出旧色带的方法 ② 掌握更换新色带的方法 ③ 操作是否规范			
3	清洁打印机	① 机外清洁 ② 机内清洁 ③ 打印辊清洁 ④ 操作是否规范			

职业应用项目领域 2　使用喷墨打印机

职业能力目标

1）能依据产品性价比选购符合实际需求的喷墨打印机。

2）能依据产品说明书安装、调试喷墨打印机。

3）能依据不同情况使用喷墨打印机。

4）能依据故障现象诊断、维护与保养喷墨打印机。

自从 1976 年世界上第一台喷墨打印机诞生于美国惠普（HP）公司以来，喷墨打印机的发展非常迅速。随着信息技术的飞速发展，数字照相机的日益普及，打印照片和文档输出成为日常工作，喷墨打印机已经从办公室走进家庭，为人们的工作和学习带来极大的方便。

任务1　认识和选购喷墨打印机

目前，在喷墨打印机市场，不同种类、型号和功能的喷墨打印机是非常多的，只有充分了解喷墨打印机的特点，明确自己的用途才能选购到一台符合实际工作需要的设备。

任务情境

欧阳是一位数码摄影发烧友，他拍摄到珍贵镜头后总有一种输出来欣赏的冲动，但三番五次跑数码冲印店感觉非常麻烦，知道数码输出还有一个更便捷的方式——采用照片打印，他就找到了在计算机公司工作的朋友小王，请他参谋选择一台打印机打印照片。

小王问欧阳："你要购买的这台打印机主要做什么？"

"主要用于打印照片，而且幅面要大一些。"

"同时要打印一些文稿。"

"打印机的耗材要价格低。"

"品牌和售后服务一定要好。"

如何为欧阳选购一台打印机呢？最后，小王告诉欧阳最好买一台喷墨打印机。

任务分析

用户如果要选购一台符合实际需要的喷墨打印机，则必须对喷墨打印机的种类有一个初步的了解，才能选购到一台符合实际需要的设备。

1. 喷墨打印机的分类

（1）依据工作方式分类　喷墨打印机分为压电式喷墨打印机和气泡式喷墨打印机两种。

（2）依据打印幅面分类　喷墨打印机分为A4喷墨打印机、A3喷墨打印机、A2喷墨打印机。

（3）依据用途分类　喷墨打印机分为普通喷墨打印机、数码相片打印机和便携式喷墨打印机。

2. 技术指标

（1）分辨率　分辨率是衡量打印机打印质量的重要指标，用DPI表示。它决定打印图像时所能表现的精细程度，其大小决定打印机的输出质量。一般来说，分辨率越大，其反映出来可显示的像素个数也就越多，可呈现出更多的信息和更清晰的图像。

（2）墨滴大小　喷墨打印机喷头的墨滴大小同样是决定打印精度的重要指标。打印分辨率只代表每英寸内能够打印多少个墨点，而打印机控制打印墨点的大小，是决定照片图像看起来是否带有颗粒感的关键。因此，照片级的喷墨打印机一般具有较小的墨滴，墨滴大小一般控制在4pL（$1pL=10^{-12}L$）以内。

（3）打印幅面　打印幅面指打印机可以打印的纸张大小。正常情况下，打印幅面主要包括A4幅面和B5幅面两种。特殊情况下，在打印数码影像时使用A6幅面的照片纸，以及工程绘图、大型报表所需的A3幅面纸张。不同用途的打印机所能处理的打印幅面是不尽相同的。

（4）打印速度　喷墨打印机的打印速度分成黑白和彩色打印速度。黑白打印速度通常用于文本打印，速度较快；彩色打印速度通常用于彩色图片打印，由于彩色图像被计算机处理的时间较长，彩色图像打印速度相对较慢。

（5）色彩合成技术　色彩合成技术最初采用红、绿、蓝三色合成，通常所说的RGB。目前，喷墨打印机都采用CMYK（青、品红、黄、黑）四色合成；还有一种专色墨盒，它在原来四色的基础上，再增加几种过渡色（如橙、绿色等），能够进一步提高图画质量，就是通常所说的六色打印技术，其输出画面更为真实鲜活。

任务实施

1. 明确选购目标

欧阳使用喷墨打印机的主要目的是打印输出照片，此次选购的目标要从以下几个方面进行考虑：

1）具有较高的打印精度。

2）打印输出速度要快一些。

3）打印机的打印幅面要大，最好A3幅面。

4）墨盒数量要多，六色墨盒以上。

5）支持连续供墨系统功能。

6）可以使用进行多种介质的压缩打印。

7）具有良好的售后服务。

2. 市场及网络调研

通过对市场进行调查及网络查询，依据所提出的选购目标，对不同的产品进行比较，从满足业务工作要求、产品性能、价格、售后服务等多方面进行考虑，欧阳最终决定选择EPSON Stylus Photo 1390喷墨打印机，如图2-1所示。

EPSON Stylus Photo 1390采用全新“艺彩”设计专用墨，超表现力、超快速打印、超低成本，足以为图像设计、摄影、展示领域提供优秀的输出解决方案，能够打印出大至A3+尺寸的无边距照片，更有A3、A4、A5多种幅面打印选择，同时提供一系列颜色输出模式以适应不同的打印介质，以达到完美的输出效果。随机自带的简单软件支持专业输出，无论是专业用户还是非专业用户都能简单使用。

图 2-1　EPSON Stylus Photo 1390 喷墨打印机

扫描二维码，观看喷墨打印机选购视频。

扫码看视频

任务拓展

某小型摄影工作室为了更好地扩展业务，需要购置一台热升华打印机用于打印照片，其具体要求如下：

1）打印方式选择染料热升华打印方式，具有2.5in（1in=25.4mm）以上LCD显示屏。

2）最高分辨率不低于300dpi×300dpi。

3）打印速度为明信片尺寸少于50s，卡片尺寸少于30s。

4）支持常用类型存储卡，可直接打印照片。

5）适用于目前主流的操作系统平台。

6）纸张类型为专用打印纸：明信片尺寸、L尺寸、卡片尺寸、卡片尺寸方形贴纸（需同时配合相应尺寸的纸盒使用）。

7）设备价格控制在2000元左右。

按要求选择3款热升华打印机，将各款打印机的技术参数填写到表2-1中，用于帮助客户选购符合要求的设备。

表 2-1　热升华打印机参数对照

相关设备参数	备选设备-1	备选设备-2	备选设备-3
参考价格			
品牌			
型号			
……			

经验分享

选购喷墨打印机的注意事项

在选购喷墨打印机设备时，要针对不同用户的不同需求进行，在选购时要注意以下几个方面：

1．家庭用户应注意易用性

对于大多数家庭用户，低价位喷墨打印机是非常不错的选择。目前低价位的喷墨打印机也是厂商竞争的焦点，各类新产品层出不穷。

对普通家庭用户来说，买一台彩色喷墨打印机最好是全家都能用，其易用性应该考虑，同时应注意墨盒更换与清理一定要方便，这是日常使用中经常会遇到的问题。

2．SOHO用户把打印成本放在首位

耗材成本是SOHO用户关注的重点。在选购喷墨打印机时，SOHO用户首先要明确应用定位。如果以文本打印为主，能够购买到兼容墨盒甚至填充墨水是非常重要的，这直接关系到后期的耗材投入成本。如果定位于照片打印，则尽量选择采用颜色分离墨盒的产品。

3．办公用户追求全面与均衡

办公用户的需求是最为综合性的，既要有出色的打印速度表现，又要兼顾彩色照片打印能力，图文混排打印是经常要使用的。在这种情况下，选购产品应更关注打印机的打印速度指标，将照片打印放在相对次要的地位。

4．专业用户追求更丰富的色彩

对于以图像处理为主的专业用户，照片打印效果是非常重要的。幅面大小是非常重要的指标，多色打印技术、墨滴控制技术、色彩还原效果、即拍即打技术也是用户仔细权衡的指标。图文出版社使用六色打印是最基本的要求，墨滴必须控制在3pL以内。

选购喷墨打印机的耗材

在选购喷墨打印机的同时，耗材的选购也一定要考虑，比如，墨盒、连续供墨系统、相纸等，这决定今后喷墨打印机的使用效果和使用成本。

1．墨盒的选购

墨盒分为原装墨盒和通用墨盒两种。原装墨盒在质量和售后服务上都有很好的保证，是大部分用户的首选，但价格较高，买原装墨盒最好到厂家指定的经销商处购买。

一般通用墨盒价格比原装墨盒要低得多，如果产品出自正规的厂商，那么打印质量还是相当不错的，只要选购时注意以下几点：

（1）看打印效果　在墨盒的卖场一般都会有打印效果图，用户可以从打印效果图直观地考察墨盒的打印质量，查看图文层次感是否分明、出现偏色或失真的现象，过渡色是否均匀自然等。

（2）看墨盒包装　优质的墨盒不仅表现在打印效果上，还表现在包装等细节上。以真空包装袋为例，正品墨盒包装袋与盒体紧贴，袋内没有空气。假冒伪劣墨盒真空抽得不彻底。拆开真空塑料袋，正品墨盒应该干净无污物。仔细观察墨盒上面的密封塑料贴纸，正品墨盒的密封薄膜平整紧贴，假墨盒的松散不平，很容易用手取下来。

（3）看售后服务　墨盒在日常使用过程中难免会由于操作不当等原因，造成墨盒漏墨、堵头等故障，良好的售后服务和技术支持对于用户来说至关重要。在选购墨盒前，要弄清楚厂商的售后服务。

2．相纸的选购

目前，国内市场的喷墨打印相纸依据涂布方法和涂层材料的不同，可分为膨润型、铸涂型和间隙型相纸。三种不同类型相纸的比较见表2-2。

表 2-2　三类相纸产品的比较

比较项目	膨润型	铸涂型	间隙型
纸基类型	原纸	原纸	RC光面纸
吸墨方式	聚合物涂层膨胀	涂层中的微孔和纸张纤维	涂层中的微孔
纸张外观	手感较软、表面光亮	手感较软、表面较亮	手感挺括、表面光亮
吸墨速度	慢	较快	快
精度表现	差	好	好
色彩还原	好	一般（饱和度不够）	好
打印质量	有堆积流墨现象	影像清晰但画面发灰	可与照片相媲美
防水性能	不可沾水	沾水干燥后纸张易变形	100%防水
适用机型	HP、利盟、佳能	不支持颜料墨机型	所有机型
适用领域	办公、广告招贴	办公、影像打印	办公、影像打印

任务2　安装喷墨打印机

为了今后更好地使用喷墨打印机，就必须了解设备的安装过程，避免在使用过程中出现错误而使设备损坏。

任务情境

欧阳兴高采烈地将EPSON Stylus Photo 1390喷墨打印机运到家里，要安装打印机，可是，不知如何入手，就打电话请朋友小王来帮忙。小王说："你不用着急，安装非常简单，你把包装箱打开，取出产品说明，按照说明进行安装就可以了"。"如果还有不清楚的地方，我再过去帮忙。"

任务分析

欧阳取出产品说明，仔细阅读起来。欧阳应如何来安装这台打印机呢？选择一个较好的安放位置，可以避免许多不必要的麻烦。

1）将打印机放在水平、稳定的物体表面上，避免将打印机放置在有振动的地方。

2）将打印机放在容易连接计算机或网络接口的地方，能较易切断电源的地方。

3）在打印机前方留出足够大的地方以便于出纸、操作和维护。

4）避免在温度和湿度骤变的地方使用和放置打印机；打印机应远离阳光、强光源及发热装置。

5）用户操作时不要离喷墨打印机太近。如果喷墨打印机放置得离用户过近，就使用户很容易吸入墨水的挥发气体，长久使用下去，对人身体产生的伤害就不可忽视了。

任务实施

1．开箱

打开打印机的包装箱，其中所包括的物品如图2-2所示，确认其中的附件是否齐备。

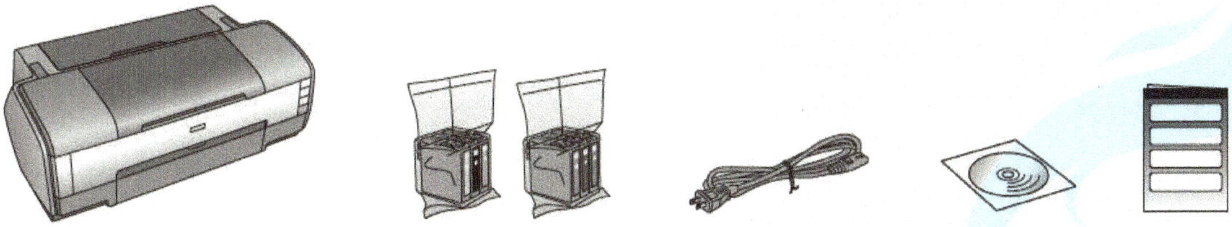

a）　b）　c）　d）　e）

图 2-2　EPSON Stylus Photo 1390 喷墨打印机包装箱所含物品

a）打印机　b）EPSON 原装墨盒　c）电源线　d）驱动光盘　e）产品说明

2．安装设备

操作步骤：

第1步：打开设备电源，其操作及注意事项如图2-3所示。

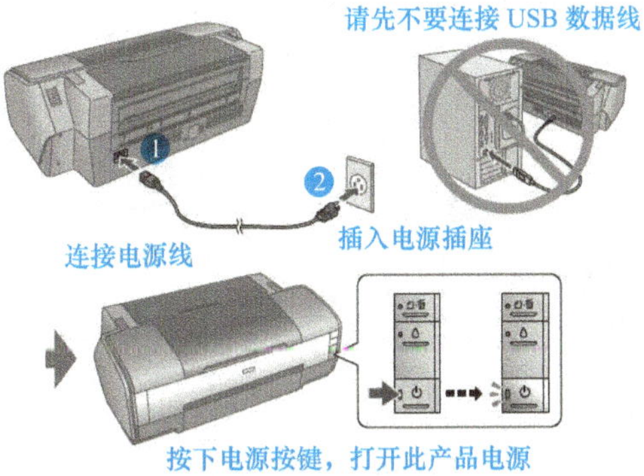

图 2-3　打开设备电源示意图

第2步：准备安装墨盒，其操作及注意事项如图2-4所示。

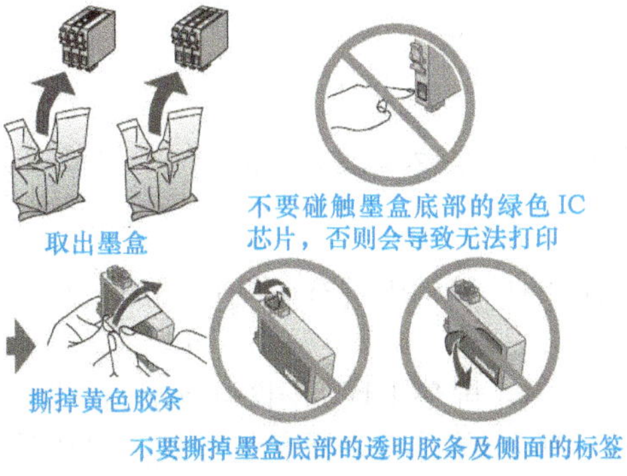

图 2-4　准备安装墨盒示意图

第3步：安装墨盒，其操作及注意事项如图2-5所示。

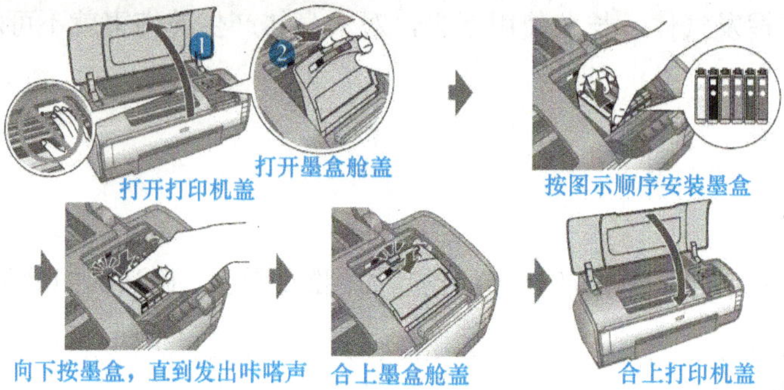

图 2-5　安装墨盒示意图

温馨提示

墨盒安装注意事项

从正面看，墨盒的排列顺序从左到右为：黄色、黑色、淡青色、淡洋红色、洋红色、青色。在安装墨盒时，将墨盒放入墨盒舱中，如果墨盒舱中出现错位，则不能正常打印。

第4步：充墨，其操作及注意事项如图2-6所示。

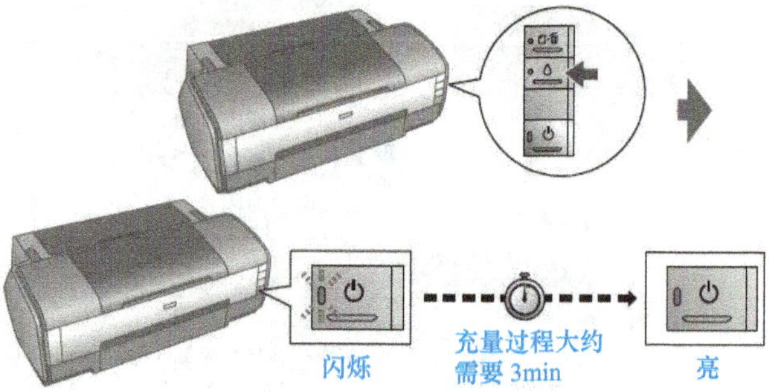

图 2-6　充墨示意图

温馨提示

充墨注意事项

在充墨过程中，不要关闭电源，不要拔掉电源插头，不要装入打印纸。

3. 安装软件

在装有Windows 7操作系统的计算机中进行驱动程序的安装。

操作步骤：

第1步：将驱动光盘放入光驱，屏幕出现如图2-7所示的画面，单击“下一步”按钮。

第2步：屏幕出现如图2-8所示画面，选择安装方式，可以选择“简易安装”与“自定义安装”。

图 2-7　安装画面

图 2-8　选择安装

第3步：单击“简易安装”按钮，出现“简易安装”时所要安装的软件内容，依据屏幕提示进行操作，然后出现“许可协议”窗口，单击“接受”按钮，然后进行相关软件的安装，如图2-9所示。

第4步：在安装软件过程中，屏幕提示连接数据线，如图2-10所示。此时将打印机的数据线与计算机进行连接，然后开启打印机电源。

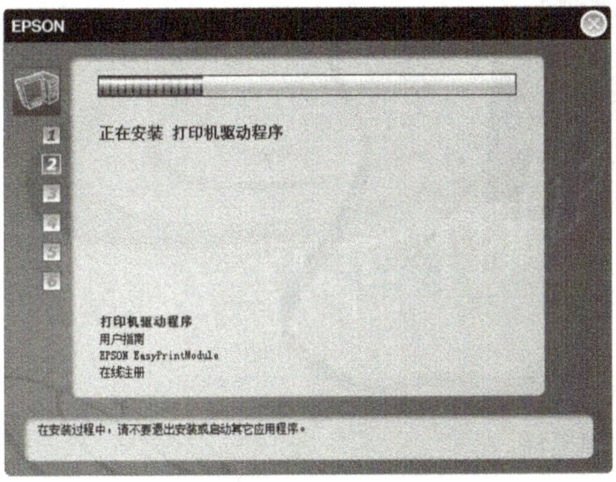

图 2-9　简易安装

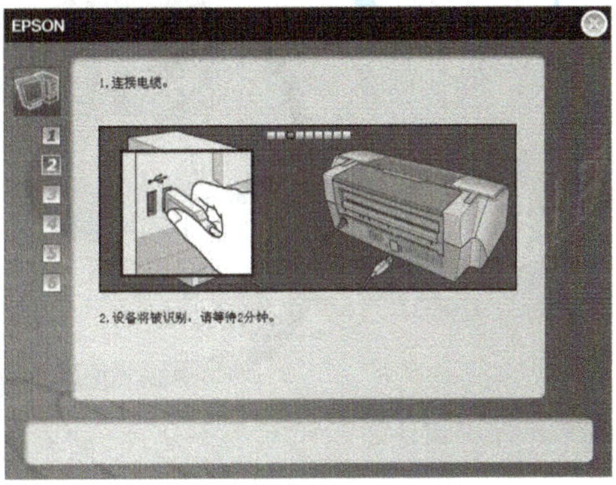

图 2-10　连接数据线

第5步：依据屏幕提示进行操作，当所有软件安装完成后，出现安装成功窗口，如图2-11所示。然后单击“下一步”按钮，出现“现在重新启动”画面，如图2-12所示。

图 2-11　软件安装成功

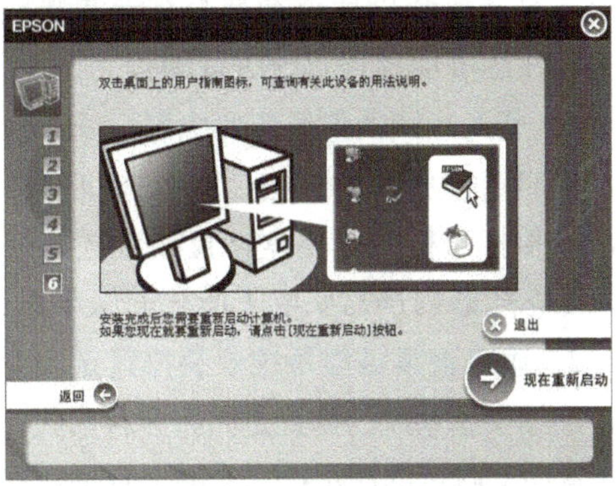

图 2-12　重新启动计算机

重新启动计算机之后，打印机的所有驱动程序就已经安装完成，可以使用了。

4. USB数据线的连接

EPSON Stylus Photo 1390喷墨打印机不提供USB数据线，需要另外购置。

在进行驱动程序安装前，不要与计算机连接数据线。依据提示将数据线的一边USB接口连接到计算机的USB接口，另一边PIN5接口连接到打印机。此种数据线传输速度快，可以支持热插拔。

扫描二维码，观看喷墨打印机安装视频。

扫码看视频

任务拓展

EPSON打印机支持连续供墨系统。连续供墨系统的结构及各部件名称，如图2-13所示。那么如何来安装连续供墨系统呢？

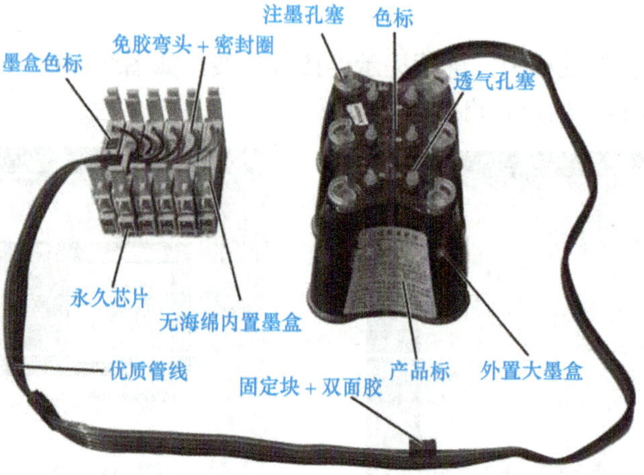

图 2-13　连续供墨系统

喷墨打印机连续供墨系统安装过程如下。

1. 连续供墨系统安装准备

首先，做好以下检查，包括连续供墨系统的型号、范围是否和需要安装的打印机型号一致，打开包装以后查看是否有无漏墨现象，芯片是否松动或滑落，附件是否齐全等，说明书和注意事项要认真地进行阅读。

2. 装入连续供墨系统的内墨盒

按照更换墨盒的步骤，将打印机的墨车自行移到更换墨盒的中间位置，然后拔掉电源线，取掉打印机的原墨盒，直接装进连续供墨的内墨盒，并盖上墨车盖子。注意，有些连续供墨系统的内墨盒要取下原有的墨车盖子，然后使用提供的专用盖子。

3. 确定连续供墨系统安装排管走向，并找出墨车运动中排管中间位置予以固定

连续供墨系统的排管走向有多种形式，确定排管走向有三种方法：一是按照连续供墨系统安装说明书附带的图示；二是网上查询，连续供墨系统安装说明书不会将所有机型排管走向都附带图示，一般采用归类的办法，但不同型号打印机在结构上有所不同，所以网站上各机型排管走向比较齐全；三是采用一只手提起排管，将它固定到打印机的中间上方位置，另一只手来

回移动墨车，左右运动，观察最科学的排管走向。这样，可以确定排管具体的走向。

连续供墨系统安装时，应确定排管中间具体位置，使用一只手将排管固定先压在打印机外壳上，另一只手来回移动墨车，找出墨车运动中排管具体的固定位置，再将排管固定支架粘贴牢。

4. 最后检查和确认

在连续供墨系统安装完成以后，需要检查的内容包括以下几个方面：

1）确认打印墨车来回运动时，排管不会与外壳摩擦过大，以及与墨车数据排线是否发生打绞现象。

2）排管支架粘贴是否牢靠。

3）排管从外墨盒到内墨盒的整个路段中间不能有压瘪或打死结等现象。

4）打开外墨盒通气孔，有排管墨水控制阀的应确保处于开启状态。

5. 通电打印

在检查和确认完成以后，要将打印机墨车推回到最右边，再开启电源。通电以后，打印机一般要进行自检，有的机型墨车会来回运动几次，注意重点观察墨车运动有无异常。打开计算机中的打印机属性进行喷嘴清洗及打印测试，如果打印正常，则表明连续供墨系统已经安装成功。

知识储备

打印机端口

打印机在与计算机进行连接的时候有许多端口，为了更好地掌握打印机的安装就必须了解打印机的端口。打印机的常见端口有USB端口和LPT1并行端口。只有对打印机的端口与计算机的端口进行正确的连接，才能正常使用打印机。

通常在安装过程中，由于计算机系统会自动识别出打印机的USB端口，所以在安装向导窗口中，有时不会出现端口设置的提示；对于普通并口打印机来说，LPT1端口一般不会被系统自动识别，在安装这类打印机时，会在打印驱动安装向导窗口中看到端口设置的提示，必须根据打印机所连实际端口选择合适的端口，然后依据提示完成剩下的安装操作。

也有其他并口打印机，在安装驱动程序的过程中，并不会出现打印端口设置向导界面，不过遇到这种特殊情况时，先按向导提示将已经出现的设置参数设置好，之后进入打印机列表窗口，打开打印属性设置界面，并在其后的“端口”选项卡页面中，将打印端口参数按照实际连接情况进行正确设置即可。

如果本地计算机中同时安装两个打印机设备，那么打印机列表窗口中正常就会出现两个打印驱动程序图标，必须将刚安装好的非默认打印机设置为默认打印机。

任务3 使用喷墨打印机

喷墨打印机的科技含量较高，构造非常精密。正确使用和操作喷墨打印机，对于减少打印机的故障率和延长使用寿命有着不可忽视的作用。

任务情境

欧阳到黄山去采风，拍摄了许多风景照片，他从中选择了一些照片，用新购置的喷墨打印机进行输出，该如何进行呢？

任务分析

1．打印机控制面板

EPSON Stylus Photo 1390喷墨打印机的控制面板非常简单，在机身正面的右边，竖直排列四个按键，第一个按键□·▥表示走纸和停止；第二个按键◇表示墨水更换调整；第三个按键是装饰用的不是真实按键；第四个按键⏻表示电源开关。虽然这些按键都没有文字附解，但通过图案可以一目了然。

2．相纸

不是所有的相纸类型都适合无边距打印，爱普生无边距打印兼容的打印纸纸张类型见表2-3。

表 2-3　无边距打印纸适应纸型

超级光泽照片纸	A4，13cm×18cm（5in×7in），10cm×15cm（4in×6in）
光泽照片纸	A3＋，A3，A4，13cm×18cm（5in×7in），10cm×15cm（4in×6in）
重磅粗面纸	A4
高质量光泽照片纸	A3＋，A3，A4，13cm×18cm（5in×7in），16:9宽尺寸（102mm×181mm），10cm×15cm（4in×6in）
高质量亚光照片纸	A3＋，A3，A4，10cm×15cm（4in×6in）
爱普生粗面档案纸 爱普生增强粗面纸	A3＋，A3，A4

任务实施

1．装入打印纸

操作步骤：

第1步：打开托纸架，然后拉出其延伸部分，如图2-14所示。

第2步：打开前盖，然后滑出延伸出纸器，如图2-15所示。

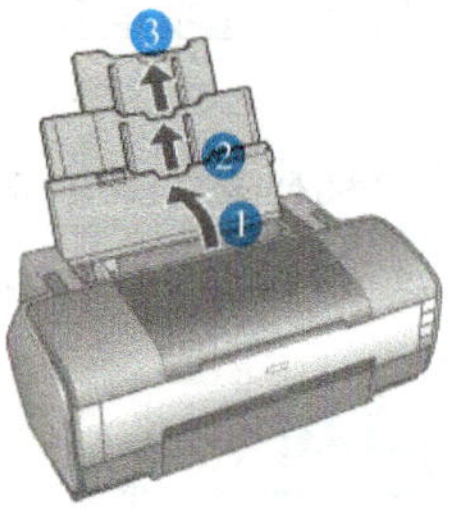

图 2-14　打开托纸架

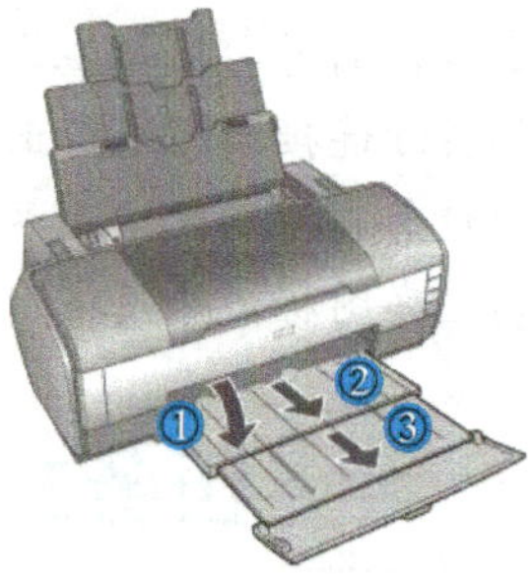

图 2-15　延伸出纸器

第3步：在捏紧左导轨上固定钮的同时滑动左导轨到左侧，如图2-16所示。

第4步：轻轻将一叠纸分开，不要粘连，然后在一个平整的面上轻墩纸，让边缘齐整。

第5步：将打印纸面朝上，沿着右导轨装入打印纸，然后滑动左导轨，使其靠着打印纸的左边缘，但不要太紧，如图2-17所示。

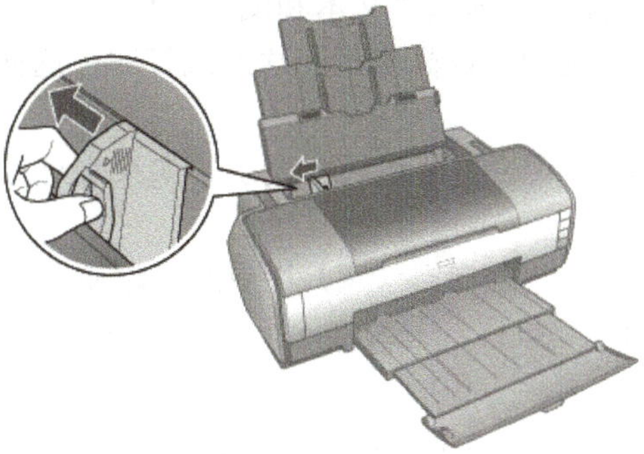

图 2-16　滑动左导轨

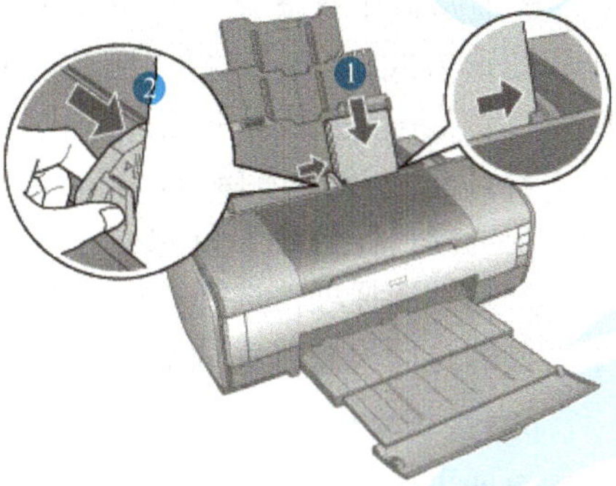

图 2-17　安装打印纸

温馨提示

打印纸安装注意事项

在打印机的前部留出足够的空间，以使打印纸充分退出；在进纸器中装入打印纸时总是短边朝前，即使打印横向照片也一样，同时纸不能超出左导轨上的标志。

2. 在Windows 7环境下设置打印机

操作步骤：

第1步：在Windows 7环境下，在Photoshop软件中对EPSON Stylus Photo 1390打印机的属性进行设置。打开Photoshop软件，选择“文件|打印（P）”菜单项，弹出“打印”对话框，在对话框中单击“属性”按钮，弹出“EPSON Stylus Photo 1390 Series属性”对话框，选择“主窗口”选项卡，如图2-18所示。

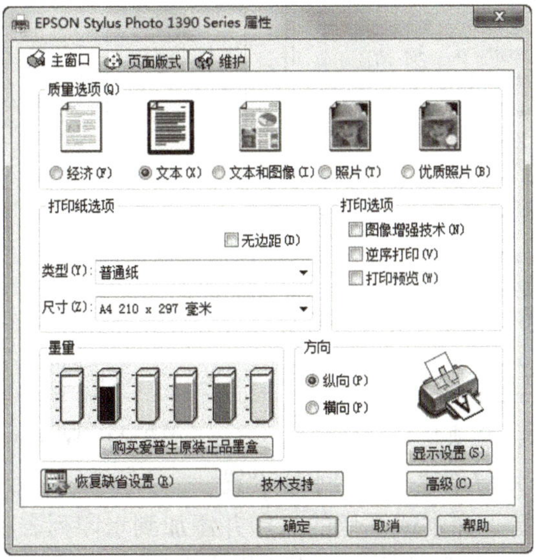

图 2-18　“主窗口”选项卡

第2步：在“主窗口”选项卡中，包括质量选项、打印纸选项、打印选项、方向等信息选择项目，通过对其不同的设置可以达到不同的打印效果。

对于“质量选项”选择项，选择“经济（F）”选项是以省墨高速方式打印；选择“文本（X）”选项是以中等质量、标准文本方式打印；选择“文本和图像（I）”选项是以高质量文本和图形方式打印；选择“照片（T）”选项是以高质量照片方式打印；选择“优质照片（B）”选项是以更高质量照片方式打印。

对于“打印纸选项”选择项，可以选择打印纸的类型和尺寸大小。如果想进行无边距打印照片，则选择“无边距”复选框。

对于“方向”选择项，选择“纵向”（高）或“横向”（宽）以更改打印输出的方向。

对于需要的打印设置都完成后，单击“确定”按钮，关闭打印机设置窗口。

3. 打印照片与文档

打印机属性设置完成之后，再单击“打印”按钮，照片就打印出来了。

如果在Word中打印文档，则可以使用普通打印纸来进行打印。在属性对话框中“质量选项”选择项，可以选择“经济（F）”“文本（X）”“文本和图像（I）”选项，进行设置。

4. 设置水印打印

（1）对于Windows 7用户的水印打印设置

操作步骤：

第1步：打开“EPSON Stylus Photo 1390 Series属性”对话框，选择“页面版式”选项卡，如图2-19所示。

第2步：选择“水印”下拉列表框中的“Hot”项，单击“设置（G）”按钮，弹出“水印”对话框，分别对“水印”“颜色”“位置”“浓度”和“尺寸”进行设置，如图2-20所示。设置完成后，单击“确定”按钮，完成“水印”设置。

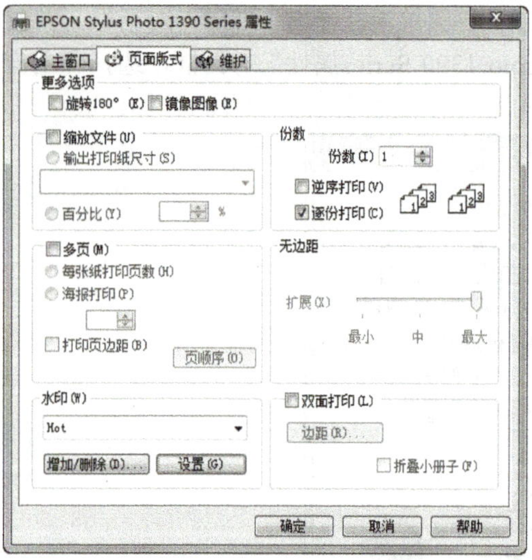

图 2-19 “页面版式”选项卡

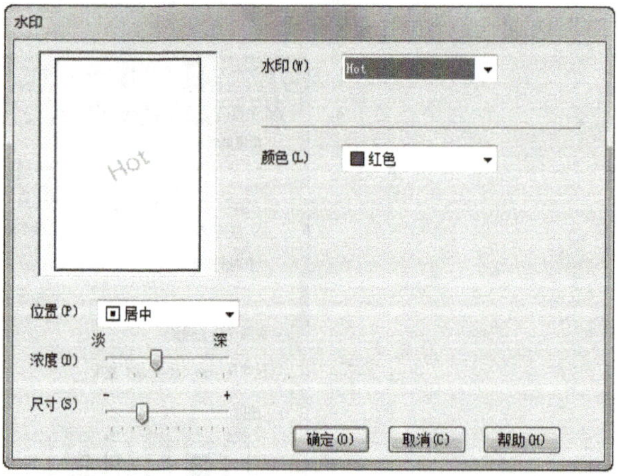

图 2-20 Windows 7 用户的水印设置

（2）对于Windows 7用户创建自己的水印设置

用户自己可以创建基于文本或图像的水印并添加到水印列表中，在“页面版式”选项卡中，单击“添加/删除（D）”按钮，弹出“用户自定义水印”对话框，如图2-21所示。

操作步骤：

第1步：要使用图像文件作为水印，选择BMP。单击“浏览”按钮，指定要使用的位图文件，单击“确定”按钮，在“名称”文本框中，输入自定义水印的名称，单击“保存”按钮。

第2步：要生成基于文本的水印，选择文本。在“文本”文本框中输入要制作水印的文本内容，在“名称”文本框中，输入自定义水印的名称。如果要更改水印的名称，则在“名称”文本框内输入新名称，单击“保存”按钮。

在文本框中输入“Epson喷墨打印机”，单击“确定”按钮，返回“页面版式”选项卡。选择“Epson喷墨打印机”水印类型，单击“设置（G）”按钮，弹出“水印”对话框，进行颜色、位置、浓度、尺寸、字体、字体风格和角度设置，如图2-22所示。设置反映在预览窗口中。

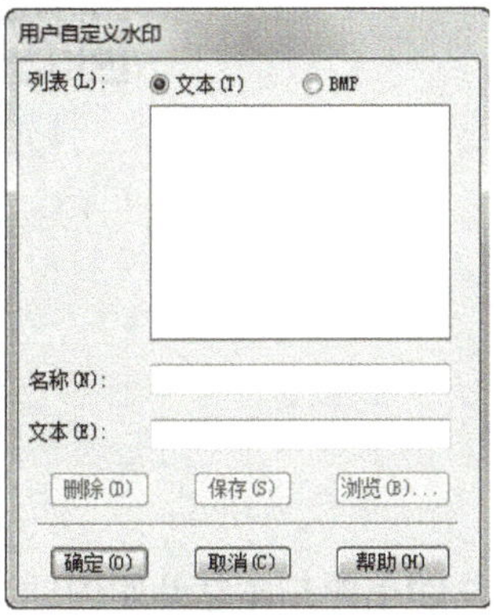

图 2-21　“用户自定义水印”对话框

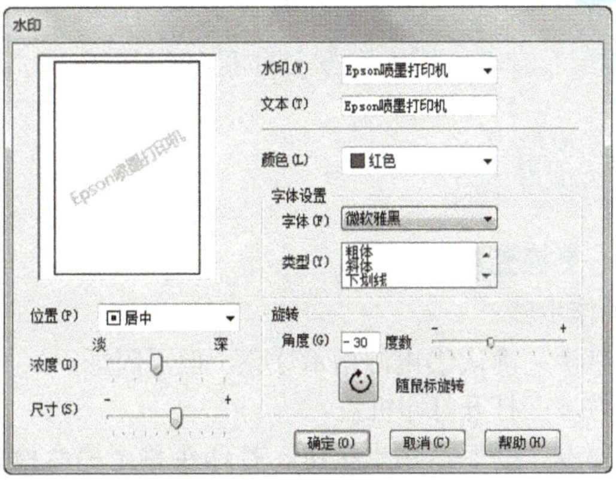

图 2-22　用户自定义水印设置

5. 设置海报打印

操作步骤：

打开“EPSON Stylus Photo 1390 Series属性”对话框，选择“页面版式”选项卡，选择“多页”复选框，然后选择“海报打印”单选按钮，如图2-23所示。单击“设置”按钮，弹出“海报设置”对话框，如图2-24所示。

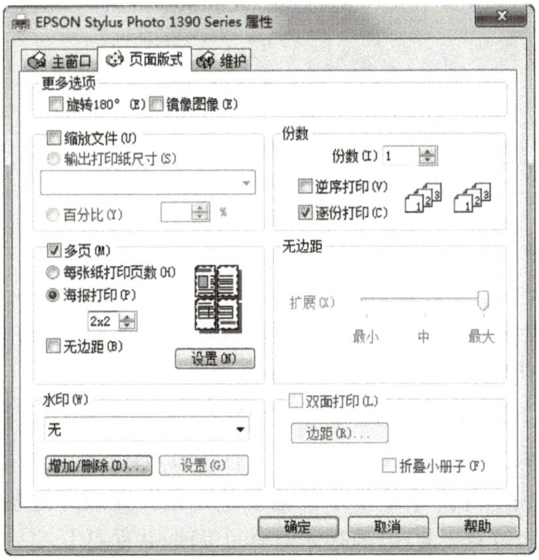

图 2-23　多页设置

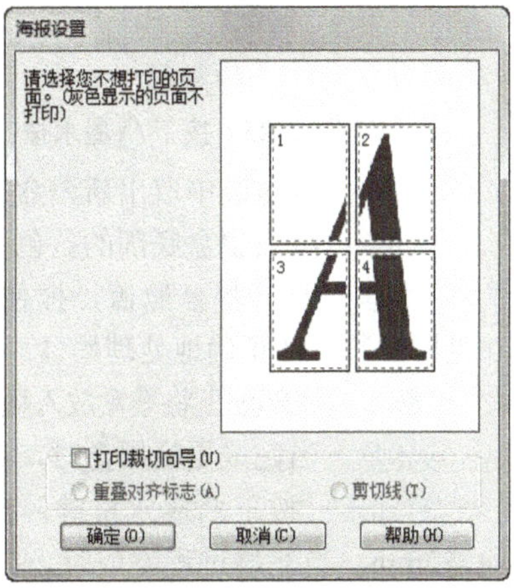

图 2-24　海报设置

单击“确定”按钮，关闭“海报设置”对话框。

6. 设置信封打印

操作步骤：

打开打印机属性设置对话框，选择“主窗口”选项卡，然后选择下面一个质量选项：文本应用于大多数信封；文本和图像在信封上打印图像，然后选择信封作为类型设置，从尺寸设置中选择合适的信封尺寸，用户可以自定义尺寸。

选择打印方向，可以选择横向或纵向作为方向设置。

所有设置完成后，单击“确定”按钮，关闭打印机设置对话框，可以在信封上打印了。

扫描二维码，观看喷墨打印机使用视频。

扫码看视频

任务拓展

1. 更换墨盒

操作步骤：

第1步：确认⏻电源指示灯亮，但不闪烁。

第2步：打开打印机盖。

第3步：按下💧墨水按键。打印头移至墨盒检查位置，并且⏻电源指示灯开始闪烁。Ø标记指示墨盒已到使用寿命或墨量低，如图2-25所示。

第4步：重新按下💧墨水按键。如果多于一个墨盒已到使用寿命或墨量低，则将打印头移到Ø标记。当每次按下💧墨水按键时都将出现此情况，直到显示完所有的已到使用寿命或墨量低的墨盒，如图2-26所示。

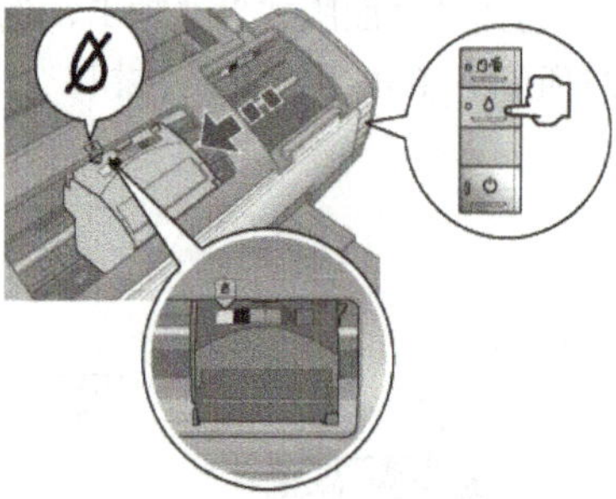

图 2-25 按下💧墨水按键

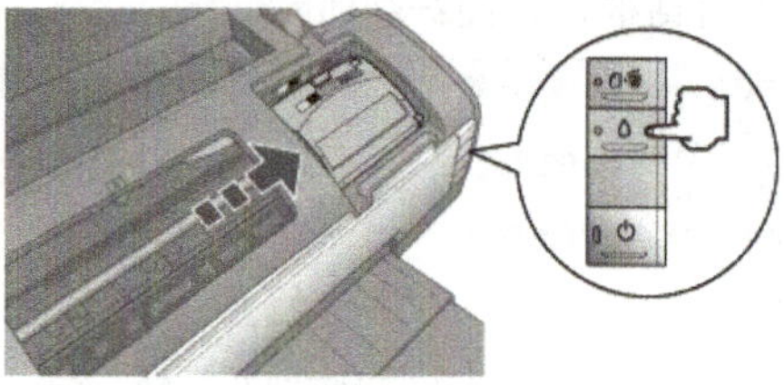

图 2-26 重复按下💧墨水按键

第5步：从包装中取出新墨盒。

第6步：除去墨盒底部的黄色胶条。

第7步：打开墨盒舱盖，捏住想要更换的墨盒上的固定小片，将墨盒从打印机中垂直拉出（见图2-27）并正确地处理墨盒。不要拆开用过的墨盒，或尝试给其重新充墨。

第8步：底部朝下将墨盒放入墨盒舱中，然后向下推动墨盒，直到其固定到位，如图2-28所示。

第9步：当完成更换墨盒时，关闭墨盒舱盖直到其固定到位，然后合上打印机盖。

第10步：按下💧墨水按键，打印机移动打印头，并开始给墨水传输系统充墨。完成此过程约需2min。当充墨过程完成时，打印头返回到初始位置。⏻电源指示灯停止闪烁并保持长亮，💧墨水指示灯熄灭，如图2-29所示。

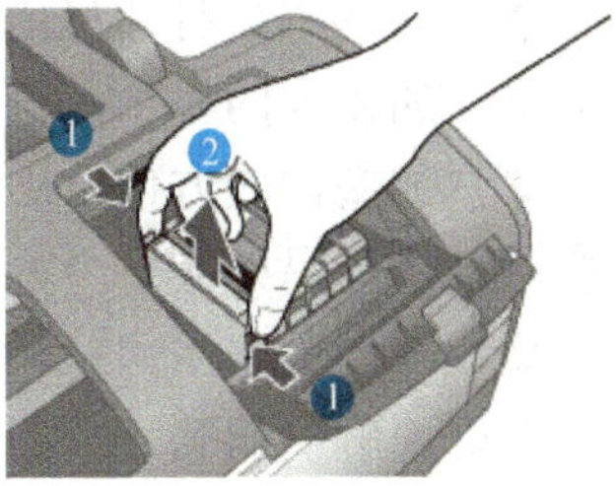

图2-27　取出墨盒

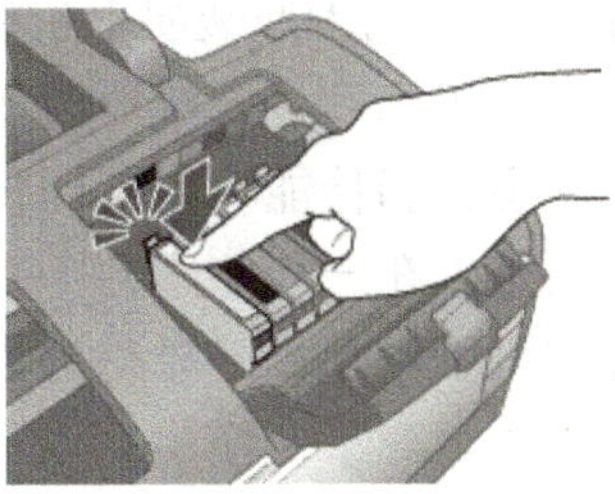

图2-28　放入墨盒

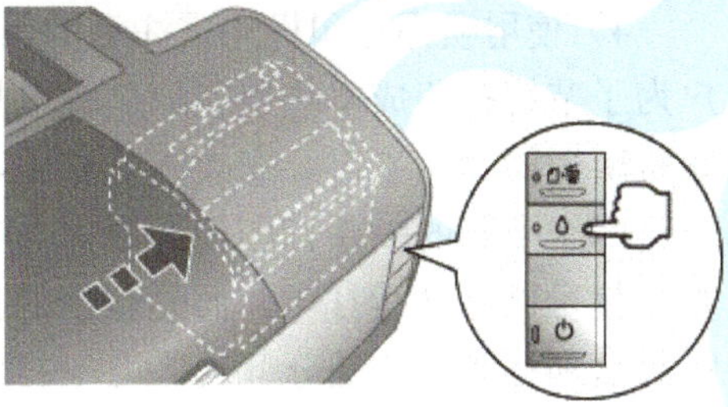

图2-29　充墨过程

温馨提示

充墨过程注意事项

打印机充墨时，⏻电源指示灯会持续闪烁；如果在打印头移到初始位置之后💧墨水指示灯闪烁，墨盒可能没有正确安装。

当从保护包装袋中取出墨盒时，小心不要拆断它两边的挂钩；不要碰触墨盒侧面的绿色IC芯片，否则可能损坏墨盒；在取出旧墨盒之后马上安装新墨盒，如果没有立即安装墨盒，打印头可能会变干，导致不能打印。

温馨提示

更换墨盒注意事项

1）如果需要暂时取下墨盒，需要将墨口远离灰尘，将墨盒保存在与打印机相同的环境中。当存储墨盒时，必须将识别墨盒颜色的标签面朝上。

2）墨水供应端口处阀门是为容纳可能泄漏的过量的墨水而设计的，不要触碰供墨口或其周围区域。

3）将墨盒保存在儿童接触不到的地方，不要让儿童喝墨水或玩墨盒。

4）处理用过的墨盒时要小心，不要让墨水沾到皮肤上。

5）只有立即安装墨盒时，才可打开墨盒包装。

6）备好更换用的墨盒之前，要让旧墨盒一直装在打印机上，否则打印头喷嘴中的余墨可能会变干，导致无法打印。

2．故障处理方法

1）灰尘容易使喷墨头堵塞，导致打印不畅，要尽量保持打印环境干净。

2）由于喷墨打印机使用的是液态墨水，墨水在高温下容易蒸发，从而造成喷墨头堵塞。在换墨盒的时候尽量按按钮让打印头自动出来，如果强行用手将打印头推拉取出，则很容易造成故障。

3）连续打印时，不要使用潮湿的一叠纸，纸张要先抖松，并且放掉静电，这样打印的时候不容易连续进多张纸而造成卡纸。

4）使用喷墨打印机还需注意墨水的问题。因为原装墨水价格昂贵，许多喷墨打印机用户为了节约打印成本，用完原装墨盒里面的墨水后，就给原装墨盒里面加兼容的墨水，这就是所谓的“加墨”。在实际操作中，给惠普和佳能喷墨打印机的墨盒加墨比较方便，由于这两个型号的喷墨打印机的墨盒与喷头是做在一起的，万一喷嘴不通了，另外换一个好墨盒就可以再继续打印。而爱普生的打印机墨盒加墨就显得有点麻烦，因为爱普生的打印机墨盒和打印喷头是分开的，万一打印喷头堵死了，换墨盒也不能很好地解决问题，一般只有送去爱普生公司维修。

任务4　维护与保养喷墨打印机

喷墨打印机在使用一段时间之后，难免会出现这样或那样的故障，为了更好地让打印机正常工作，应该如何解决呢？

任务情境

喷墨打印机在使用一段时间之后，可能出现以下故障现象，如打印时墨迹稀少，字迹无法辨认，更换新墨盒后打印机在开机时面板上的“墨尽”灯亮，喷头软性堵头，检测墨线正常而打印精度明显变差等故障。

任务分析

1. 错误提示信息

打印机在出现故障时，常表现为打印机控制面板的指示灯闪亮。了解不同闪烁的含义对于维护打印机是非常有意义的。EPSON Stylus Photo 1390喷墨打印机出现故障时，指示灯显示信息及处理办法见表2-4。

表 2-4　指示灯显示信息及处理办法

指示灯	问题与解决办法	
	缺纸	
	没有装入打印纸	在进纸器中装入打印纸，然后按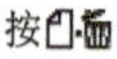按键，打印机恢复打印且指示灯灭
	多页进纸错误	
	打印机一次进入多于一张打印纸	在进纸器中装入打印纸，并按下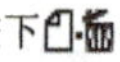按键可继续打印
	夹纸	
	打印纸夹在打印机中	

（续）

指示灯	问题与解决办法	
	墨量低	
	黑色或彩色墨盒快到使用寿命	备好更换用的墨盒，要确定哪个墨盒快到使用寿命，检查墨盒状态
	墨盒已到使用寿命	
	一个墨盒已到使用寿命或未正确安装墨盒	换上新墨盒；如果在打印头移到初始位置之后出现墨盒已到使用寿命，墨盒可能没有正确安装；重新安装墨盒，直到它锁定到位
	需要维修	
交替闪烁	打印机中的废墨收集垫饱和	与爱普生售后服务中心联系
	字车错误	
	打印头夹纸或其他异物阻塞，不能返回初始位置	关闭打印机；打开打印机盖，从走纸通道中取出打印纸或其他阻塞物，然后打开打印机；如果仍不能消除错误，请与售后联系

注：●表示指示灯亮；○表示指示灯灭；表示指示灯闪烁；表示指示灯快速闪烁。

2. 检查设备故障

如果不能确定问题来源，则执行打印机操作检查，可以帮助确定问题是来自打印机还是来自计算机。要运行打印机操作检查，应执行下列步骤：

第1步：确保打印机和计算机都已关闭。

第2步：从打印机的接口连接器断开电缆。

第3步：确保在进纸器中装有A4尺寸的打印纸。

第4步：按住按键，再按下按键打开打印机。当打印机电源打开时，松开两个按键，打印机打印出一张喷嘴检查页。

任务实施

1. 检查打印头喷嘴

如果发现打印的图像意外地模糊或丢失墨点，则可以通过检查打印头喷嘴来确定问题所在，也可以通过使用喷嘴检查应用工具从计算机检查打印头喷嘴，或使用打印机按键检查。

1）对于Windows使用喷嘴检查应用工具，操作步骤如下：

第1步：确保指示灯未指示错误。

第2步：确保在进纸器中装有A4尺寸的打印纸。

第3步：右击任务栏上的打印机图标，然后选择喷嘴检查。

第4步：按屏幕提示进行操作。

2）使用打印机按键检查打印头喷嘴，操作步骤如下：

第1步：确保指示灯未指示错误。

第2步：关闭打印机。

第3步：确保在进纸器中装有A4尺寸的打印纸。

第4步：按住按键，再按下按键打开打印机，如图2-30所示。

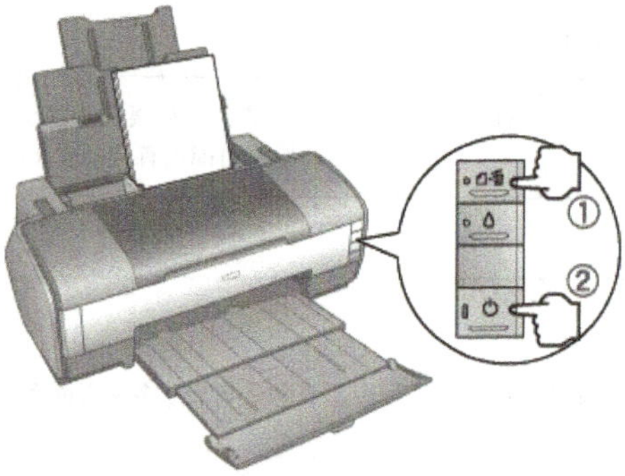

图 2-30 检查打印头喷嘴

第5步：当打印机电源打开时，松开两个按键。打印机打印出一张喷嘴检查页。

温馨提示

打印测试页

在打印出的检查页中，如果测试线段上未出现间隙或部分丢失，则说明打印头完好；如果打印的线条中有线段丢失情况，则说明喷嘴可能堵塞或打印头失准。

2. 清洗打印头

如果发现打印的图像意外地模糊或丢失墨点，则可通过清洗打印头来解决这些问题，这样可保证喷嘴正常出墨；也可右击任务栏上的打印机图标，然后选择打印头校准。可以使用打印机驱动程序中的打印头清洗应用工具从计算机清洗打印头，也可以使用打印机的按键从打印机进行清洗。

温馨提示

什么时候清洗打印头？

只有在打印质量下降时才会清洗打印头；首先使用喷嘴检查应用工具确认打印头是否需要清洗，这样做可以节省墨水；墨水指示灯闪烁或亮时，不能清洗打印头。

1）对于Windows用户使用打印头清洗应用工具，操作步骤如下：

第1步：确保指示灯未指示错误。

第2步：确保在进纸器中装有A4尺寸的打印纸

第3步：右击任务栏上的打印机图标，然后选择打印头清洗。

第4步：按屏幕提示进行操作，打印机执行清洗周期时电源指示灯闪烁。

2）使用打印机按键清洗打印头，操作步骤如下：

第1步：指示灯未指示错误。

第2步：在进纸器中装有A4尺寸的打印纸。

第3步：按住💧按键3s，打印机开始清洗打印头，并且⏻电源指示灯开始闪烁。

第4步：当⏻电源指示灯停止闪烁时，检查打印喷嘴图案，确认打印头是否清洗干净。

温馨提示

如何保养喷墨打印机？

1）切勿在⏻电源指示灯闪烁时关闭打印机，否则会损坏打印机。

2）如果在重复此过程4次之后打印质量仍未改善，则关闭打印机，将其停放至少6h，然后进行喷嘴检查。如果需要，则可重复打印头清洗工作。

3）如果打印质量仍没有改善，则说明至少一个墨盒可能已到使用寿命或损坏，需要更换。

4）如果更换墨盒之后打印质量问题依然存在，请与售后服务中心联系。

5）要保持打印质量，需要定期打印几页。

3. 校准打印头

在使用打印机的过程中，如果发现垂直线失准或者出现水平条纹，则可以使用打印机驱动程序中的打印头校准应用工具来解决问题。

第1步：确保指示灯未指示错误。

第2步：确保在进纸器中装有A4尺寸的打印纸。

第3步：右击任务栏上的打印机图标，然后选择打印头校准。

第4步：按屏幕提示校准打印头。

4. 未正确进纸

（1）不进纸，可能是以下原因造成的

1）打印纸未卷曲或折叠。

2）打印纸不是太陈旧。

3）打印纸未超出左导轨上的≦标志。

4）打印纸的页数应不超过该介质指定的范围。

（2）多页进纸

1）确保打印纸未超出左导轨的≦标志。

2）确保左侧导轨紧贴打印纸的左边缘。

3）确保打印纸没有卷曲或褶痕。如果出现这种情况，在装入之前请将其展平或朝反方向轻微卷曲。

4）取出打印纸，确保打印纸不是太薄。

将打印纸叠成扇形掸开以使纸页分离，然后重新装入打印纸。

（3）打印纸没有完全退出或被弄皱

如果打印纸没有完全退出，则按🗋·🗑按键，然后打开打印机盖取出打印纸。另外，应检查应用程序或打印机设置中的打印纸尺寸。

如果打印纸退出时出现褶皱，则可能是由于纸张受潮或太薄，应装入新的打印纸。

（4）夹纸

如果打印机经常发生夹纸，分析以下原因：

1）打印纸平滑，没有卷曲或褶皱。

2）使用的是高质量的打印纸。

3）进纸器中打印纸的可打印面朝上。

4）在装入打印纸之前，将纸叠扇形展开。

5）打印纸未超出左导轨的≛标志。

6）打印纸的页数应不超过此类型打印纸指定的装纸量范围。

7）左侧导轨紧贴打印纸的左边缘。

8）打印机放在平坦稳固的平面上。如果倾斜，那么打印机将无法正常工作。

如果发生卡纸现象，那么请按照以下步骤进行：

第1步：按按键，退出夹住的打印纸。

第2步：如果不能消除错误，则关闭打印机并打开打印机盖，取出其中所有的打印纸，包括所有碎纸片。然后，重新装入打印纸，并按下按键继续打印。

任务拓展

要使打印机保持较佳工作状态，必须对设备每年彻底清洁，具体步骤：

第1步：拔下打印机的电源线。

第2步：取出进纸器中的打印纸。

第3步：使用软毛刷仔细地清除进纸器中所有的灰尘和脏物。

第4步：如果打印机外壳或进纸器内部脏了，使用中性清洗剂润湿的软且干净的布进行清洁。将打印机盖关闭，防止水流入内部。

第5步：如果打印机内部不小心溅入了墨水，使用湿布将其擦掉。

第6步：如果在打印机内部泄漏墨水，使用干净的软布擦拭图标指示区域的墨水。

经验分享

如何保养墨水盒及墨水？

在使用喷墨打印机的过程中，需要对墨水盒及墨水进行日常的维护，才能保证打印机的正常使用，在使用时注意以下几个方面：

1）墨水盒在使用之前需要保存在密闭的包装袋中。储存温度不能太高或太低。太低会使盒内的墨水冻结，而如果长时间置于高温环境，则墨水成分可能发生变化。

2）不可将墨水盒置于日光直射处，在安装墨水盒时应注意不要让灰尘混入墨水造成污染。对于与墨水盒分离的打印机喷头，不要用手触摸墨水盒的墨水出口，以免混入杂质。

3）在挑选墨水时，为了保证打印质量，尽量使用与打印机相匹配的型号。墨水盒是一次性用品，用完后要更换，不能向墨水盒中注入墨水。

4）由于墨水是导电性液体，所以不能将废弃的墨水溅到打印机的印刷电路板上，以免出现短路。如果印制电路板被墨水沾污，可用含酒精的纸巾擦除。

5）不要拆开墨水盒，以免造成打印机故障。墨盒安装好后，不要再用手移动。

清洁打印机注意事项

1）不要触碰打印机内的齿轮或压辊。

2）不要把油脂涂到打印头字车下的金属部分。

3）不要使用酒精或稀释剂清洁打印机，可能损坏打印机的部件和外壳。

4）不要将水溅到打印机的机械部件或电子元件上。

5）不要使用硬的或磨损性的毛刷。

6）不要将润滑剂喷洒到打印机内部。不合适的润滑油可能会导致机械部分损坏。

如何运输打印机？

如果需要短距离运输打印机，则使用原始的包装箱和保护材料。具体操作步骤如下：

第1步：打开打印机电源，一直等到打印头返回到初始位置，然后关闭打印机盖。

第2步：关闭打印机并拔下电源线。

第3步：断开接口电缆。

第4步：取出进纸器中的所有打印纸。

第5步：关闭出纸器和托纸架。

第6步：在打印机两侧装上保护材料。

第7步：将打印机和电源线重新装进原包装箱。

在进行运输的过程中要注意以下两点：

1）不要取下已安装的墨盒。取下墨盒会使打印头变干，并导致打印机无法打印。

2）在运输过程中保持打印机水平，不要倾斜、垂直放置或倒置打印机，否则墨水可能从墨盒中泄漏。

项目小结

喷墨打印机是现代办公活动中使用最广泛的办公设备之一，它改变了人们的办公方式提高了办公效率。目前，喷墨打印机正朝着专门化、小型化和低价位方向发展。

本项目先介绍了喷墨打印机的分类，然后介绍了喷墨打印机的主要技术指标，设备及耗材的选购及其注意事项，具体讲解了喷墨打印机的安装、使用、维护方法。同时，列举了喷墨打印机的常见故障与故障排除的方法，以使读者能够借助使用手册和使用经验对一些常见的简单故障进行排除。

实战强化

1. 喷墨打印机的安装与使用

（1）目的要求　熟悉喷墨打印机的基本结构，并能进行正确的安装和使用。

（2）实践内容

1）打开包装，清点配件是否齐全，根据实物写出名称，并写入表2-5。

表 2-5　配件名称

序　号	1	2	3	4	5	6	…

注：取出包装保护材料，并妥善保存，以备下次使用。

2）打印机的安装。

3）测试打印机。

4）使用单页纸打印。

5）使用相纸打印。

（3）测试项目（见表2-6）

表 2-6　测试项目

序　号	项　目	操 作 项 目	学 生 自 评	教 师 评 价	备　注
1	配件识别	写出各配件的名称			
2	安装打印机	① 连接电源 ② 安装墨盒 ③ 安装墨水盒顺序 ④ 选择纸张厚度 ⑤ 安装打印机数据线 ⑥ 操作是否规范			
3	安装打印机驱动程序	安装打印机驱动程序			
4	调校打印头	正确调整其位置			
5	使用注意事项	要求口述正确			

2．墨盒的更换与打印头的清洗

（1）目的要求　掌握墨盒的更换方法和清洗打印头的方法。

（2）工具和器材　计算机、Canon S400SP打印机或其他喷墨打印机、A4打印纸。

（3）实践内容

在教师的指导下，按正确操作步骤和操作规范更换。

1）更换墨盒。

2）更换墨水盒。

3）清洗打印头。

4）打印头喷嘴检查图案。

（4）测试项目（见表2-7）

表 2-7　测试项目

序　号	项　目	操作项目	学生自评	教师评价	备　注
1	更换墨盒	① 正确区分墨盒或墨水盒 ② 操作是否规范			
2	更换墨水盒	① 更换墨水盒时是否将墨水洒出 ② 按正确排列顺序安装墨水盒 ③ 操作是否规范			
3	清洗打印头	① 正确选择清洗方法 ② 操作是否规范			
4	打印头喷嘴检查图案	① 检查判断喷嘴打印图案 ② 操作是否规范			

3. 打印机常见故障处理

（1）目的要求

解决打印质量差、卡纸及不走纸等问题。

（2）工具和器材

计算机、Canon S400SP打印机或其他喷墨打印机、A4打印纸。

（3）实践内容

1）分析和解决打印质量不好的问题。

2）分析和解决打印机卡纸及不走纸等问题。

（4）测试项目（见表2-8）

表 2-8　测试项目

序　号	项　目	操作项目	学生自评	教师评价	备　注
1	打印质量不好	① 正确区分墨盒或墨水盒 ② 喷嘴玷污或阻塞时，正确清洗或更换喷头 ③ 墨盒中墨水用完，正确更换 ④ 输纸辊玷污，系统产生故障 ⑤ 正确判断清洗系统产生故障 ⑥ 操作是否规范			
2	打印机卡纸及不走纸	① 分清打印纸是否合格 ② 会检查送纸路径情况 ③ 正确检查送纸传感器			

职业应用项目领域 3　使用激光打印机

职业能力目标

1）能依据产品性价比选购符合实际需求的激光打印机。

2）能依据产品说明书安装、调试激光打印机。

3）能依据不同情况使用激光打印机。

4）能依据故障现象诊断、维护与保养激光打印机。

20 世纪 60 年代末，美国 Xerox 公司发明了世界第一台激光打印机。1992 年联想集团与美国 Xerox 公司合作，研制出第一代中文激光打印机。激光打印机是在照相技术的基础上，结合激光扫描技术研制开发的一种光、机、电一体化的办公自动化设备。由于它具有速度快、分辨率高、工作噪声低并且能产生图文并茂的高质量图像和文稿等诸多优点，受到用户的青睐。

任务1　认识和选购激光打印机

目前，在激光打印机市场，不同种类、型号和功能的激光打印机是非常多的，只有充分了解激光打印机的特点，明确自己的用途，才能选购到一台符合实际工作需要的设备。

任务情境

小吴是单位办公室的一名文秘人员，他平时的一项工作就是用计算机编辑、打印一些文稿。办公室主任让小吴为办公室选购一台打印机，要求是打印机的速度要快、打印质量要好，而且使用成本要便宜。随即，小吴向他的朋友进行了电话咨询。

经过朋友的说明，小吴决定以激光打印机作为本次选购的设备，那么选购什么品牌、什么型号的激光打印机呢？小吴又上网进行了查询。

任务分析

1. 激光打印机的分类

（1）按输出速度分类　激光打印机可分为低速机、中速机和高速机三种。输出速度以A4幅面为标准，低速激光打印机输出速度为15页/min以下，此类打印机结构紧凑，使用方便灵活，在办公领域有大量的应用；中速激光打印机输出速度为30～60页/min，此类打印机速度适中，具有多种功能，适用于集中打印输出的应用领域；高速激光打印机输出速度为大于100页/min，此类打印机都是与大型计算机配套使用，作为集中打印输出的高速输出设备。

（2）按打印的颜色分类　激光打印机可以分为彩色激光打印机和黑白激光打印机。这两种打印机的价格相差悬殊，一般用户采用的多是黑白激光打印机。

（3）按打印幅面分类　激光打印机分为A4幅面、A3幅面和超大幅面打印机。A4幅面打印机可以满足一般的打印要求，A4幅面激光打印机是目前主流产品。

（4）按打印机结构分类　激光打印机分为网络打印机和非网络打印机。网络打印机专门为网络环境所设计，自身带有或选配网卡和打印服务器，有独立的IP地址；非网络打印机则没有专门为网络所设计，虽然可以借助计算机实现打印机的共享，但是不能称之为真正意义上的“网络打印机”，适用于规模较小、打印量不大的打印环境。

2. 技术指标

（1）打印速度　打印速度指每分钟可以打印的页数，用ppm表示。目前，普通激光打印机的打印速度在6～12ppm，网络激光打印机的打印速度一般在20ppm以上。

（2）分辨率　分辨率决定打印机打印的清晰程度，用dpi表示。目前，多数激光打印机分辨率都能达到600dpi以上。

（3）最大打印幅面　最大打印幅面指激光打印机所能打印的最大纸张幅面，幅面越大打印的范围就越大。通常有A3、A4、A5等幅面。

（4）首页输出时间　首页输出时间指在执行打印命令后，多长时间内可以输出打印的第一页内容。一般的激光打印机在15s内就可完成首页的输出工作。

（5）最大打印能力　最大打印能力指打印机所能负担的最大打印能力。如果长期超过最大打印数量，则打印机的使用寿命会缩短，以每月打印多少页为衡量标准。

（6）介质类型　介质类型指打印机所能打印的纸张类型。激光打印机可以处理的介质一般有：普通打印纸、信封、投影胶片、明信片等。

（7）易用性　由于打印机一般由办公室人员来安装和操作，自然是越容易操作、越容易安装为好。

知识储备

硒鼓

硒鼓，也称为感光鼓，一般由铝制成的基本基材和基材上涂的感光材料所组成。硒鼓不仅决定了打印质量的好坏，还决定了使用者在使用过程中需要花费的金钱多少。在激光打印机中，70%以上的成像部件集中在硒鼓中，打印质量的好坏实际上在很大程度上是由硒鼓决定的。

任务实施

1. 明确选购目标

在办公室日常打印文稿时，对文稿的输出质量要求是比较高的，为了更好地完成本次选购打印机任务，明确选购目标，要从以下几个方面进行考虑：

1）要求打印文稿的精度较高，具有单色打印功能。

2）打印幅面主要以A4为主。

3）具有胶片、信封打印功能。

4）在使用过程中耗材价格合适。

5）打印机所占的面积不要太大。

6）具有良好的售后服务。

2. 市场及网络调研

通过对市场调查及网络查询，依据所提出的选购目标，对不同的产品进行比较，从满足业务工作要求、产品性能、价格、售后服务等多方面考虑，最终决定选择HP LaserJet 1020 Plus打印机作为办公室本次选购的设备。

HP LaserJet 1020 Plus打印机外观非常时尚、现代，充满高科技气息，如图3-1所示。HP LaserJet 1020 Plus拥有小巧的机身和较快的打印速度，是激光打印机首选的机型，非常适合打印黑白文档的小型办公用户使用。

图 3-1 HP LaserJet 1020 Plus 打印机

扫描二维码，观看激光打印机选购视频。

扫码看视频

任务拓展

某单位信息中心为了提高工作质量和工作效率，准备购置一台彩色激光打印机，用于输出文档，其具体要求如下：

1）打印幅面为A4，不用支持网络，耗材类型为鼓粉分离。

2）分辨率不低于600dpi×600dpi。

3）彩色打印速度为4ppm以上，黑白打印速度为15ppm以上。

4）操作适用于目前主流的系统平台。

5）打印介质支持普通纸、宣传册纸、证券纸、光面纸、预打印纸、预打孔纸、再生纸、相纸、糙纸、投影胶片、信封、信纸、标签、卡片等。

6）设备价格控制在2000元左右。

按要求选择3款彩色激光打印机，将各款彩色激光打印机技术参数填写到表3-1中，用于帮助客户选购符合要求的设备。

表 3-1　彩色激光打印机参数对照

相关设备参数	备选设备-1	备选设备-2	备选设备-3
参考价格			
品牌			
型号			
……			

经验分享

激光打印机及耗材选购注意事项

1．激光打印机选购注意事项

现在中小企业和SOHO用户是桌面黑白激光打印机的主要用户群体，在选购激光打印机的时候，用户要根据自己的实际需要，从以下几个方面考虑。

（1）注意打印速度　对于打印机，人们最关注的往往是打印速度。用户在选购时，要特别留心首页输出时间。对于中小企业和SOHO用户日常每次只打印几页文稿，所以首页输出时间是一个衡量输出速度快慢的重要指标。通过计算，一般打印内容在60页以内的用户，选购时应该特别注意首页输出速度。

（2）注意使用成本　对于激光打印机而言，硒鼓是首次购买成本的一个重要组成部分，也是日常打印中重要的使用成本支出。某些产品首次购买成本可能比别的品牌价格低，但使用的硒鼓容量比标准硒鼓小，厂商通过降低硒鼓的成本缩减了首次购买成本。因此，用户在购买时应该反复比较，找出真正适合的产品。

（3）注意设备噪声　如果打印机放在桌边使用，噪声是用户应该特别注意的一个指标。选购过程中，应根据打印机使用情况进行比较。

（4）注意服务与细节　激光打印机在使用过程中可能会出现各种故障，选购时要注意厂商的售后服务。

作为一般用户，在选购之前可以借助媒体的评估结果，综合不同产品性能和自己的选购目标进行选择，才能购买到符合自己实际需要性价比高的激光打印机。

2．激光打印机耗材选购注意事项

硒鼓是激光打印机的主要耗材。为了延长打印机的使用寿命，必须注意鉴别硒鼓的真伪，用户在选购时要注意以下几个方面：

（1）看包装　原装硒鼓外包装印刷精美，颜色鲜艳，背面的序列号使用特别技术印刷，且背景色含有长方形的胶印贴。假冒硒鼓的外包装印刷粗糙、图像模糊、颜色灰暗。例如HP的原装硒鼓，在外包装盒上贴有激光防伪标签，随着观察角度的不同，其颜色会在黑色与蓝色之间变化。

（2）看表面　采用自行填充墨粉的硒鼓的鼓芯表面粗糙，有明显的划痕而且齿轮有明显的印迹，鼓辊的表面有细小的黑色条纹。原装硒鼓没有任何划痕，而且表面光滑程度很高，齿轮处也光滑无污渍。

（3）看打印样张　用原装硒鼓打印出来样张，图像和文字不但细腻、清晰，而且鼓粉附着力特别好。而用假冒硒鼓或自行填充墨粉的硒鼓打印时，样张品质比较差，甚至用手可以将打印的字迹擦去。

（4）看碳粉质量　虽然激光打印机的打印质量主要取决于激光打印机的分辨率，但与碳粉颗粒的大小也有直接关系。判断碳粉质量直接的方法是：使用装有该硒鼓的激光打印机打印一张全黑的清样，对准光亮处看纸张上的黑色分布是否均匀。

任务2　安装激光打印机

激光打印机的安装是非常简单的，只要用户在安装前仔细阅读用户手册，按照用户手册的安装步骤就可以完成激光打印机的安装。

任务情境

单位办公室的小吴将购买的HP LaserJet 1020 Plus打印机运到单位。这时，领导让小吴输出一份文档，并且打印质量要求高。小吴想到刚购置的HP LaserJet 1020 Plus打印机，随后，起来打开包装箱，取出产品用户手册仔细阅读起来。

任务分析

1．激光打印机安装环境选择

激光打印机对安装环境和位置是很有讲究的，这对保证打印机的正常工作是很有益处的，要注意以下几个方面：

1）不要将打印机放置在不稳定的表面或接近辐射或热源的地方。

2）不要堵上或盖住插孔及打印机机箱的开口，不要将物品插入插孔。

3）在打印机四周留有足够的空间以便操作或维修。

4）不要将打印机放置在低温或多尘的环境中。

5）避免在温度或湿度剧烈变化的地方使用或放置打印机，应使打印机远离阳光直射、强光、热源、潮湿或多尘的地方。

6）将打印机放置在靠近墙壁插座的地方，使插头容易拔下。

2．打印机各组件名称及功能

（1）打印机正面（见图3-2）　各组件名称：①“注意”指示灯；②“就绪”指示灯；③打印碳粉盒端盖；④输出介质支架；⑤优先进纸槽；⑥150页主进纸盘；⑦出纸槽。

（2）打印机背面（见图3-3）　各组件名称：①电源开关；②电源插座；③USB接口。

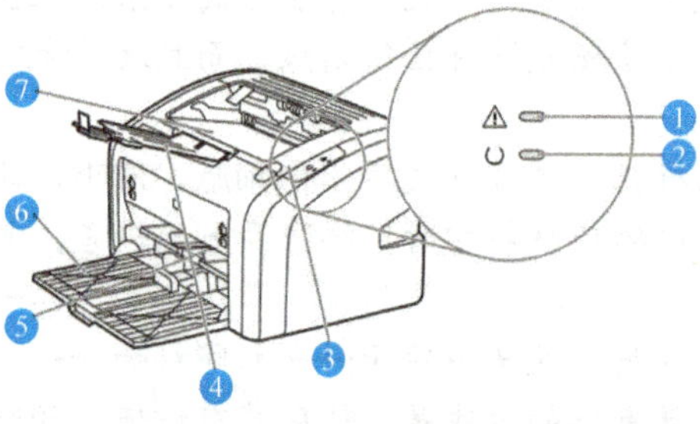

图 3-2　HP LaserJet 1020 Plus 打印机正面

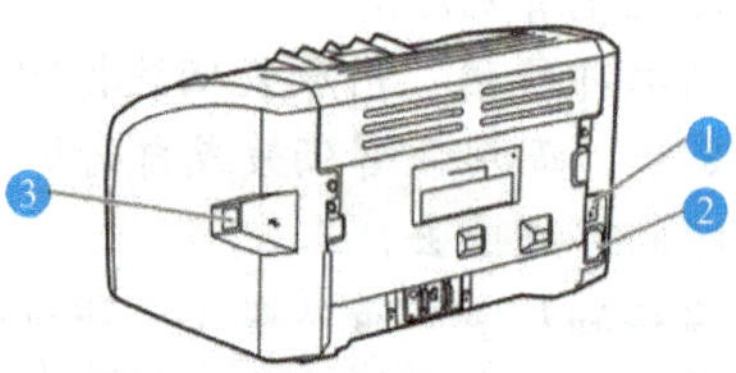

图 3-3　HP LaserJet 1020 Plus 打印机背面

（3）打印机控制面板　打印机控制面板由两个指示灯组成，用于确定打印机的状态，如图3-4所示。

各组件名称及功能：①“注意”指示灯，表明打印机进纸盘已空，打印碳粉盒端盖打开，没有打印碳粉盒或者其他错误；②“就绪”指示灯，表明打印机已准备好打印。

（4）优先进纸槽　在送入单张打印纸、信封、明信片、标签或投影胶片时，应当使用优先进纸槽。要将文档的第一页打印在与文档其余部分不同的介质上，也可以使用优先进纸槽，如图3-5所示。

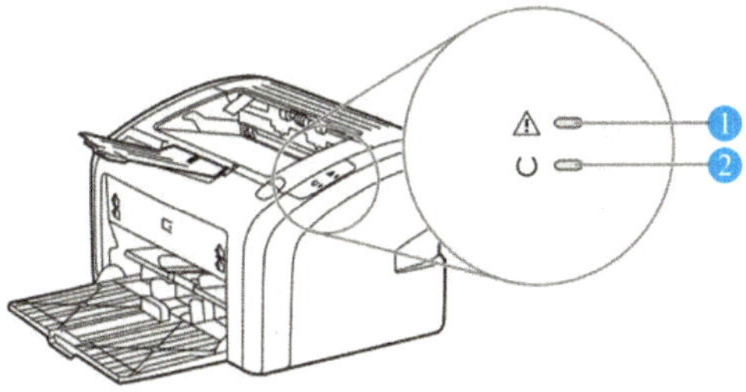

图 3-4　HP LaserJet 1020 Plus 打印机控制面板

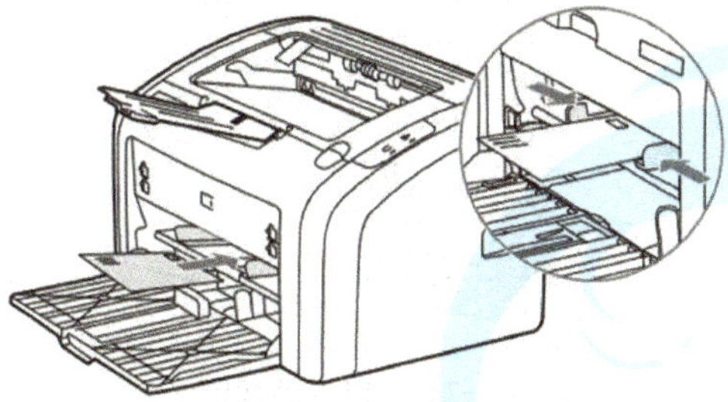

图 3-5　HP LaserJet 1020 Plus 打印机优先进纸槽

（5）主进纸盘　主进纸盘位于打印机的前部，可容纳多达150张75g/m^{2}的纸或其他介质，如图3-6所示。

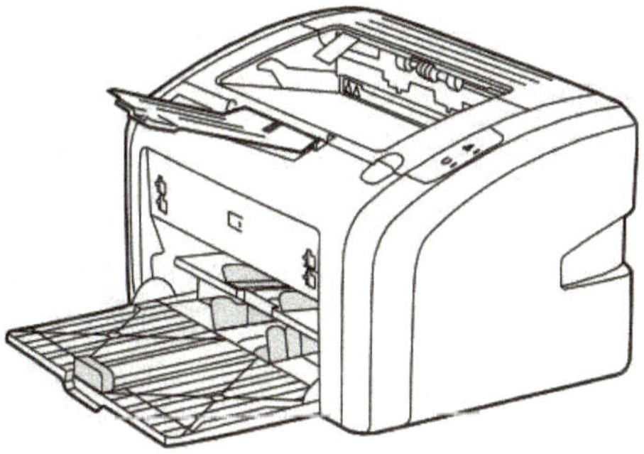

图 3-6　HP LaserJet 1020 Plus 打印机主进纸盘

介质导板可以保证介质正确装入打印机，防止打印歪斜。主进纸盘两侧和前面各有一个介质导板，在装入介质时，调整介质导板使之适合所用介质的长度和宽度。

（6）出纸槽　出纸槽位于打印机的顶部，已打印完的介质按正确顺序集中放在此处，输出介质为大批量打印作业提供了改进的叠放功能。

任务实施

HP LaserJet 1020 Plus打印机的安装过程是比较简单的，分为硬件连接与驱动程序安装两部分。

1. 打印机各部件的安装

操作步骤：

第1步：将打印机放置在桌面上，打开正面的保护面板，拉出主进纸盘，按图3-7所示箭头方向操作。然后，去除主进纸盘和出纸槽上的保护胶带，按图3-8所示箭头方向操作。

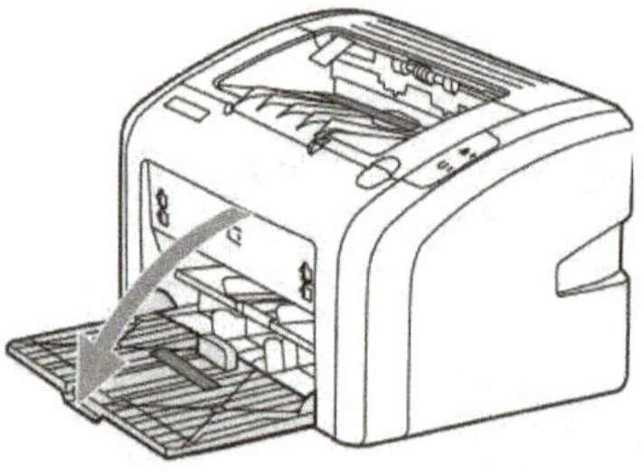

图 3-7 拉出主进纸盘

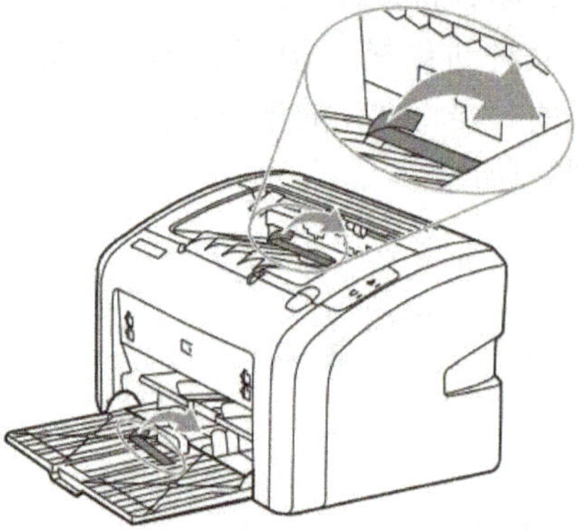

图 3-8 去除胶带

第2步：将出纸槽外翻，如图3-9所示。然后，掀开打印碳粉盒端盖，如图3-10所示，按箭头所示方向操作。

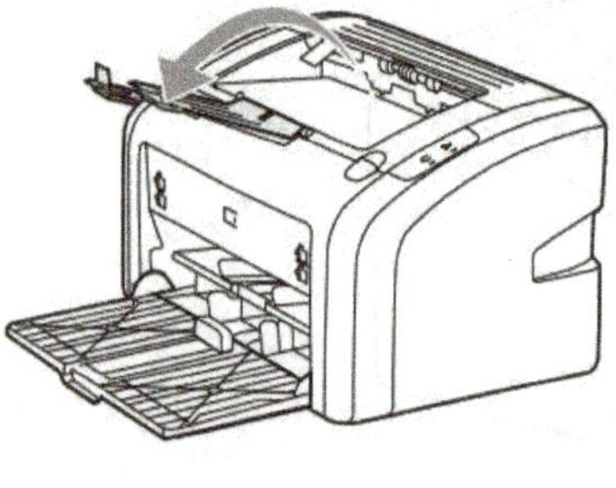

图 3-9 出纸槽外翻

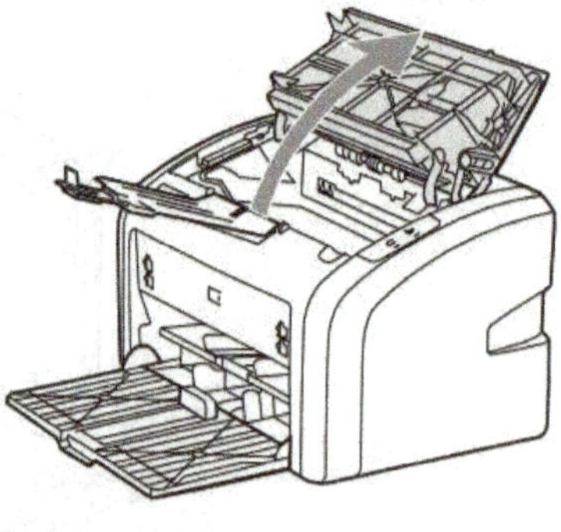

图 3-10 掀开打印碳粉盒端盖

第3步：将硒鼓从硒鼓保护套中取出，如图3-11所示。然后，将取出的硒鼓前后摇动数次，使硒鼓中的碳粉均匀分布在硒鼓中，如图3-12所示。然后，去除硒鼓上的保护胶条，如图3-13所示，按箭头所示方向操作。

第4步：将硒鼓放入打印机中，如图3-14所示，按箭头所示方向操作。

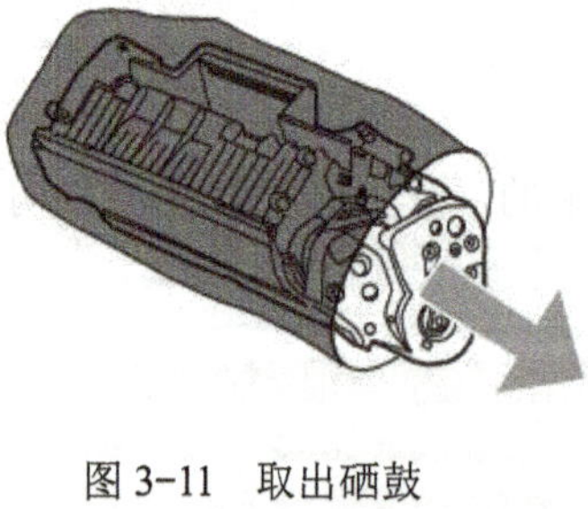

图 3-11 取出硒鼓

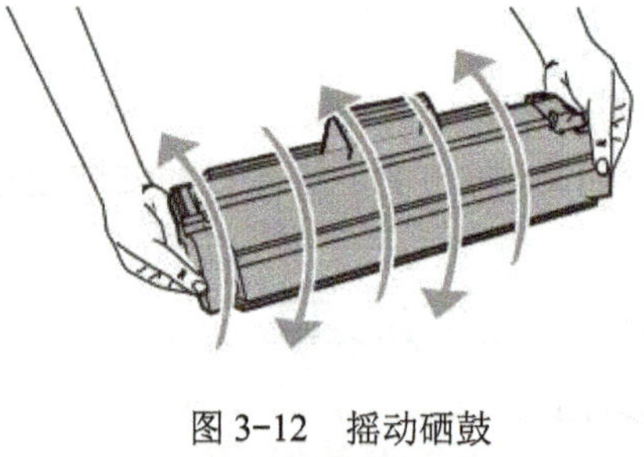

图 3-12 摇动硒鼓

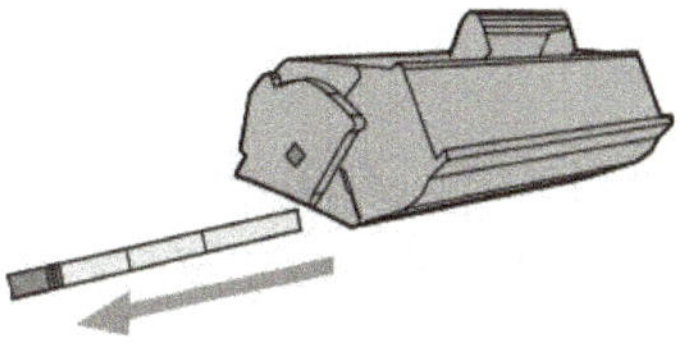

图 3-13　去除硒鼓保护胶条

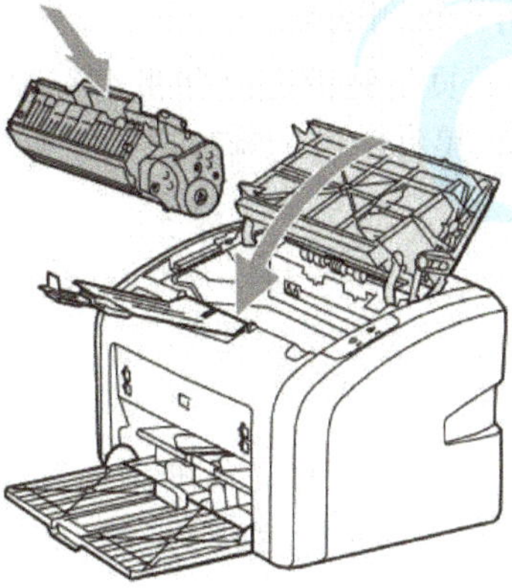

图 3-14　放入硒鼓

第5步：调整主进纸槽标尺位置，将平整的打印纸放入主进纸槽，准备进行打印测试。

第6步：连接打印机电源线，如图3-15所示。

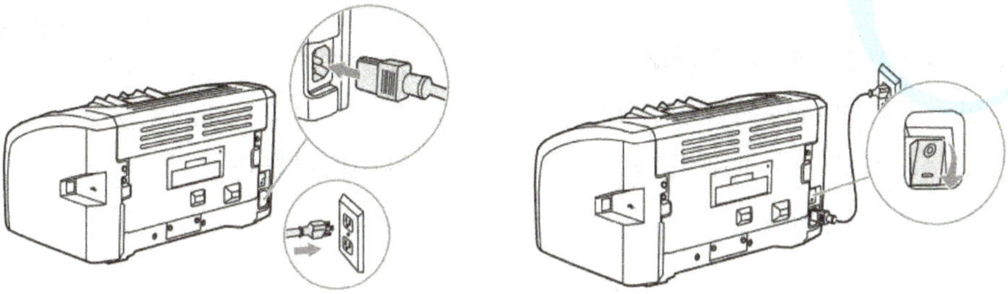

图 3-15　连接电源线

2. 打印机驱动程序安装

操作步骤：

第1步：将随机驱动光盘放入计算机光驱中，按照屏幕指示进行安装。

第2步：将USB电缆插入打印机，在软件安装过程中，根据系统提示将USB电缆的另一端插入计算机，如图3-16所示。

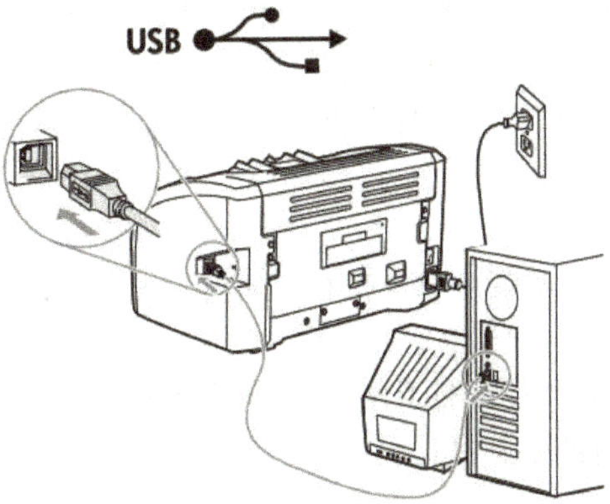

图 3-16　连接 USB 电缆

第3步：打印机测试页。

打印机测试页是驻留在打印机内存中的打印机信息页。在安装期间，可以选择打印打印机测试页。如果打印出了测试页，则表明已正确安装了打印机。

温馨提示

安装驱动程序

在安装驱动程序的过程中，如果欢迎画面没有出现，则单击Windows任务栏中的“开始”按钮，单击“运行”，输入“Z:\setup”（此处的Z是CD驱动器的盘符），然后单击“确定”按钮即可。

扫描二维码，观看激光打印机安装视频。

扫码看视频

任务拓展

HP LaserJet 1020 Plus打印机随机附带的驱动光盘支持目前常用的操作系统，如Windows 7、Windows 8等。由于许多软件应用程序使用不同的方法来访问打印机属性，所以下面分别说明在不同操作系统环境下，默认打印机设置方法。

1．在Windows 7中更改以后所有打印作业的默认设置

操作步骤：

第1步：单击“开始”按钮，选择“设备和打印机”菜单项，弹出“设备和打印机”窗口，选择HP LaserJet 1020 Plus打印机图标。

第2步：用鼠标右键单击HP LaserJet 1020 Plus打印机图标，在弹出的菜单中选择“设为默认打印机”菜单项，完成默认打印机设置。

2．只更改当前软件应用程序的设置

操作步骤：

第1步：从软件应用程序的“文件”菜单中选择“打印”菜单项，弹出“打印”对话框。

第2步：在“打印”对话框中，在打印机列表中进行打印机更改设置。

注 意

尽管不同软件应用程序所采用的步骤有所不同，但以上是最通用的方法。

彩色激光打印机的出现给人们的工作带来了缤纷的色彩，通过扫描二维码可以了解彩色激光打印机的安装过程。

扫描二维码，观看彩色激光打印机安装视频。

扫码看视频

任务3　使用激光打印机

激光打印机硬件连接与打印机驱动程序安装完成，经过检测一切正确之后，就可以使用激光打印机打印文稿。

任务情境

办公室小吴要打印一份文档，要求打印的质量要高。这时小吴就想到了用新购置的激光打印机进行打印，随后他打开打印机电源开关，启动计算机，就开始利用激光打印机打印文稿了。

任务分析

在使用激光打印机进行文档打印时，都需要对打印机进行纸张的安装。HP LaserJet 1020 Plus打印机有不同的送纸方式，不同的送纸方式具有不同的应用范围。送纸方式有两种：优先进纸槽方式和主进纸盘方式。

1. 优先进纸槽方式

优先进纸槽可以容纳一张最重为163g/m^{2}的介质或一个信封、投影胶片或卡片。装入介质时顶端在前，打印纸面朝上。为了防止卡纸和歪斜，装入介质之前要调整侧介质导板。

2. 主进纸盘方式

主进纸盘可容纳多达150张75g/m^{2}打印纸，或页数较少、重量较重的介质（25mm或更低的堆叠高度）。装入介质时顶端在前，打印纸面朝上。为了防止卡纸和歪斜，请务必调整侧介质导板和前介质导板。

任务实施

1. 打印信封

操作步骤：

第1步：在装入信封之前，将介质导板向外滑动，比信封略宽。

第2步：装入信封时应将打印纸面朝上，并使顶边紧靠左介质导板，如图3-17所示。

第3步：根据信封宽度调整介质导板，如图3-18所示。

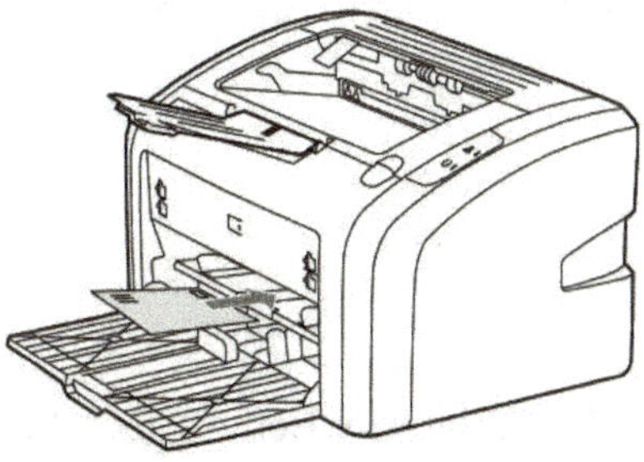

图 3-17　放入信封

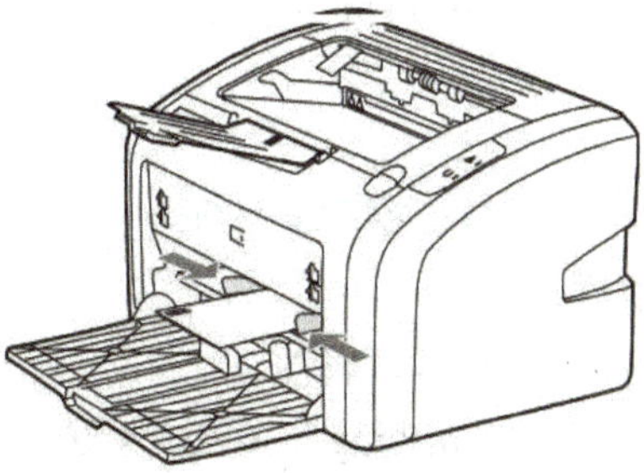

图 3-18　调整介质导板

第4步：访问打印机属性。

第5步：在“Paper/Quality”（纸张/质量）选项卡上，选择“Envelope”（信封）作为介质。

第6步：打印信封。

2. 在投影胶片或标签上打印

操作步骤：

第1步：在优先进纸槽中装入单页纸或在主进纸盘中装入多页纸，保证打印纸面朝上。

第2步：调整介质导板。

第3步：访问打印机属性。

第4步：在“Paper/Quality”（纸张/质量）选项卡上，选择正确的介质类型。

第5步：打印文档。

3. 打印信头纸和预先打印的表单

操作步骤：

第1步：装纸时顶端在前，打印面朝上，根据纸张宽度调整介质导板。

第2步：访问打印机属性。

第3步：在“Paper/Quality”（纸张/质量）选项卡上，选择正确的介质类型。

第4步：打印文档。

注 意

HP LaserJet 1020 Plus 打印机在工作中可以产生高达200℃的高温，输出的介质会很热。

4. 在自定义尺寸的介质和卡片纸上打印

操作步骤：

第1步：装入介质时窄边在前，打印面朝上。根据介质调整介质导板。

第2步：访问打印机属性。

第3步：在“Paper/Quality”（纸张/质量）选项卡上，选择“自定义尺寸”选项，指定介质的尺寸。

第4步：打印文档。

注 意

HP LaserJet 1020 Plus 打印机的自定义尺寸介质范围为 76mm×127mm 到 216mm×356mm 之间。

5. 双面打印（手动两面打印）

操作步骤：

第1步：访问打印机属性。

第2步：在“Finishing”（完成）选项卡上，选择“Print On Both Sides（Manually）”（双面打印（手动））。选择合适的装订选项，并单击“确定”按钮。

第3步：打印文档。

第4步：打印完第一面后，收集打印好的页，将打印好的一面朝下，并重新整理好纸张。

第5步：将纸放回主进纸盘，第一面应朝下，底边先送入打印机。

第6步：打印第二面。

注　意

要进行双面打印，必须让打印纸从打印机中过两次，而且要手动两面打印。

扫描二维码，观看激光打印机使用视频。

扫码看视频

任务拓展

如果在打印机使用过程中，想停止打印机的使用，而不是关闭电源开关，则可以采取下面方法，使打印机停止打印工作。

操作步骤：

第1步：用鼠标右键单击任务栏右侧的打印机图标，从弹出的快捷菜单中选择“打开所有现用的打印机和传真”菜单项。

第2步：在弹出默认的打印机使用状态窗口中，选中正在打印的文件。

第3步：选择“文件”菜单中的“暂停打印”或“取消所有文档”菜单，并单击该菜单项，则暂停或停止正在打印的文档。

过数秒后，打印机将返回到“就绪”状态。

温馨提示

如何防止卡纸？

要想使打印机能够稳定地工作，保持良好的使用习惯也是非常重要的。卡纸是激光打印机最容易出现的故障，只要正确用纸，卡纸的情况可以避免（至少概率会大大降低）。

1）在装纸之前，应将纸抖动几下，以使纸张页与页之间散开，以避免因为纸张之间的粘连而造成卡纸，阴雨天湿度较大时更应注意。

2）纸盒不要装得太满。虽然打印机的纸盒都有一个额定数，但是在装纸时建议不要将纸盒装得太满，一般情况下装纸在额定数的80%～90%比较合适。

3）注意打印介质的质量。激光打印机的精度比较高，因此对打印介质比较敏感。一些质量较差的打印介质容易导致卡纸。

如果出现卡纸也不要慌张，大多数打印机都有卡纸处理的应急方法，只要按照其说明正确处理，99%的卡纸故障都是可以排除的，切忌使用蛮力，这样反而会伤及打印机的部件。

任务4　维护与保养激光打印机

激光打印机在使用一段时间之后，难免会出现这样或那样的故障，用户只有能够处理常见的故障，才能保证设备的正常使用。

任务情境

小吴使用激光打印机一段时间之后，出现过几次卡纸的现象，小吴不知所措，随即取出用户手册，查看如何进行故障处理？

任务分析

HP LaserJet 1020 Plus打印机的指示灯及控制面板具有不同的含义，用户在使用过程中要理解不同指示灯状态的含义。控制面板不同指示灯状态的含义见表3-2。

表 3-2　控制面板不同指示灯状态的含义

指示灯状态	打印机状态	操　　作
	就绪 打印机可以进行打印	无须执行任何操作
	正在处理数据 打印机正在接收或处理数据	等待作业打印 要取消当前作业，请单击“取消”按钮
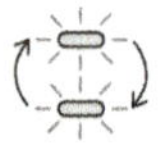	清洁模式 清洁页或打印机测试页正在打印	等待清洁页完成打印，并且打印机进入“就绪”状态。此过程最长需要两分钟 等待打印机测试页打印完成并且打印机进入“就绪”状态
	内存不足 打印机内存不足	所打印页可能过于复杂，打印机内存容量不足，尝试降低分辨率
	注意：端盖打开、无介质、无打印碳粉盒或卡纸，此打印机处于错误状态，需要操作员参与	检查以下情况：打印碳粉盒端盖完全关闭；介质已装入；打印碳粉盒已正确安装在打印机中；无卡纸
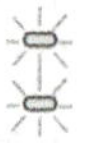	打印机初始化 正在进行打印机初始化	无须执行任何操作
	严重错误 所有指示灯均亮起	拔下打印机电源线30min，然后将打印机电源插头重新插入电源插座
	所有指示灯均熄灭	确保有电。拔下电源线的两端，然后将电源线重新插入打印机和电源插座

注：表示“指示灯灭”，表示“指示灯亮”，表示“指示灯闪烁”。

任务实施

在打印过程中，介质、碳粉和灰尘颗粒都可能在打印机内部积聚。随着时间的推移，这些积聚物会引起打印质量问题，如碳粉斑点污迹、涂污和卡纸。要纠正和避免此类问题，可以清洁打印碳粉盒区域和打印机介质通道。

1. 清洁打印碳粉盒区域

操作步骤：

第1步：关闭打印机，然后拔下电源线，等待打印机冷却。

第2步：打开打印碳粉盒端盖，取出打印碳粉盒，如图3-19所示。

第3步：用一块干燥的无绒布擦去介质通道区域和打印碳粉盒凹陷处中的残留物，如图3-20所示。

第4步：重新安装打印碳粉盒并关闭打印碳粉盒端盖，如图3-21所示。

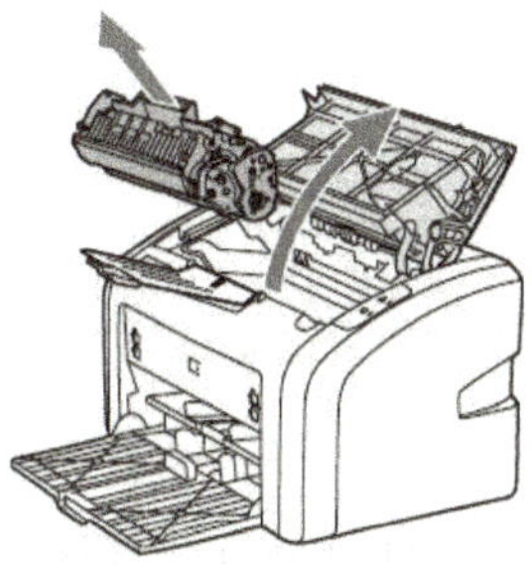

图 3-19　清洁碳粉盒区域第 2 步

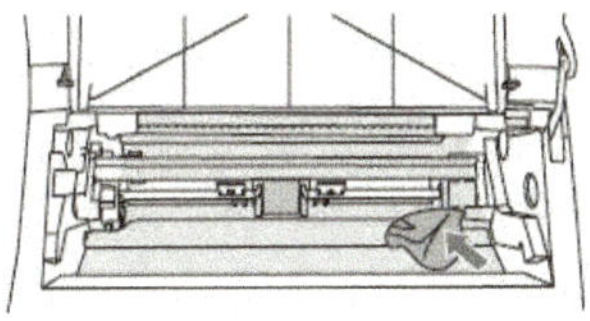

图 3-20　清洁碳粉盒区域第 3 步

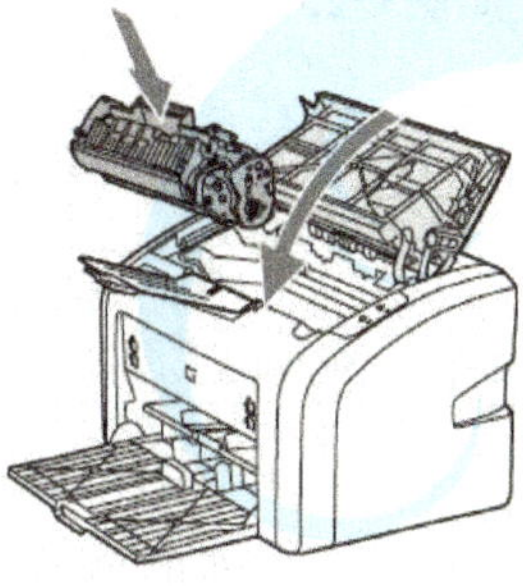

图 3-21　清洁碳粉盒区域第 4 步

第5步：将打印机电源插头插入电源插座，然后打开打印机。

2. 清洁打印机介质通道

如果打印输出上有碳粉斑点或污点，可以使用HP清洁实用程序去除多余的介质和可能积聚在加热组件和滚筒上的碳粉颗粒，清洁介质通道可以延长打印机的使用寿命。

操作步骤：

第1步：确保打印机处于空闲状态且“就绪”指示灯亮。

第2步：将介质装入进纸盘。

第3步：打印清洁页。

注　意

此清洁过程大约需要 3min。在清洁过程完成前，不要关闭打印机，可能需要反复清洁几次，以全面清洁打印机。

3. 更换取纸滚筒

随着打印机的使用，如果经常发生取纸错误，则需要更换取纸滚筒。

操作步骤：

第1步：关闭打印机，然后拔下打印机的电源线，等待打印机冷却。

第2步：打开打印碳粉盒端盖，取出打印碳粉盒。

第3步：找到取纸滚筒，如图3-22所示。

第4步：松开取纸滚筒两侧的白色小压片，将取纸滚筒向前方旋转，如图3-23所示。

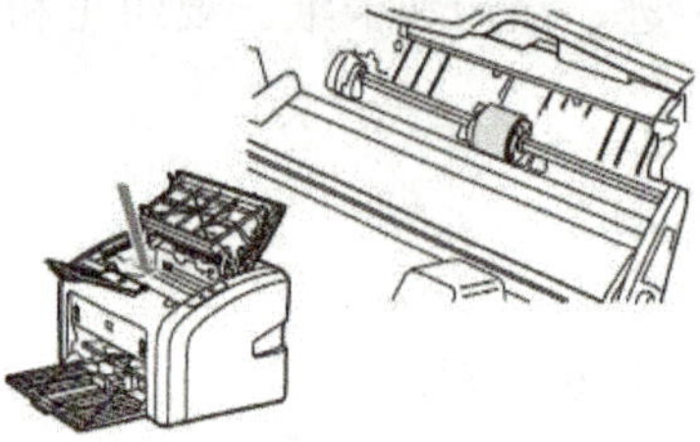

图 3-22 更换取纸滚筒第 3 步

图 3-23 更换取纸滚筒第 4 步

第5步：轻轻地向上、向外拉出取纸滚筒，如图3-24所示。

第6步：将新的取纸滚筒放入纸槽。每一侧的圆形和矩形槽口会帮助正确安装取纸滚筒，如图3-25所示。

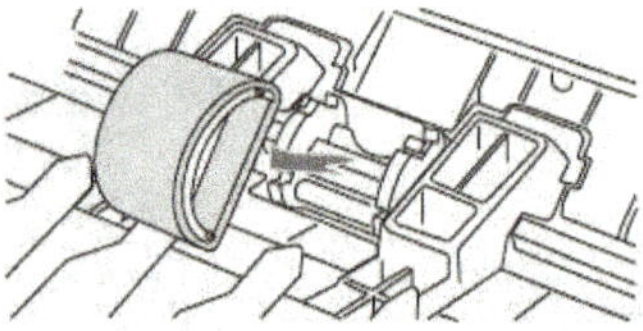

图 3-24 更换取纸滚筒第 5 步

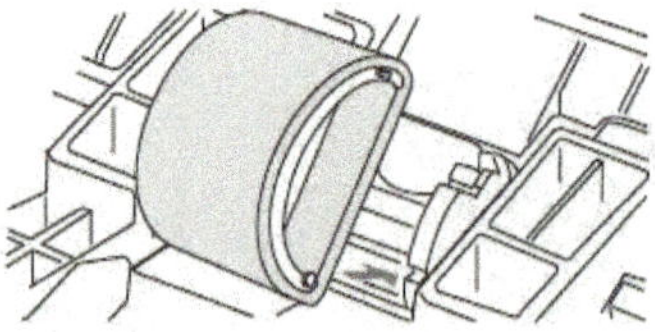

图 3-25 更换取纸滚筒第 6 步

第7步：将新的取纸滚筒的顶部向远离用户的方向旋转，直到两侧均卡入到位，如图3-26所示。

第8步：重新安装打印碳粉盒，并关闭打印碳粉盒端盖，如图3-27所示。

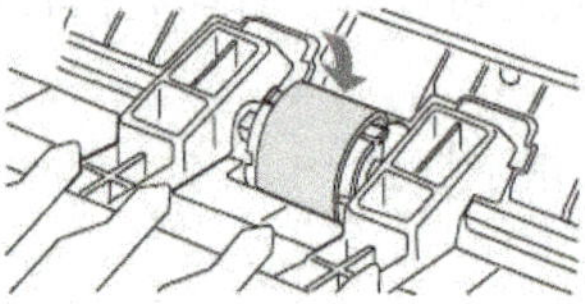

图 3-26 更换取纸滚筒第 7 步

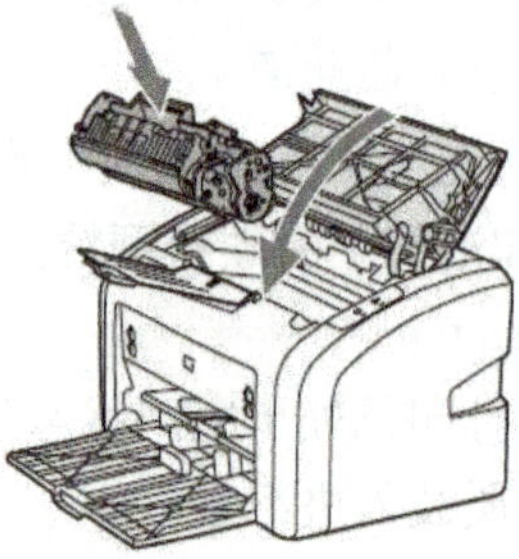

图 3-27 更换取纸滚筒第 8 步

第9步：将打印机电源插头插入电源插座，然后打开打印机。

4. 清洁取纸滚筒

清洁取纸滚筒，请按下面的操作进行。

操作步骤：

第1步：按更换取纸滚筒中第1步至第5步所述取出取纸滚筒。

第2步：用一块无绒布蘸上酒精，擦洗滚筒。（注意，酒精是易燃物品，应使酒精和布远离明火。）

第3步：使用干燥的无绒布擦去取纸滚筒上的浮尘。

第4步：先让取纸滚筒完全风干，然后将其重新装入打印机。

5. 更换打印机的分离垫

正常使用质量良好的介质也会导致磨损，如果打印机经常多页共进，则可能需要更换打印机分离垫，请按下面操作进行。

操作步骤：

第1步：关闭打印机，然后拔下打印机的电源线，等待打印机冷却。

第2步：在打印机背面，卸下固定分离垫的两个螺钉，如图3-28所示。

第3步：取出分离垫，如图3-29所示。

第4步：插入新的分离垫，然后使用螺钉固定。

第5步：将打印机电源插头插入电源插座，然后打开打印机。

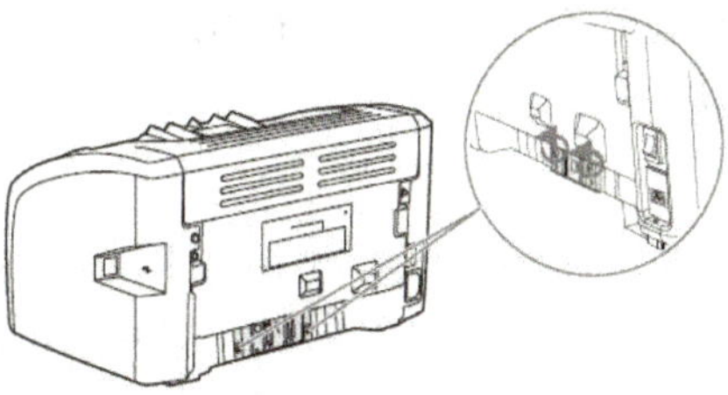

图 3-28　更换分离垫第 2 步

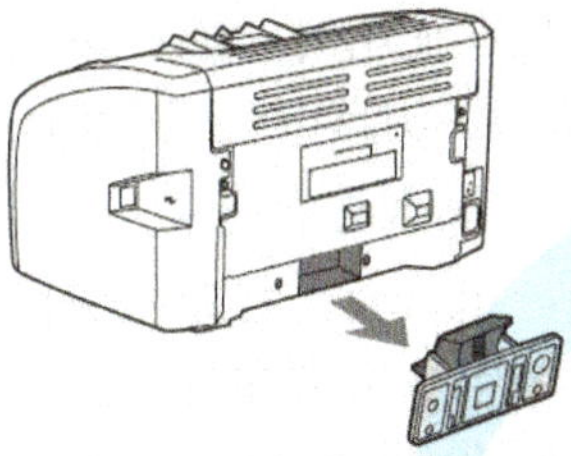

图 3-29　更换分离垫第 3 步

6. 摇匀碳粉

碳粉量很少时，打印页上会出现褪色或淡色区域。也许能够通过摇匀碳粉临时改进打印质量，然后再更换打印碳粉盒。

操作步骤：

第1步：打开打印碳粉盒端盖，取出打印碳粉盒。为了避免损坏打印碳粉盒，应拿着碳粉盒的两端。

第2步：为摇匀碳粉，应轻轻地前后摇晃打印碳粉盒。

第3步：将打印碳粉盒重新装入打印机，然后关闭打印碳粉盒端盖。

第4步：打开打印碳粉盒端盖，取出旧打印碳粉盒。为了避免损坏打印碳粉盒，应拿着碳粉盒的两端。

第5步：从包装中取出新的打印碳粉盒，轻轻地前后摇晃打印碳粉盒，以使碳粉在碳粉盒内部分布均匀，如图3-30所示。

第6步：向外拉压片，直到将整条胶带从打印碳粉盒中拉出，将压片放在打印碳粉盒包装盒中，以备回收，如图3-31所示。

第7步：将新的打印碳粉盒插入打印机，确保打印碳粉盒放置到位，关闭打印碳粉盒端盖，如图3-32所示。

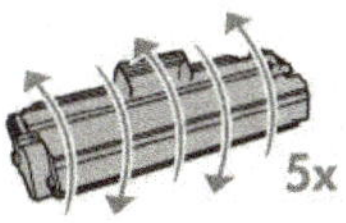

图 3-30　更换碳粉盒第 5 步

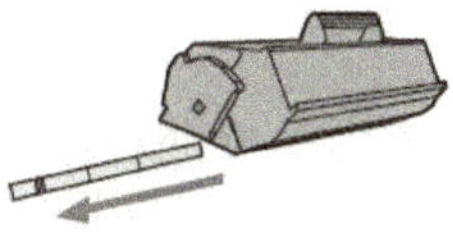

图 3-31　更换碳粉盒第 6 步

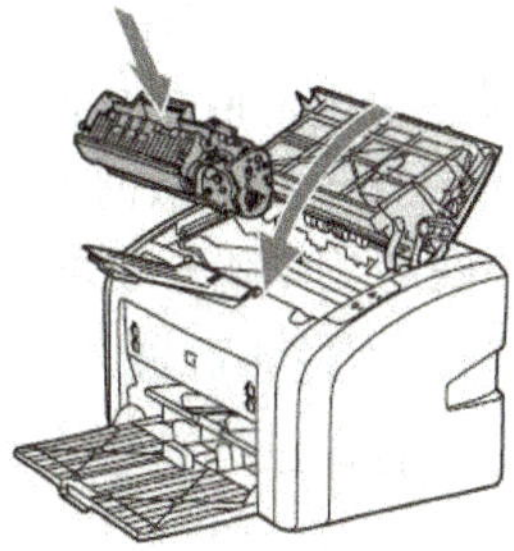

图 3-32　更换碳粉盒第 7 步

温馨提示

用户在更换碳粉盒时，如果碳粉落到衣服上，请用一块干布将它擦掉，然后在冷水中清洗衣服。

任务拓展

激光打印机在使用时，除了可能出现卡纸现象之外，还可能出现其他故障现象，现列举出HP LaserJet 1020打印机出现的故障及解决方法。

1. 打印文稿出现重影现象

故障原因：黑白激光打印机成像原理是通过加热组件对附着在打印纸上的碳粉加热、加压，使碳粉紧密地附着在打印纸上。如果打印的文档出现重影，则问题可能出现在以下方面：使用纸张的质量问题；碳粉盒中碳粉的质量问题；打印机加热组件故障。

解决方法：首先换用质量较好的纸张重新打印，看是否还有重影。如果仍有重影，则应确认碳粉盒中的碳粉为原装正品碳粉。如果在使用高质量打印纸和原装碳粉的情况下，仍然出现打印重影现象，那么原因就应是激光打印机加热组件表面受到破坏，碳粉沾到加热组件上，从而造成打印重影。当出现了硬件故障时，就需要送修打印机了。

2. 打印机夹纸

故障原因：打印纸表面不平整；打印纸太薄或太多；取纸辊磨损；其他原因。

解决方法：出现打印机夹纸的现象，首先应看打印纸表面是否平整，如果出现纸张卷曲或褶皱现象，最好换用表面平整、光洁的纸张；如果仍然夹纸，选择超过60g以上的打印纸，打印纸太薄将造成打印机在走纸时变得困难，容易造成打印机夹纸，而且一次装入打印纸不能太厚；取纸辊是激光打印最易磨损的部分，当盛纸盘内纸张正常，而无法取纸时，往往是取纸辊磨损或弹簧松脱，压力不够，不能将纸送入机器。取纸辊磨损，一时无法更换时，可用缠绕橡皮筋的办法进行应急处理；对于其他方面，如盛纸盘安装不正、纸张质量不好（过薄、过厚、受潮）等，也都可能造成夹纸或不能取纸的故障。

3. 打印机不进纸

故障原因：打印纸放入过多；异物堵塞；打印纸潮湿。

解决方法：首先检查打印纸的安装是否符合标准；然后查看打印机内部是否有什么异物堵塞，如果打印机中出现夹纸，则会导致不进纸的现象。如果有异物，必须要将它排除，排除时一定要先将打印机电源关闭，然后小心取出异物。取出夹纸时，必须沿出纸方向将夹纸缓慢拉出，取出夹纸后还要检查是否有残留碎纸存在，并保证将碎纸也清除干净；如果使用的打印纸存放时间过长，并且表面有潮湿感觉的话，也有可能出现不进纸的现象，此时要做的工作就是要烘干打印纸。

4. 打印时一次进多页纸

故障原因：打印纸的位置；打印纸表面的卷曲程度；静电感应的影响；纸厚调节杆的位置。

解决方法：打印纸的位置放置不正确会导致进多页纸的发生，正确的纸张高度不能高于纸槽左侧导轨上的箭头标志；其次，检查打印纸规格是否符合使用要求：60～180g的打印纸才能符合要求，而低于60g的超薄打印纸，很容易出现同时进多页纸的现象；卷曲也会导致一次进多页纸的发生，为此必须确保打印纸表面平整光滑，如果稍有点卷曲，可以想办法将它展平；静电感应也会导致一次进多页纸的发生，必须在安装打印纸之前，先将打印纸以扇形方式摊开，以确保每张纸可以单独分离，然后按正确方法将打印纸装入到导纸槽中；对于具有纸厚调节功能的打印机来说，在使用不同的纸质时，纸厚调节杆的位置也是不一样的，例如，在使用常规厚度的打印纸时，必须将纸厚调节杆的位置设为“0”。当然，不同打印机对纸厚调节杆的调节标准是不一样的，最好阅读说明书。

5. 打印机乱走纸

故障原因：当打印到某一页时突然空走一段纸，然后又自动接着打印下去，这往往是打印机使用时间长，纸张检测开关触点由于磨损和进入灰尘而产生接触不良，导致打印机做出错误的判断。

解决方法：拆开打印机，找到纸张检测开关用酒精仔细清理干净，即可恢复正常。

温馨提示

如何保护硒鼓？

硒鼓是一个非常敏感的部件，在使用过程中一定要注意以下几点，才能保证激光打印机的正常使用。

1）不要使硒鼓直接暴露在阳光或者其他强光源之下。

2）不要在强光下更换硒鼓，应该尽可能快地完成安装过程。

3）当把硒鼓从打印机上移走，应立刻把它放回包装盒或用较厚的软麻布包起来。

4）若硒鼓来自寒冷的地方，则将其移到温暖的地方并搁置一段时间再使用。

5）硒鼓挡光板屏蔽外部的光源，以保护感光硒鼓。因此，不要打开硒鼓挡光板。

6）不要用手碰感光硒鼓的表面，要防止硒鼓表面被硬物划伤。

7）不要把硒鼓放置在高温、高湿的地方。

8）确保硒鼓远离显示器、硬盘驱动器、软盘驱动器或任何其他有磁性的物质。

项目小结

激光打印机具有打印速度快，打印品清晰、噪声低、打印成本比较经济等优点。它是集光、电、机械于一体的设备，是常用的办公设备之一。

本项目从激光打印机的分类出发，介绍了激光打印机的主要技术指标、设备及耗材的选购、保存及其注意事项；具体讲解了激光打印机的安装、使用、维护方法。同时，列举了激光打印机的常见故障与故障排除方法，以使读者能够借助使用手册和使用经验对一些常见的简单故障进行排除。

实战强化

1. 激光打印机的安装与使用

（1）目的要求

熟悉激光打印机的基本结构，并能进行正确的安装和使用。

（2）工具和器材

计算机、Canon 2900打印机或其他激光打印机、A4打印纸。

（3）实践内容

1）打开包装，清点配件是否齐全，根据实物写出名称，并写入表3-3。

表 3-3　配件名称

序　号	1	2	3	4	5	6	…

注：取出包装保护材料，并妥善保存，以备下次使用。

2）安装打印机。

3）测试打印机。

（4）测试项目（见表3-4）

表 3-4　测试项目

序　号	项　目	操作项目	学生自评	教师评价	备　注
1	确认和识别配件	写出各配件的名称			
2	安装打印机	①安装硒鼓 ②安装电源线 ③安装打印机数据线 ④操作是否规范			
3	安装打印驱动程序	安装打印驱动程序			
4	使用打印机	①根据控制面板指示灯情况，判断打印机状态 ②选择纸张 ③操作是否规范			
5	使用注意事项	要求口述正确			

2. 激光打印机常见故障的排除和维护

（1）目的要求

掌握打印机自检、卡纸、清洁等问题处理方法。

（2）工具和器材

计算机、Canon 2900打印机或其他激光打印机、A4打印纸。

（3）实践内容

1）打印测试页。

2）清除卡纸。

3）清洁打印机。

（4）测试项目（见表3-5）

表 3-5　测试项目

序　号	项　目	操作项目	学生自评	教师评价	备　注
1	打印测试页	按操作步骤进行打印机自检			
2	清除卡纸	① 清除进纸区域的卡纸 ② 清除内部区域的卡纸			
3	无法进纸	处理无法进纸			
4	清洁打印机	① 断开打印机电源 ② 用清洁布擦拭，但不能过湿 ③ 打印机内部清洁 ④ 操作是否规范			

职业应用项目领域4　使用复印机

职业能力目标

1）能依据产品性价比选购符合实际需求的复印机。

2）能依据产品说明书安装、调试复印机。

3）能依据不同的情况使用复印机。

4）能依据故障现象诊断、维护与保养复印机。

在现代办公活动中，常常需要对大量的文件、图片资料进行复制、分发、存档，这些都离不开复印机。1938年，一位叫切斯特·卡尔森的美国律师发明了世界上第一台复印机。在1959年，哈曼德公司（现为施乐公司）推出了施乐914型静电复印机，商用复印机就此诞生。

复印机是一种融合光、电、磁技术于一体的高科技产品，它能够快速、准确、清晰地再现文件资料和图像原形，其复制品也适合于作为档案材料长期保存，给办公、科研、生产带来极大的方便。

任务1　认识和选购复印机

从20世纪50年代美国施乐公司推出第一台商用复印机以来，复印机已经从手动到全自动，从单一功能到多功能，从模拟式到数码式，从单色到多色，其技术伴随着信息技术和光电技术的发展而更趋完善和成熟。

任务情境

学校办公室为了提高办公自动化的程度，提升工作效率，准备选购一台静电复印机。办公室主任委托办公室小张为本部门选购一台复印机，主要用于复印一些文件和相关材料。

“应该选购一台什么样的复印机呢？”

“选购数码的。”

“买传统的。”

“买价格贵，质量就能好。”

“买品牌的，放心，而且售后服务较好！”

如何为办公室选购一台复印机呢？

任务分析

为了更好地了解复印机，必须了解复印机的分类方式和技术指标，才能选购一台符合实际需求的设备。

1. 复印机的分类

（1）依据工作原理分类　复印机分为模拟复印机和数码复印机两种。目前，市场上大多数复印机为单色模拟复印机。从1991年Canon公司推出第一台数码复印机以来，数码复印机随着办公数字化浪潮的兴起大量进入市场，开始进入日常办公。数码复印机具有高技术、高质量、组合化、增强生产能力、可靠性高等一系列优点。

（2）依据复印速度分类　复印机分为低速、中速和高速复印机三种。低速复印机每分钟可复印A4幅面的文件10～30份；中速复印机每分钟可复印A4幅面的文件30～60份；高速复印机每分钟可复印A4幅面的文件60份以上。目前，大多数办公场所使用的均为低速和中速复印机。

（3）依据复印幅面分类　复印机分为普及型和工程型两种。一般在普通的办公场所使用的复印机为普及型，其幅面大小为A5～A3。而工程型复印机其特点是幅面大，其幅面大小为A2～A0，有的甚至更大，价格昂贵。

（4）依据复印颜色分类　复印机可以分为单色、多色和彩色复印机。应用数字技术进行彩色复印，其最大的优点是可以将彩色分离特性和彩色平衡通过计算机进行调解，从而得到优质的彩色复印品，它将是今后市场的主流。

（5）依据外形结构分类　复印机可以分为落地式、台式和便携式复印机3类，如图4-1所示。

图 4-1　落地式、台式、便携式复印机

2. 性能指标

（1）预热时间　复印机在进行复印时首先需要对感光材料进行充电，从而能够进行正常的复印工作，这个过程所需时间称为复印机的预热时间。一般来说，复印机是处于预热状态，还是已经完成了预热可以进行正常的工作，机器上都有指示标志，用户可以做到一目了然。

（2）首页复印时间　首张复印时间指在复印机完成了预热处于待机的状态下，用户在稿台上放好复印原稿，盖好盖板等一切准备工作完成后，从按下按钮向复印机发出复印指令到复印机输出第一张复印稿所花费的时间。

（3）复印速度　复印速度指复印机每分钟能够复印的张数，它的单位是张/分。由于复印机预热需要时间，首张复印也需要花费比较长的时间，所以复印速度在计数时一般应该从第2张开始。

（4）连续复印　连续复印指对同一复印原稿，不需要进行多次设置，复印机可以一次连续完成的复印的最大数量。对于经常需要对同一对象进行多份复印的用户相当实用，连续复印的标识方法为1～×张，×代表该款产品连续复印的最大能力。

（5）最大幅面　最大幅面指复印机的最大扫描或打印尺寸范围，这个范围取决于复印机的内部结构设置和复印机的外部物理尺寸。办公型复印机的最大幅面一般为A3，家用或便携型复印机一般为A4，较大的工程复印机能达到更大尺寸。

（6）复印分辨率　分辨率是由像素来确定的，如1024像素×768像素，表示复印品用水平1024像素个数×垂直768像素个数来表示。分辨率越高，图像、文件复印品越清晰。

（7）内存　内存指数字复印机中用来存储稿件数据的存储器。数字复印机可先将多张稿件扫描至内存，再一起复印，以提高效率。内存越大，可存储的稿件张数就越多。若具有打印机功能，则大内存可以提高打印速度。

（8）缩放比例　缩放比例指复印机能对原稿进行的扩大或缩小的比例。复印比例相差数值越大说明复印机的可扩缩的范围越大，性能也越好。

任务实施

1. 明确选购目标

随着科技的进步，现代办公条件越来越好。如何购买到一台令人满意又经济实用的复印机，可以从以下几个方面进行考虑：

1）复印机的复印量不是特别大。

2）选择数字复印机。

3）设备型号要比较新。

4）耗材的价格要适中。

5）具备良好的售后服务。

2. 市场及网络调研

通过对市场调查及网络查询，依据所提出的选购目标，对不同的产品进行比较，从满足业务工作要求、产品性能、价格、售后服务等多方面进行考虑，最终决定选择东芝e-STUDIO 166作为办公室本次选购的复印机类型。

东芝e-STUDIO 166是一款入门级别的多功能数字复印机，它集打印、复印、扫描多种功能于一身，满足中小企事业单位办公使用。设计风格整体以白色为主色调，整体大气，整体设计比较紧凑，体积较小，可以更好地节省空间，如图4-2所示。

图 4-2　东芝 e-STUDIO 166 复印机

扫描二维码，观看复印机选购视频。

扫码看视频

任务拓展

某服装设计公司为了提高产品设计效果和工作效率，准备购置一台彩色复印机，用于输出设计文档，其具体要求如下：

1）最大复印幅面为A3，涵盖功能为复印、打印、扫描。

2）内存容量为1GB以上，机载硬盘容量160GB以上。

3）纸盒容量为500页以上，介质重量为60～160g/m^2。

4）复印速度不低于20cpm，复印分辨率为600dpi×600dpi以上，缩放范围为25%～400%（以1%为单位），连续复印页数为1～999页。

5）耗材可选择黑色、黄色、品红色、蓝色墨粉盒。

6）具有USB 2.0以上接口及网络接口等。

7）打印速度不低于20ppm，打印分辨率为600dpi×600dpi以上。

8）扫描速度黑白、彩色为60ppm以上，扫描分辨率为600dpi×600dpi以上。

9）适用于目前主流的操作系统平台。

10）设备价格控制在20 000元左右。

按要求选择3款彩色复印机，将各款彩色复印机的技术参数填写到表4-1中，用于帮助客户选购符合要求的设备。

表 4-1　彩色复印机参数对照

相关设备参数	备选设备-1	备选设备-2	备选设备-3
参考价格			
品牌			
型号			
……			

经验分享

复印机选购注意事项

购买复印机时，如何做到所选购的设备质优、价低、适用、实用呢？下面，就复印机的选购提供一些建议，供大家参考。

（1）依据复印幅面进行选择　如果复印一般的文件报表，那么应选最大的幅面为A3的复印机；如果所需复印的幅面不大，那么选B4或A4幅面的复印机会节省不少资金。

（2）依据业务量进行选择　如果每月印量在3000～9000张的企业单位，应选一台速度在20ppm以上，且功能全、容量大、性能稳定、耐久性强的复印机；如果每月印量在3000张以下，则选一台速度在20ppm以下的中低速复印机。对有特大印量的用户，月印量在1万张以上10万张以下者，应选用多功能高速复印机，同时选配送稿器和分页装订器。这类高速复印机均很耐用，故障率极低，价格较高。

（3）依据使用成本进行选择 复印机是消耗性的设备，其内部的零件有一定的使用寿命，如复印机的感光鼓、载体、墨粉等。在购机时一定要问清其消耗品的寿命及价格，如果选择不当，必将导致使用成本的增加。

（4）依据品牌进行选择 现今市场上复印机品牌较多，占有率较高的品牌有佳能、东芝、施乐、夏普等，但性价比较高的品牌首选施乐。

（5）依据售后服务进行选择 复印机是集光学、电子、机械、化工为一体的精密设备。在使用过程中，需要做经常保养，这些保养须由专业人员来处理。因此，在选购复印机时，一定要选择讲信誉的、有一定规模和技术实力的专业办公设备公司，应与之签订保养、保修合同。

复印机耗材选购注意事项

在复印机的耗材中，不同品牌、不同型号的复印机其耗材是专用的。墨粉是使用最快的一种耗材，而载体也是有使用寿命的，如何选购合适的耗材呢？

（1）选购墨粉 墨粉分为原装和代用墨粉。在选购耗材时，一定要购买原装墨粉，下面说明为什么选择原装墨粉。

墨粉的主要成分并不是由碳组成，而是由树脂和黏合剂组成。在复印的最后一道程序中，墨粉高温熔化树脂，被氧化成带有刺激气味的气体，即臭氧。正品墨粉是不含致癌物质的，而代用墨粉从外观上虽无多大差别，但内部成分完全不同。

根据世界卫生组织公布的结果，代用墨粉采用碳黑作原料，多含有多环芳烃系列及二甲基亚硝胺等致癌物质，它们在定影加热时挥发出来，直接被人体吸收，危害操作者健康。

代用墨粉除了危害人体外，还会对复印机造成不良后果，通常出现底灰加重，深浅不均，使用张数减少，降低使用寿命，定影辊上易沾墨粉，机器内的墨粉落于电路板上，造成短路，烧毁器件，造成整机损害。

（2）选购载体 载体含有磁性成分，对生产设备和生产工艺要求较高，其使用寿命也较长。

原装载体具有稳定的磁性，表面涂层提供适当的摩擦带电性能，保证载体不泄漏，同时通过相互摩擦而吸引的墨粉也不会掉落，从而能够长时间获得稳定的印品质量。

代用或假冒载体的磁性不能保证，表面的涂层经过长时间和墨粉的摩擦也会脱落。这样的载体不仅会引起印品质量问题，还容易引起感光鼓的击穿。

任务2 安装复印机

复印机的安装相对其他办公设备来说是比较复杂的，通常需要专业人员来进行。普通用户在对用户手册仔细阅读之后，也是可以进行安装的。

任务情境

复印机运到单位之后，销售公司同时派遣了一名技术人员同行，帮助进行复印机的安装与调试。在设备安装过程中，小张在一旁观察，从安装环境选择，再到设备的安装详细地进行记录。

任务分析

1. 安装环境的选择

各种型号的复印机的要求基本相同，超出指标范围可能会影响复印机的连续工作时间和复印质量。它对于周围环境、安装地点和使用方法均有一定的要求，其中温度和湿度两项指标要求较严。在初次安装复印机时，注意下列事项：

（1）电源和接地要求　电源电压波动应在额定电压的±10%范围内，应尽量使用机器原装的三芯插头，与带地线的插座配合使用。

（2）环境温度　机器使用环境的温度应在5～35℃，温度过高对机器散热不利，影响机器使用寿命和复印质量；温度过低，一些器件的性能会受影响，预热时间也会延长。

（3）环境湿度　室内相对湿度应在20%～85%，在过湿的环境下使用会缩短机器使用寿命，并影响复印的质量。

（4）通风问题　复印机使用时会释放一定量的有害气体和热量，对人体的健康不利。因此，要求放置复印机的房间应通风良好，保持室内空气新鲜。

（5）安放条件　复印机应远离水、易燃物或腐蚀性气体，在无尘的环境中使用，放置在坚固的机台上，使之不会随机器的运转而晃动。机器背部应留15cm以上的空间作为通风道，机器前面和左右两边也应留有足够的空间，以便于机器的操作、更换消耗品和维修保养。

2. 了解复印机各部分的名称及功能

1）复印机前部和右侧各部件名称如图4-3所示。

① 原稿盖板：将原稿置于原稿玻璃上，关上盖板，开始复印。

② 自动输稿器（选购件）：放在自动输稿器上的纸是逐张扫描的。每次最多可放100张纸（或）高度为16mm的原稿。

③ 操作手册盒（后侧）（选购件）：把操作手册放在操作手册盒中。

④ 侧盖板。

⑤ 旁路供纸盘：在特殊介质类型（诸如厚纸、投影用透明胶片或描图纸）上进行复印时使用旁路供纸盘。

⑥ 供纸单元（选购件）的进纸盖板。

⑦ 纸张尺寸指示器。

⑧ 供纸单元（选购件）：供纸单元可作为设备的另一个纸盒。每次最多放250张普通纸。

⑨ 纸盒：每次最多可放250张普通纸。

⑩ 前盖板：更换墨粉盒时，打开前盖板。

2）复印机左侧和内部各部件名称如图4-4所示。

① 原稿玻璃：使用原稿玻璃复印三维原稿、书本类型的原稿或特殊纸张型原稿。

② 控制面板：使用控制面板进行复印操作、输入复印数量或设置其他功能。

③ 墨粉盒。

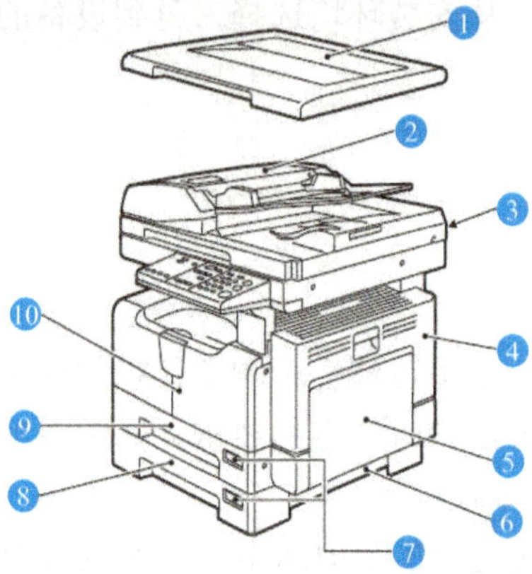

图 4-3　复印机前部和右侧各部件

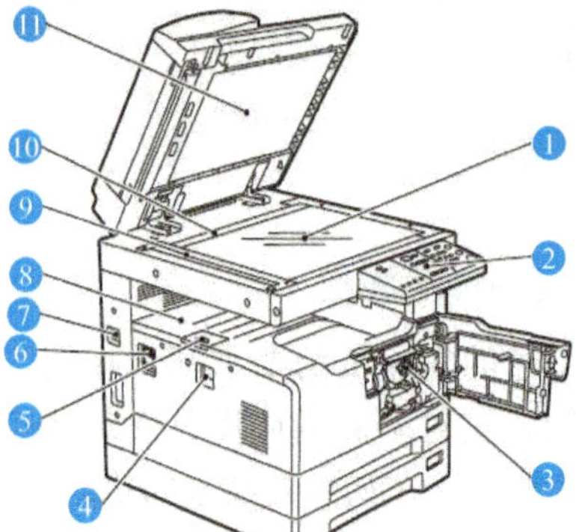

图 4-4　复印机左侧和内部各部件

④ 电源开关：使用此开关打开或关闭电源。

⑤ 出纸制动器：使用出纸制动器防止输出纸张的掉落。当用大尺寸纸张（如A3，B4）进行大量复印时，要打开出纸制动器。

⑥ AC-IN终端：使用AC-IN终端来连接多功能数码复印机和随机所附的电源线。

⑦ USB终端（4pin）：借由此终端，可使用所购买的USB电缆线，将多功能数字复印机连接至计算机。

⑧ 接纸盘。

⑨ 扫描区域：通过自动输稿器（选购件）的原稿数据将在该区域进行扫描。

⑩ 原稿标尺：使用此功能来检查置于原稿玻璃上的原稿尺寸。

⑪ 稿台页面。

3. 控制面板

复印机的控制面板是打印机使用过程中非常重要的一个部件，只有充分了解各键的功能才能更好地使用复印机。控制面板如图4-5所示。

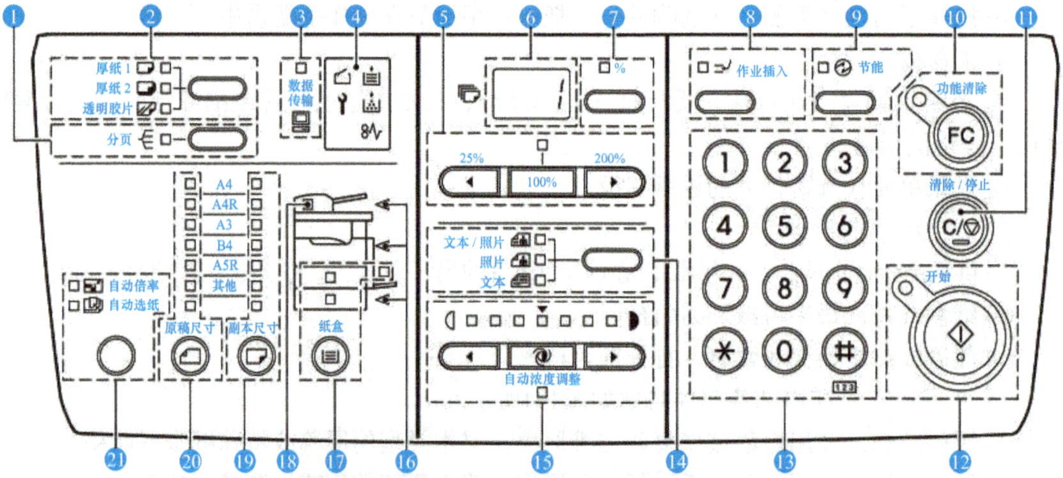

图 4-5　复印机的控制面板

控制面板各按键的功能：

①“分页”键/灯：使用此键进行分页操作。

②“介质类型设置”键/灯：使用此键来更改旁路供纸盘中的纸张介质类型。

③“数据传输”灯：当打印数据从计算机接收到多功能数码复印机时，此灯闪烁。

④“信号灯”：5个信号灯分别代表设备的当前状态。

⑤“缩放”键/灯：使用缩放键来设置复印的倍率。

⑥“LED显示”：显示复印件的数量。当按下“复印数量/变倍显示选择”键时，LED上显示复印倍率。

⑦“复印数量/变倍显示选择”键/灯：每当按下此键时，就在复印数量和复印倍率之间切换。出现复印倍率时，“%”标记旁的信号灯就会点亮。

⑧“作业插入”键/灯：使用此键可中断正在复印的作业，并进行其他操作（相当于中断复印）。

⑨“节能”键/灯：使用该键可使设备在非使用状态时，进入节能模式。设备处于节能模式时，该灯点亮。

⑩“功能清除”键/灯：当复印完成时，此灯闪烁。使用该键可清除设置的复印功能。

⑪“清除/停止”键：使用此键停止所有处理中的复印作业，或将输入的复印数量恢复到“1”。

⑫“开始”键/灯：使用此键开始复印。此灯点亮时，可以进行复印。多功能数字复印机在等待进行复印时，信号灯闪烁。

⑬“数字”键：使用数字键输入数字，如复印数量。

⑭“原稿模式”键/灯：使用此键可根据原稿的质量来设置复印图像的质量。

⑮“浓度调整”键/灯：使用此键来调整复印图像的浓度。浓度为自动调整时，信号灯（自动浓度模式）自动点亮。

⑯“卡纸部位信号灯”：原稿或复印件卡纸时，此信号灯闪烁。信号灯闪烁的部位显示了卡纸的位置。

⑰“纸盒”键/灯：使用此键来选择纸盒或者旁路供纸盘作为纸张的来源。当前所选的纸张来源的信号灯就会点亮。所选纸盒或托盘缺纸时，该灯就会闪烁。

⑱“原稿设置信号灯”：当原稿放在自动输稿器（选购件）时，该信号灯点亮。

⑲“复印”键/灯：使用此键选择将要使用的纸张尺寸。纸盒中或旁路供纸盘上没有放置符合该尺寸的纸张时，当前所选的纸张尺寸的信号灯就会闪烁。

⑳“原稿”键/灯：使用此键来指定原稿的尺寸。

▪“自动选纸/自动倍率选择”键/灯：自动选纸（APS）是设备检测原稿的尺寸并自动选择相同尺寸的复印纸；自动倍率选择（AMS）是事先设定将要使用的复印纸的尺寸，然后设备检测原稿的尺寸并自动选择最合适的复印倍率进行复印。

任务实施

复印机安装时应参考随机用户手册，一般需经过以下步骤。

操作步骤：

第1步：去除包装，检查主机、零部件、消耗材料及备件，确保完整无缺。新机器要按用户手册说明逐一小心去掉包装物或紧固件后检查。

第2步：按照安放要求正确放置主机，依次安装感光鼓，加入载体及墨粉，安装纸盒和副本盘。在安装墨粉时应先取出显影盒，再从显影盒中取出显影仓，然后将墨粉轻摇几次后装入显影仓。在安装纸盒时，应先取出纸盒的转动固定螺钉，然后放入纸张，调整纸盒间距。

第3步：主机显示及工作状态检查。包括机器各部位有无损伤和变形；各齿轮、皮带轮和链轮等是否处于正确的位置；各按键和机器状态显示是否正常。

第4步：机器试运行。经过通电、预热，若机器无异常显示或声音，即可复印。试运行测试的内容应包括：原样复印、连续复印、缩放复印、浓淡复印和各送纸盒送纸能力测试等。

第5步：做好记录。试运行正常后，应装好后挡板和前门，并擦拭机器表面、清理现场，同时填写使用维修卡片，并附上一张复印品，存档备查。

第6步：安装自选附件，同时按照相应的技术手册正确安装。

任务拓展

普通纸静电复印机的结构可分为4大部分，其各部分的功能如下。

1. 曝光系统

曝光系统主要由输稿部件、原稿台、原稿照明部件（光源）、光路系统（原稿玻璃、反光镜、物镜等）和光缝调节装置组成。其功能是将原稿台上的原稿影像通过光照和光路系统投射到光导体上，进行曝光，使光导体表面产生静电潜像，从而把原稿的图文信息转换为光信息。

2. 成像系统

成像系统是静电复印机的核心部分，也是结构和原理最为复杂的部分。它主要由感光鼓、光导体部分、充电部分、显影器、电位控制器、转印部分、定影部分和清洁部分组成。其主要功能是将曝光系统提供的光信息转换成静电潜像，并对静电潜像进行显影。

3. 输纸系统

输纸系统主要由手动送纸台、供纸盒、供给控制器、输纸控制器、分页器和接纸盒组成。其主要功能是将待复印的空白纸张输入到复印机内部，经过转印、分离和定影后，再把已记录了复印信息的纸张由复印机内部输出。

4. 显示控制系统

显示控制系统包括显示系统和控制系统。显示系统主要由显示面板和显示驱动电路组成；控制系统分为电路控制和智能控制两部分。控制系统分布在复印机各部位，协调完成复印机各部件的动作，其中电路控制部分由各种监控电路、传感控制器、程序控制所需的延时电路及接触器所组成。智能控制部分由微计算机、存储器及输入/输出接口等组成，完成各种测量、过程控制和智能复印等工作。

经验分享

复印机安装注意事项

复印机安装完成之后，就要对其进行检测，在确保一切部件安装正确之后，再通电开机，进行复印机系统和复印效果的测试。

1）接通电源后，检查操作面板上的各种指示灯的状态是否正常，预热的时间是否符合规定。复印机在启动时要容易，而且整个系统运转应平稳且噪声低。

2）逐一按各个操作键，如放大、等比、缩小、插入复印、手工供纸、纸盒的选择等，看复印机能否正常工作。

3）检查复印的效果，看复印件是否与原稿一样，这次的检查包括底灰情况、图像的分辨率、图像歪斜情况、图像前缘偏移情况、同步情况、复印倍率变化情况、复印图像色调变化情况、有无空白区及无图像区、有无黑或白条纹、复印机的计数器等。

任务3　使用复印机

复印机的操作是一项技术性较强的工作，不了解机器的操作方法，有时会因操作不当而损坏机器，影响使用。下面，就复印机的使用常识及使用技巧做一个简单的介绍。

任务情境

安装好复印机后，需要装入复印纸才可以开始工作。办公室要复印一些文件，这时刚刚购买的复印机正好派上用场。

任务分析

1．打开电源与关闭电源

操作步骤：

1）打开电源，将电源开关按到“|”（开），设备开始预热。预热过程大致需要25s。预热完毕后，“开始”信号灯点亮，复印工作就绪。

2）关闭电源，将电源开关按到“⏻”处。

2．放置复印纸

操作步骤：

第1步：打开设备电源。

第2步：小心地拉出纸盒，一定要将纸盒拉到底，如图4-6所示。

第3步：按下纸盘，直到听到咔嗒声，并且纸盘不再升起为止，如图4-7所示。

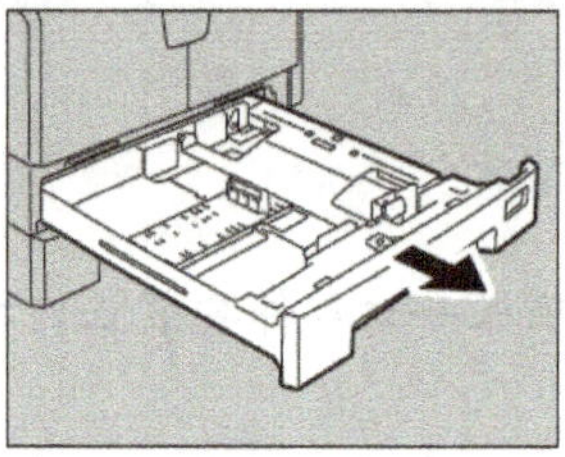

图 4-6　放置复印纸第 2 步

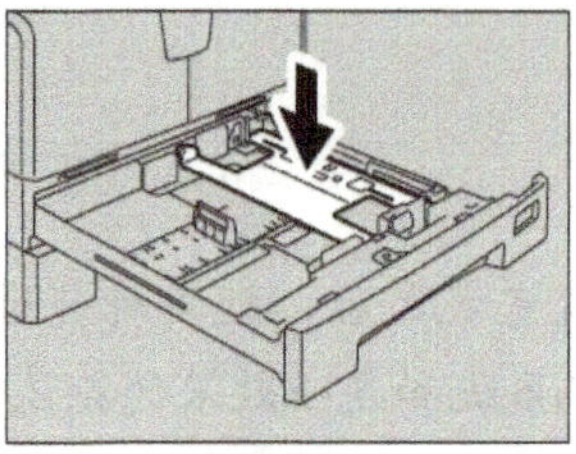

图 4-7　放置复印纸第 3 步

第4步：拉出纸张挡板（A），然后根据所需的纸张尺寸重新安装挡板的位置。纸张的尺寸显示在纸盒的内表面的底部，如图4-8所示。

第5步：在充分推动侧面导板的绿色旋钮的同时，将两边的间距加宽，如图4-9所示。

第6步：将纸张放在纸盒内，如图4-10所示。

第7步：调整侧面导板至所需的纸张尺寸。确保在纸张和每个侧面导板之间留有约0.5mm（总共小于1.0mm）的间隙，如图4-11中的“A”所示。

图 4-8　放置复印纸第 4 步

图 4-9　放置复印纸第 5 步

图 4-10　放置复印纸第 6 步

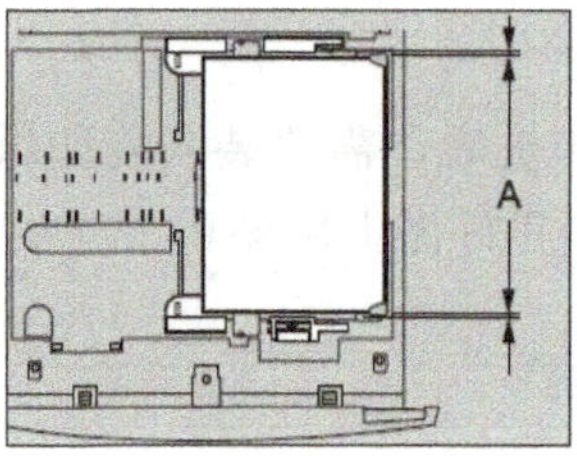

图 4-11　放置复印纸第 7 步

第8步：确保侧面导板插销下的纸放置完全合适，如图4-12所示。

第9步：更改纸张尺寸指示器，使其与所放入的纸张尺寸一致，如图4-13所示。

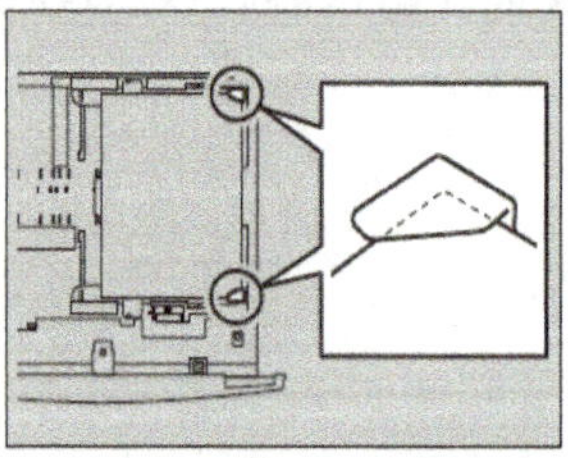

图 4-12　放置复印纸第 8 步

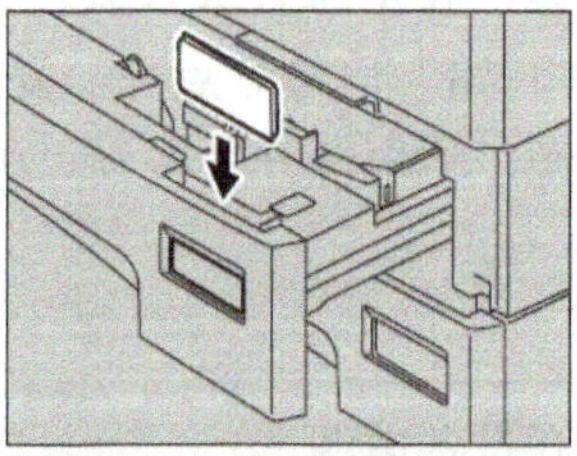

图 4-13　放置复印纸第 9 步

第10步：将纸盒径直推入多功能数码复印机直到其停止。

3. 设置所放纸张的尺寸

标准尺寸纸张与非标准尺寸纸张对于复印机的设置方法是不同的，下面分别对设置方法进行说明。

（1）设置标准A4纸张尺寸　操作步骤：

第1步：同时按下“纸盒”键和“副本尺寸”键2s以上，LED上显示“Fnc”，如图4-14所示。

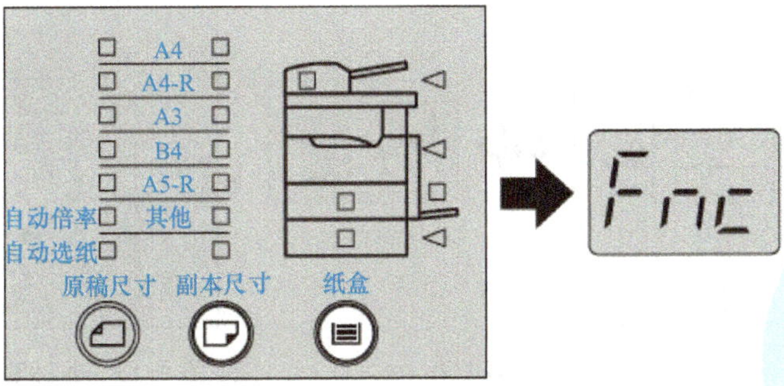

图 4-14　标准纸张尺寸设置第 1 步

第2步：多次按下“纸盒”键，直到放置纸张的纸盒灯点亮，如图4-15所示。

第3步：多次按下“副本尺寸”键，直到在纸盒中放置的纸张尺寸信号灯点亮，如图4-16所示。

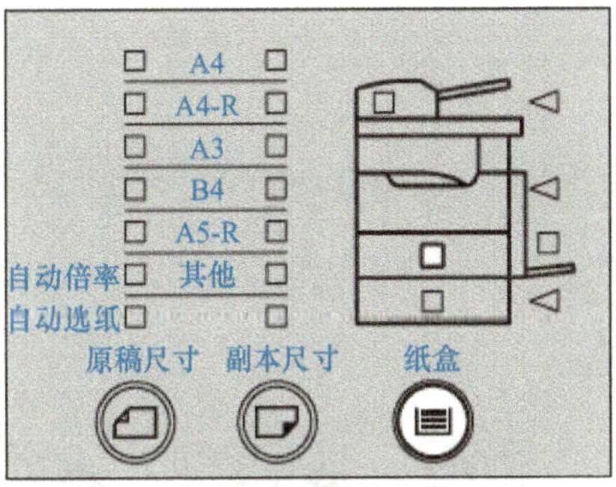

图 4-15　标准纸张尺寸设置第 2 步

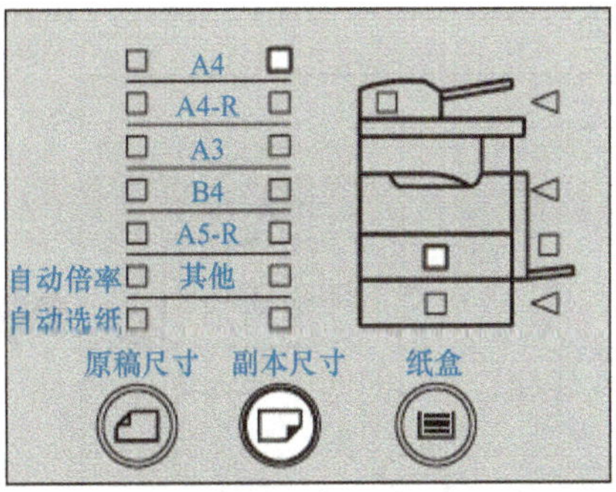

图 4-16　标准纸张尺寸设置第 3 步

第4步：按下“开始”键，纸张尺寸已设置。

（2）设置非标准纸张尺寸　如果要放置A3、A4等标准纸张以外的纸张，则将其作为“其他”尺寸进行设置。输入纸张尺寸的代码，将其作为“其他”尺寸。非标准纸张尺寸与对应代码见表4-2。

表 4-2　非标准纸张尺寸与对应代码

纸张尺寸	代码	纸张尺寸	代码	纸张尺寸	代码	纸张尺寸	代码
B5	05	ST-R*1	12	LD	08	COMP	14
B5-R	06	FOLIO	13	LG	09	8K	17
LT	10	16K	18	LT-R	11	16K-R	19

以非标准纸张LT尺寸为例进行设置说明。

操作步骤：

第1步：同时按下“纸盒”键和“副本尺寸”键长达2s以上，LED上显示“Fnc”，如图4-17所示。

第2步：多次按下“纸盒”键，直到放置纸张的纸盒灯点亮，如图4-18所示。

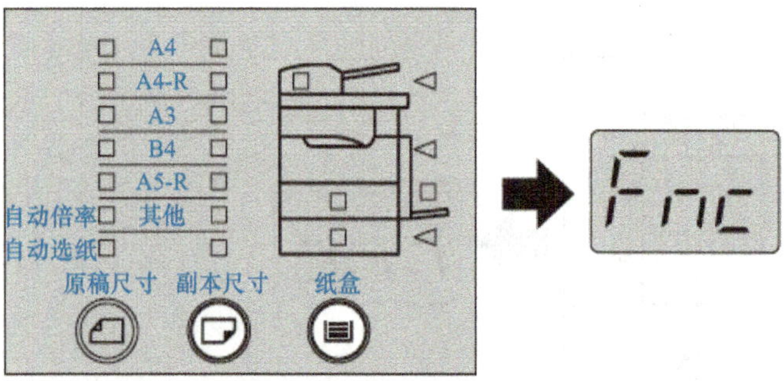

图 4-17　非标准纸张尺寸设置第 1 步

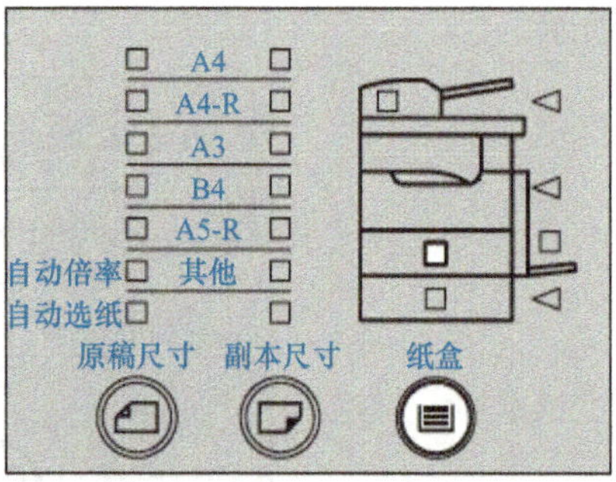

图 4-18　非标准纸张尺寸设置第 2 步

第3步：多次按下“副本尺寸”键，直到“其他”灯点亮，LED上显示“F××”（××为两位数字），如图4-19所示。

第4步：输入放置在纸盒中的纸张尺寸代码，如图4-20所示。例如，放入LT尺寸的纸张代码为“10”。如果在这个步骤中按下“功能清除”键，将不会设置尺寸，设备返回其正常状态。

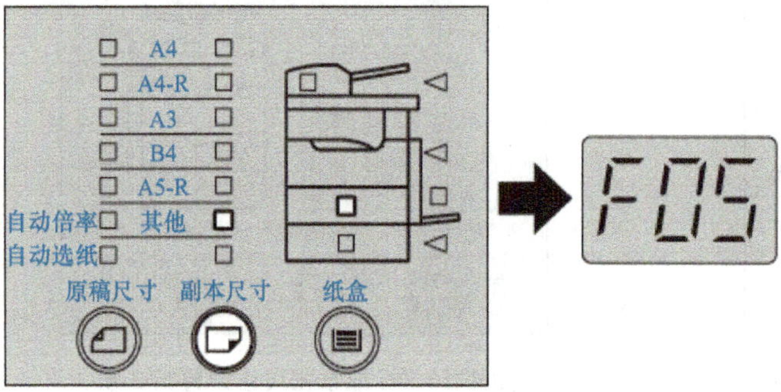

图 4-19　非标准纸张尺寸设置第 3 步

图 4-20　非标准纸张尺寸设置第 4 步

第5步：按下“开始”键，纸张尺寸已经设置为“其他”尺寸。

任务实施

1. 放置原稿

（1）在原稿玻璃上放置普通原稿　操作步骤：

第1步：抬起原稿盖板或自动输稿器。

第2步：将原稿面向下放到原稿玻璃上，并将其与原稿玻璃的左后角对齐，如图4-21所示。当使用高度透明的原稿时，如投影用透明胶片或描图纸，在原稿（B）上放一张空白纸（A），空白纸尺寸大于或等于原稿，如图4-22所示。

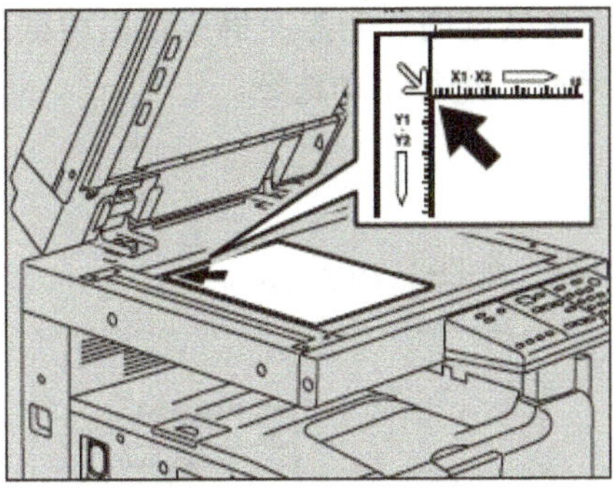

图 4-21　放置普通原稿

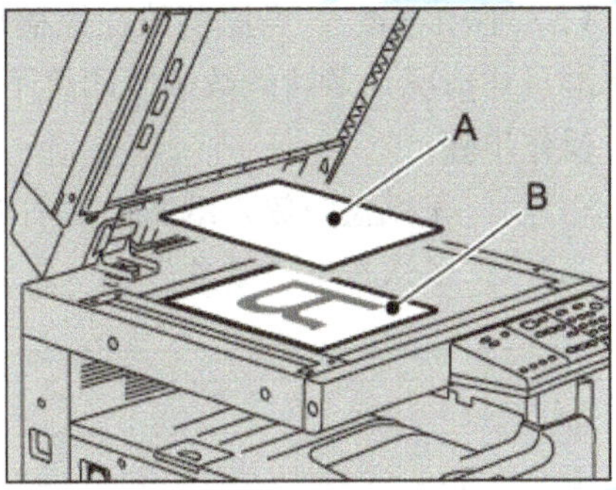

图 4-22　放置透明原稿

第3步：小心放下原稿盖板或自动输稿器。

（2）在原稿玻璃上放置书本型原稿　操作步骤：

第1步：抬起原稿盖板或自动输稿器。

第2步：翻开原稿至所需要的页数，并将其面向下放到原稿玻璃上，与左后角对齐。

第3步：小心放下原稿盖板或自动输稿器。

（3）使用自动输稿器放置普通原稿　操作步骤：

第1步：对齐所有原稿。

第2步：将原稿面向上放置，并调整侧导板至原稿长度，如图4-23所示。原稿的顶层将首先被扫描。当放置大量宽幅原稿时，拉出原稿制动器可防止输出的原稿掉落。当要替换此制动器时，请把它轻轻向上抬起，并将其推入，如图4-24所示。

图 4-23　自动输稿器放置普通原稿

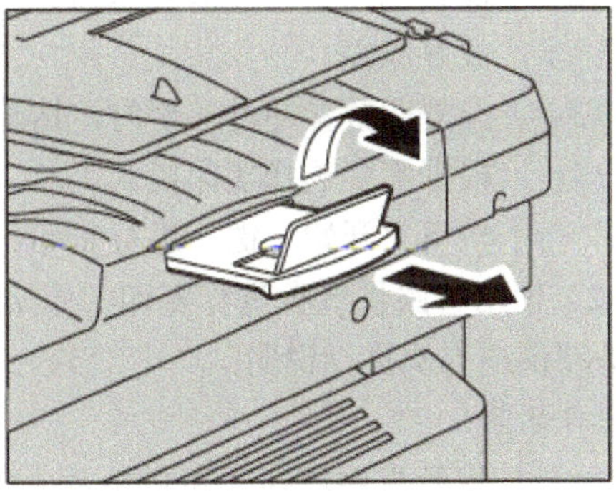

图 4-24　替换原稿制动器

2. 纸张选择

数码复印机可以通过两种方法来选择复印纸张，一是自动选纸；二是手动选纸。

（1）自动选纸　当将标准尺寸原稿放在自动输稿器上时，多功能数字复印机会检测尺寸，并自动选择与原稿相同尺寸的复印纸张。

操作步骤：

第1步：在纸盒中放入纸张。

第2步：将原稿放于自动输稿器上。

第3步：按下“自动选纸/自动倍率”按钮，自动选纸灯点亮，如图4-25所示。

第4步：根据需要选择其他复印模式，然后按下“开始”键。

（2）手动选纸　当原稿放在原稿玻璃上，原稿为高度透明、全黑原稿或带黑边框的、非标准尺寸情况，多功能数字复印机不能正确探测尺寸时，进行手动选纸。

操作步骤：

第1步：在纸盒中放入纸张，然后放置原稿。

第2步：多次按下“纸盒”键，直至所需纸盒灯点亮，如图4-26所示。

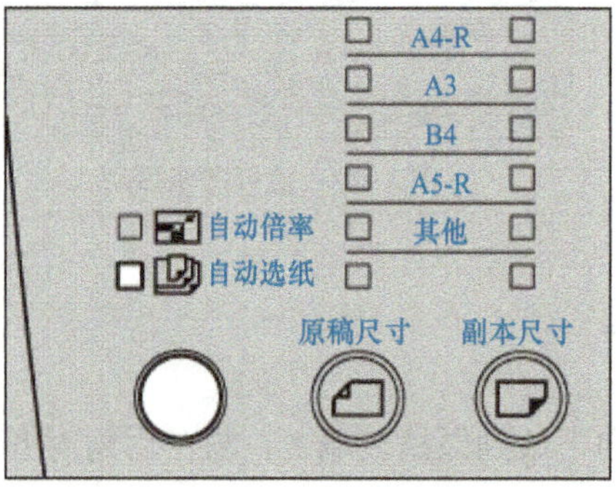

图 4-25　自动选纸

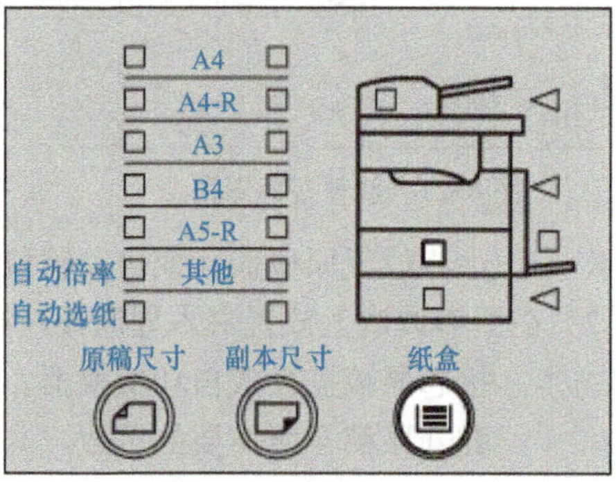

图 4-26　手动选纸

第3步：选择其他所需的复印模式，然后按下“开始”键。

3. 正常复印

（1）复印稿件的复印流程　操作步骤：

第1步：检查纸张是否被放入纸盒。

第2步：放好原稿。

第3步：当复印数量超过一份时，请输入所需的复印数。

第4步：根据需要选择复印模式。

第5步：按下“开始”键，进行复印。

（2）使用旁路供纸盘进行复印　标准尺寸纸张可用于旁路供纸复印，下面以A4尺寸厚纸的旁路供纸为例进行说明。

操作步骤：

第1步：将纸直接放在旁路供纸盘上，复印面向下，然后握住（A）的同时，将侧导板与纸张的长度对齐，如图4-27所示。

图 4-27　使用旁路供纸盘复印第 1 步

温馨提示

纸张放置

确保纸张堆叠高度不超过侧导板上的指示线；当放置大尺寸纸张时，在开始旁路供纸复印前，先拉出托纸盘，如图4-28所示。

图 4-28　拉出托纸盘

第2步：检查放置在旁路供纸盘上的纸张尺寸灯是否点亮。如未亮，则多次按“副本尺寸”键，直至所需纸张尺寸灯点亮，如图4-29所示。

第3步：按介质类型设置键，直至放在旁路供纸盘上的介质类型灯点亮，如图4-30所示。可以从下面3种介质类型中选择：厚纸1、厚纸2、透明纸等三种介质。

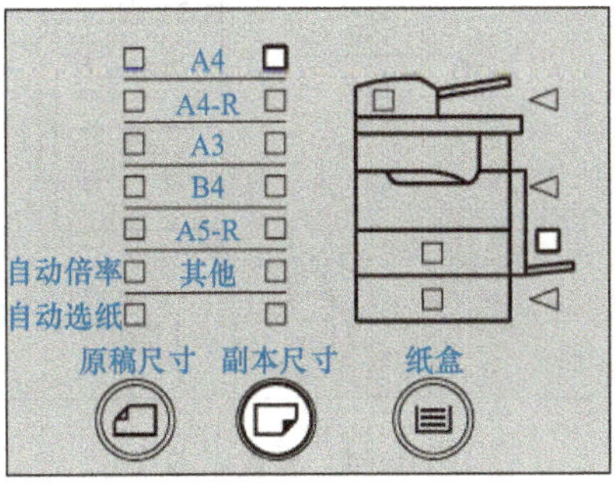

图 4-29　使用旁路供纸盘复印第 2 步

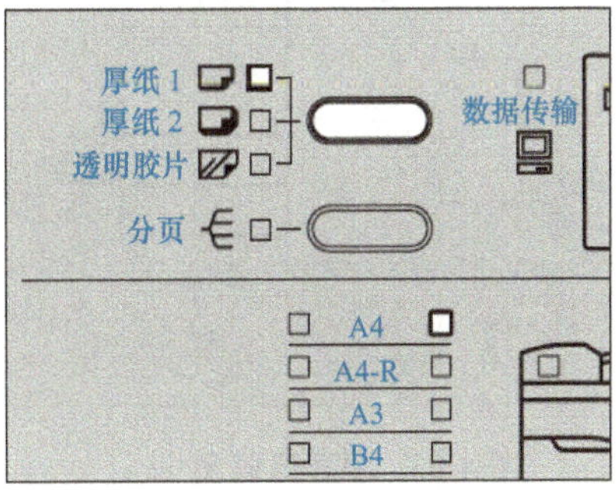

图 4-30　使用旁路供纸盘复印第 3 步

第4步：放好原稿。

第5步：选择其他所需的复印模式，然后按“开始”键，复印开始。

4. 缩放图像

（1）自动倍率选择　操作步骤：

第1步：在纸盒中放入纸张，多次按下“副本尺寸”键，直至所需纸张尺寸的灯点亮，选择A4纸，如图4-31所示。

第2步：按下“自动选纸/自动倍率选择”键，直至自动倍率灯点亮，如图4-32所示。

第3步：选择其他所需的复印模式，然后按下“开始”键。

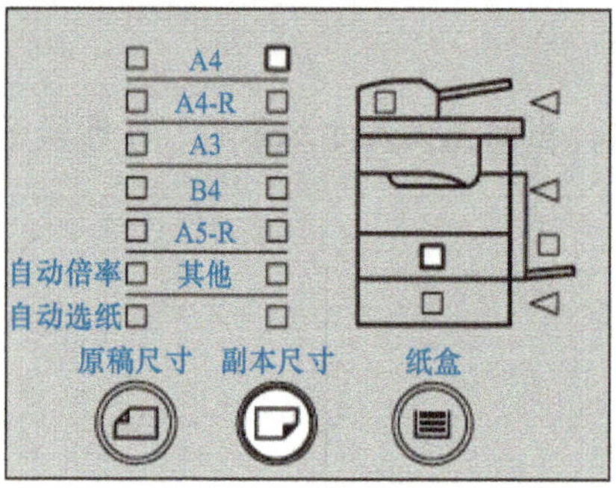

图 4-31　自动倍率选择第 1 步

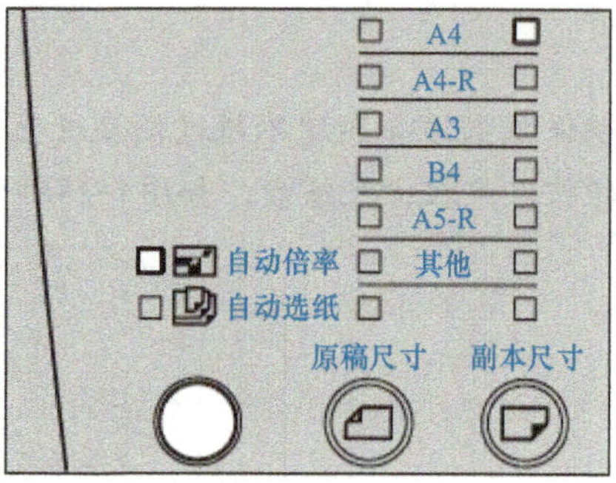

图 4-32　自动倍率选择第 2 步

第4步：将原稿放于自动输稿器上。

第5步：选择其他所需的复印模式，然后按下“开始”键。

（2）设定原稿和复印纸尺寸　操作步骤：

第1步：在纸盒中放入纸张，然后放置原稿。

第2步：多次按下“原稿尺寸”键，直至所需原稿尺寸的灯点亮，选择B4尺寸的原稿，如图4-33所示。

第3步：多次按下“副本尺寸”键，直至所需纸张尺寸的灯点亮，选择A4尺寸的复印纸，如图4-34所示。

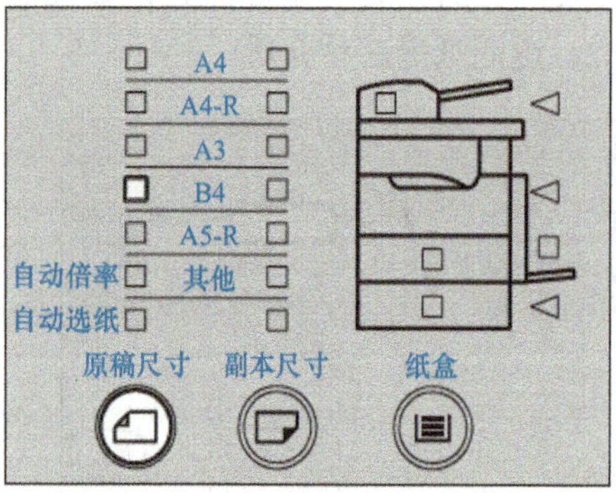

图 4-33　设置原稿尺寸

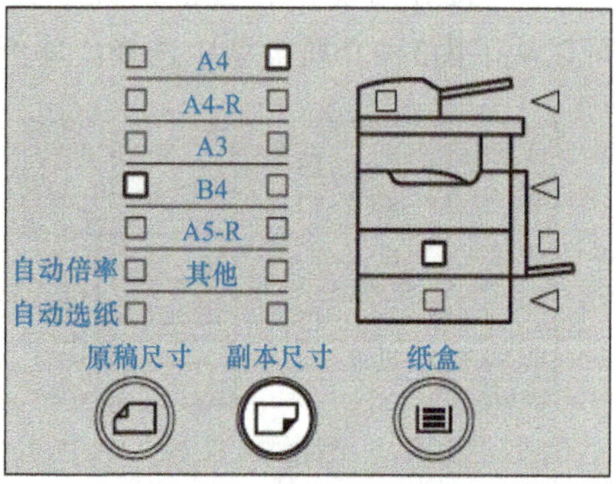

图 4-34　设置副本尺寸

第4步：选择其他所需的复印模式，然后按下“开始”键。

（3）手动设定缩放比例　操作步骤：

第1步：在纸盒中放入纸张，然后放置原稿。

第2步：按下“复印数量/变倍显示选择”键，缩放比例出现在LED显示屏幕上，如图4-35所示。

第3步：按（缩小 25%）或（放大 200%）键，直至出现所需的缩放比例。

第4步：多次按下“副本尺寸”键，直至所需纸张尺寸的灯点亮，选择A4复印纸，如图4-36所示。

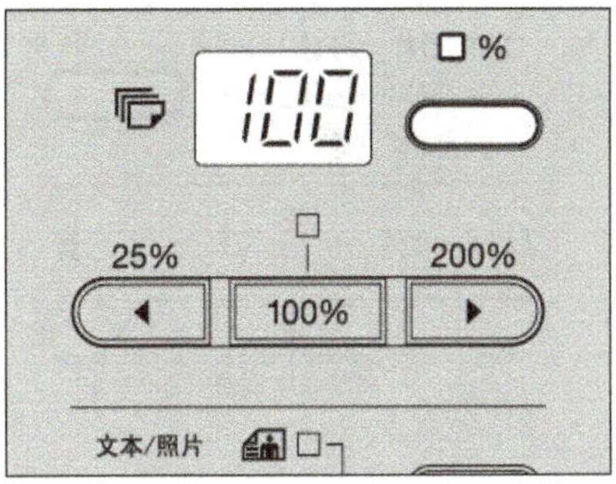

图 4-35　设置复印数量

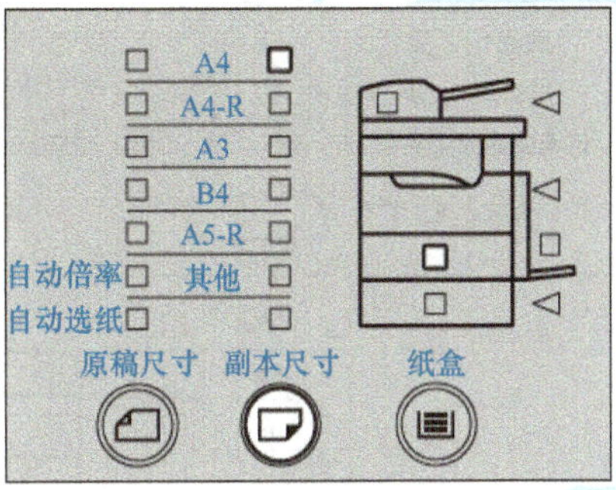

图 4-36　设置纸张类型

第5步：选择其他所需的复印模式，然后按下“开始”键。

扫描二维码，观看复印机使用视频。

扫码看视频

任务拓展

1. 分页复印

当需要复印多套复印件时，要求每套复印件与原稿相同的页码顺序输出，这就是分页复印。它包括复印两套并分页和复印两套不分页两种形式，如图4-37所示。当原稿放在自动输稿器上时，此功能才可使用。

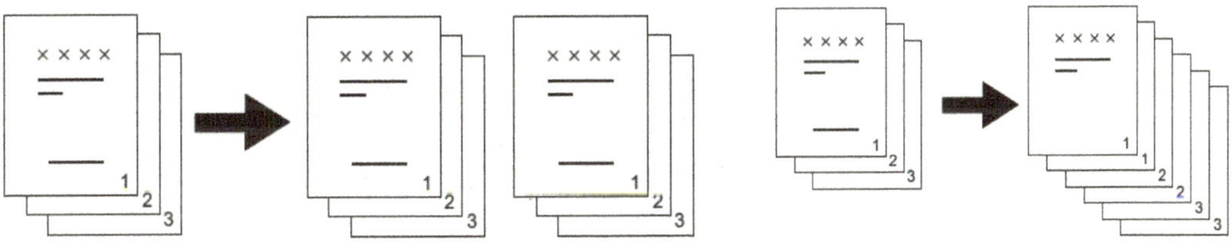

图 4-37　分页复印

操作步骤：

第1步：在纸盒中放入纸张，然后放置原稿。

第2步：按“分页”键，“分页”键灯点亮，分页复印启动，如图4-38所示。

第3步：选择其他所需的复印模式，然后按下“开始”键。

2. 选择图像模式

根据原稿，可以有3种最合适的复印图像模式：文本/照片、照片和文本。

操作步骤：

第1步：纸盒中放入纸张。

第2步：放置原稿。

第3步：按下原稿模式键，直至所需模式的灯点亮，如带有照片的原稿，如图4-39所示。

第4步：选择其他所需的复印模式，然后按下“开始”键。

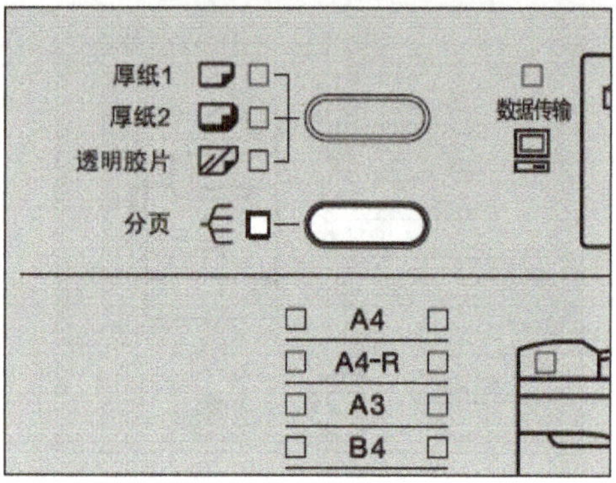

图 4-38　设置分页复印

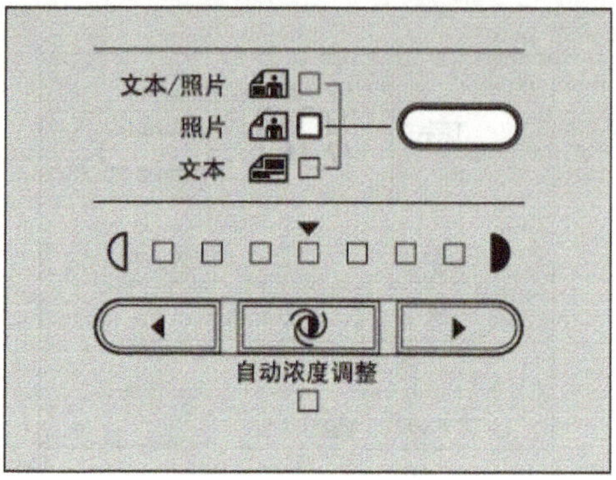

图 4-39　设置原稿模式

3. 调整浓度

自动复印浓度模式是多功能数码复印机安装时的默认设置，能自动检测每个原稿的浓度并选择最佳的图像浓度。同时，还可以通过手动调整所需要的浓度。

操作步骤：

第1步：在纸盒中放入纸张，然后放置原稿。

第2步：按“浓度调整”键（（淡）或（浓））来调整复印浓度，如图4-40所示。浓度水平的设置有7级。按两个键中其中任意一个，可相应提高或降低一级浓度水平。

第3步：选择其他所需的复印模式，然后按下“开始”键。

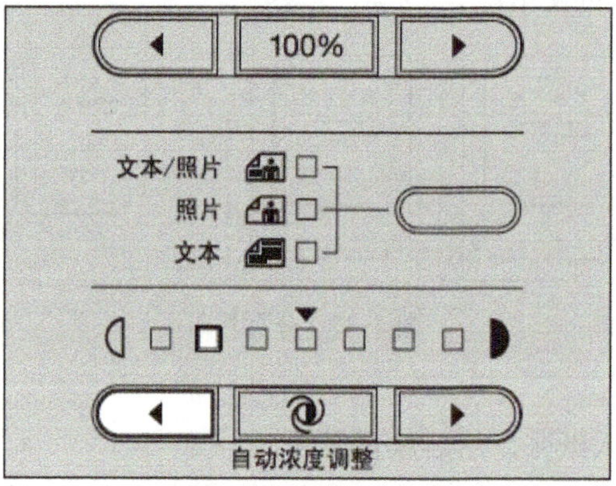

图 4-40　设置浓度调整

经验分享

使用复印机的注意事项

在使用复印机的过程中，如果不注意使用细节那么将会影响到复印机的寿命，所以日常正确的使用方法显得尤为重要。

1）复印机的正确摆放要注意防高温、防尘、防振、防阳光直射，同时要保证通风换气环境良好。平时尽量减少搬动，如果需要移动一定要水平移动，不可倾斜。为保证最佳操作，至少应在机器左右各留出90cm，背面留出13cm的空间。

2）连接复印机的电源必须是稳定的交流电，电源的定额应为220～240V、50Hz、15A。复印工作结束后要关闭复印机电源开关，再切断电源。不可未关闭机器开关就去拔电源插头，这样容易造成机器故障。

3）每天早晨上班后，要进行复印机预热，预热半小时左右，使复印机内保持干燥。

4）要保持复印机玻璃稿台清洁、无划痕，不能有涂改液、手指印之类的斑点，不然会影响复印效果。

5）复印机工作时一定要盖好上面的挡版，避免强光对眼睛的刺激。

6）如果需要复印书籍等有装订的文件，请选用具有“分离扫描”的复印机。这样，可以消除由于装订不平整而产生的复印阴影。

7）当复印机控制面板显示红灯加粉信号时，用户应及时对复印机添加墨粉。加墨粉时，应摇松墨粉并按照说明书操作。

8）添加复印纸前先要检查纸张是否干爽、洁净。纸盘内的纸不能超过复印机所允许放置的厚度，请查阅说明书来确定厚度范围。为了保持纸张干燥，可在复印机纸盒内放置一盒干燥剂，每天用完复印纸后应将复印纸包好，放于干燥的柜子内。

9）每次使用完复印机后，一定要及时洗手，以消除手上残余的粉尘。

任务4 维护与保养复印机

复印机在运行过程中，除了内部结构正常磨损之外，还受到来自复印机内部和外部的灰尘等杂物的危害，造成复印品质下降和运行故障。

任务情境

复印机的操作人员在日常复印工作中必须精心地维护和保养复印机，才能保证复印机的正常运行和延长机器的使用寿命。如果复印机不进行维护和保养，不但复印质量会下降，而且可能出现一些故障，影响正常工作。

任务分析

在使用复印机的过程中，经常出现控制面板上的警告灯亮的情况，当信号灯点亮或闪烁时会禁止复印。不同指示灯闪亮分为以下几种：

1）盖板打开信号灯。多功能数字复印机的任何盖板没有关闭，此灯都会闪烁。

2）缺纸信号灯。纸盒或旁路供纸盘缺纸时，此灯就会闪烁。

3）墨粉盒信号灯。通过墨粉盒检测功能和剩余墨粉检查功能显示墨粉盒的当前状态。

信号灯亮起：墨粉盒中的墨粉所剩无几，或者没有正确安装墨粉盒；信号灯闪烁：墨粉盒的墨粉耗尽。

4）卡纸信号灯。原稿或复印纸卡纸时，此灯闪烁。

5）服务请求信号灯。需要维修人员进行技术支持时，此灯点亮或闪烁。

任务实施

1. 卡纸处理

在复印机使用过程中，卡纸是经常出现的现象。卡纸部位不同，处理方式也不同。

（1）纸张被卡在自动输稿器内部处理

操作步骤：

第1步：提起拉杆，打开上盖板，如图4-41所示。

第2步：释放被卡住的原稿，如图4-42所示。

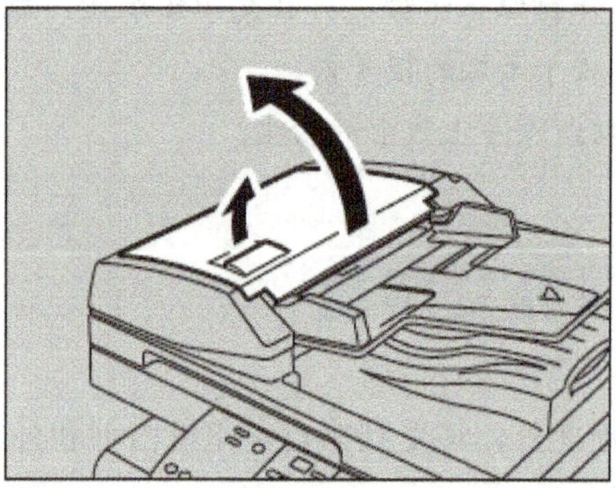

图 4-41　自动输稿器卡纸处理第 1 步

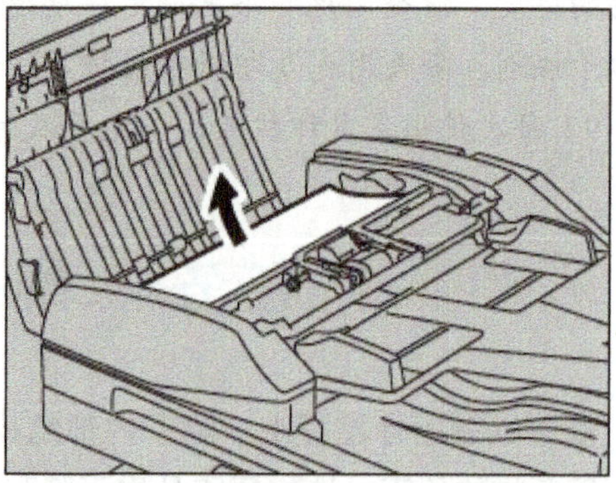

图 4-42　自动输稿器卡纸处理第 2 步

第3步：转动旋钮来释放被卡住的原稿，如图4-43所示。

第4步：打开输送导板，如图4-44所示。

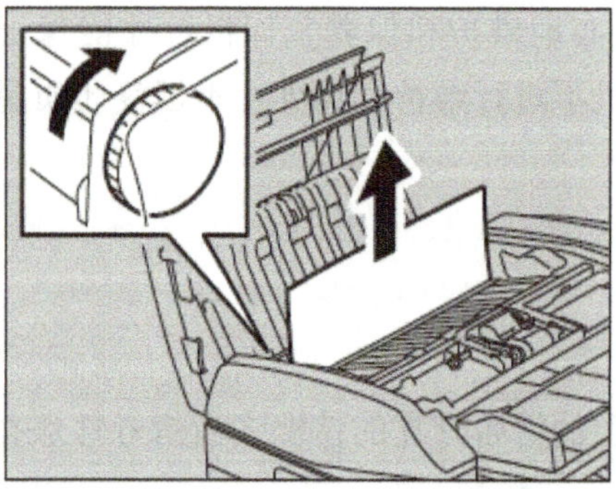

图 4-43　自动输稿器卡纸处理第 3 步

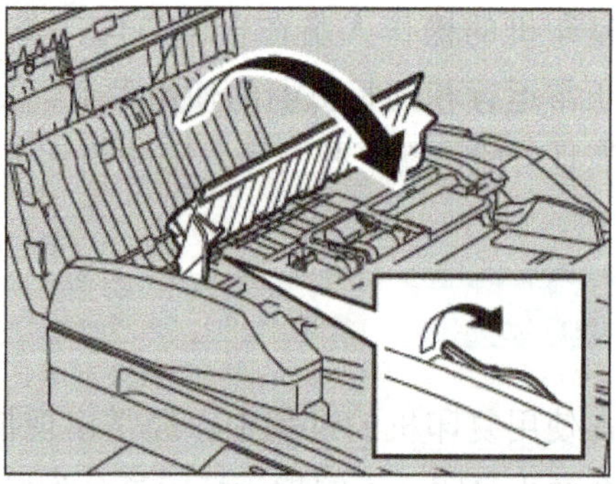

图 4-44　自动输稿器卡纸处理第 4 步

第5步：拉起输送导板下的导向板，然后释放导向板下被卡住的原稿，如图4-45所示。

第6步：关闭输送导板，合上上盖板。

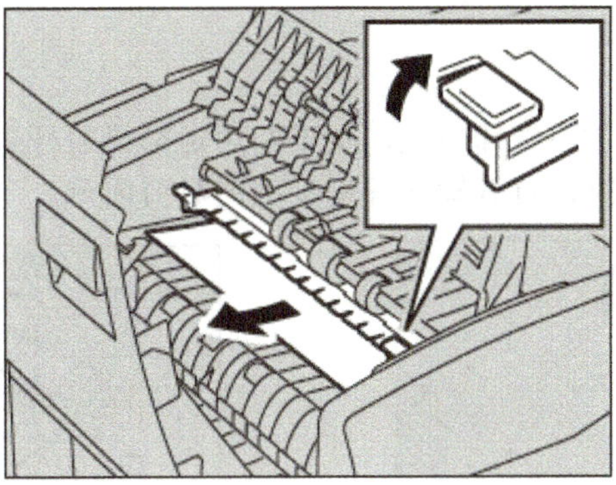

图 4-45 自动输稿器卡纸处理第 5 步

（2）纸张被卡在转印单元后部处理

操作步骤：

第1步：打开侧盖板，如图4-46所示。

第2步：将转印单元朝用户方向拉出并放下，同时提起绿色拉杆，如图4-47所示。

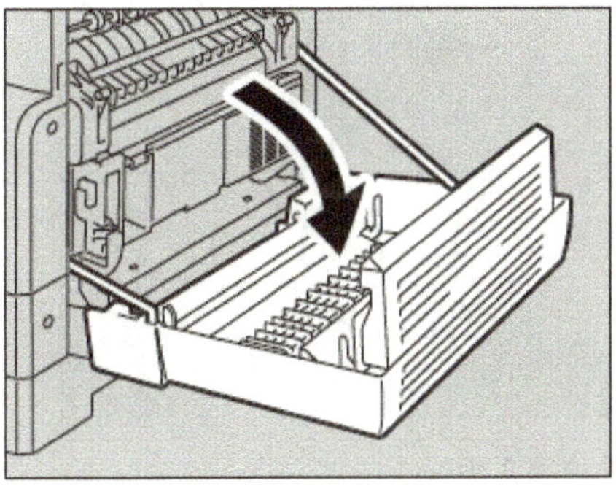

图 4-46 卡在转印单元后部处理第 1 步

图 4-47 卡在转印单元后部处理第 2 步

第3步：释放卡纸，一定不要碰到感光鼓，如图4-48所示。

第4步：打开供纸区域的输送导板，检测导板下面，如有卡纸，将其清除，如图4-49所示。

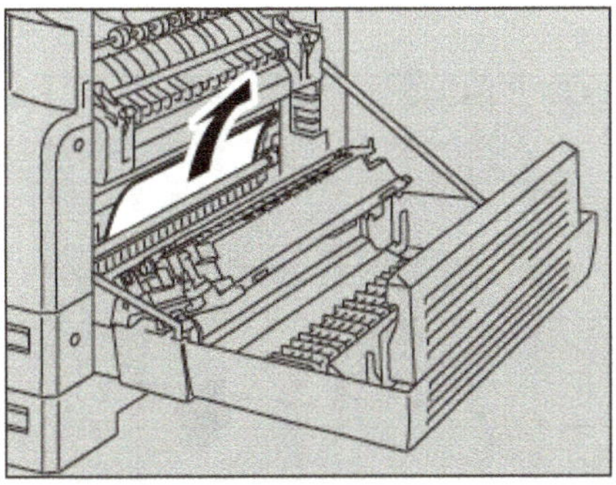

图 4-48 卡在转印单元后部处理第 3 步

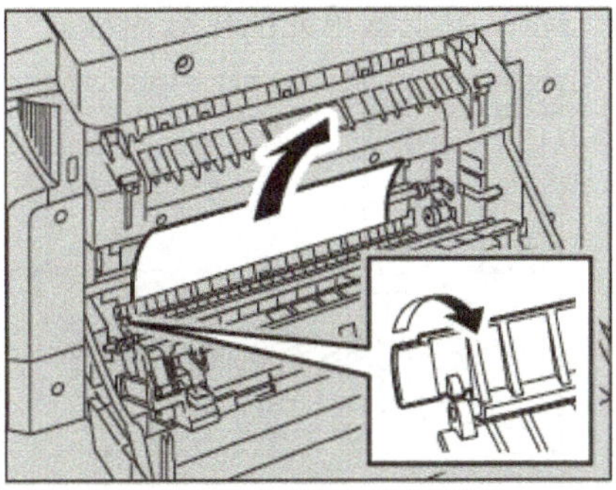

图 4-49 卡在转印单元后部处理第 4 步

第5步：关上转印单元和侧盖板。

（3）定影单元卡纸处理

操作步骤：

第1步：打开侧盖板，放下转印单元，按下两边定影释放杆直至停止，如图4-50所示。

第2步：握住旋钮的同时，打开输送导板，如图4-51所示。

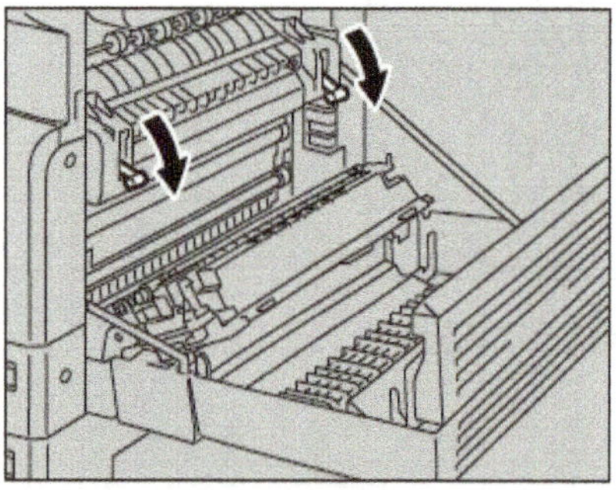

图 4-50　定影单元卡纸处理第 1 步

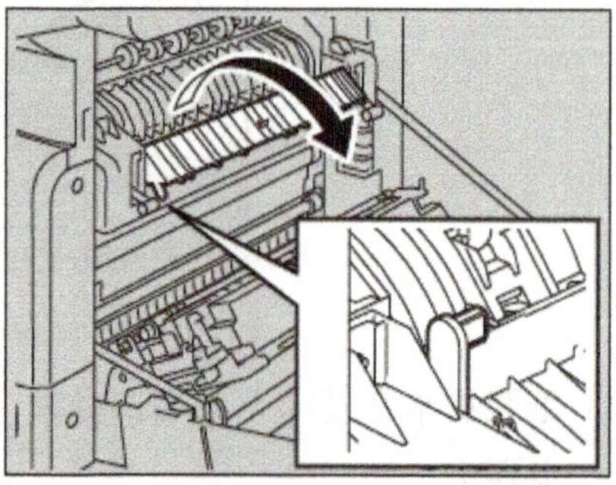

图 4-51　定影单元卡纸处理第 2 步

第3步：释放卡纸，将卡纸向上或向下拉出，取决于纸张的位置，如图4-52所示。

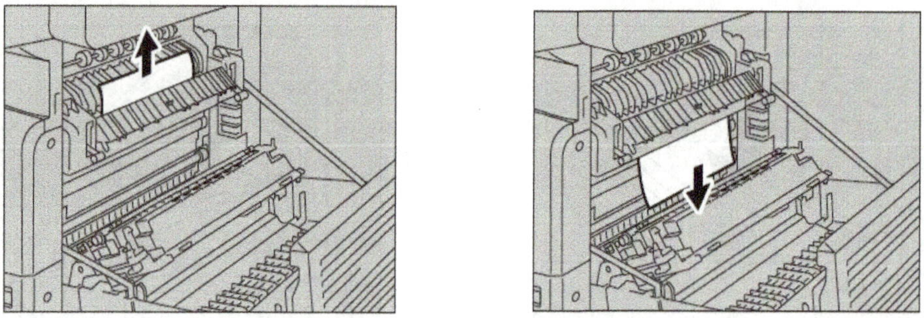

图 4-52　定影单元卡纸处理第 3 步

第4步：将输送导板放回原位，然后关闭转印单元和侧盖板。

（4）供纸单元中卡纸处理

操作步骤：

第1步：打开该单元的供纸盖板，如图4-53所示。

第2步：释放卡纸，如图4-54所示。

第3步：关上该单元的供纸盖板。

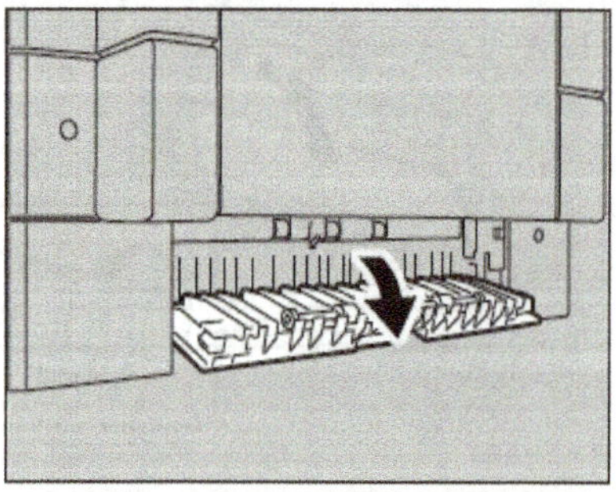

图 4-53　供纸单元中卡纸处理第 1 步

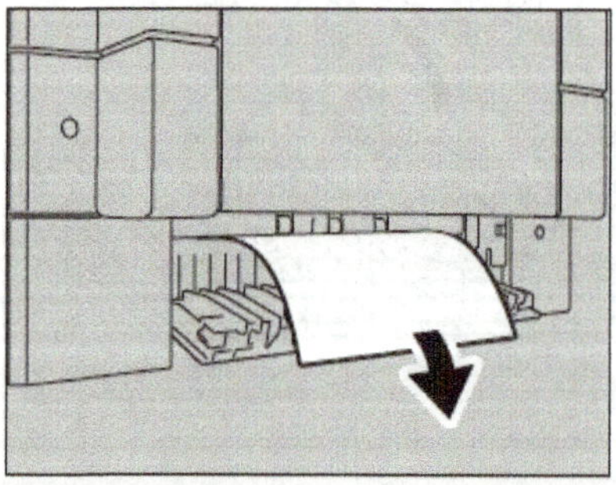

图 4-54　供纸单元中卡纸处理第 2 步

2. 更换墨粉盒

操作步骤：

第1步：打开前盖板，如图4-55所示。

第2步：按下绿色拉杆，墨粉盒被轻轻推出，如图4-56所示。

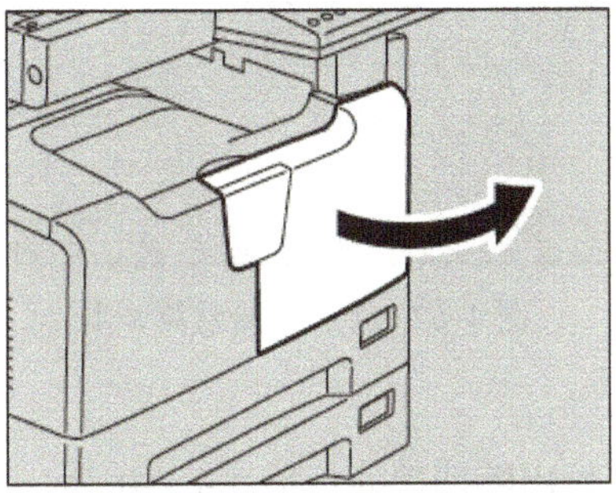

图 4-55　更换墨粉盒第 1 步

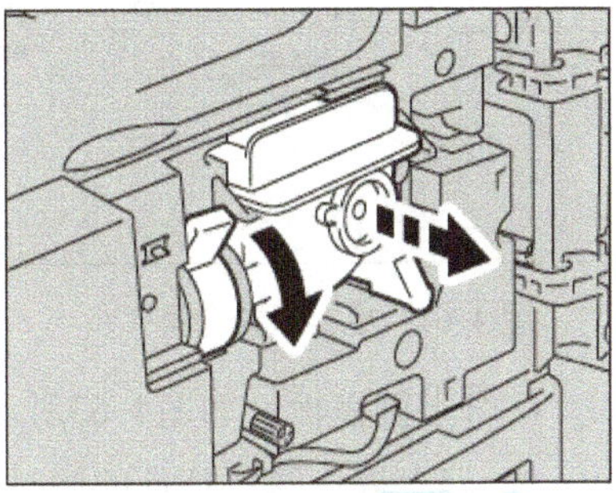

图 4-56　更换墨粉盒第 2 步

第3步：取出墨粉盒，如图4-57所示。

第4步：充分摇晃新的墨粉盒以抖松里面的墨粉，如图4-58所示。

图 4-57　更换墨粉盒第 3 步

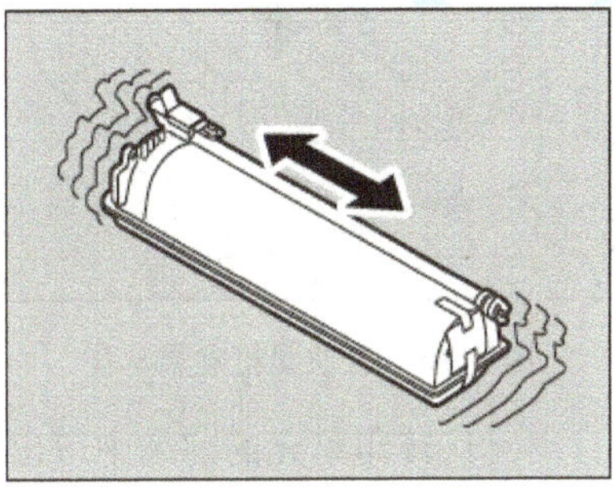

图 4-58　更换墨粉盒第 4 步

第5步：撕下墨粉盒底部的封条，如图4-59所示。

第6步：按箭头方向撕下封条，如图4-60所示。

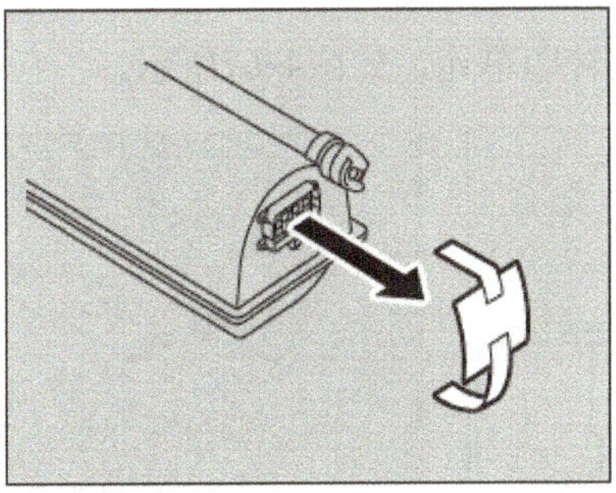

图 4-59　更换墨粉盒第 5 步

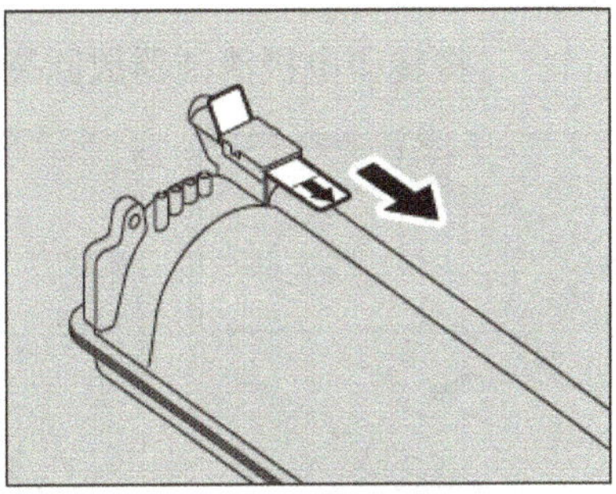

图 4-60　更换墨粉盒第 6 步

第7步：沿着导轨插入墨粉盒，如图4-61所示。

第8步：清洁电极，如图4-62所示。握住电极的清洁杆，并朝自己的方向小心地拉出直至其停止，然后仔细地把它插回原位。将此步骤重复两至三次。

图 4-61　更换墨粉盒第 7 步

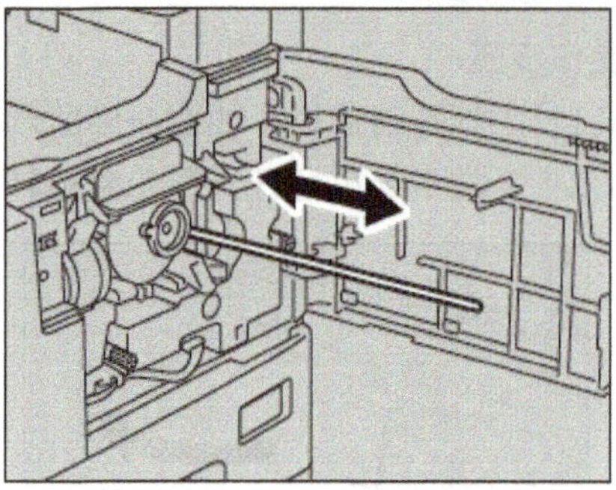

图 4-62　更换墨粉盒第 8 步

第9步：合上侧盖板，如图4-63所示。

第10步：向上握住绿色杠杆的同时，向外慢慢地拉出转印单元，如图4-64所示。

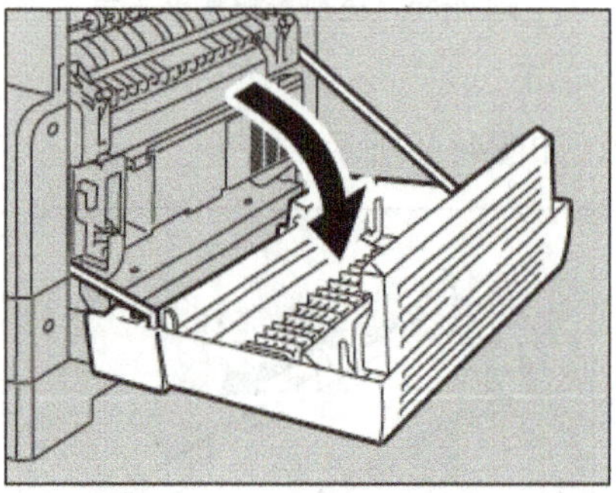

图 4-63　更换墨粉盒第 9 步

图 4-64　更换墨粉盒第 10 步

第11步：从转印单元的前袋中取出转印电极清洁器，如图4-65所示。

第12步：使用转印电极清洁器清洁转印电极丝，如图4-66所示。

具体步骤：将转印电极清洁器插入转印电极的前端；将清洁器推至前壁，然后检查清洁垫是否与转印电极丝接触；从前端到末端清洁电极丝，来回两次；清洁后，从转印电极的前端取出清洁器。

第13步：将转印电极清洁器放回袋中，然后关闭转印单元，如图4-67所示。

图 4-65　更换墨粉盒第 11 步

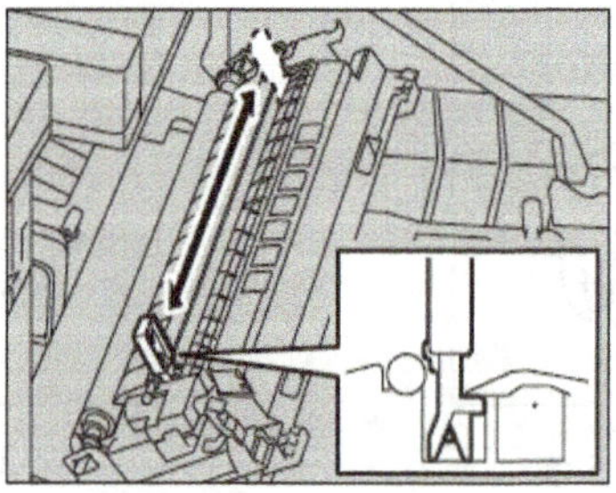

图 4-66　更换墨粉盒第 12 步

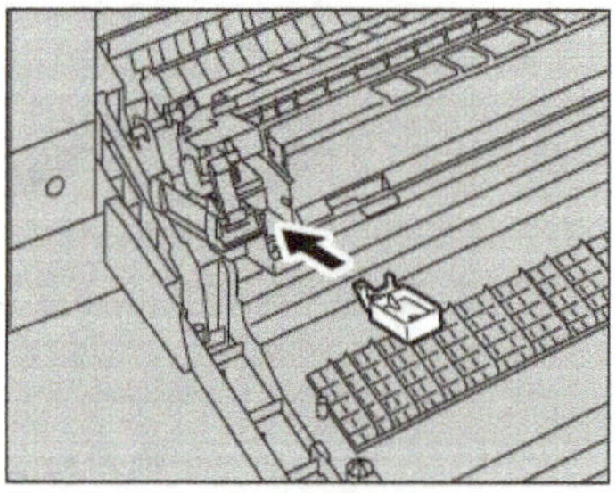

图 4-67　更换墨粉盒第 13 步

第14步：合上侧盖板。

第15步：合上前盖板，设备开始自动添加墨粉。

任务拓展

1．日常清洁

对于复印机部件建议每周进行一次清洁，以确保获得最佳的扫描效果，需要清洁的部位包括扫描区域、原稿玻璃、导板和原稿盖板，如图4-68所示。

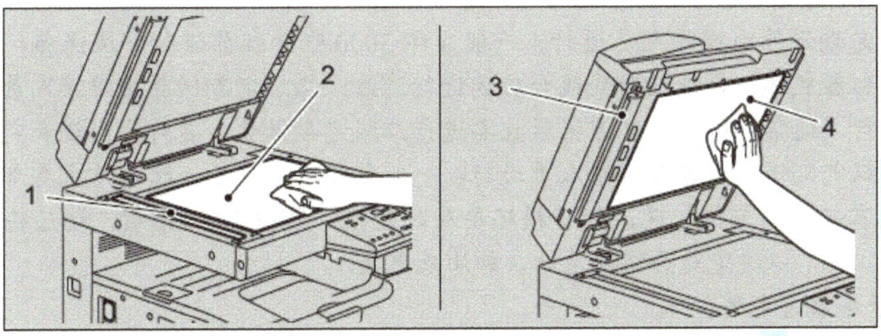

图 4-68　日常清洁各部位

1—扫描区域　2—原稿玻璃　3—导板　4—原稿盖板

图中各部位，根据脏污的程度进行清洁。

操作步骤：

第1步：用柔软的干布擦拭表面。

第2步：用水沾湿后拧干的软布擦拭。

第3步：用酒精沾湿后拧干的软布擦拭，然后用软布擦干。

第4步：用中型洗涤剂沾湿后拧干的软布擦拭，然后用水沾湿后拧干的软布擦拭，最后用软布擦干。

2．清洁电极

如果电极内部变脏，则复印图像会脏污，按以下步骤来清洁电极。

操作步骤：

第1步：打开前盖板，如图4-69所示。

第2步：清洁电极，握住电极的清洁杆，并朝用户的方向小心地拉出直至其停止，然后仔细地把它插回原位。此步骤重复两至三次，如图4-70所示。

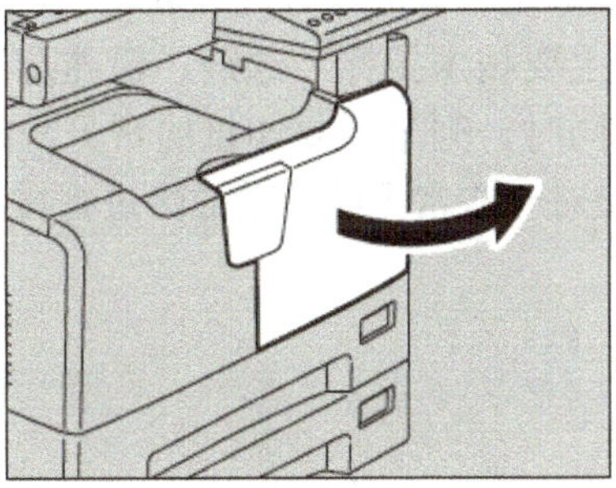

图 4-69　清洁电极第 1 步

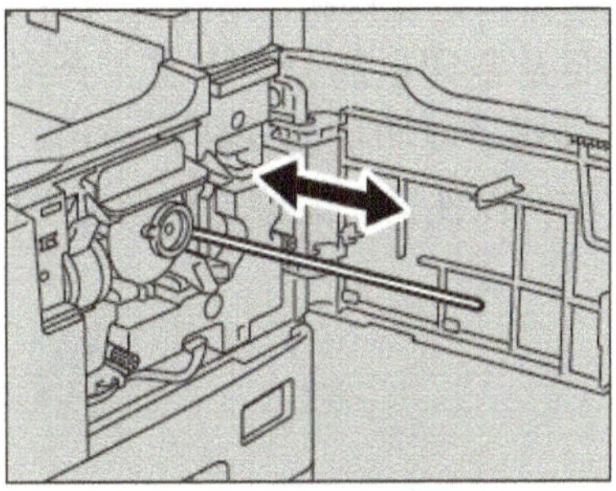

图 4-70　清洁电极第 2 步

第3步：关闭前盖板。

经验分享

复印机保养及保养注意事项

1. 定期保养

复印机在复印一定张数或复印工作一段时间之后，要进行三级定期保养，以清洗、更换相应部件和耗材。

一级定期保养由操作人员进行，一般复印3000张后就要进行一级保养，要对废墨粉盒、显影器底部、导纸板和载稿台玻璃进行清洁；二级定期保养由维修人员与操作人员一起进行，通常复印1～2万张后就要进行二级定期保养，要对显影辊和定影器进行清洁；三级定期保养由专业维修人员进行，一般复印5万张后，除清洁主要部件外还要检查易损零部件的工作状况，如有损坏要及时更换；复印10万张后，还应检查驱动部件的工作状况，以决定是否需要清洁、加油或更换。

2. 保养注意事项

因为复印机使用频率较高，所以如何有效维护复印机，尽量延长其使用寿命，就成为用户关心的事。维护复印机应该注意以下几点：

1）随时保持复印机的工作环境干净，并且要远离灰尘的侵袭，注意在工作环境中要尽量避免水。

2）注意不要让一些小的金属掉进复印机内，如有金属掉进复印机，接触到工作电路板，就会导致复印机内部电子元器件工作短路而损坏复印机。

3）必须先将复印机电源切断后，再插拔电源、线缆、排除卡纸故障等，带电操作将会缩短复印机的寿命。

4）不要使用化学溶剂清洁复印机，也不要使用质地比较硬的湿布来清洁复印机内部的灰尘、碎纸屑、污迹，更不要使用类似面巾纸之类的纸制品清洁复印机内部，以免将纸屑残留在复印机里。

项目小结

复印机是现代办公中使用最广泛的办公设备之一，它极大地改变了人们的办公方式和办公效率。目前，复印机正朝着数字化、一体化、微型化和智能化方向发展。

本项目从复印机的分类出发，介绍了复印机的主要技术指标，选购、保养及其注意事项，具体讲解了复印机的安装、使用、维护方法。同时，列举了复印机的常见故障与故障排除的方法，以使读者能够借助使用手册和使用经验对一些常见的简单故障进行排除。

实战强化

1. 认识复印机的结构

（1）目的要求

熟悉复印机的基本结构。

（2）器材

A3幅面台式复印机（全套选购配件型号自定）。

（3）实践内容

1）认识几种复印机的外部选购件。

2）打开复印机的前面板，了解各部件的位置。

（4）测试项目（见表4-3）

表 4-3 测试项目

序　号	项　目	操作项目	学生自评	教师评价	备　注
1	认识部件位置	某一种部件			
2	认识部件	某一部件			

2. 操作复印机

（1）目的要求

会用复印机进行复印。

（2）所需器材

复印机、复印纸、原稿。

（3）实践内容

1）熟悉操作面板。

2）熟悉原稿的放置。

3）熟悉纸盒结构及放置复印纸。

4）了解复印机的常见功能，包括：等倍复印、放大或缩小复印、连续复印、复印设置、手动设置等。

5）复印教材若干份。

6）将图书的封面进行复印，并观察使用不同的曝光量会出现什么样的情况。

7）有意在复印机内部不同位置平放复印纸一张，再关闭复印机，观察复印机的显示情况。

（4）测试项目（见表4-4）

表 4-4 测试项目

序　号	项　目	操作项目	学生自评	教师评价	备　注
1	识别操作面板上的按键和显示	辨认操作面板上的常用按键和显示			
2	原稿放置	原稿放置			
3	安放复印纸	安放复印纸			
4	按要求进行复印	① 按要求的倍数进行复印 ② 连续复印 ③ 按要求调整复印浓度 ④ 操作是否规范			

3. 常见故障及对应处理方法

（1）目的要求

掌握复印机常见故障处理方法。

（2）所需器材

复印机、复印纸、原稿。

（3）实践内容

1）卡纸。

2）控制面板符号显示。

3）复印品底灰大。

（4）测试项目（见表4-5）

表 4-5 测试项目

序号	故障现象	可能原因	处理方法	学生自评	教师评价
1	卡纸	① 纸受潮 ② 纸粘连 ③ 纸张幅面选择不对			
2	墨粉盒信号灯亮	墨粉不足			
3	符号显示	废墨粉盒已满			
4	复印品底灰大	① 浓度调整太深 ② 稿台玻璃污染			

职业应用项目领域 5　使用一体化速印机

职业能力目标

1）能依据产品性价比选购符合实际需求的一体化速印机。

2）能依据产品说明书安装、调试一体化速印机。

3）能依据不同情况使用一体化速印机。

4）能依据故障现象诊断、维护与保养一体化速印机。

日本理想科学株式会社于 1984 年发明了世界上第一台数字一体化速印机。一体化速印机是通过数字扫描、热敏制版成像的方式进行工作，从而实现高清晰的印刷质量，印刷速度在每分钟 100 张以上的印刷设备，还具有对原稿缩放印刷、拼接印刷、自动分纸控制等多种功能。该设备在学校和印刷行业具有广泛的发展前景。

任务1　认识和选购一体化速印机

一体化速印机是一种集制版、印刷为一体的油印设备，它完全替代了原来大量使用的普通油印机，为使用者提供了大量价廉物美的印品，大大扩展了复印机的功能。

任务情境

某学校教务处为了进一步提高教学工作的效率，为了更好印制试卷和其他教学材料，准备购置一台可以快速印刷、成本低的印刷设备。教务主任委托教务处的小张选购一台一体化速印机。

任务分析

1. 一体化速印机的分类

（1）按品牌分类　一体化速印机可以分为“理想”“理光”“基士得耶”“佳文”“荣大”“富士施乐”“颐华”“欧曼”等。

（2）按制版方式分类　可以分为“热敏制版”和“数码制版”两种，如图5-1所示。

a）

b）

图 5-1　一体化速印机

a）热敏制版　b）数码制版

2. 技术指标

（1）制版方式　一体化速印机采用热敏打印头制版方式，以可分为热熔解型和热交联型方式。

（2）最高印刷速度　最高印刷速度指一体化速印机每分钟能够最多印刷的张数，用ppm表示。一体化速印机的印刷速度是可以进行调节的，用户在印刷时可以选择中档值或是最小值进行印刷，印刷质量会较高。

（3）首页印刷时间　首页印刷时间指一体化速印机在完成了预热和制板之后，已处于待机的状态下，做好了加纸等一切准备工作后，向一体化速印机发出指令到输出第一张印刷品所花费的时间。目前主流产品的首页印刷时间都可以控制在30s之内。

（4）分辨率　分辨率指一体化速印机印制的清晰度，和打印机一样也是用dpi来表示，分辨率越高印刷质量就越好。一般来说，一体化速印机的精度指标不需要像打印机那么高，分辨率在300～400dpi就能够打印出较好的效果。

（5）原稿尺寸　原稿尺寸指需要印刷的原稿能够涉及的最大范围。通常，一体化速印机的最大原稿尺寸肯定小于稿台面积。如果原稿过大，则会有一部分无法被扫描制版。

一般来说，在稿台边上都有刻度标识。一方面是为了帮助用户在放置原稿制版时能够更加准确，以保证印刷的质量；另一方面是为了让用户了解产品可接受的最大原稿尺寸，原稿超出最大刻度的部分，肯定是无法被印刷出来的。

（6）用纸尺寸　用纸尺寸指一体化速印机能够接受的用来进行印刷的纸张的最大尺寸。用纸尺寸是选购一体化速印机的一个极其重要的技术指标。

（7）最大印刷面积　最大印刷面积指一体化速印机能够在纸上印制出来的最大的面积。

（8）缩小与放大比率　缩小比率和放大比率是一体化速印机对印刷原稿进行放大和缩小的比例范围，使用百分比标识。与复印机、多功能一体机无级调节不同，其缩小和放大比率是固定的。

（9）供纸器容量　供纸器容量指一体化速印机中存储印刷纸张的供纸器最大可以存放的纸张的数量。由于一体化速印机的印刷速度快，印刷量大，它的用纸量远远要大于复印机，所以它的供纸器的容量要求比较大。一般来说，至少要在千张以上。

知识储备

一体化速印机耗材

1. 油墨

一体化速印机油墨是一种特殊的渗透干燥型油墨，必须符合“快干、稳定、环保”的要求。环保油墨主要分为水性墨、UV墨、水性UV墨和一些醇溶性墨，具体特点如下：

1）油墨在印版上不结膜、堵网，印刷到纸上则迅速固着干燥，达到快干性的要求。

2）油墨外稠内松，抽吸容易，在印筒内不滴漏，印刷时不飞墨。

3）油墨放置性好，黏度稳定，不软化，不渣化，不出水，低温冻融性好。

4）纸上表现性好，印品清晰，良好的渗入性，附着力好，印刷密度好。

2. 版纸

一体化速印机版纸是一种很薄的热敏纸，由基层、黏合层、热敏层构成，其宽度因机型的不同而不同，长度一般为100m/卷。目前，市场上版纸有原厂版纸和代用版纸之分。市场上一体化速印机生产厂家都提供原厂版纸，这些版纸光滑细腻，制出来的版，层次感分明，印刷效果好，不伤害热敏打印头。

任务实施

1. 明确选购目标

在学校日常工作中，其中一项重要的工作就是印刷考试试卷、复习资料、讲义等。因此，为明确此次选购的目标，要从以下几个方面进行考虑：

1）低成本印刷，节约教学经费。

2）高可靠性，使用年期较长。

3）容易操作，任何人都会使用。

4）只要求具有基本功能。

5）可以使用超薄纸张印刷。

6）印刷耗材便宜。

7）印刷试卷，要求保密。

8）印刷材料要安全、环保。

9）具有良好的售后服务。

2. 市场及网络调研

通过对市场调查及网络查询，依据所提出的选购目标，对不同的产品进行比较，从满足业务工作要求、产品性能、价格、售后服务等多方面进行考虑，最终决定选择基士得耶6201作为本次教务处选购印刷设备的型号，如图5-2所示。

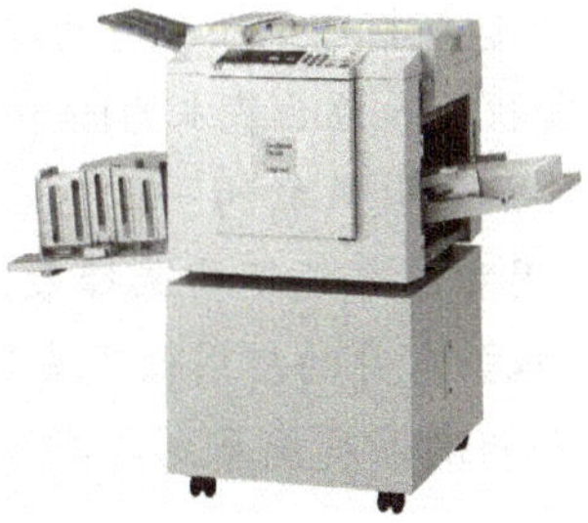

图 5-2 基士得耶 6201 一体化速印机

扫描二维码，观看一体化速印机选购视频。

扫码看视频

任务拓展

某印刷公司为了扩大规模，提高产品质量，准备购置一台具有彩色印刷功能的一体化速印机，用于印刷产品。其具体要求如下：

1）工作方式选择数字式，其印刷过程采用全自动印筒制版印刷系统。

2）制版分辨率不低于400dpi×400dpi，扫描分辨率不低于600dpi×400dpi。

3）印刷速度在100页/min以上，并具有速度可调功能。

4）印刷面积不低于290mm×410mm，具有水平、垂直印刷位置调整功能。

5）具有无级缩放功能，范围在50%～200%（以1%为单位）。

6）原稿类型支持单页和书本（10kg以下），支持多种类型版纸供应。

7）纸张尺寸最大为325mm×447mm，最小为70mm×148mm。

8）纸张重量适用47.1～209.3g/m^2，纸盘容量不低于1000页（80g/m^2）。

9）通过更换印筒实现彩色印刷功能，支持目前主流的操作系统。

10）设备价格控制在40 000元左右。

按要求选择3款彩色一体化速印机，将各款一体化速印机技术参数填写到表5-1中，用于帮助客户选购符合要求的设备。

表 5-1　彩色一体化速印机参数对照

相关设备参数	备选设备-1	备选设备-2	备选设备-3
参考价格			
品牌			
型号			
……			

经验分享

一体化速印机及耗材选购注意事项

1. 一体化速印机选购注意事项

选择一台合适的一体化速印机应注意以下几个方面：

（1）选择有效印刷幅面　一体化速印机印刷面积分为原稿支持幅面、用纸输出幅面和印刷输出幅面。目前主流的一体化速印机输入幅面基本为B4～A3，输出幅面基本以A3为主。

（2）选择适宜的印刷速度　目前绝大多数的一体化速印机都可以达到每分钟100页以上，并有多挡速度选择。在实际应用中尽可能不要选择最高速度挡来运行，一般中挡或中高挡是最常用的，用户在选购时应根据自身的应用情况来选择。

（3）选择合适的分辨率　印刷的清晰度关系到印刷的质量，和打印机一样也用dpi表示，不过精度指标不需要像打印机这么高，一般来说300～400dpi就已足够了。

（4）选择合适的纸张　适应的纸张类型是影响使用成本的直接因素，一款好的一体化速印机应兼容多种质量的纸张，以满足不同用户、不同应用的需要，如果支持经济类型纸张，则能够直接降低使用成本。

（5）选择适度附带功能　除基本功能外，一体化速印机还有许多特殊功能，功能的不同和多少也直接影响设备的价格。用户在选购时应根据实际的需求来选择，仔细考虑哪些功能是需要的或可以通过其他设备替代。

2. 选购一体化速印机油墨注意事项

一体化速印机油墨是一种特殊的渗透干燥型油墨，对其品质的检验指标有黏度、稠度、黑度、流动性、环保性、快干性、稳定性等。用户可以通过观察和比较，对油墨品质进行选购。

1）挤出少许油墨，观察油墨的软硬，慢慢刮开，注意是否有颗粒、杂质、气泡等。

2）用鼻子闻油墨气味，要求无异味、臭味等不愉快的气味。

3）挤少许油墨到纸上成宝塔状，置于无尘处，一星期左右，观察是否油圈过大，油墨暗淡失光，表面结皮，变硬开裂。好的油墨除渗出油圈外，油墨基本保持原样。

4）油墨挑起来应有一定的丝长，燃烧时仅发出轻微的“噼啪”声。

5）把油墨磨搓入纸中，观察油墨是否黑，然后用手擦，手不黑。

6）用杯子取少许油墨放入冰箱中，冷冻几小时后恢复室温，观察是否出水。

3. 选购一体化速印机版纸

一体化速印机版纸是一种技术含量比较高的特殊纸张，用户在选购版纸时，选择设备提供商提供的版纸，虽然价格可能较高，但印刷效果好。同时选择版纸型号一定要与使用设备所规定的型号一致的版纸，否则造成浪费。

任务2　安装一体化速印机

一体化速印机的安装相对其他办公设备来说是比较复杂的，通常需要专业人员来进行。普通用户在对用户手册仔细阅读之后，也是可以进行安装的。

任务情境

将一体化速印机运到工作间，小王一看，好大的一个设备呀，这可怎么安装呢？公司的技术人员向小王详细地进行了讲解。

任务分析

1. 一体化速印机安装环境选择

（1）最佳环境条件

1）使机器远离湿气和灰尘。

2）请勿将机器放置于不稳定或倾斜的表面上。

3）确保机器所在房间通风良好、宽敞。

4）移动机器以后，请用脚轮固定器将其固定到位。

（2）电源连接

1）直接将电源线接入壁装插座，不要使用延长线。

2）插座应安装在机器附近。电压波动不得超过10%。

3）不要对电源线进行任何改动。

4）移动机器前，先从插座中拔出电源线，同时避免电源线压在机器下而受损。

（3）机器间隙

设备置于靠近电源的地方，其周围预留间隙必须大于20cm。

2．机器结构

1）机器外部各组成部件名称及其功能如图5-3所示。

① 前门：打开前门可进入机器内部。

② 原稿输出托盘：扫描后的原稿被输出到这里。

③ 控制面板：操作控制键和指示灯均位于该面板。

④ 送稿器盖：打开该盖清洁送稿器。

⑤ 右侧盖：打开该盖可更换版纸卷或清洁版纸卡纸。

⑥ 搓纸辊压力杆：根据纸张厚度，可调整搓纸辊的接触压力。

⑦ 进纸盘：在该纸盘上放置用于印刷的纸张。

⑧ 进纸侧导向板：用来防止纸张歪斜。

⑨ 进纸侧导向板锁定杆：用于锁定或释放进纸侧导向板。

⑩ 分离压力杆：用来防止进纸夹带。

⑪ 进纸盘调整杆：用来上下移动进纸盘。

2）机器内部各组成部件名称及其功能如图5-4所示。

① 送稿器：每次一张将原稿放在送稿器中。

② 主开关：用来接通或断开电源。

③ 版纸排出盒：用过的版纸被存放在这里。

④ 纸张输出侧导向板：用来对齐纸张输出托盘上的印刷件。

⑤ 纸张输出尾部挡板：用来对齐印刷件的前端部。

⑥ 纸张输出托盘：完成的印刷件被输出到这里。

⑦ 印筒单元：版纸包卷在该单元上。

⑧ 墨盒托架锁定杆：释放该杆可拉出墨盒托架。

⑨ 印筒单元锁定杆：抬起该杆可释放并拉出印筒单元。

⑩ 墨盒托架：在该托架上放置墨盒。

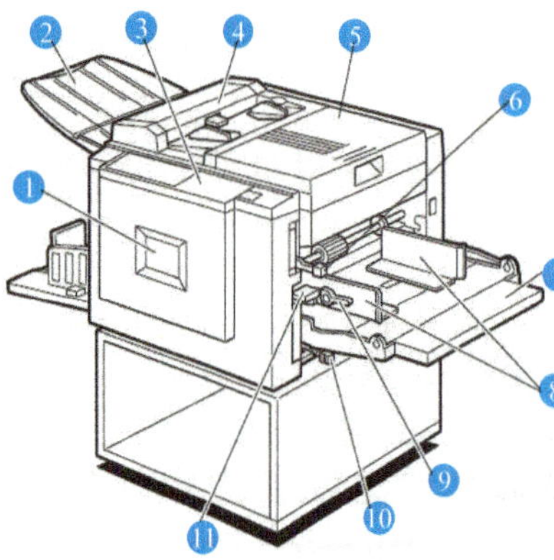

图 5-3　机器外部示意图

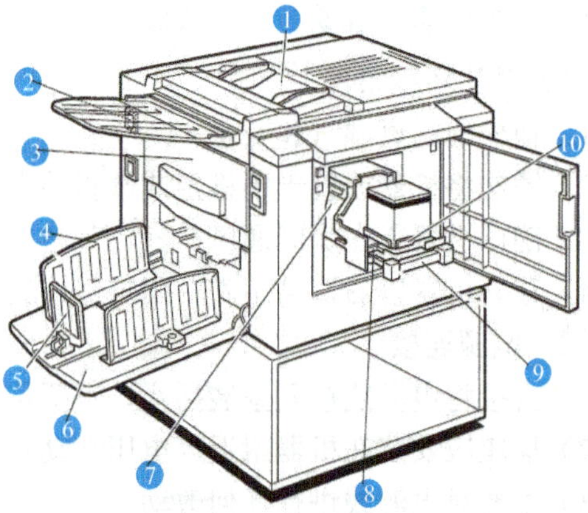

图 5-4　机器内部示意图

3. 控制面板按键

控制面板上各按键的名称及其功能如图5-5所示。

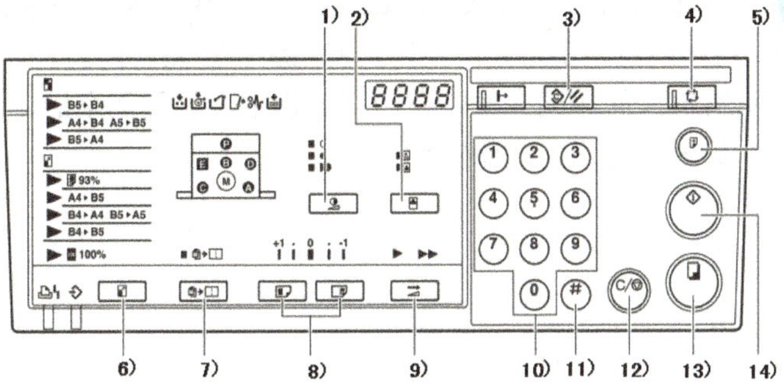

图 5-5　控制面板各按键示意图

1）“图像浓度”键：按该键可使印刷件变深或变浅。

2）“原稿类型”键：按该键选择文字、照片或文字/照片模式。

3）“消除模式/清除”键：消除模式是按该键清除此前输入的作业设置。清除指消除卡纸后，按该键可恢复错误指示灯。

4）“自动循环”键：按该键自动处理版纸并进行印刷。

5）“试印”键：按该键可进行试印。

6）“放大/缩小”键：按该键放大或缩小图像。

7）“原稿合并”键：按该键可将多份原稿合并到一份印刷件上。

8）“图像位置”键：按该键可使图像前后移动。

9）“调速”键：按该键可选择“快”或“慢”两种印刷速度。

10）“数字”键：按该键可输入需要印刷的数量或所选模式的数据。

11）“q”键：按该键可在所选的模式下输入数据。

12）“清除/停止”键：按该键可取消已输入的数字或停止印刷。

13）“印刷启动”键：按该键开始印刷。

14）“制版”键：按该键进行制版。

4. 控制面板指示灯

控制面板各指示灯名称及其功能如图5-6所示。

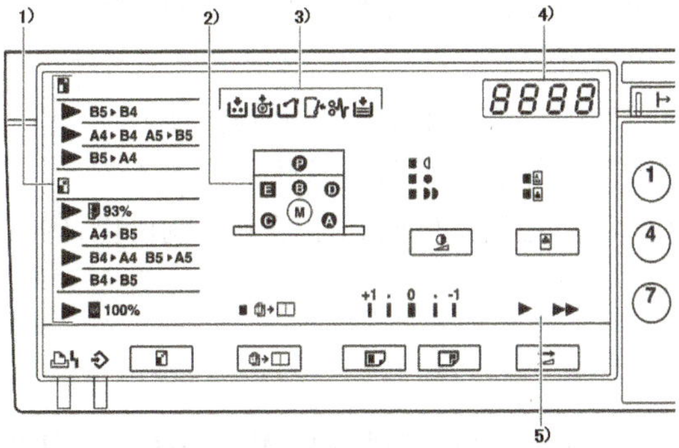

图 5-6　控制面板指示灯示意图

1）放大指示灯：显示所选择的预设放大比率。

2）机器指示灯：以指示灯显示卡纸的位置。以指示灯显示被打开的门盖或单元。

3）错误指示灯：显示错误和机器状态。是添加油墨指示灯；是版纸用尽指示灯；是版纸弹出指示灯；是打开门盖或单元指示灯；是装纸指示灯。

4）计数器：显示所输入的印刷数量。在印刷过程中，显示剩余的印刷数量。

5）速度指示灯：显示所选择的印刷速度。

任务实施

一体化速印机安装时应参考用户操作手册进行操作。

操作步骤：

1）打开包装盒，取出防振荡块，并去除保护胶带，解下吊牌。

2）将接纸台打开。

3）打开扫描仪设备，顶盖A，取出附件袋B，如图5-7所示。

4）在新版纸卷上嵌进两块法兰板。

5）把版纸卷放进机器。

6）按下按钮A，把压平辊设备打开，如图5-8所示。

7）把版纸卷的前端插到压平辊的下面，按箭头B指示，将版纸前端放置到正确的位置，如图5-9所示。

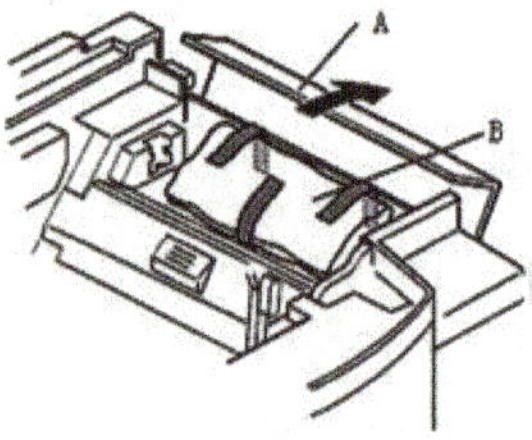

图 5-7　打开扫描仪设备

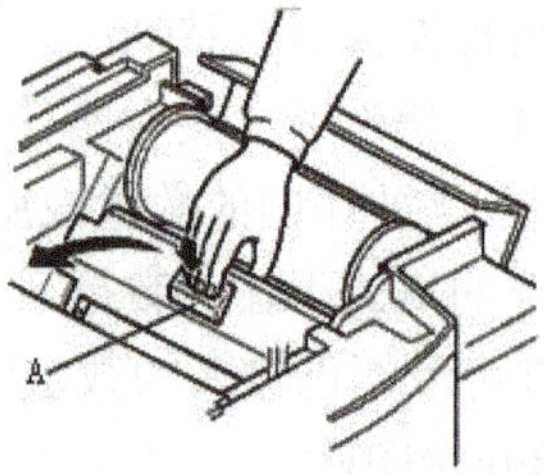

图 5-8　压平辊设备打开

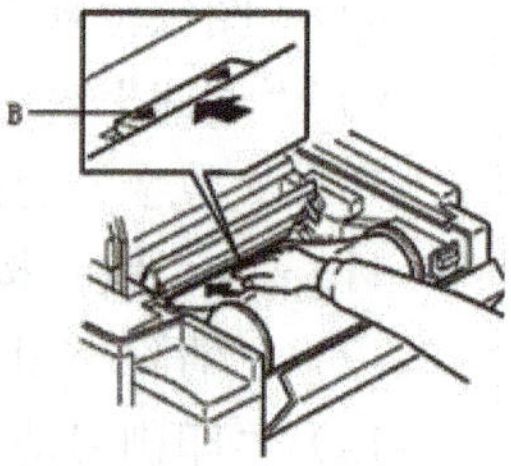

图 5-9　放入版纸

8）关闭压平辊设备。

9）关上顶盖和扫描仪设备。

10）按下油墨盒释放钮，拉出油墨盒座架，装进新的油墨盒。

11）放开侧板锁杆，放进纸垛。

12）调整侧板的位置，使侧板靠到纸上。锁上侧板锁杆。

13）把插头插进壁装插座，然后打开总电源开关。

14）按下“省墨方式”键，把油墨供应到印筒上，就可以开始试印刷。

任务拓展

一体化速印机安装完成之后，要对其进行检测，在确保一切部件安装正确之后，再通电开机，进行系统和印刷效果的测试。

1）接通电源后，检查操作面板上的各种指示灯的状态是否正常，预热的时间是否符合规定，一体化速印机在启动时要容易，而且整个系统运转应平稳且噪声低。

2）逐一操作各个键，制版、进纸、出纸是否正常工作。

3）检查印刷的效果，看印刷品是否与原稿一致，这次的检查包括底灰情况、图像的分辨率、图像歪斜情况、图像前端偏移情况、同步情况、印刷倍率变化情况、印刷图像色调变化情况、有无空白区及无图像区、有无黑或白条纹、一体化速印机的计数器等。

如果这些内容全部正常，就说明一体化速印机工作完全正常。

任务3　使用一体化速印机

一体化速印机是采用电子扫描方式阅读原稿，热敏打印头根据扫描所得的原稿内容打印在热敏版纸上制成印刷用版，最后以自动油印的方式进行印刷，整个过程自动化程度高，操作非常简便。

任务情境

本学期期末考试试卷印刷量较大，正好利用新购置的基士得耶6201一体化速印机，不但可提高工作效率，而且可以提高试卷印刷的质量。教务处决定，本次期末考试试卷采用一体化速印机进行试卷的印刷。

任务分析

一体化速印机的印刷过程可以分为卸版、扫描、制版、挂版、进纸、印刷、出纸等步骤，下面分别对各步骤进行说明。

1．卸版

在制新版前，必须先将滚筒上已印刷过的版纸卸掉。

2．扫描

在输入原稿时，原稿的图文通过反射镜、镜头照射到电耦合器上，将扫描信号以像素形式暂存在电耦合器中，再将像素信号通过A-D（模-数）转换器转换成数字信号。该数字信号经调制后，送到热敏打印头的控制电路，用来控制热敏打印头的动作。

3．制版与挂版

原稿图文经过扫描图像、A-D转换、调制后的信号，送到热敏打印头控制器，从而控制热敏打印头在热敏版纸上打印出与原稿图文相应的矩阵蜂巢状的孔，完成制版工作。

4．进纸

进纸机构由纸轮、上下层分离轮、第二层上下进纸轮组成。进纸轮输送印纸，分离器和上下层分离轮组成中央分离机构，防止送纸过程中发生送多张印纸或卡纸故障，送纸机构的作用是有效地将单张印纸送入印刷滚筒的下方。

5．印刷

将纸张从进纸台上送入印刷滚筒的下方，油墨通过供墨装置流入印刷滚筒，再从滚筒上的钢网、油网和印刷版纸上的孔印在印纸上，这样在印纸上形成与原稿一致的油印图像。

6．出纸

利用分离器和风扇吹风，将印刷好的纸张从滚筒上分离并送到接纸台上，完成印刷。

任务实施

1．印刷准备

（1）装入纸张过程

操作步骤：

第1步：向下压进纸盘调节杆，如图5-10所示。

第2步：释放进纸侧导向板锁定杆，调整侧导向板并与纸张尺寸匹配，如图5-11所示。

图 5-10　装入纸张第 1 步

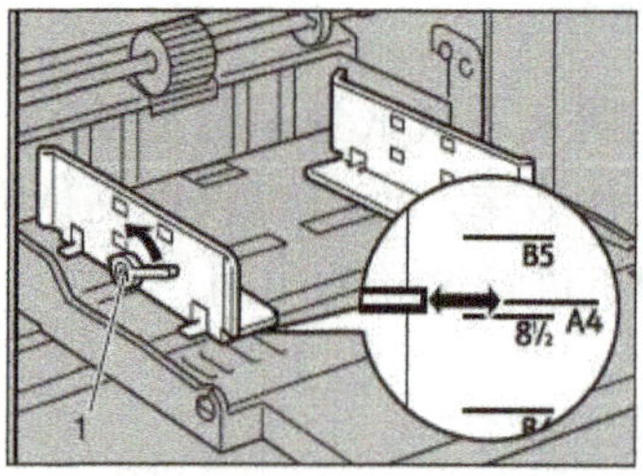

图 5-11　装入纸张第 2 步

第3步：将纸装入进纸盘，如图5-12所示。

第4步：让进纸侧导向板与纸张接触，将锁定杆移回到原来的位置，如图5-13所示。

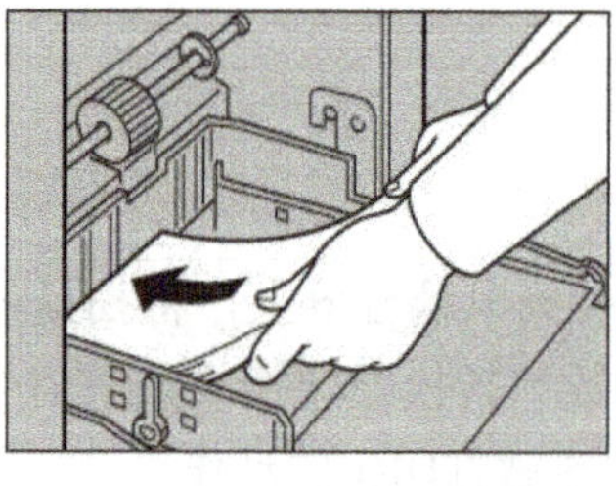

图 5-12　装入纸张第 3 步

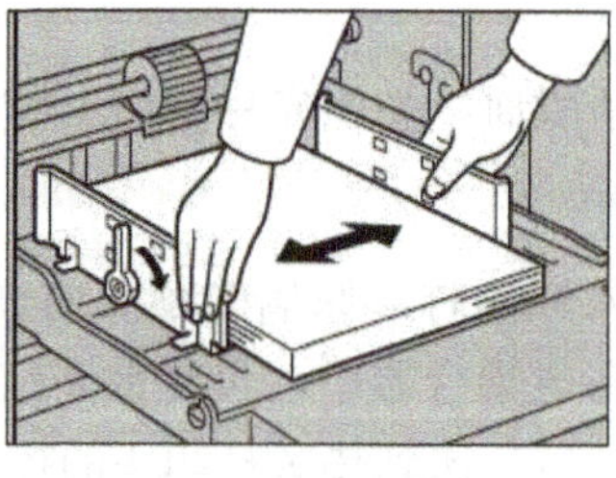

图 5-13　装入纸张第 4 步

第5步：将纸盘调节杆移到进纸位置。

（2）准备纸张输出托盘

操作步骤：

第1步：调节纸张输出侧导向板使之与纸张尺寸匹配，如图5-14所示。

第2步：调节纸张输出尾挡板使之与纸张尺寸匹配，如图5-15所示。

图 5-14　准备出纸托盘第 1 步

图 5-15　准备出纸托盘第 2 步

2. 制版过程

1）确认没有先前残留的设置，如果先前的设置存在，则按“消除模式/清除”键，然后输入新的设置。

2）放置原稿。原稿的处理方式有两种，分别是利用曝光玻璃盖和自动送稿器（ADF）。将原稿正面朝下放入，曝光玻璃盖压住曝光玻璃上的原稿即可，也可以使用ADF，在此处装入一叠原稿，它们可以被逐页自动送入。调整原稿侧导向板使之与原稿尺寸相匹配。

3）确保“制版”模式选择键亮起，如果不亮，此时可以按“制版”模式选择键。

4）进行必要的设置之后，按“启动”键开始制版。

3. 印刷过程

操作步骤：

1）确保“印刷”模式选择键亮起，机器进入印刷模式。

2）使用数字键输入所需要的印刷数量，可以在1～9999之间设置印刷数量。

3）按下“启动”键后，机器开始进行印刷，当完成印刷张数后，机器会自动停止。

4）此次印刷工作完成后，按“消除模式/清除”键，清除先前输入的作业设置。

4. 印刷完成

操作步骤：

1）压低进纸盘调节杆，从进纸盘取出纸张。

2）从纸张输出托盘取出印刷件，然后关闭主开关。

扫描二维码，观看一体化速印机使用视频。

扫码看视频

任务拓展

1. 调整印刷图像位置

制作版纸后，可根据需要调整印刷图像位置。使用“图像位置”键，将图像位置前移或后移、右移或左移。

1）将印刷图像位置前移或后移，其操作示意图如图5-16所示。

操作步骤：

第1步：按“图像位置”左向键，将图像前移；按右向键则后移。如图5-17所示。

第2步：按“试印”键，检查图像位置。

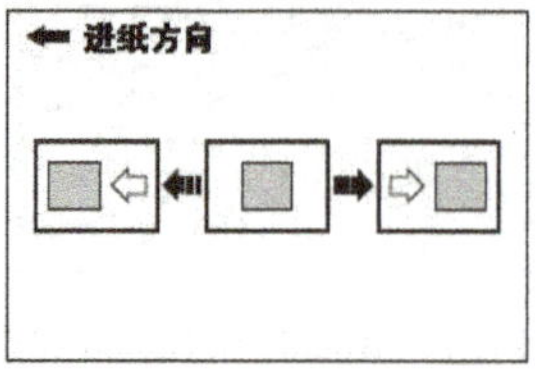

图 5-16 调整前后印刷位置示意图

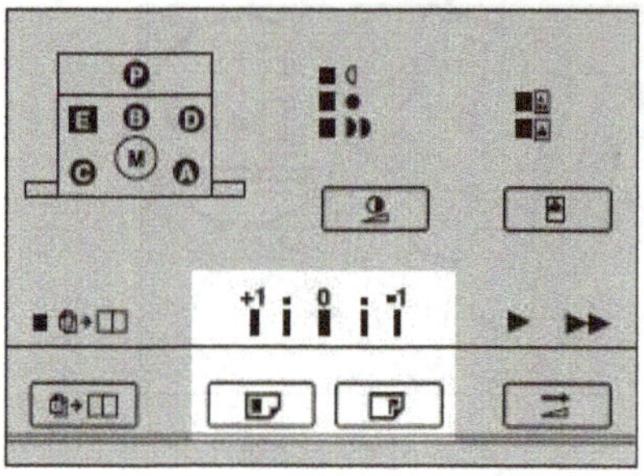

图 5-17 调整前后印刷位置操作图

2）将图像位置右移或左移，其操作示意图如图5-18所示。

第1步：压低进纸盘调节杆，释放进纸侧导向板。将图像右移，纸张将移向机器前方，如图5-19所示；将图像左移，纸张将移向机器后方，如图5-20所示。

第2步：锁定进纸侧导向板，将进纸盘调节杆移回到进纸位置。

第3步：按“试印”键，检查图像位置。

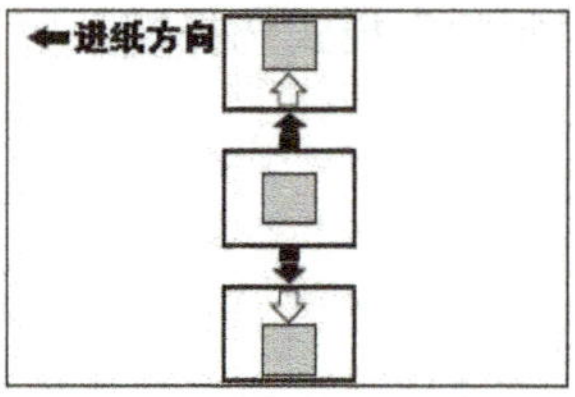

图 5-18 调整左右印刷位置示意图

图 5-19 将图像右移

图 5-20 将图像左移

2. 调整印刷图像浓度

可根据需要调整印刷图像的浓度。有两种调整图像浓度的方法：制作版纸之前，使用“图像浓度”键，调整图像浓度；制作版纸之后，使用“调速”键，调整图像浓度。

（1）制作版纸之前　在按“制版”键之前，使用“图像浓度”键。

（2）制作版纸之后　按“调速”键，降低印刷速度。再次按该键则使印刷速度回到“快”。印刷速度越快，印刷浓度越低。如果想要较深的印刷图像，则降低印刷速度。

3. 改变印刷速度

根据图像浓度和纸张类型，使用“调速”键，调整机器速度。

温馨提示

如何调节速度？

可选择快：90张/min；慢：60张/min。默认设定值是“90张/min”。印刷速度越快，印刷浓度越低，反之亦然。当在非常厚或非常薄的纸张上印刷时，请选择较慢的速度。

4. 多页印刷过程中停止机器

（1）当在多张印刷过程中想停止机器并印刷下一份原稿

操作步骤：

第1步：按“清除/停止”键。

第2步：将新原稿放入送稿器中。

第3步：输入印刷数量，然后按“制版”键。

（2）想更改已输入的印刷数量或检查已完成的印刷件

操作步骤：

第1步：按“清除/停止”键。

第2步：更改印刷数量或检查已完成的印刷件。

第3步：按“启动”键。

5. 预设缩小/放大

操作步骤：

第1步：使用“放大/缩小”键选择所希望的缩小或放大比例。

第2步：确认原稿和印刷纸的尺寸是否正确。

第3步：将原稿放入送稿器，并指定印刷数量。

第4步：按“制版”键。

第5步：检查试印件上的图像位置。

第6步：按“启动”键，开始印刷。

6. 在不同厚度的纸张上印刷

在不同厚度的纸张上印刷前，首先要调整搓纸辊压力杆位置，然后调整分离压力杆。

（1）调整搓纸辊压力杆位置

操作步骤：

第1步：将搓纸辊压力杆移到厚纸或标准纸位置，如图5-21所示。

第2步：让进纸侧导向板与纸张轻轻接触，如图5-22所示。

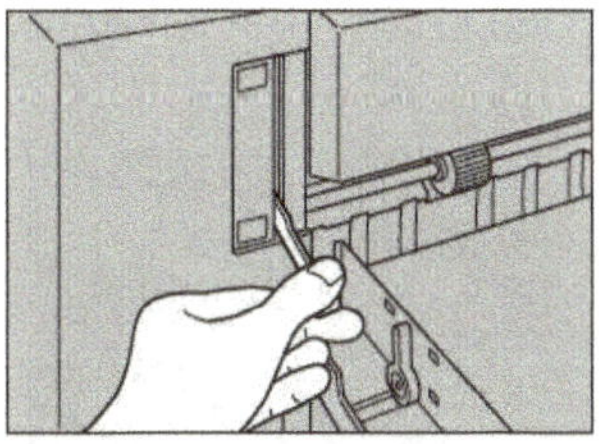

图 5-21　调整搓纸辊压力杆第 1 步

图 5-22　调整搓纸辊压力杆第 2 步

第3步：完成印刷后，请将搓纸辊压力杆移动到标准纸张位置。

（2）调整分离压力杆压力

为了防止夹带，请使用分离压力杆调整纸张分离压力，如图5-23所示。

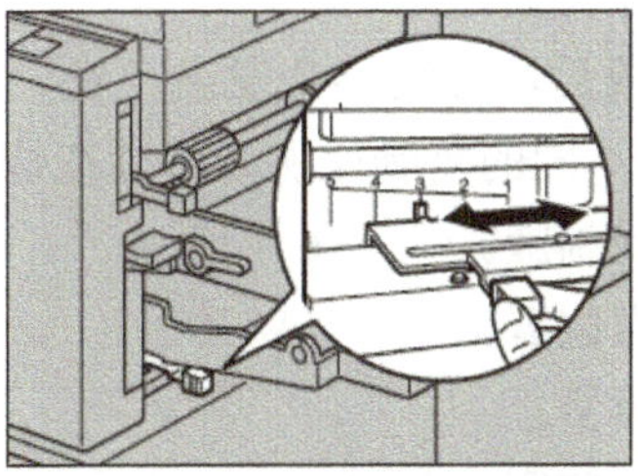

图 5-23　调整分离压力杆

7. 选择原稿类型

一体化速印机提供三种原稿模式：照片模式、文字模式、文字/照片模式。

操作步骤：

第1步：按“原稿类型”键，选择文字或照片模式，如图5-24所示。

第2步：按“图像浓度”键，调整图像浓度，如图5-25所示。

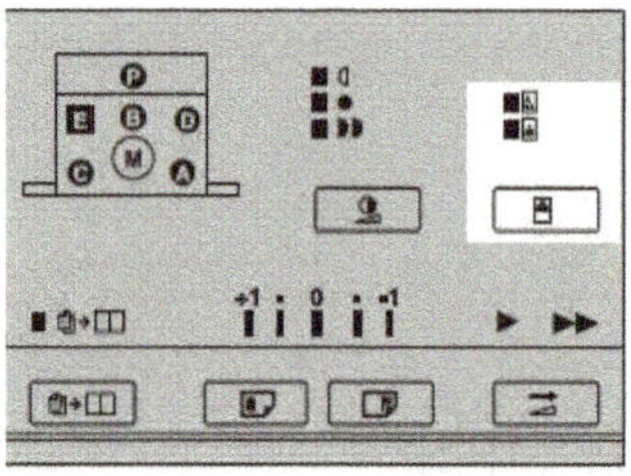

图 5-24　选择原稿类型

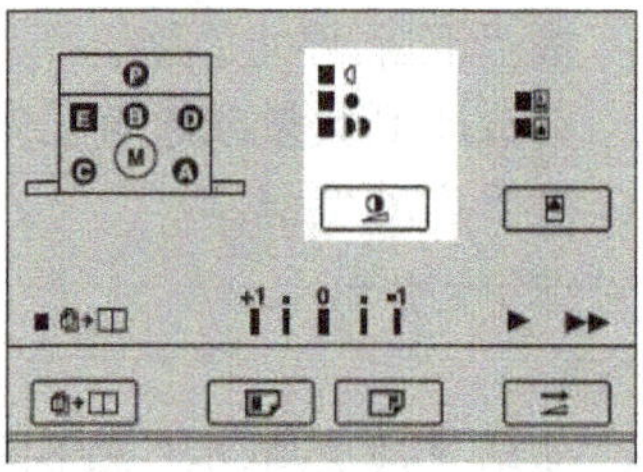

图 5-25　调整图像浓度

第3步：将原稿放入送稿器中。

第4步：按“制版”键。

第5步：检查试印件上的图像位置。

第6步：按“启动”键，开始印刷。

8. 原稿合并

将两张独立的原稿印刷到一张纸上。

操作步骤：

第1步：按“原稿合并”键，如图5-26所示。

第2步：将第一张原稿正面朝下放入送稿器中，第一张原稿将被印刷在纸张的前半部分，如图5-27所示。

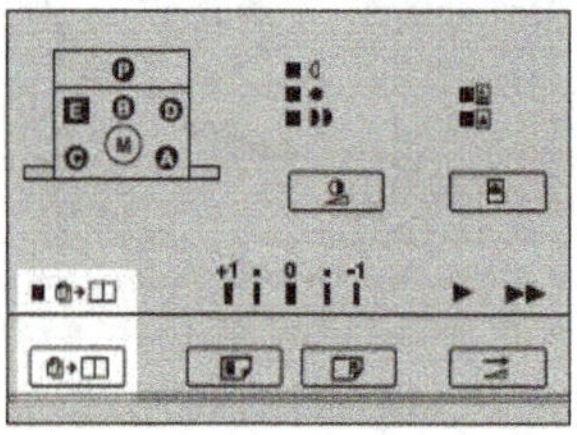

图 5-26　选择原稿合并

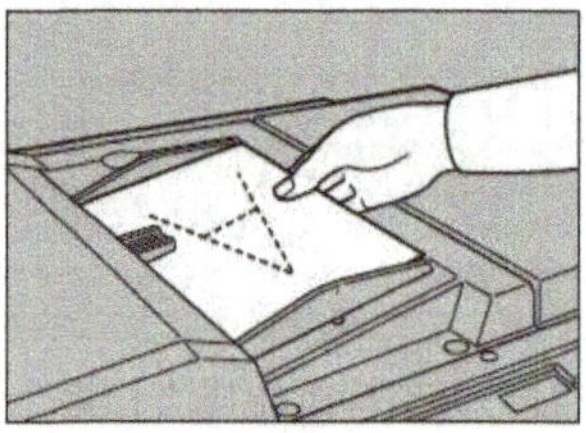

图 5-27　原稿送入送稿器

第3步：指定复制比例，检查装入纸张的尺寸是否正确。

第4步：按“制版”键，进行制版。

第5步：在储存好第一张原稿后，蜂鸣器会发出声音。将第二张原稿正面朝下放入送稿器中。若希望为第二张原稿选择不同的复制比例，必须在蜂鸣器停止之前输入新的设置。

第6步：按“制版”键，进行制版。

第7步：检查试印件上的图像位置。

第8步：用数字键输入印刷数量。

第9步：按“启动”键，开始印刷。

经验分享

如何更换油墨与版纸卷？

1. 更换油墨

当油墨用尽指示灯亮灯时，就需要更换油墨了。

操作步骤：

第1步：打开前门，如图5-28所示。

第2步：释放墨盒托架锁定杆，拉出墨盒托架。取出用过的墨盒，如图5-29所示。

图 5-28 打开前门

图 5-29 拉出墨盒托架

第3步：去除新墨盒盖，如图5-30所示。

第4步：把新墨盒插入墨盒托架，将带箭头标记的部分插入导向板，如图5-31所示。

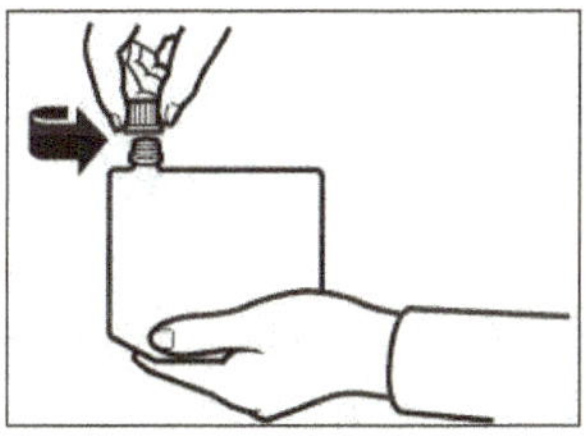

图 5-30 去除新墨盒盖

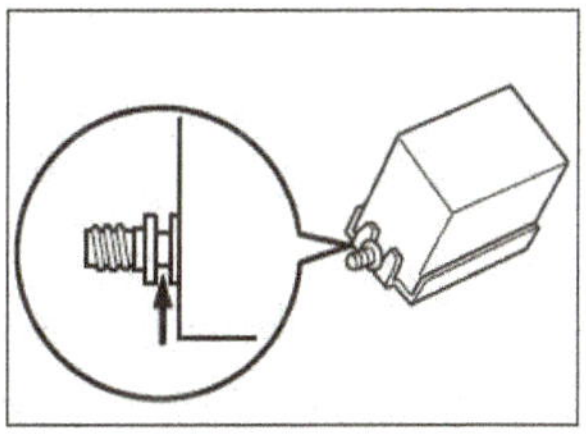

图 5-31 新墨盒插入导向板

第5步：将墨盒托架重新滑入机器，直到听到“咔”的一声，卡到位为止。

第6步：关上前门。

2. 更换版纸卷

当版纸用尽指示灯亮灯时，就需要更换版纸卷了。

操作步骤：

第1步：打开右侧盖，如图5-32所示。

第2步：打开版纸器盖，如图5-33所示。

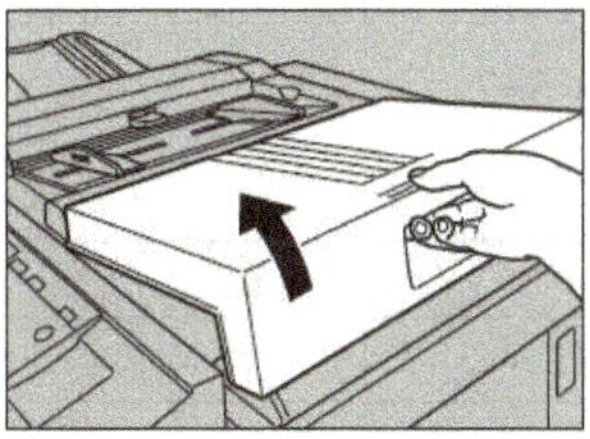

图 5-32 打开右侧盖

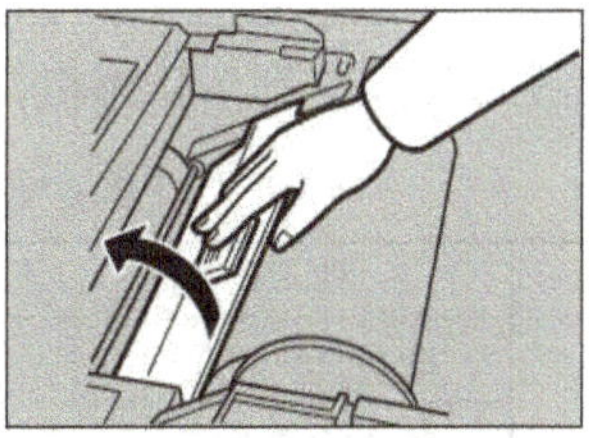

图 5-33 打开版纸器盖

第3步：取出已用完的版纸卷，拉出两端卷轴，再将两端卷轴插到新的版纸卷中，如

图5-34所示。

第4步：新版纸卷必须如图所示安装到正确位置，如图5-35所示。

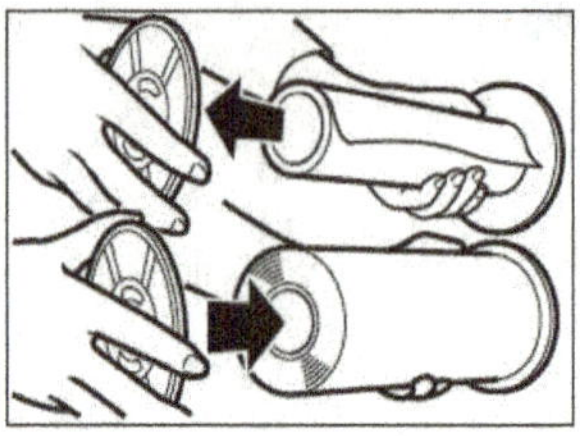

图 5-34　更换新旧版纸卷

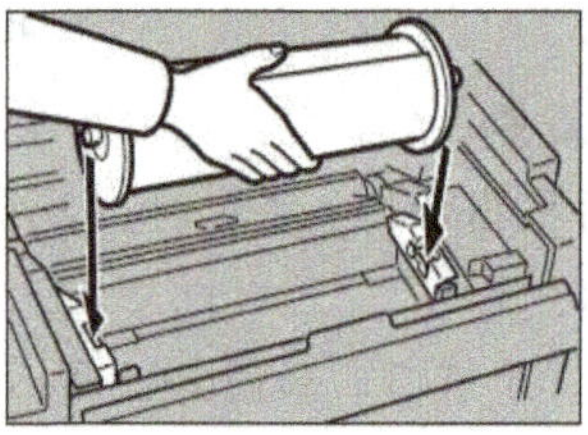

图 5-35　安装新版纸卷

第5步：按图示对齐版纸卷的前缘，如图5-36所示。

第6步：用双手关闭版纸器盖，直到卡到位为止，如图5-37所示。

图 5-36　对齐版纸卷的前缘

图 5-37　关闭版纸器盖

第7步：关上右侧盖。

任务4　维护与保养一体化速印机

由于一体化速印机结构的复杂和精密，所以使用时难免会出现这样或那样的故障，用户只要对故障产生的原因进行分析，注意观察故障现象就可以解决。

任务情境

一体化速印机在印刷试卷的过程中，突然设备不工作了，而且控制面板上指示灯不停地闪烁，教务处的小王不知如何处理。随即他取出用户手册，详细阅读起来。

任务分析

一体化速印机在运行过程中，都具有故障自我诊断记忆功能，操作面板上会在故障发生的部位显示故障代码符号，并停机，其不同含义见表5-2。

表 5-2　故障指示灯及含义对照

类　别	指　示　灯	含　义
卡纸	和“P”	在送稿器中出现原稿卡纸
	、和“A”	在进纸部位的卡纸
	和“B”	版纸或纸张卷在印筒上，或机器内部发生卡纸
	和“C”	在纸张输出部位发生卡纸

（续）

类 别	指 示 灯	含 义
卡纸	和“D”	在版纸部位卡纸
	和“E”	在版纸部位卡纸
当耗材供应或更换指示灯亮灯	和“A”	将纸装入进纸盘
		装入新墨盒
		装入新版纸
		清空版纸排出盒
当打开门盖或单元指示灯亮灯		请关上前盖或右侧盖
	和“M”	置入印筒
	和“D”	关上版纸器盖
	和“E”	关闭版纸排出盒

任务实施

一体化速印机在使用过程中，发生卡纸故障是经常的，一旦发生应如何处理呢？

1．当和“P”亮灯时，卡纸处理

卡纸位置：在送稿器中出现原稿卡纸。

操作步骤：

第1步：打开送稿器盖，如图5-38所示。

第2步：轻轻拉出原稿，如图5-39所示。

第3步：关闭送稿器盖。

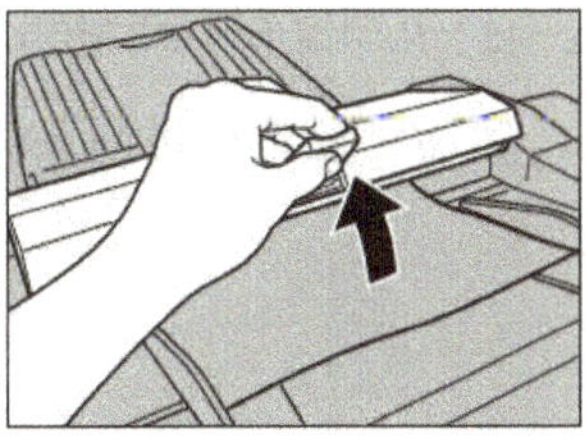

图 5-38 打开送稿器盖

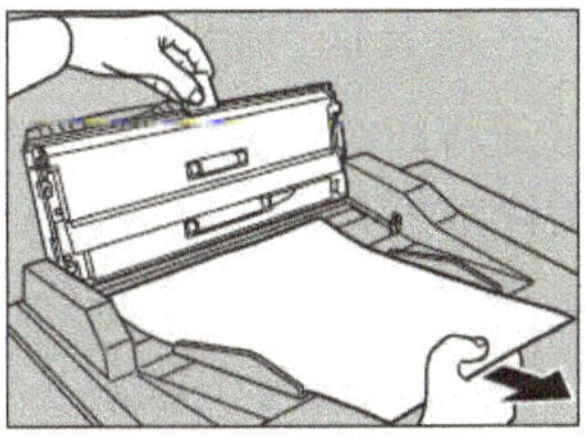

图 5-39 拉出原稿

2．当、和“A”亮灯时，卡纸的处理方法

卡纸位置：在进纸部位发生卡纸。

操作步骤：

第1步：向下压进纸盘调节杆。

第2步：慢慢用力拉出卡纸。

注 意

当手伸入机器内部移除卡住的纸张或版纸时，小心不要让锋利的边缘割伤。

3．当和“B”亮灯时，卡纸处理

卡纸位置：版纸或纸张卷在印筒上，或机器内部发生卡纸。

操作步骤：

第1步：拉出印筒单元，如图5-40所示。

第2步：取出卡纸。

第3步：重新将印筒单元插入，直到锁定到位为止，然后将锁定杆推回原位，如图5-41所示。

第4步：关上前门。

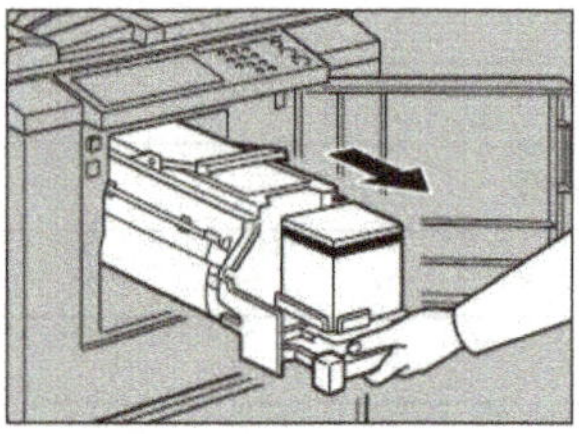

图5-40　拉出印筒单元

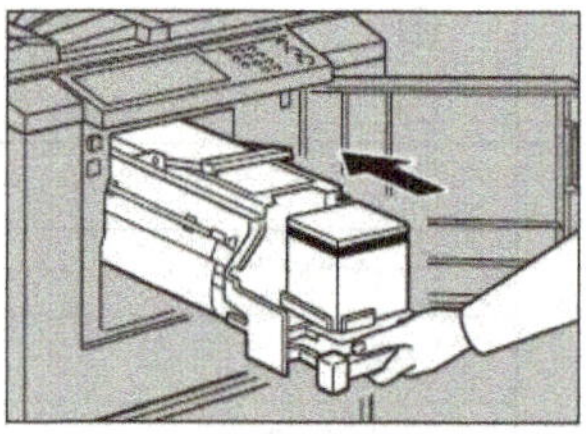

图5-41　放入印筒单元

4. 当和“C”亮灯时，卡纸处理

卡纸位置：在纸张输出部位发生卡纸。

操作步骤：

第1步：取出卡纸，如图5-42所示。

第2步：如果纸张完全卷住印筒，拉出印筒单元，从印筒单元中取出卡纸，如图5-43所示。

图5-42　取出卡纸

图5-43　从印筒单元中取出卡纸

第3步：重新将印筒单元插入，直到锁定到位为止，然后将锁定杆推回原位。

第4步：关闭前门。

5. 当和“D”亮灯时，卡纸处理

卡纸位置：在版纸部位卡纸。

操作步骤：

第1步：打开右侧盖，如图5-44所示。

第2步：打开描绘器盖，然后取出卡住的版纸，如图5-45所示。

第3步：如果还无法取出卡住的版纸，则可以拉出印筒单元，然后从里面取出卡住的版纸，如图5-46所示。

第4步：关上右侧盖。

图5-44　打开右侧盖

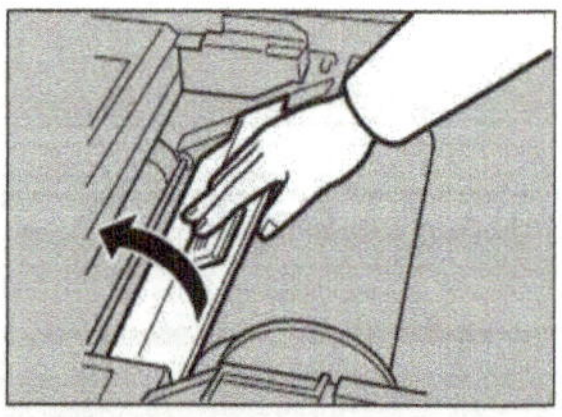

图5-45　打开描绘器盖

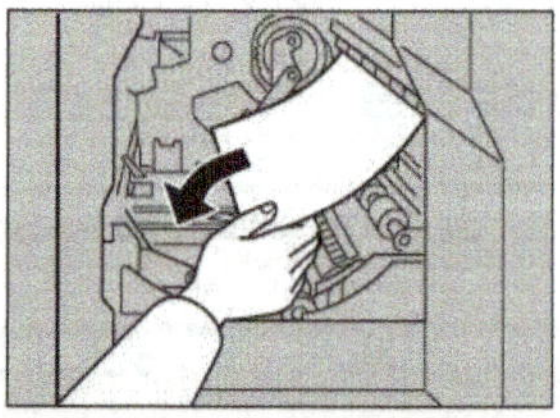

图5-46　从印筒单元中取出卡纸

6. 当和“E”亮灯时，卡纸处理

卡纸位置：在版纸部位卡纸，此时卡纸分为排出部位卡纸和印筒部位卡纸两种情况。

（1）当版纸卡纸出现在版纸排出部位　操作步骤：

第1步：拉出版纸排出盒，如图5-47所示。

第2步：取出卡住的版纸，如图5-48所示。

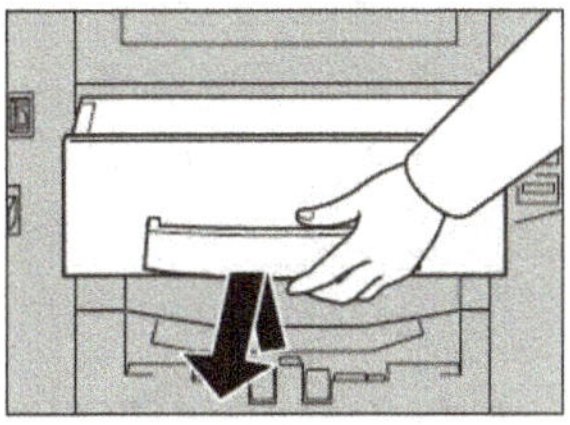

图 5-47　拉出版纸排出盒

图 5-48　取出卡住的版纸

第3步：将版纸排出盒放回原位。

第4步：装入印筒单元并关上前门。

（2）当版纸卡纸出现在印筒部位　操作步骤：

第1步：抬起锁定杆，解除印筒单元的锁定，拉出印筒单元，如图5-49所示。

第2步：从印筒单元中取出版纸，如图5-50所示。

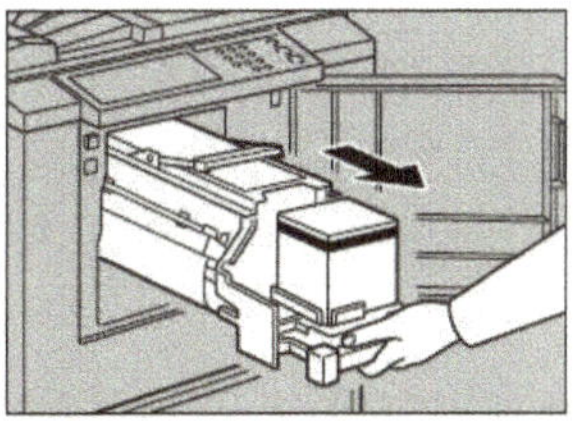

图 5-49　拉出印筒单元

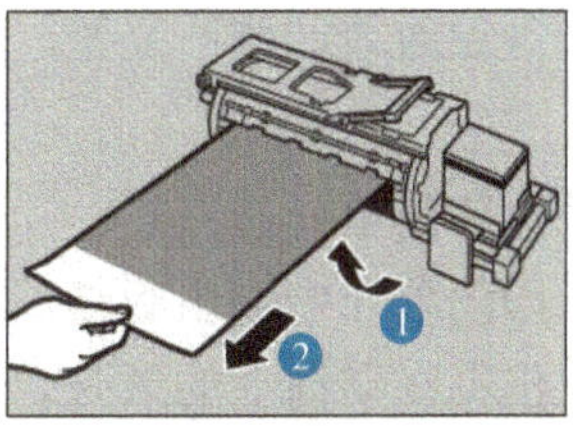

图 5-50　从印筒单元中取出版纸

第3步：重新将印筒单元插入，直到锁定到位为止，然后将锁定杆推回原位。

注　意

为防止卡纸，若原稿卷曲时，应先将它弄平。如无法弄平卷曲的纸张，应使卷曲面向下将纸张摞放在一起。

任务拓展

在一体化速印机使用过程中，有可能出现印刷效果差，印刷品污物较多等现象，应如何处理呢？下面列举常见现象及处理方法。

1. 纸张背面有污迹

操作步骤：

第1步：关闭主开关。

第2步：拉出印筒单元，如图5-51所示。

第3步：用一块干净的布清洁压力辊，如图5-52所示。

第4步：用一块干布清除累积在印筒单元尾边的油墨，如图5-53所示。

第5步：插入印筒单元直到锁定到位为止，然后压下印筒单元锁定杆，如图5-54所示。

图 5-51 拉出印筒单元

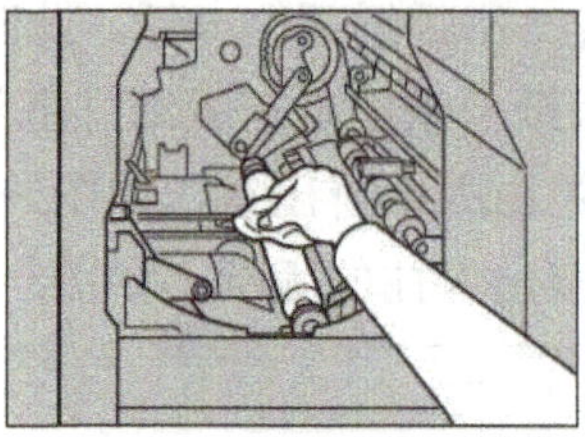

图 5-52 清洁压力辊

图 5-53 清除印筒油墨

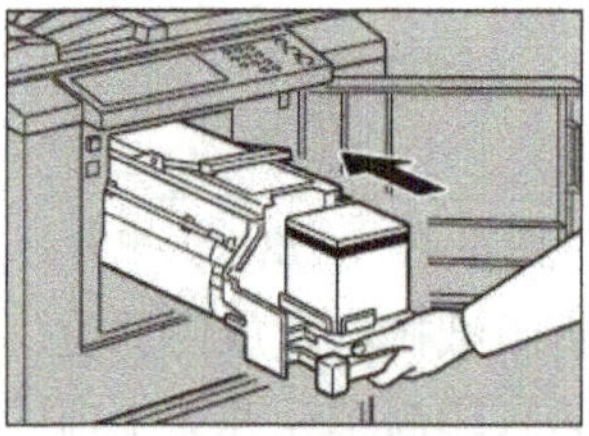

图 5-54 插入印筒单元

第6步：关上前门。

第7步：打开主开关。

2. 印刷出现白版或印刷不完整

操作步骤：

第1步：拉出印筒单元。

第2步：从印筒单元中取出版纸。

第3步：取出粘在印筒上的纸张。

第4步：插入印筒单元直到锁定到位为止，然后压下印筒单元锁定杆。

第5步：关上前门。

第6步：打开主开关。

经验分享

如何保养一体化速印机？

为了使一体化速印机发挥更大的作用，保证设备的正常运行，必须对设备进行必要的保养。

1. 日常保养

一体化速印机在日常使用中，要由使用者进行经常性的保养。日常保养以清洁为主，通常在每天工作结束后，对机器的外表及使用时暴露在外的部分进行一次性清洁工作。清洁工具以干净的棉布和清水为主。热敏打印头通常以500个版为一个保养周期，在保养工作时要切断电源，注意安全。

2. 定期保养

一体化速印机除日常保养外，还需要对设备进行定期的检查。检查时发现问题要及时排除。定期保养工作分为6个月检查保养和12个月检查保养。其检查保养内容可以参照相关使用手册进行，也可请售后服务人员来进行。

项目小结

一体化速印机是通过数字扫描、热敏制版成像的方式进行工作，具有印刷速度快和印刷成本低等特点，在学校和事业单位中，一体化速印机已经被广泛地使用了。

本项目从一体化速印机的分类出发，介绍了一体化速印机的主要技术指标，设备及耗材的选购、保存及其注意事项；具体介绍了一体化速印机的使用和维护方法。同时，列举了一体化速印机的常见故障与故障排除方法，以使读者能够借助使用手册和使用经验对一些常见的故障进行排除。

实战强化

1. 认识一体化速印机的结构

（1）目的要求

熟悉一体化速印机的基本结构。

（2）工具和器材

台式一体化速印机（全套选购配件型号自定）。

（3）实践内容

1）认识几种一体化速印机外部选购件。

2）打开一体化速印机的前面板，了解各部件的位置。

（4）测试项目（见表5-3）

表 5-3 测试项目

序　号	项　目	操作项目	学生自评	教师评价	备　注
1	认识部件位置	某一部件			
2	认识部件	某一部件			

2. 操作一体化速印机

（1）目的要求

会用一体化速印机进行印刷。

（2）工具和器材

一体化速印机、印刷纸、原稿。

（3）实践内容

1）熟悉操作面板。

2）熟悉原稿的放置。

3）熟悉进纸盒、出纸盒结构及放置版纸、印刷纸。

4）了解一体化速印机的常见功能，包括等倍印刷、放大或缩小印刷、印刷设置等。

5）试印原稿若干份。

（4）测试项目（见表5-4）

表 5-4　测试项目

序　号	项　目	操作项目	学生自评	教师评价	备　注
1	识别操作面板上的按键和显示	辨认操作面板上按键及显示			
2	原稿放置	原稿放置			
3	安放印刷纸	安放印刷纸			
4	按要求进行印刷	① 按要求进行印刷 ② 连续复印 ③ 按要求调整复印浓度 ④ 操作是否规范			

3．常见故障及对应处理方法

（1）目的要求

学会常见故障处理方法。

（2）工具和器材

一体化速印机、印刷纸、原稿。

（3）实践内容

1）卡纸。

2）控制面板符号显示。

（4）测试项目（见表5-5）

表 5-5　测试项目

序　号	故障现象	可能原因	处理方法	学生自评	教师评价
1	卡纸	① 搓纸辊压力杆压力不足 ② 搓纸辊打滑 ③ 原稿不规范 ④ 印刷纸不平			
2	符号显示	油墨不足			
3	符号显示	版纸用尽			
4	印刷品有污迹	清洁压力辊			

职业应用项目领域 6　使用扫描仪

职业能力目标

1）能依据产品性价比选购符合实际需求的扫描仪。

2）能依据产品说明书安装、调试扫描仪。

3）能依据不同的情况使用扫描仪。

4）能依据故障现象诊断、维护与保养扫描仪。

1984 年，世界上第一台桌面型光学黑白影像扫描仪诞生于中国台湾全友公司。扫描仪是一种计算机外部仪器设备，通过捕获图像并将之转换成计算机可以显示、编辑、存储和输出的数字化输入设备。照片、文本页面、图纸、美术图画、照相底片、菲林软片，甚至纺织品、标牌面板、印制板样品等三维对象都可作为扫描对象。

目前，扫描仪已经广泛应用到各类图形图像处理、出版、印刷、广告制作、办公、多媒体、图文数据库、工程图纸输入等领域。

任务1　认识和选购扫描仪

扫描仪是一种高精度的光机电一体化的高科技产品，将传统的模拟影像转化为数字影像的计算机输入设备。人们通常将扫描仪用于计算机图像的输入，从最直接的图片、照片、胶片到各种图纸图形以及各类文稿资料都可以用扫描仪输入到计算机中，从而实现对这些图像信息的处理、管理、使用、存储或输出。

任务情境

小王是信息中心的一名工作人员。信息中心需要购置一台扫描仪，主要用于扫描各种文档、照片、资料等，要求幅面要大，扫描速度要快，并且文字识别率一定要高。依据这些想法，需要选购一台什么样的扫描仪呢？随后小王上网进行了相关查询，为选购扫描仪做准备。

任务分析

1．扫描仪的功能

扫描仪的主要功能可以概括为以下几个方面：

（1）采集图像　将模拟图像转换成数字图像，这是扫描仪的主要功能。模拟图像指普通照片、印刷在各种介质上的图形图像等。通过光学扫描，扫描仪可以模拟图像转换为数字图像保存在硬盘中。

（2）编辑图像　利用扫描仪附带的图像处理软件对扫描的图像修改、调整。

（3）文字输入　运用光学识别软件，对文字类原稿进行扫描，将字符信息转为可编辑的文字。文字识别是扫描仪最具吸引力的亮点，利用这一功能，可以快速录入文字，实现信息的永远保存。

（4）“复印”资料　利用扫描仪，在计算机和打印机的配合下，就能够方便地进行“复印”。

2. 扫描仪的分类

扫描仪的品种很多，分类方法也不同。具体包括以下几类：

（1）按光电转换器件分类　扫描仪可以分为CCD扫描仪和CIS扫描仪。

（2）按接口方式分类　扫描仪可以分为SCSI扫描仪、EPP扫描仪和USB扫描仪3种。

（3）按所支持的颜色分类　扫描仪可以分为单色扫描仪和彩色扫描仪。

（4）按应用领域分类　扫描仪可以分为家庭扫描仪、办公扫描仪和专业扫描仪。

（5）按工作原理的不同分类　可以分为手持式扫描仪、平板式扫描仪、胶片专用扫描仪和馈纸式扫描仪4种。各种不同类型的扫描仪如图6-1所示。

（6）按扫描速度分类　扫描仪可以分为高速扫描仪、中速扫描仪和低速扫描仪。

a）　b）　c）　d）

图 6-1　几种不同类型的扫描仪

a）手持式扫描仪　b）平板式扫描仪　c）胶片扫描仪　d）馈纸式扫描仪

3. 技术指标

每一种型号的扫描仪的说明书中都会有很多技术参数和性能指标，下面对几个比较重要的技术指标进行说明。

（1）分辨率　分辨率是扫描仪最重要的技术指标之一，用dpi表示。扫描仪的分辨率分为光学分辨率和最大分辨率。光学分辨率是扫描仪光电转换器件的物理精度；最大分辨率是利用软件技术在硬件产生的像点之间插入额外像点而获得较高的分辨率。

（2）扫描速度　扫描速度表示扫描快慢。扫描仪的速度主要决定于系统配置、扫描分辨率设置、扫描尺寸、放大倍率等。通常扫描黑白、灰度图像，扫描速度为2～100ms/线；扫描彩色图像，扫描速度为5～200ms/线。

（3）色彩深度　色彩深度指扫描仪所能产生的颜色范围。通常用每个像素点上颜色的数据位数来表示。色彩深度越高，说明颜色的范围越宽，扫描的图像越真实。

（4）灰度级　扫描仪进行灰度扫描时对图像由纯黑到纯白整个色彩区域所能够划分的级数就称为灰度。级数多表明扫描图像的亮度范围大、层次丰富。

（5）接口方式　接口方式指扫描仪与计算机之间采用的接口类型。目前扫描仪常见的接口类型有SCSI、EPP、USB三类。SCSI接口的传输速度快，而采用USB接口更简便。

（6）幅面　扫描仪的最大幅面分A4、A3、A1、A0几种。市场上的扫描仪以A4幅面为主，A3及以上幅面的扫描仪价格较高，多用于一些高档专业领域。

任务实施

1. 明确选购目标

办公室的日常工作经常要使用扫描仪，要明确此次选购的目标，从以下几个方面进行考虑：

1）扫描仪的幅面要大。

2）扫描速度要快。

3）扫描仪的像素要高。

4）文字识别率要高。

5）具有良好的售后服务。

2. 市场及网络调研

通过对市场调查及网络查询，依据所提出的选购目标，对不同的产品进行比较，从满足业务工作要求、产品性能、价格、售后服务等多方面进行考虑，最终决定选择中晶FileScan 1600XL扫描仪作为信息中心本次选购的机型。其外观样式如图6-2所示。

图 6-2　中晶 FileScan 1600XL 扫描仪

中晶FileScan 1600XL作为A3幅面专业级扫描仪，它采用全新的GL芯片组，在扫描速度上得到很大提升，具有自动框选、自动倾斜校正、去色及文本增强等功能，CCD镜头保证了图像的质量，色彩还原功能能使褪色相片重新获得亮丽色彩，轻松实现办公自动化。

扫描二维码，观看扫描仪选购视频。

扫码看视频

任务拓展

某学院为了提高教师的教学质量，以及为学生提供更多的教学资源，准备购置一批平板式扫描仪，用于扫描文档和资料，其具体要求如下：

1）选择平板式扫描仪，用于扫描专业书籍、照片、底片、图片，其最大幅面为A4。

2）光学分辨率不低于4800dpi×9600dpi，其最大分辨率大于10 000dpi×10 000dpi。

3）扫描速度小于10s，接口类型在USB 2.0以上。

4）扫描介质为文件（书籍和杂志）、图片、照片、立体物品。

5）支持目前主流的操作系统。

6）具有较好的文字识别能力。

7）设备价格控制在1000元以内。

按要求选择3款平板式扫描仪，将各款扫描仪技术参数填写到表6-1中，用于帮助客户选购符合要求的设备。

表 6-1 平板式扫描仪参数对照

相关设备参数	备选设备-1	备选设备-2	备选设备-3
参考价格			
品牌			
型号			
……			

经验分享

扫描仪选购注意事项

在选购扫描仪时，用户可以对扫描仪的感光元件质量、传动机构、分辨率、灰度级、色彩等性能进行简单有效的检测，以帮助用户选择到满意的设备。

（1）检测感光元件　扫描一组水平细线，如头发丝或金属丝，然后在ACDSee 32中浏览，将比例设置为100%观察，如纵向有断线现象，则说明感光元件排列不均匀或有坏块。

（2）检测传动机构　扫描一张扫描仪幅面大小的图片，在ACDSee 32中浏览，将比例设置为100%观察，如横向有撕裂现象或能观察出的水平线，则说明传动机构有机械故障。

（3）检测分辨率　用扫描仪标称的分辨率，如300dpi、600dpi扫描彩色照片，然后在ACDSee 32中浏览，将比例设置为100%观察，不会观察到混杂色块则为合格，否则分辨率不足。

（4）检测灰度级　选择扫描仪标称的灰度级，扫描一张带有灯光的夜景照片，注意观察亮处和暗处之间的层次，灰度级高的扫描仪对图像细节特别是暗区的表现较好。

（5）检测色彩位数　选择扫描仪标称的色彩位数，扫描一张色彩丰富的彩照，将显示器的显示模式设置为真彩色，与原稿比较一下，观察色彩是否饱满，有无偏色现象。

（6）OCR文字识别输入检测　扫描一张自带印刷稿，采用黑白二值、标准分辨率进行扫描，300dpi的扫描仪能对报纸上的5号字进行正确的识别；600dpi的扫描仪几乎能认清名片上的7号字。

任务2　安装扫描仪

扫描仪的安装分为硬件部分和软件部分的安装。通常情况下，先安装硬件，然后安装软件。在安装过程中应参考相应的使用手册。

任务情境

信息中心的小王购置一台中晶FileScan 1600XL扫描仪，为了完成上级交待的扫描材料的任务，按照操作手册的说明，对新购置的设备进行安装。

任务分析

1. 扫描仪的安装环境选择

扫描仪对于安装环境的选择是有要求的。好的环境不但对扫描仪的使用很有益处，而且可以延长设备的使用寿命。安装时要注意以下方面：

1）不要将扫描仪放置在不稳定的表面或接近辐射或热源的地方。

2）将扫描仪放置在平稳的平面。

3）在扫描仪四周留有足够的空间以便操作或维修。

4）避免在温度或湿度剧烈变化的地方使用或放置扫描仪，扫描仪要远离阳光直射、强光、热源、潮湿或多尘的地方。

2. 扫描仪各部件的名称

1）扫描仪视图或展开图如图6-3所示。

① 扫描仪上盖：扫描仪掀盖。

② 玻璃面板：用于单张稿件的扫描。

③ 垂直标尺：用于测量扫描稿件的长度。

④ 水平标尺：用于测量扫描稿件的宽度。

⑤ Ready指示灯（绿色）：表示扫描仪的状态。

⑥ 电源指示灯（橙色）：表示扫描仪的电源状态。

2）扫描仪后视图如图6-4所示。

① 电源开关：打开或关闭扫描仪。

② 电源接口：将扫描仪连接到电源适配器。

③ 高速USB接口：使用USB（USB 2.0）连接线将扫描仪连接到计算机。

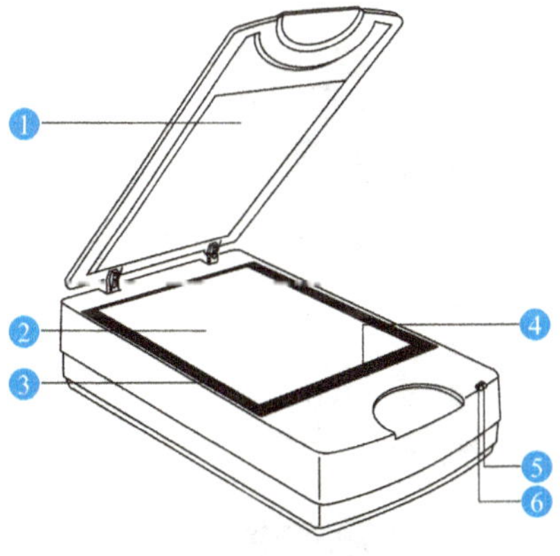

图 6-3　扫描仪视图或展开图

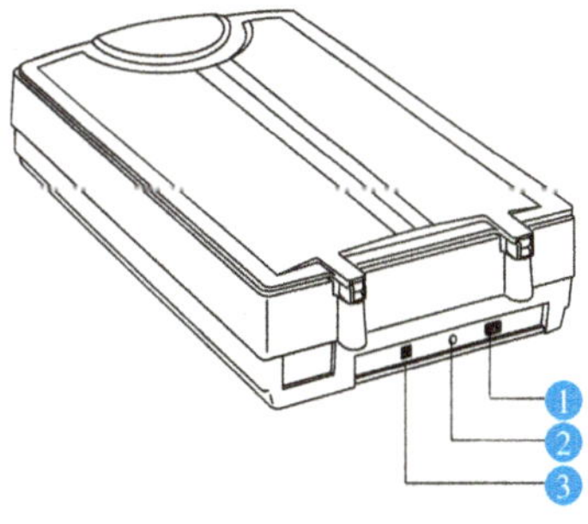

图 6-4　扫描仪后视图

任务实施

现以中晶FileScan 1600XL扫描仪为例，对扫描仪的安装进行说明。

1. 扫描仪硬件安装

（1）连接电源（见图6-5）

操作步骤：

第1步：将电源适配器的一端连接到扫描仪后端的电源接口。

第2步：将电源线的一端连接到电源适配器，另一端连接到交流电源插座。

（2）连接USB连接线（见图6-6）

操作步骤：

第1步：将USB连接线的一端接到计算机。

第2步：将USB连接线的另一端连接到扫描仪的USB接口。

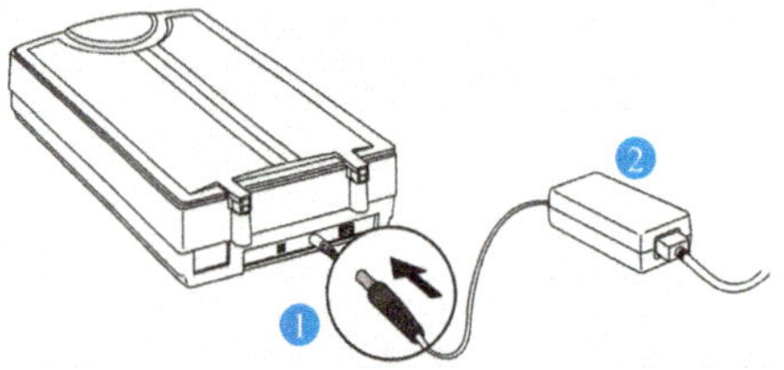

图 6-5　连接电源

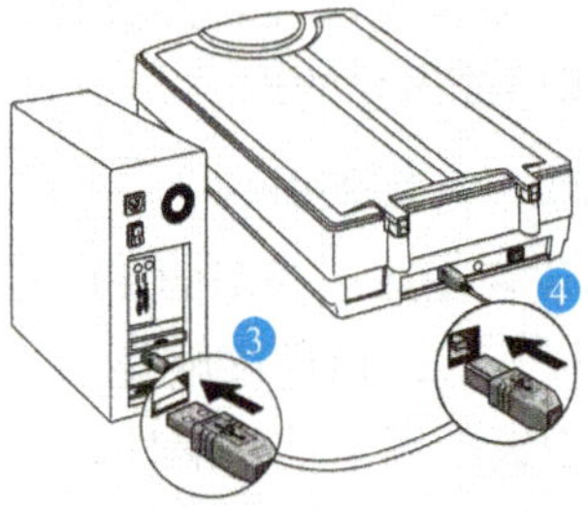

图 6-6　连接 USB 连接线

第3步：按一下扫描仪后端的电源开关，开启扫描仪电源，扫描仪前端面板的电源指示灯会点亮。稍待片刻，电源指示灯将停止闪烁并持续呈点亮状态。

2. 扫描仪软件安装

操作步骤：

第1步：启动计算机。

第2步：将Microtek光盘置入光驱。

第3步：光盘自动运行后，出现如图6-7所示的画面。

图 6-7　扫描仪软件安装界面

第4步：选择不同的软件项目，再依据屏幕上的提示完成软件安装。

第5步：全部应用程序安装后，单击“退出”按钮。

第6步：重新启动计算机。

扫描二维码，观看扫描仪安装视频。

扫码看视频

任务拓展

扫描仪使用安全锁的目的是防止扫描仪在运输或搬运途中灯管滑动。打开或锁上安全锁的方法因扫描仪类型的不同而不同。

1. 打开安全锁

操作步骤：

第1步：关闭扫描仪电源。

第2步：将扫描仪略微倾斜，找到位于底部右侧的安全锁。如图6-8所示，用螺钉旋具逆时针旋转安全锁的固定螺钉，直到箭头指向解锁符号的位置。开锁成功后，螺钉将弹出一些，与扫描仪底部接近平齐。

第3步：表明扫描仪的安全锁已打开。

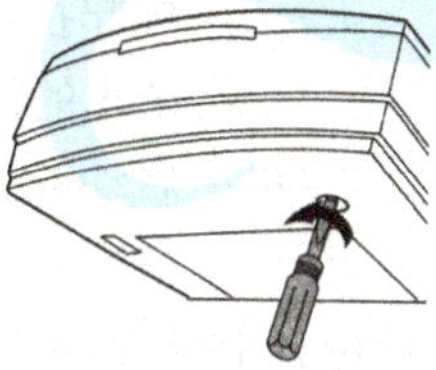

图 6-8　打开安全锁

2. 锁上安全锁

操作步骤：

第1步：关闭扫描仪电源。

第2步：将扫描仪略微倾斜，找到位于底部右侧的安全锁。如图6-9所示，用螺钉旋具顺时针旋转螺钉到锁定符号位置。当螺钉被拧紧时，螺钉将凹入扫描仪底部，表明扫描仪已上锁。

第3步：关闭扫描仪电源后，就可搬运设备了。

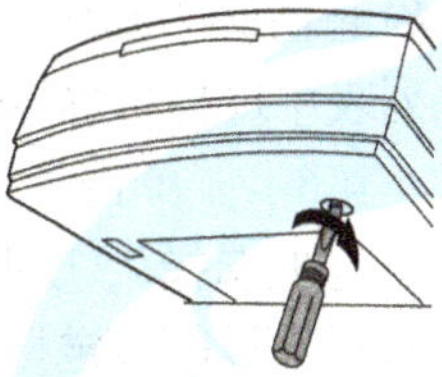

图 6-9　锁上安全锁

任务3　使用扫描仪

扫描仪就是通过捕获图像并将之转化为计算机可以显示、编辑、储存和输出的一种数字化输入设备，只有充分掌握其使用方法，才能发挥设备应有的作用。

任务情境

信息中心的小王接到一个任务，要扫描一个杂志的封面，利用其中的图片编辑一个文档，小王想到正好用到新购置的扫描仪。

任务分析

在进行扫描之前，需要对扫描仪进行相关的设置，才能保证扫描出来的图像效果更加逼真，色彩还原更好。通常设置扫描仪有以下几个方面：

1）设定扫描图像的类型（RGB、灰阶、CMYK、黑白二值等）。

2）设定扫描分辨率。

3）调整图像尺寸。

4）扫描范围设置（固定尺寸、固定长宽比例）。

5）设置测量单位（厘米、英寸、像素）。

6）图像校正工具。

任务实施

1. 扫描杂志

操作步骤：

第1步：打开扫描仪的电源开关。

第2步：掀起扫描仪上盖，将杂志的扫描面朝下放置于玻璃面板上。

第3步：杂志的顶端靠向扫描仪的前端，靠近水平标尺，居中放置，放下扫描仪的盖子。

第4步：启动ScanWizard DI软件。

第5步：在ScanWizard DI软件的控制面板上进行相关的扫描设置，从“扫描源”下拉菜单中选择稿件来源为平台式扫描仪；在“扫描类型”下拉列表中选择图像输出模式，选择“RGB”表示进行彩色扫描，选择“灰阶”表示进行灰级扫描，选择“黑白色”表示进行黑白扫描；设置纸张大小表示扫描仪预览的范围，如果选择“自动节选”，则扫描仪会自动检测稿件的影像范围，扫描整个影像之后，会自动去除不必要的黑边；在“分辨率”下拉列表中选择扫描输出的分辨率。

第6步：单击“预览”按钮，然后出现扫描的预览效果。从预览窗口上方的工具栏中选择“选框选择”工具，调整所需要的扫描范围，拖曳选框的4个角或4个边框就可以调整扫描选框，最后决定扫描的范围，如图6-10所示。

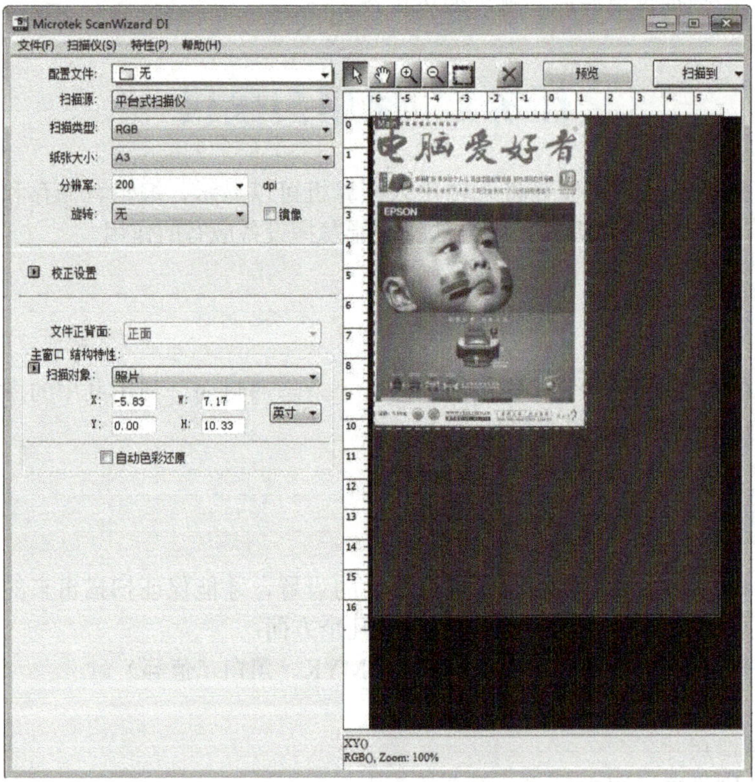

图6-10　选择扫描范围

第7步：根据使用要求来设定扫描对象。选择艺术线条来扫描艺术图像，选择照片来扫描彩色图像，选择文本来扫描文字。

第8步：单击“扫描”或“扫描到”按钮，开始对杂志进行扫描，对扫描后的文件以不同的文件类型进行保存。

2. 文字识别

文字识别功能可以将扫描进来的文件影像通过软件的处理辨别，成为可以编辑的文字文档。目前流行的文字识别OCR软件种类比较多，如尚书、翰林、创华等。中晶扫描仪的随机光盘中包含尚书OCR软件，其运行界面如图6-11所示。

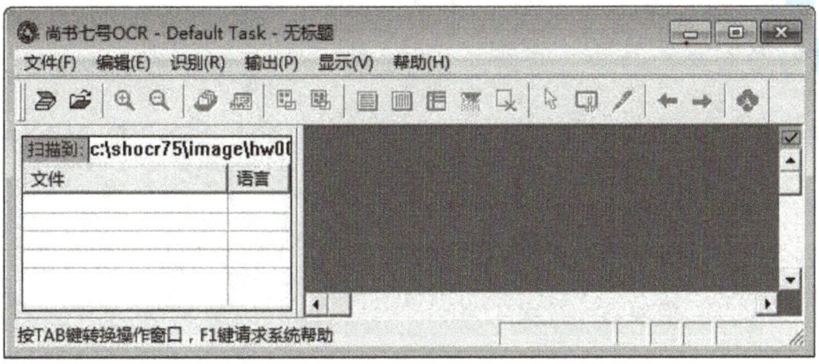

图 6-11　尚书 OCR 工作界面

操作步骤：

第1步：打开OCR识别软件，并将要扫描的文稿放入扫描仪中。

第2步：在扫描前，要对扫描仪进行相应的设置。选择“文件”→“系统配置”命令，弹出“设置系统参数”对话框，分别对“获取新图像”和“识别”两个选项卡进行设置。

第3步：单击工具栏的“扫描”工具，或选择“文件”菜单中的“扫描”命令，如图6-12所示。扫描对象设置为“文本”，选择“文本清晰”选项，调整扫描范围，单击“扫描”按钮。

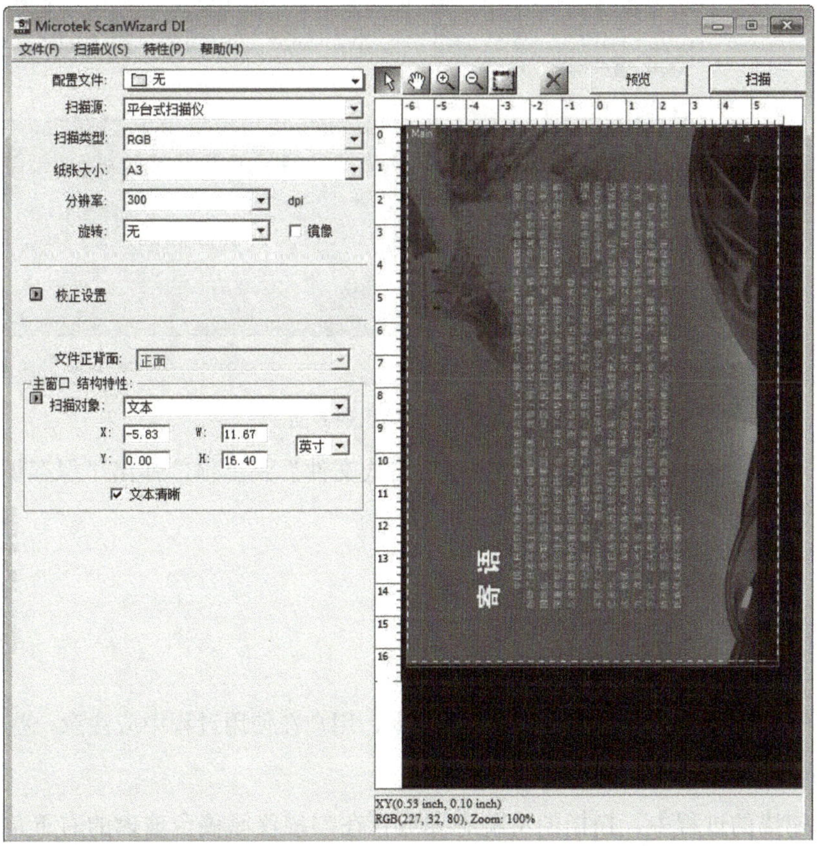

图 6-12　扫描设置

第4步：单击“扫描”按钮后，调整扫描图片显示角度，出现如图6-13所示的界面。

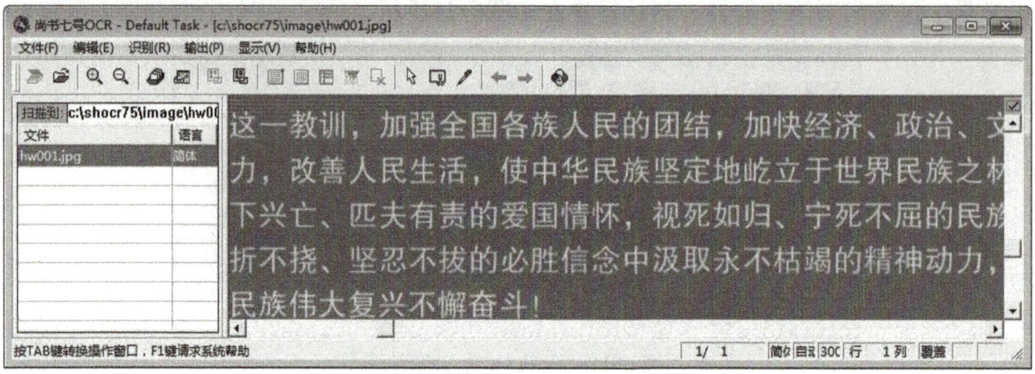

图 6-13　扫描文档界面

第5步：单击“开始识别”按钮或按<F8>键，开始对扫描的文档进行识别，识别结果如图6-14所示。

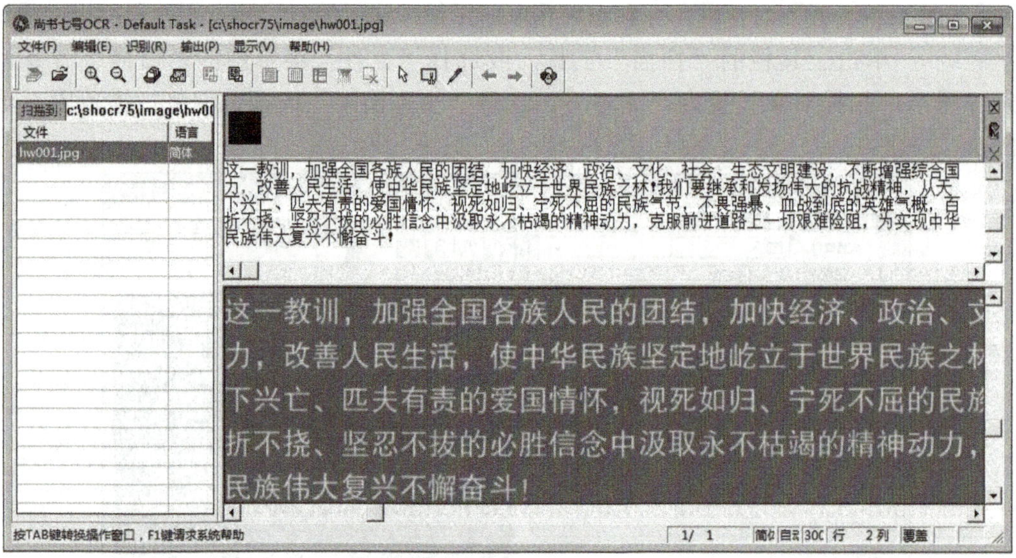

图 6-14　文稿识别界面

第6步：选择“输出”菜单中的“到指定格式文件”菜单项，弹出“保存识别结果”窗口，输入文件名及选择保存的文件类型，即可。

扫描二维码，观看扫描仪使用视频。

扫码看视频

任务拓展

为了使扫描仪在使用过程时发挥更大的效率，用户在使用过程中应注意一些使用技巧。

1. 正确摆放扫描对象

在实际扫描的过程中，扫描的文稿不要放置在扫描仪原稿台玻璃的右下角，需要预留出2mm的空白区域。这是因为扫描仪在工作时都有一定大小的扫描盲区，在具体使用的时候，根据不同扫描仪的实际情况进行观察，再决定放置原稿的位置。

2. 选择合适的分辨率

用户在使用扫描仪时，不知道设置多大的扫描分辨率合适，这主要根据用户的实际应用需求决定。如果扫描的结果在显示器上显示，则扫描分辨率设为100dpi即可；如果为打印而扫描，则设置300dpi的分辨率即可；如果扫描结果用于印刷出版，则分辨率至少要在300dpi以上。

3. 最好要进行预扫

用户在扫描照片或文稿时，在正式扫描前，进行预扫是非常必要的。进行预扫有两大好处，一是通过预扫可以直接设置所需要扫描的区域，减少扫描后对图像处理的工序；二是通过观察预扫后的图像，大致可以看到图像的色彩、效果等，如果不满意则可对扫描参数重新设定、调整，再进行扫描。

4. 选择合适的扫描类型

选择合适的扫描类型，不仅有助于提高扫描仪的识别成功率，还能生成合适尺寸的文件。通常扫描仪为用户提供照片、灰度和黑白三种扫描类型，在扫描之前必须根据扫描对象不同选择合适的扫描类型。“照片”扫描类型适用于扫描彩色照片；“灰度”扫描类型常用于图文混排原稿；“黑白”扫描类型常用于白纸黑字的原稿扫描。

5. 正确扫描文稿

为了保证扫描仪有较高的识别率，扫描的稿件一定要清晰，在其他条件相同的前提下，对一般印刷稿、打印稿等的识别率可以达到95%以上，而对复印件和报纸等不太清晰的文章进行识别，大部分OCR软件的识别率都不是太高。当需要扫描厚度较大的文稿时，若直接扫描，由于原稿不能完全摊开而导致部分文字不清晰及扭曲失真，OCR软件无法正确识别的，大大降低识别率。因此，在扫描前最好将文稿拆成一页页的单张，然后进行扫描。对于报纸，由于报纸面积较大，无法一次性扫描，所以预扫时，事先框选扫描范围，一次扫描一块区域，这样的辨识效果会大大提高。

6. 调整好亮度和对比度

为了能获得较高的扫描效果，需要调整亮度和对比度。当灰阶和彩色图像的亮度太亮或太暗时，可以改变亮度参数。如果亮度太高，会使图像看上去发白；亮度太低，则太黑。

经验分享

使用扫描仪的注意事项

为了延长扫描仪的使用寿命，提高设备的使用效果，在使用时注意以下几个方面：

1）用户第一次使用扫描仪前，一定要先开锁，而且保证电源开关置于“OFF”状态，才能插入电源插头。如果扫描仪需长途搬运，必须先用该锁定装置把镜头重新锁定。

2）扫描仪要摆放在平整、没有振动的地方。这样当扫描仪电机工作时不会有额外的负荷，可以保证达到理想的垂直分辨率。

3）将需要扫描的图片摆放在起始线的中央，这样可以最大限度地减少失真。

4）不宜用超过扫描仪光学分辨率的精度进行扫描。

5）保存图像要选用JPG格式，压缩比为原图像大小的75%～85%，过小会严重丢失图像的信息，出现失真。

6）一旦扫描仪通电，千万不要热插拔SCSI、EPP接口的电缆，否则会损坏扫描仪或计算机。USB接口除外，因为它本身就支持热插拔。

7）扫描仪在工作时不要中途切断电源，直到扫描仪的镜头完全归位后再切断电源。

8）由于一些CCD的扫描仪可以扫小型立体物品，所以放置锋利物品时不要随便移动以免划伤玻璃；放下上盖时不要用力过猛，以免打碎玻璃。

9）保持扫描仪玻璃的干净，这关系到扫描仪的精度和识别率。一旦发现玻璃上有灰尘，就应及时清理。

10）扫描仪应该摆放在远离窗户的地方，减少灰尘及阳光的直射。

任务4　维护与保养扫描仪

扫描仪是光机电一体化的产品。所谓“光机电一体化”是指扫描仪主要由以下3个部分组成：光学成像部分、机械传动部分和转换电路部分。在使用扫描仪的过程中，难免会出现故障，影响用户的使用。

任务情境

信息中心的小王使用扫描仪一段时间发现，扫描仪在工作的时候，噪声比平时大了许多，而且发现由于长时间的使用，扫描仪机身比较脏，需要进行维护和清洁。

任务分析

扫描仪在使用过程中，可能出现这样或那样的故障现象，分为硬件故障和软件故障两大类：硬件故障主要有使用扫描仪时找不到扫描仪、显示扫描仪没有准备就绪、设备运行时噪声过大；软件故障主要有扫描图像的效果不理想、文档识别率比较低等。

扫描仪的硬件故障主要通过连接好线路、设置好端口，更新驱动程序来解决；软件故障主要通过对扫描仪进行正确的设置来解决，包括原稿类型、分辨率、纸张大小等实现。通过以上这些方面，故障可以很容易被解决。

任务实施

作为普通用户，不仅要购买一台质量过关、方便耐用的扫描仪产品，为了使扫描仪延长使用寿命，还必须会对扫描仪进行简单的保养与维护。在扫描仪使用过程中，会出现如下常见故障现象。

1．找不到扫描仪

故障现象：开机后系统提示找不到扫描仪。

解决方法：

方法1：观察扫描仪的电源及线路接口是否已经连接好。看扫描仪的电源灯亮了没有，如果没有插电源或电源没有插好，此时只要把电源插好，问题便解决了。

方法2：如果还不能排除故障，或电源没有问题，则可能是软件设置方面的问题。开机后，在Windows系统“设备管理器”中单击“刷新”按钮，看是否找到扫描仪，并查看是否正确安装了相应的驱动程序。同时，检查“设备管理器”中扫描仪是否与其他设备冲突（IRQ或I/O地址），若有冲突就要更改。这类故障主要是线路、驱动程序和端口冲突等。

2. 扫描仪没有准备就绪

故障现象：扫描仪开机后不工作，Ready（准备）灯不亮。

解决方法：

打开扫描仪电源后，若发现Ready（准备）灯不亮，则应先检查扫描仪内部灯管。若发现内部灯管是亮的，则可能与室温有关，解决的办法是让扫描仪通电半小时后关闭扫描仪，一分钟后再打开它，问题便可解决。若此时扫描仪仍然不能工作，则先关闭扫描仪，断开扫描仪与计算机之间的连线，将SCSI ID的值设置成7，大约一分钟后再把扫描仪打开。在冬季气温较低时，最好在使用前先预热几分钟，这样就可避免开机后Ready灯不亮的现象。

3. 扫描出来的画面颜色模糊

故障现象：扫描仪能用，但扫描的图像模糊不清。

解决方法：

首先观察扫描仪的玻璃面板是否脏，如果玻璃面板脏了，必须清洁干净。如果不是玻璃面板问题，检查扫描仪使用的分辨率，如果扫描仪的分辨率高于所设置的分辨率，必须降低设置的分辨率。

4. 整幅图像只有小部分被获取

故障现象：扫描结果只是原有图像的一小部分。

解决方法：

在扫描时，聚焦矩形框仍然停留在预览图像上，而没有进行放大选择，这样只有矩形框内的区域被获取。做完预览扫描后，一定要正确选择要正式扫描的部分。

5. 扫描出的整个图像变形或出现模糊

故障现象：扫描结果整体出现变形。

解决方法：

出现这种故障，一般情况下，是因为在扫描仪工作过程中扫描仪或原稿出现移动。因此，要为扫描仪提供一个平稳的工作平台，并且在扫描过程中，不要移动原稿文件。

6. 输出图像色彩不够艳丽

故障现象：看扫描结果觉得颜色没有原作品艳丽。

解决方法：

出现这种故障，一般情况下扫描仪本身并没有问题，主要是使用及设置问题。可以调节显示器的亮度、对比度和Gamma值或者换一台更好的显示器。

7. 扫描仪噪声增大

故障现象：扫描时发出的噪声很大。

解决方法：

原因是由于扫描仪在工作时，机械部分产生移动造成的。

方法1：根据不同品牌机器所使用的扫描软件，将扫描速度设置成中速或低速即可。

方法2：与工作环境有关，特别是在冬季，扫描仪内部滑杆会变得干燥，这时工作噪声就会增大。处理的方法很简单，一是提高室内温度；二是打开扫描仪，向滑杆上滴几滴润滑油。

任务拓展

扫描仪是一种非常精细的设备，内部有很多光学器件，如果内部有灰尘，则直接影响扫描效果。如何对扫描仪进行清洁呢？

操作步骤：

第1步：用一块软布把扫描仪的外壳，不包括玻璃面板，擦拭一遍，然后用一块湿布把外壳仔细擦一遍。

第2步：锁上扫描仪安全锁。打开扫描仪，如果发现里面的灰尘比较多，则可以用洗耳球吹一下。

第3步：准备一瓶蒸馏水和一包脱脂棉备用。

第4步：找到扫描仪的发光管、反光镜，把脱脂棉用蒸馏水弄湿，然后小心在发光管和反光镜上擦拭。注意，一定要轻，不要改变光学配件的位置。

第5步：如果发现扫描仪在使用过程中移动有些噪声，则需要用润滑油在滑动杆擦拭，增加它的润滑程度，可以消除噪声问题。

第6步：扫描仪内部全部清洁完毕后，把机器装好，最后用一块干净的湿布把扫描仪的玻璃面板擦干净，全新的扫描仪就展现在眼前了。

经验分享

维护扫描仪时注意事项

了解扫描仪的使用保养常识，不但有利于延长设备的使用寿命，节约维护成本，而且有利于提高工作效率。

1. 保护好光学部件

扫描仪的光电转换设置非常精致，光学镜头、反射镜头的位置对扫描质量有非常大的影响。在工作过程中，不要随意改动光学装置的位置，同时避免对扫描仪的震动或者倾斜。

2. 最好预热

扫描仪使用时需要正常的室温。在寒冷的季节使用时，需要将扫描仪持续通电30min后，再关闭扫描仪电源，60s后再接通，然后才开始使用扫描仪。

3. 不要频繁开关机

不要频繁地开关扫描仪，否则会加速灯管老化和系统磨损。

4. 环境清洁

在干净的环境下使用扫描仪，设备用完以后，要用防尘罩把扫描仪遮盖起来，防止灰尘侵袭。

项目小结

扫描仪是一种高精度的光机电一体化的产品，是将传统的模拟影像转化为数字影像的计算机输入设备，它已经成为人们日常办公活动中不可缺少的设备。

本项目从扫描仪的分类出发，介绍了扫描仪的主要技术指标，设备的选购及其注意事项；具体介绍了扫描仪的安装、使用、维护方法。

实战强化

1. 扫描仪及扫描软件使用

（1）目的要求

1）会安装扫描仪。

2）熟悉扫描软件的功能。

3）会使用OCR软件扫描图像。

（2）工具及器材

计算机、台式扫描仪、OCR扫描软件、原稿等。

（3）环境要求

计算机已经安装OCR扫描软件。

（4）训练内容

1）打开扫描仪电源，将扫描材料放入扫描仪，让有图像的一面贴着扫描仪的玻璃面板，让纸张的四周与标尺边缘对齐，然后合上扫描仪的上盖。

2）启动图像处理软件，出现扫描窗口。

3）选择图像的色彩模式：在扫描设置窗口的“设置图像类型选项”中设定。

4）单击“预览”按钮，可以看到图像预扫描后的结果。

5）预览图像后，用选择框选出扫描范围。

6）调用图像增强工具，改善图像质量。

7）设置适当的扫描分辨率。

8）单击“扫描”选项，将图像扫描到计算机中。

9）对图像进行存储。

10）使用汉字OCR识别系统识别汉字。

11）退出软件。

（5）测试项目（见表6-2）

表 6-2　测试项目

序　号	项　目	操作项目	学生自评	教师评价	备　注
1	扫描开锁	找到开锁位置			
2	扫描仪打开及文件的放入	① 打开扫描仪 ② 正确放入扫描材料			
3	启动扫描软件	正确启动扫描软件			
4	扫描软件的使用	① 使用预览键 ② 设置图像的色彩模式 ③ 用选择框选出扫描范围 ④ 正确扫描 ⑤ 用图像扫描增强工具			
5	汉字识别系统的使用	使用步骤不能有误			
6	图像的保存	正确保存图像			
7	软件的退出	正确退出软件			

2. 扫描仪的清洁与保养

（1）目的要求

1）掌握扫描仪的放置与保存方法。

2）熟悉扫描仪的清洁保养方法。

（2）工具及器材

台式扫描仪、蒸馏水、一包脱脂棉、螺钉旋具等。

（3）实践内容

1）锁上与开锁扫描仪。

2）扫描仪安装环境的选择。

3）保存扫描仪。

4）清洁扫描仪外部和玻璃面板。

（4）测试项目（见表6-3）

表 6-3　测试项目

序　号	项　目	操作项目	学生自评	教师评价	备　注
1	锁上与开锁扫描仪	找到上锁位置			
2	扫描仪放置位置选择	选择位置			
3	清洁扫描仪外部	① 擦拭机器外部 ② 使用工具 ③ 操作是否规范			
4	清洁扫描仪玻璃面板	① 擦拭玻璃面板 ② 使用工具 ③ 操作是否规范			
5	扫描仪的保存	① 锁上扫描仪 ② 重新包装			

职业应用项目领域 7　使用传真机

职业能力目标

1）能依据产品性价比选购符合实际需求的传真机。

2）能依据产品说明书安装、调试传真机。

3）能依据不同的情况使用传真机。

4）能依据故障现象诊断、维护与保养传真机。

传真机能直观、准确地再现真迹，并能传送不易用文字表达的图表和照片。1842 年，英国人亚历山大·贝恩提出传真原理。1913 年，法国人爱德华·贝兰研制出第一台传真机。在现代办公与商务活动中，传真机被广泛使用，它是与外界进行信息传递的一种常用办公设备，各种规格、型号和功能的传真机给办公自动化及各类文件、文书及信函的传递、收集带来极大的方便。它具有速度快、使用简单等特点。

任务1　认识和选购传真机

传真机是一种现代化的终端通信设备，它利用光电扫描和变换技术，借助于通信线路，将文本信息传递给线路另一端的接收机，在接收端可以得到与原稿件基本一致的副本。

任务情境

小王是办公室的一名工作人员，为了与外界进行沟通，办公室需要购置一台传真机。平时收发文稿并不是太多，需要选购一台什么样的传真机呢？随后小王上网进行了相关查询，为选购传真机做了充足的准备。

任务分析

1. 传真机的分类

（1）依据传真机的功能分类　传真机可分为简易型传真机、标准型传真机、多功能型传真机。

（2）依据传真机打印方式分类　传真机可分为热敏纸传真机、热转印式传真机、激光式传真机、喷墨式传真机。市场上常见的传真机如图7-1所示。

（3）依据传真机记录方式分类　传真机可分为感热纸传真机和普通纸传真机。

（4）依据传真机扫描方式分类　传真机可分为电荷耦合扫描传真机和接触式图像扫描传真机。

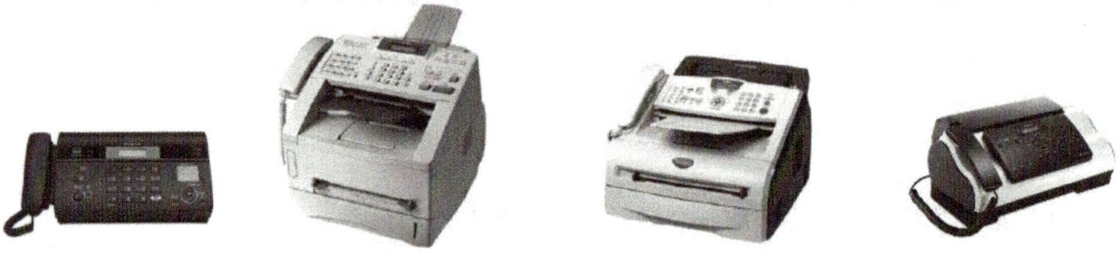

a)　b)　c)　d)

图 7-1　常见的传真机

a）热敏纸传真机　b）热转印式传真机　c）激光式传真机　d）喷墨式传真机

（5）依据CCITT（国际电报电话咨询委员会）制定的国际标准分类　传真机分为一类传真机（G1）、二类传真机（G2）、三类传真机（G3）和四类传真机（G4）。

2. 技术指标

有关传真机的技术指标主要包括：兼容方式、文件尺寸、扫描方式、扫描宽度、分辨率、中间色调、传送速度、扫描速度、扫描密度和用纸类型等。

（1）兼容方式　通常分为G1、G2、G3、G4，分别表示不同的组别，数字越高越好。高组别的可兼容低组别的传真机，现在一般均为G3。

（2）文件尺寸　文件尺寸指要扫描的文稿的尺寸，通常分为A4、B4、A3几种。

（3）扫描方式　扫描方式主要有CCD和CIS，CCD为光电耦合传感器，属于模拟式，CIS为接触式图像传感器，属于数字式。因此，CIS比CCD的扫描要清晰，速度也更快。

（4）扫描宽度　扫描宽度即传真用纸的幅面，通常分为A4、B4、A3几种。

（5）分辨率　分辨率又称扫描密度，可分为垂直分辨率和水平分辨率，用dpi表示。

（6）中间色调　中间色调又称灰度级，它是反映图像亮度层次、黑白对比变化的技术指标。传真机具有的中间色调的级数越多，其所记录与传输得到副本的图像层次就越丰富、越逼真。

（7）传送速度　传送速度指发送一页国际标准样张所需要的时间，越短越好，通常在6～45s。

（8）扫描速度　扫描速度分为主、副两种扫描速度，指单位时间内对图像扫描的次数或距离。

（9）扫描密度　通常分为标准、精细、超精细、照片和文本图片5种。

（10）用纸类型　接收传真所选择的纸张类型，通常分为普通纸和热敏纸两种。

知识储备

传真机耗材

由于传真机的类型不同，所使用的耗材也不相同。下面根据不同类型传真机所使用的耗材进行说明。

1. **热敏纸**

热敏纸是比较常见的耗材，而且只要幅面符合大多可以通用，没有特殊对应标准，容易购买。热敏纸通常有以下规格：210mm（A4）、257mm（B4）、216mm（F4）；长度有30m、50m和100m等。

2. **热转印碳带**

热转印碳带即人们常说的色带，有通用型和指定型号两种。通常传真机生产厂家针对一款（或几款类似的）机型都有指定型号的色带，但其他厂家生产的通用色带也可以使用，要注意通用色带也有不同规格，生产厂家会注明该色带的适用机型，选购时要注意规格的对应。

3. **喷墨式传真机墨盒**

墨盒有原装和兼容两种，原装就是原生产厂生产的墨盒，部分喷墨式传真机是可以使用兼容墨盒的，要注意型号的匹配。使用伪劣墨盒会严重影响喷墨传真机的使用寿命甚至造成严重故障，所以兼容墨盒也要购买正规厂家生产的产品。

4. **激光式传真机的硒鼓**

硒鼓主要由感光鼓、显影辊及墨粉盒等组成，分为一体式硒鼓和分离式硒鼓两大类。

1）一体式硒鼓在设计上是鼓粉一体的，即感光鼓、显影辊和墨粉盒等为一体，这种硒鼓在设计结构上一般不需要用户添加墨粉，当墨粉被耗尽或感光鼓损坏时整个硒鼓就得更换。

2）分离式硒鼓有两种类型：一是感光鼓单独分离，显影辊和墨粉盒一体，这样用户用完墨粉后，只需更换墨粉盒组件，而不用更换感光鼓；二是硒鼓分为三个独立的部分，即感光鼓、显影辊、墨粉盒，用户用完墨粉后只需更换墨粉盒即可。

5. **耗材的对应**

除热敏纸通常可以在不同品牌间通用之外，大多数耗材（无论是原装的、兼容的还是再生的）都有相对应的传真机品牌和具体型号。

任务实施

1. 明确选购目标

办公室的日常工作经常要使用传真机，要明确此次选购的目标，从以下几个方面进行考虑：

1）需要进行文件收发。

2）需要进行小型文档复印。

3）在使用过程中耗材价格合适。

4）机身不要太大。

5）具有良好的售后服务。

2. 市场及网络调研

通过市场调查及网络查询，依据所提出的选购目标，对不同的产品进行比较，从满足业务工作要求、产品性能、价格、售后服务等多方面进行考虑，最终决定选择松下KX

FL338CN作为办公室本次选购的传真机类型。

松下KX FL338CN传真机外观美观大方，性能优良，操作方便，完全可以满足实际工作的需要。其外观样式如图7-2所示。

图 7-2　松下 KX FL338CN 传真机

扫描二维码，观看传真机选购视频。

扫码看视频

任务拓展

某服装城商家为了与客户之间传递信息，想要购置一台传真机，但其业务量不多，所以要求价格较低，能够满足基本传真要求。其具体要求如下：

1）传真机输出颜色为黑白，介质为热敏纸，自动进稿器支持多页送稿。

2）传真分辨率具有标准、精细、超精细和照片等不同设置功能。

3）具有单键拨号和来电显示功能。

4）具有液晶屏显示中文功能。

5）传输速度不低于15s/页。

6）价格要求较低，不超过800元。

按要求选择3款传真机，将各款传真机的技术参数填写到表7-1中，用于帮助客户选购符合要求的设备。

表 7-1　传真机参数对照

相关设备参数	备选设备-1	备选设备-2	备选设备-3
参考价格			
品牌			
型号			
……			

经验分享

选购传真机注意事项

在选购传真机的时候，为了保证所购买设备的质量，现场可以采取以下方式：

（1）看外观　传真机造型是否美观，外形尺寸是否合意，特别要注意外壳是否有碰伤、划伤的痕迹。

（2）复印试机　仔细辨认复印得到的文件副本上的文字是否清晰，按国家标准要求5号字应可辨认。复印检测完毕后，再检查具有切纸功能的传真机能否自动切纸，观察切纸刀是否锋利。

（3）收发传真试机　检测时可在市话网上试机，检查收发信是否能正常结束。收信时，所得到的文件副本应无误码；发信时，收信方收到的传真件也应清晰无误，并且注意观察在收发信过程中，传真机是否降速。在购买传真机时，应对照说明书查看提供的附件是否齐全。

任务2　安装传真机

传真机的安装十分简单，只要按照传真机用户手册一步一步地操作，就可以很容易地掌握传真机的安装。

任务情境

小王买回松下KX FL338CN传真机，非常高兴。打开包装箱，取出用户手册详细看了起来，看了一段时间后，开始安装传真机。

任务分析

1. 传真机安装环境的选择

传真机的安装位置和环境是非常重要的，在具体操作时要注意以下几个方面：

（1）避免阳光直射　传真机的外壳都是由工程塑料制成的，长期处于阳光直射的环境下，会造成传真机外壳的老化变色。

（2）装机位置不宜距电话线、电源过远　传真机需要电源供电，并且要和电话线连接，装机位置宜选择在距电源和电话线较近的地方。

（3）传真机周围不宜有大功率的用电设备　一些大功率用电设备工作时会产生干扰，有可能对传真机的正常工作产生影响。尤其是这些设备与传真机共用一个电源插线板时，产生的不良影响会更大。

（4）尽量避免在传真机电话线上连接太多其他设备　有些传真机使用者根据需要在传真机上并接一些通信设备，如电话计费器、有线调制解调器等。如果连接不合理或连接过多，则有时也会影响正常的传真通信。

（5）远离暖气和其他热源　传真机在使用过程中会产生一定的热量，如果接近热源，则会造成传真机散热不良。

（6）不要安装在窗户下面　一旦尘土进入传真机的光学扫描系统，会影响传真机发送和复印的质量，尘土从窗户的缝隙中进入室内，放在窗下的传真机出现问题的可能性就大大增加了。

（7）对传真机进行必要设置　一般最常用的是传真机时钟的设置，传真机自身电话号码的设置，单位名称的设置，接收状态（手动还是自动）的设置及振铃次数的设置等。

2. 传真机各部分名称及功能

KX FL338CN传真机各部分名称如图7-3所示，分别为①话筒；②扬声器；③文稿引导板；④载纸盘；⑤记录纸入口；⑥拉力板；⑦文稿支架；⑧记录纸支架；⑨记录纸出口；⑩文稿出口；⑪前盖；⑫文稿入口。

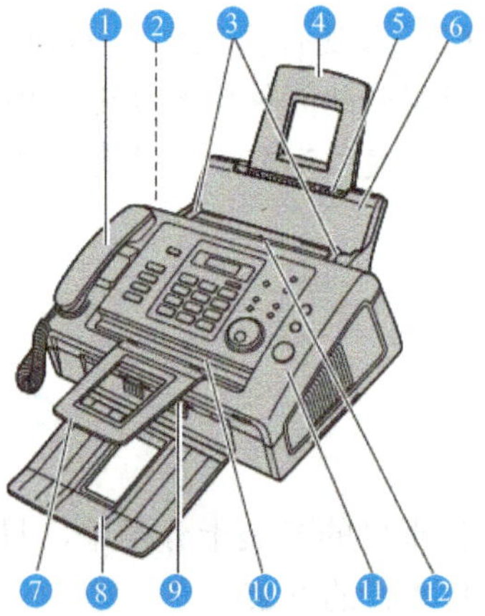

图 7-3　KX FL338CN 传真机各部分名称

任务实施

现以松下KX FL338CN传真机为例，说明传真机的安装。

1）取下运输胶带。

2）安装墨盒和硒鼓。

操作步骤：

第1步：在打开新墨盒的保护袋之前，将其垂直摇动5次以上，如图7-4所示。

第2步：从保护袋中取出墨盒和硒鼓。从墨盒上剥去封贴（①），不要触摸或刮伤黑色硒鼓的表面（②），如图7-5所示。

图 7-4　垂直摇动墨盒

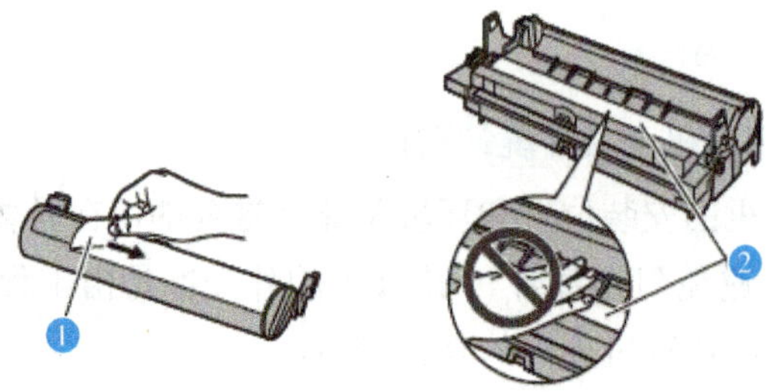

图 7-5　剥去封贴及注意

第3步：将墨盒（①）垂直放入硒鼓中（②），如图7-6所示。

第4步：确切按下墨盒（①），将墨盒两侧的绿色控制杆转向自身方向（②），同时一直按下，如图7-7所示。

第5步：为了正确安装墨盒，应确保对准三角形（①），如图7-8所示。

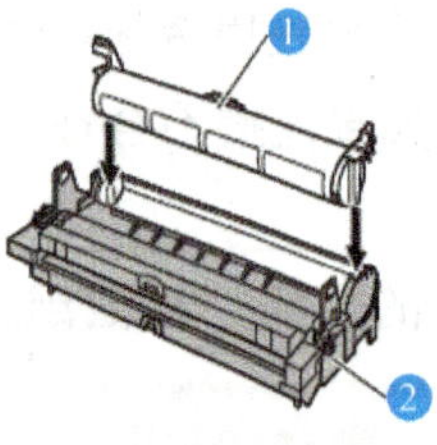

图 7-6　将墨盒放入硒鼓

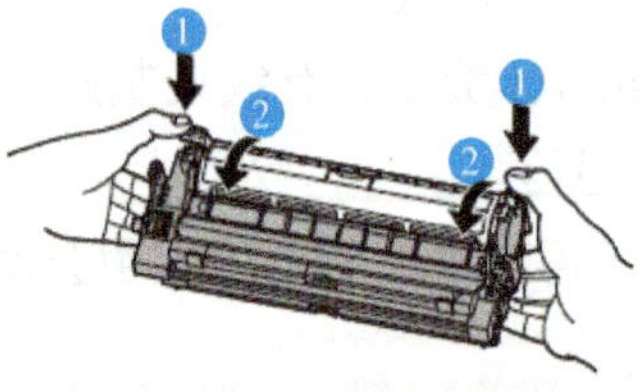

图 7-7　转动墨盒两侧控制杆

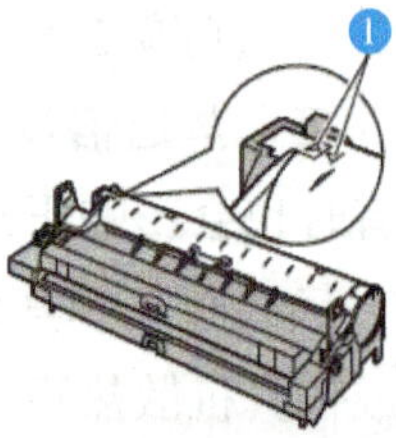

图 7-8　确保对准三角形

第6步：抓住右侧上带有凸点的区域（②），抬起前盖（①），如图7-9所示。如果下部玻璃（③）脏了，则用柔软的干布擦拭干净，如图7-10所示。

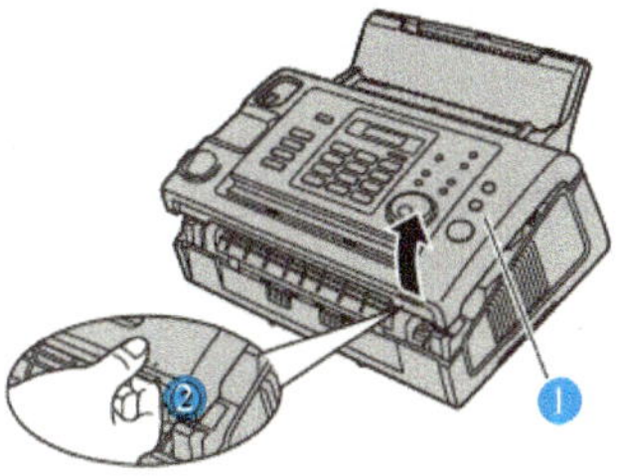

图 7-9　抬起前盖

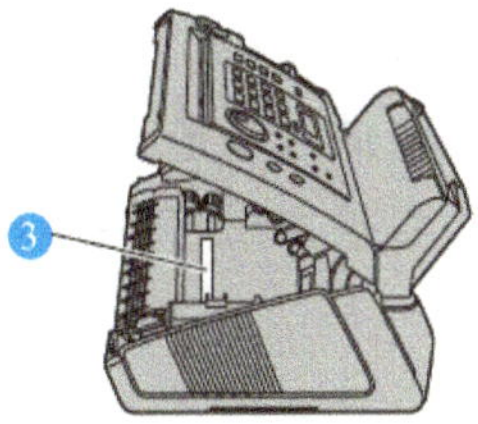

图 7-10　清洁玻璃

第7步：抓住引片，安装硒鼓和墨盒（①），不要触摸转印滚筒（②），如图7-11所示。为正确安装硒鼓和墨盒，应确保对准箭头（③），如图7-12所示。

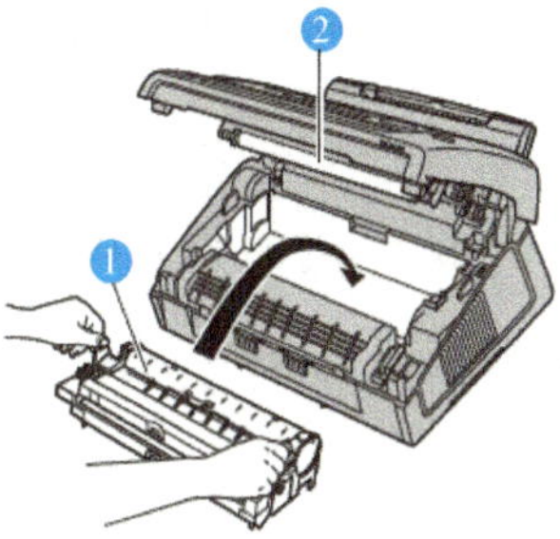

图 7-11　安装硒鼓和墨盒

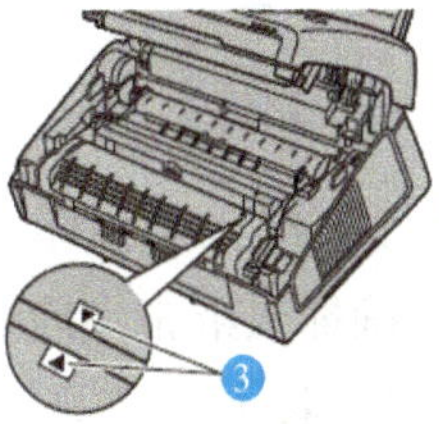

图 7-12　对准箭头

第8步：同时按下前盖（①）的两端直到完全到位，关好前盖，如图7-13所示。

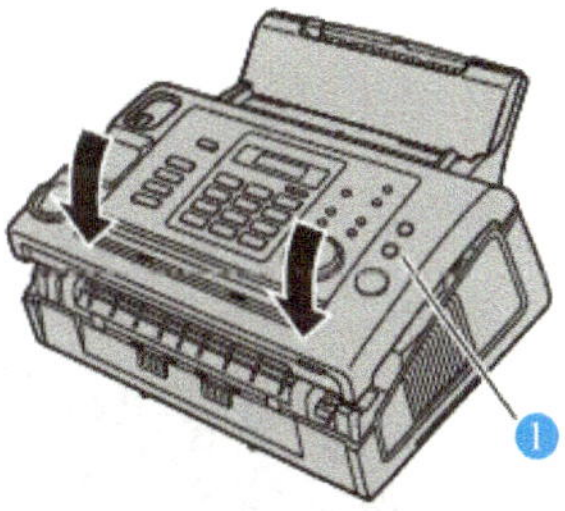

图 7-13　关好前盖

3）安装载纸盘，将载纸盘（①）插入本机背面的插槽（②），如图7-14所示。

4）安装记录纸支架，将记录纸支架上的插槽（①）对准本机底部的凸钉（②），然后将记录纸支架的两个薄片插入本机上的插槽（③）中，如图7-15所示。

5）安装文稿支架，将文稿支架（①）插入插槽（②）中，如图7-16所示。

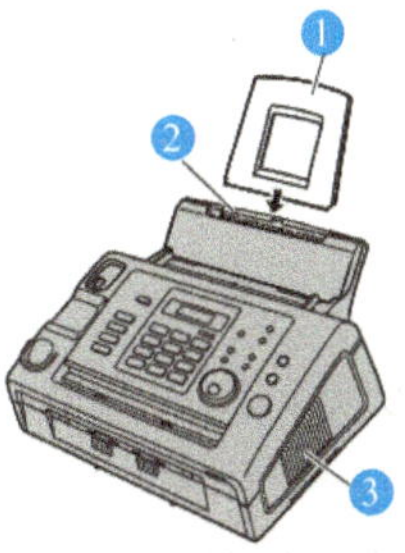

图 7-14　安装载纸盘

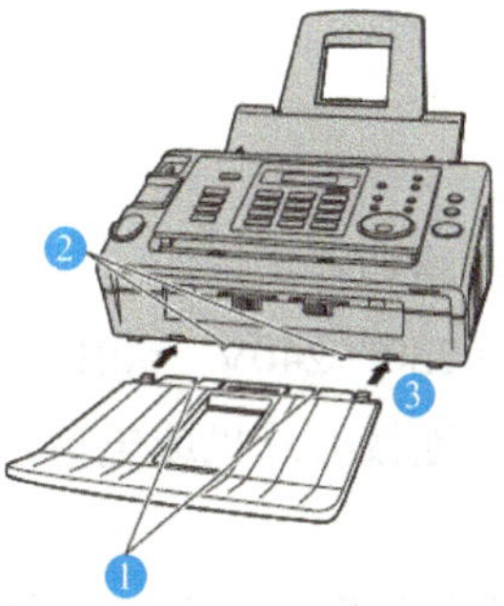

图 7-15　安装记录纸支架

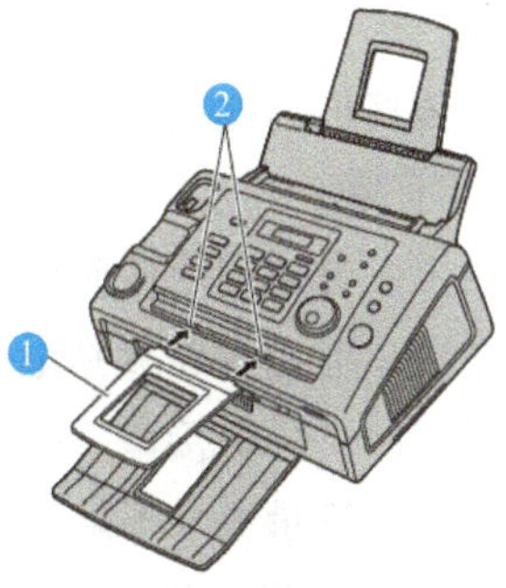

图 7-16　安装文稿支架

6）安装话筒线，连接话筒线（①），话筒线长的展开端（②）的插孔应连接到话筒，如图7-17所示。

7）安装记录纸。

操作步骤：

第1步：在插入纸张之前，翻松纸张以免卡纸，如图7-18所示。

第2步：将拉力板向前拉（①），如图7-19所示。

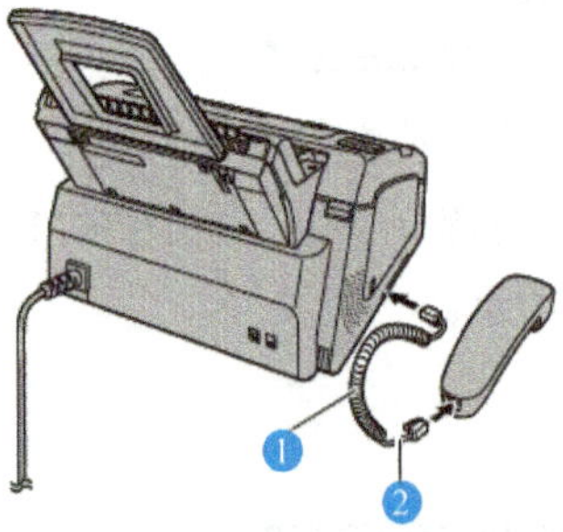

图 7-17 安装话筒线

图 7-18 翻松纸张

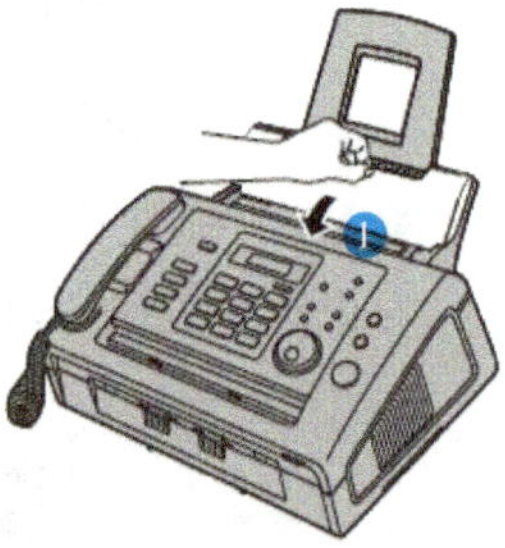

图 7-19 向前拉拉力板

第3步：插入纸张，打印页面朝下（①），不应使纸张超越薄片（②），如图7-20所示。如果未正确插入纸张，应重新调整纸张，否则可能会卡纸。

第4步：推回拉力板（①），如图7-21所示。

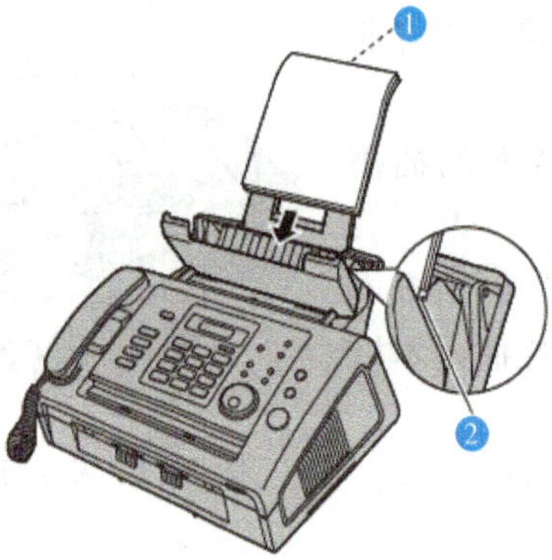

图 7-20 放入纸张

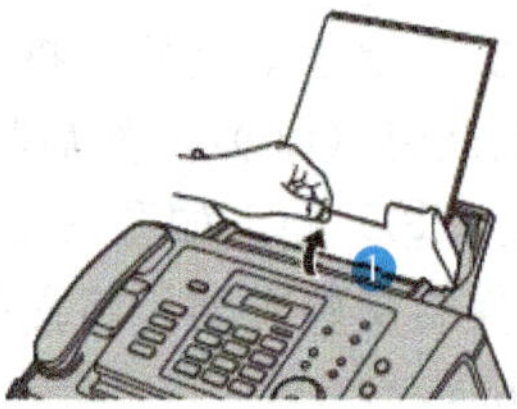

图 7-21 推回拉力板

8）传真机的连接。

操作步骤：

第1步：电话线连接到单线电话线路插孔。

第2步：电源线连接到电源插座（220～240V，50Hz或60Hz）。

第3步：“分机接口”插孔，可以连接答录机或电话。如果有制动塞，则将其取下。

第4步：答录机（不随机提供）。

第5步：如果本机和计算机一起使用并且互联网提供商要求安装滤波器（⑤），请按

图7-22所示连接。

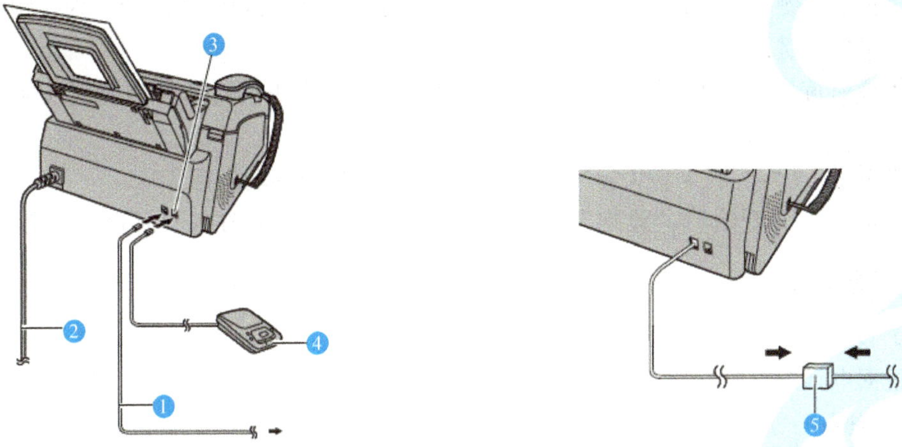

图 7-22 传真机连接示意图

任务拓展

1. 传真机的控制面板

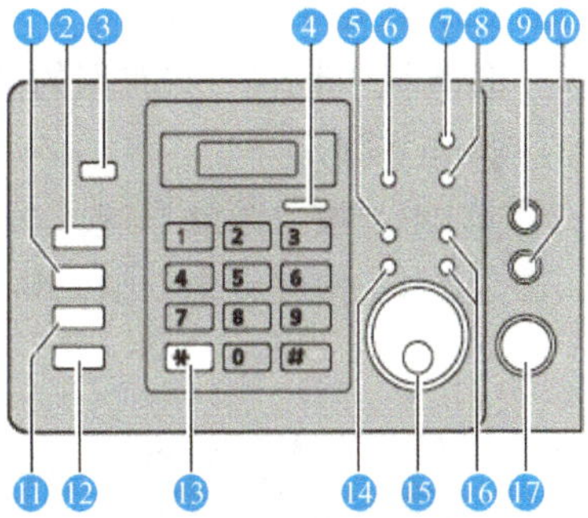

图 7-23 传真机控制面板

松下KX FL338CN传真机的控制面板非常明晰，操作非常简单，如图7-23所示。明确各功能键的功能，才能更好地使用传真机，控制面板上各键名称及功能如下：

①“闪断”键：使用特殊的电话服务或转移分机通话。

②“重拨/暂停”键：重拨最后拨过的号码。如果当使用“监听”按钮拨打电话时占线，该型号传真机将自动重拨2次或以上该号码。

③“自动接收”键：打开或关闭自动接收设定。

④“来电显示”键：查看或更改来电者信息服务。

⑤“帮助”键：打印快速指南的有用信息。

⑥“垃圾传真过滤器”键：使用垃圾传真过滤器，防止接收来自不受欢迎的来电者的传真。

⑦“多站点发送”键：向多方发送文稿。

⑧“快速扫描”键：将扫描的文稿存入存储器中，然后发送。

⑨“停止”键：停止某项操作或编程，或从名称和电话号码中删除一个字符，或在操作过程中返回上一个步骤。

⑩“复印”键：复印文稿。

⑪“话筒静音”：在通话过程中使对方听不到您的声音，再按一次可以继续通话。

⑫“监听”键：开始拨号。如果在接听来电时按“监听”键，您将能听到对方的声

音，但对方听不到您的声音。

⑬“音频”键：当线路具有转盘脉冲服务时，在拨号中可暂时将脉冲改为音频。

⑭“菜单”键：开始或结束编程。

⑮“导航旋钮”/“电话簿”键：搜索存储的项目；在编程时选择功能或功能设定；打开电话簿。

⑯“音量”/“-”“+”/“◀”“▶”键：调节音量与移动光标。

⑰“传真”/“开始”/“设定”键：开始发送或接收传真；在编程时存储设定。

2. 传真机设定

（1）设定拨号方式

请根据电话线路服务改变此设定，如图7-24所示。

操作步骤：

第1步：按“菜单”键。

第2步：按“#”键，然后按“1”键、“3”键。

第3步：按“1”键或“2”键以选择需要的设定。“1”是脉冲方式：用于转盘脉冲拨号服务。“2”是音频方式（默认值）：用于音频拨号服务。

第4步：按“设定”键。

第5步：按“菜单”键，退出。

（2）设定帮助功能

传真机中包含一些有用的信息，可以打印出来作为参考，如图7-25所示。

操作步骤：

第1步：按“帮助”键。

第2步：按“设定”键，将打印电话簿帮助列表。

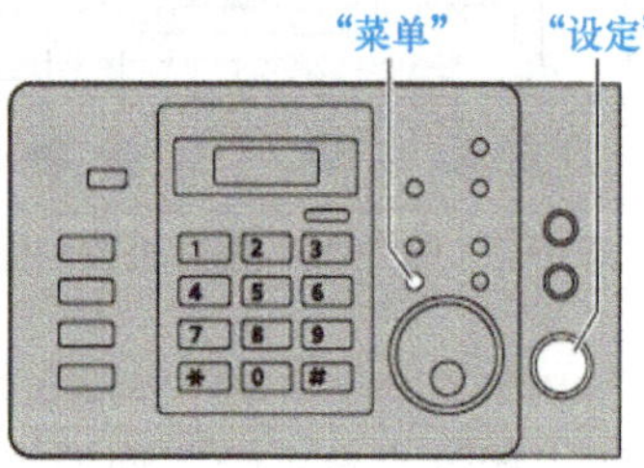

图 7-24 设定拨号方式

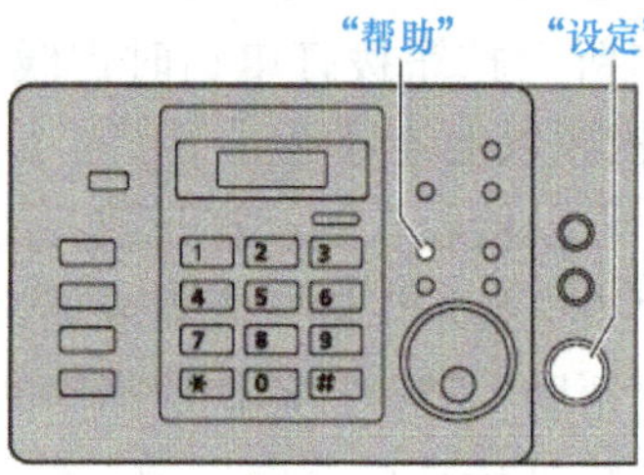

图 7-25 设定帮助功能

（3）设定调节音量（见图7-26）

操作步骤：

第1步：振铃音量：在本机空闲时，按“+”键或“-”键。

第2步：关闭振铃：反复按“-”键，直到显示出“振铃关闭？”；按“设定”键，收到来电时，本机将不振铃。若要重新振铃，请按“+”键。

当设置话筒和听筒音量时，可按“+”键或“-”键；当设置监听音量时，可按“+”键或“-”键。

（4）设定日期和时间（见图7-27） 操作步骤：

第1步：按“菜单”键。

第2步：按“#”键，然后按“0”和“1”键。

第3步：按“设定”键，闪烁字符和下画线为光标位置。

第4步：分别输入两位的当前年/月/日，以2015年7月16日为例说明，按“1”“5”“0”“7”“1”“6”键。

第5步：分别输入两位的当前时/分，以15:15为例说明，按“1”“5”“1”“5”键。

第6步：按“设定”键。

第7步：按“菜单”键，退出。

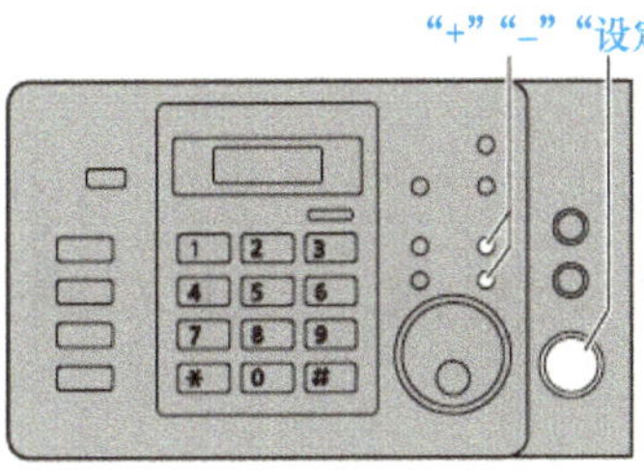

图 7-26　设定调节音量

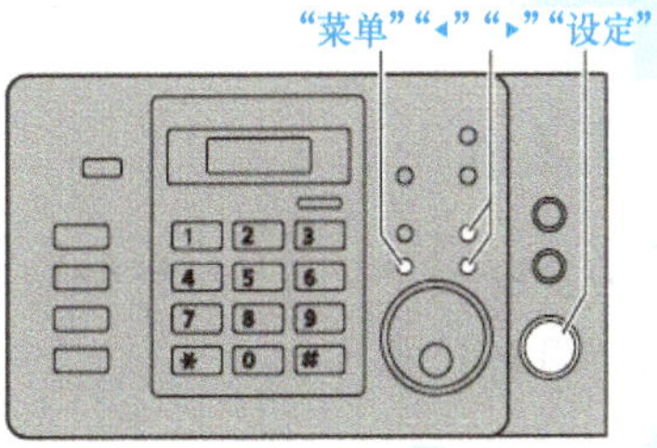

图 7-27　设定日期和时间

温馨提示

对方的传真机将按本机的日期和时间设定，在发送的每页文稿顶部打印日期和时间；时钟的精确度约为 ±60s/ 月。

如果选择的时钟显示是12小时时钟输入，则按如下所示在第5步中输入时钟。

例如，3:15PM（15:15）。

1）按“0”“3”“1”“5”键。

2）反复按“*”键，直到显示出“PM”（下午）为止。（按“*”键将选择“AM”（上午）或“PM”（下午）。）

（5）设定标识（见图7-28） 标识可以是用户的姓名或用户公司的名称，将被打印在本机所发送的传真上。在输入字符时，只能输入英文字母、数字和符号，无法输入中文字符。

操作步骤：

第1步：按“菜单”键。

第2步：按“#”键，然后按“0”和“2”键。

第3步：按“设定”键，闪烁字符和下画线为光标位置。

第4步：输入用户的标志，最多30个字符。

第5步：按“设定”键。

第6步：按“菜单”键，退出。

例如，输入传真机标志“BILL”，其操作如下：

第1步：按“2”两次，输入完成“B”。

第2步：按“4”三次，输入完成“BI”。

第3步：按“5”三次，输入完成“BIL”。

第4步：按“▶”将光标移至下一个空格两次，然后按“5”三次输入，完成输入标识“BILL”。

（6）设置自己的传真号码　传真号码将被打印在本机所发送的每页文稿顶部，如图7-29所示。其操作如下：

第1步：按“菜单”键。

第2步：按“#”键，然后按“0”和“3”键。

第3步：按“设定”键，闪烁字符和下画线为光标位置。

第4步：输入自己的传真号码，最多20位。

温馨提示

若要输入“+”，请按“*”键；若要输入空格，请按“#”键；若要输入连字符，请按“闪断”键。

第5步：按“设定”键。

第6步：按“菜单”键，退出。

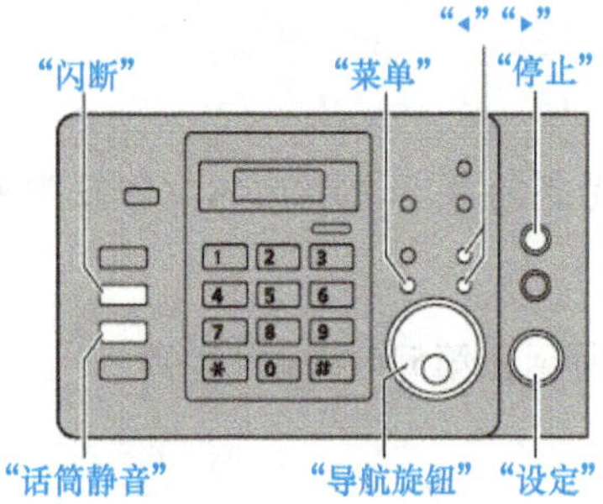

图 7-28　设定标识

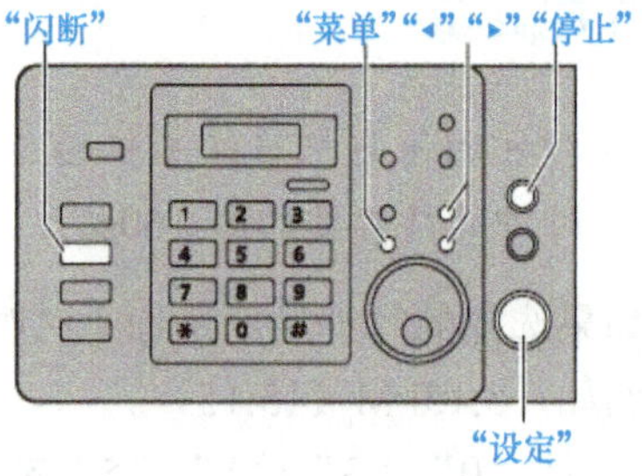

图 7-29　设置自己的传真号码

3. 电话簿管理

利用电话簿不必手动拨号就可拨打电话。电话簿中存储120个名称和电话号码。在使用电话簿时要注意：

1）输入字符时，只能输入英文字母、数字和符号，无法输入中文字符。

2）也可以使用电话簿来发送传真。

在使用电话簿的过程中，可以参考图7-30来操作。

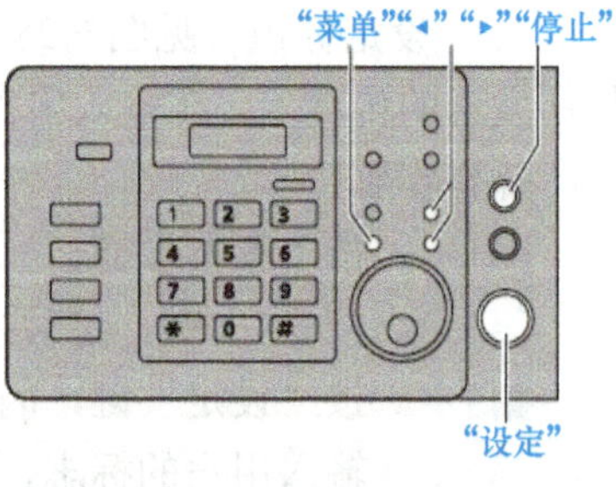

图 7-30　使用电话簿

（1）存储电话簿项目

操作步骤：

第1步：反复按“菜单”键，直到显示出“电话簿设定”。

第2步：按“*”键两次，此时显示屏中短暂出现电话簿中可用的项目数量。

第3步：输入最多16个字符的名称。

第4步：按“设定”键。

第5步：输入最多24位的电话号码。

第6步：按“设定”键，若要编程其他项目，请重复第3步到第6步。

第7步：按“菜单”键，退出。

在存储电话簿的过程中发现错误，可以按以下方式来纠正错误。

操作步骤：

第1步：按“◄”或“►”键，将光标移至不正确的字符或数字处。

第2步：按“停止”键，若要删除所有字符或数字，请按住“停止”键。

第3步：输入正确的字符或数字。

（2）通过电话簿拨打电话 其操作如下：

在使用此功能之前，将需要的名称和电话号码存储到电话簿中。

第1步：旋转“导航旋钮”，直到显示出需要的项目。

第2步：拿起话筒或按“监听”键，本机将自动开始拨号。

为了提高操作效率，可以按字头搜索名称，如“LISA”。

操作步骤：

第1步：旋转“导航旋钮”，直到进入电话簿。

第2步：反复按“5”键，直到显示出任何带有“L”字头的名称。要查找符号，请按“1”键。

第3步：将“导航旋钮”向右侧旋转，以显示“LISA”。若要停止搜索，请按“停止”键；若要拨打所显示的一方，请拿起话筒或按“监听”键。

（3）编辑已存储的项目

操作步骤：

第1步：旋转“导航旋钮”，直到显示出需要的项目。

第2步：按“菜单”键。

第3步：按“*”键。如果不需要编辑名称，请跳至第5步。

第4步：编辑名称。

第5步：按“设定”键。如果不需要编辑电话号码，请跳至第7步。

第6步：编辑电话号码。

第7步：按“设定”键。若要编辑其他项目，请重复第1步到第7步。

（4）删除已存储的项目

操作步骤：

第1步：反复按“菜单”键，直到显示出“电话簿设定”。

第2步：按“*”键。

第3步：按“#”键。

第4步：旋转“导航旋钮”以显示“是”。

第5步：按“设定”键。若要取消删除操作，请按“停止”键。

4. 来电显示服务

（1）查看来电者信息并回叫（见图7-31）

操作步骤：

第1步：按“来电显示”键，此时显示屏将显示新来电的数量。

第2步：将“导航旋钮”向右侧旋转可以搜索最新收到来电者信息。如果将“导航旋钮”向左侧旋转，则显示顺序将反过来。

第3步：拿起话筒或按“监听”键开始拨号。如果要发送传真，请将文稿正面向下插入文稿，然后按“传真/开始”键。

（2）将来电者信息存储在电话簿中（见图7-32）

操作步骤：

第1步：按“来电显示”键。

第2步：旋转“导航旋钮”，直到显示出需要的项目。

第3步：按“菜单”键。

第4步：如果需要名称，则输入最多16个字符的名称。

第5步：按“设定”键。

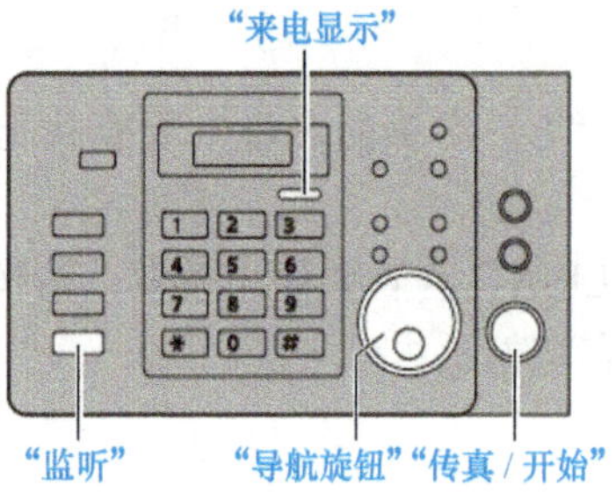

图 7-31　查看来电者信息并回叫

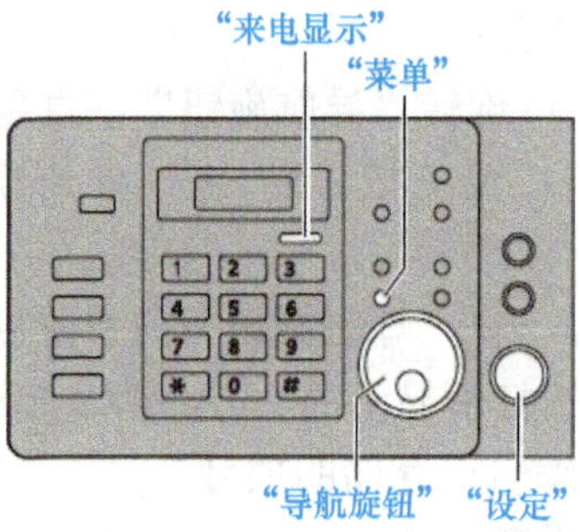

图 7-32　将来电者信息存储在电话簿

（3）删除所有来电者信息

操作步骤：

第1步：反复按“菜单”键，直到显示出“设定来电显示”。

第2步：按“设定”键，将显示“清除来电显示表”。

第3步：按“设定”键，若要取消删除操作，按三次“停止”键。

第4步：按“停止”键，退出。

（4）删除特定来电者信息

操作步骤：

第1步：按“来电显示”键。

第2步：旋转“导航旋钮”，直到显示出需要的项目。

第3步：按“◄”键。若要取消删除操作，按两次“停止”键。

第4步：反复按“+”或“-”键，直到显示出需要的项目。

第5步：按“菜单”键。

第6步：按“设定”键。若要删除其他项目，重复执行第2步至第4步。

第7步：按“停止”键，退出。

任务3 使用传真机

小王要为上级部门发送一个文件，这样新传真机就派上了用场。小王准备好要发送的文件，并去除文件上的订书钉，准备好发送传真。

任务情境

小王安装好传真机后，仔细阅读了用户手册，按照操作步骤就开始发送传真。

任务分析

为了更好地使用传真机，就必须对传真机进行初始参数的设置。传真机在出厂时已进行过设置，完全能够满足一般的使用要求。如果没有特殊功能要求可以暂时不设置，传真机会自动选择出厂时设置的参数默认值。

初始参数的设置指通过传真机的控制面板的键盘操作来设置一部分功能和必要的工作状态，通常包括日期、时间、传真文件的页眉、传真号码、调节传真机的音量，在电话簿中存储名称和电话号码，编辑、消除已存储的项目，通过电话簿拨打电话，查看、消除来电信息并回叫，将来电信息存储到电话簿中等功能。

任务实施

传真机的基本操作包括文稿的发送、接收和复印。发送与接收传真是在两台传真机之间进行的，而复印是在本机上进行的。

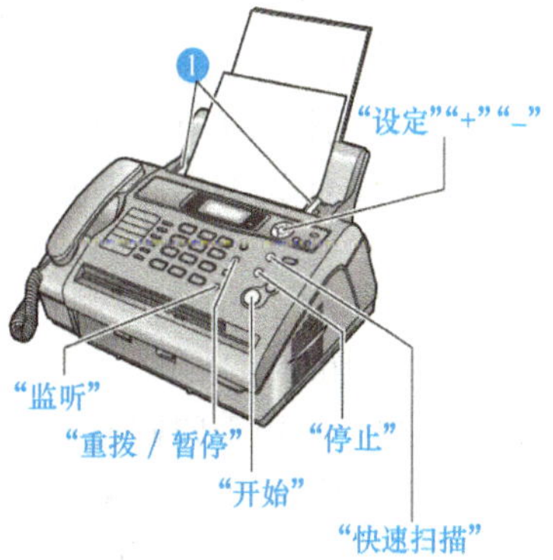

图 7-33 文稿发送操作

1. 发送传真

发送传真是在传真机的电话线、电源线连接正确的情况下进行的，发送传真有手动和自动之分。

手动发送传真，如图7-33所示。

操作步骤：

第1步：安装好需要发送的稿件。将文稿引导板（①）的宽度调节至适合文稿的实际尺寸。

第2步：将文稿正面向下插入（最多15页），直到本机抓住文稿并发出一次“哔”声为止。如果文稿引导板没有调节至适合文稿的实际尺寸，请重新调节。

第3步：调整发送清晰度。如果需要，请反复按“+”或“-”键，选择需要的清晰度。根据发送文稿的图像深浅和图像的清晰度的要求，调整清晰度和对比度。通常情况下，通过调整操作面板上的“传真清晰度”键进行选择，通过“原稿类型”键选择原稿的对比度。文稿清晰度有标准、精细、超精细、照片、图文等种类，若不选择，则传真机按标准方式进行传送。

第4步：按“监听”键。

第5步：拨打传真电话。

第6步：当听到传真音时，按“传真/开始”键，传送文稿。文稿发送结束之后，传真机可以自动恢复到待机状态。如果对方应答了来电，拿起话筒并请求对方按一下“开始”按钮，当听到传真音时，按“传真/开始”键。

2. 接收传真

传真文稿的接收比发送要简单得多，一般分为自动与手动接收两种。

若传真机处在自动接收状态下，传真机会自动处理和应答传真通信的所有过程，而不需要操作人员参与。

若传真机处在手动接收状态下，则要操作人员手动接收。当电话接入时，操作人员听到传真信号或被告知对方要发送传真时，按下“传真/开始”键，再挂机，传真机则进入接收状态，开始接收文稿。

在接收文稿的过程中，有必要中断传真时，任何一方可以按“停止”键来与对方联系。

3. 复印文稿

（1）文稿复印的一般方法

操作步骤：

第1步：调整引导板（①）的宽度，调节至适合文稿的实际尺寸。

第2步：将要复印的文稿放到原稿引导板上，并向进口移动文稿，文稿正面向下插入（最多15页），直到传真机抓住文稿并发出一次哔声为止。

第3步：选择合适的清晰度和对比度，请反复按“+”或“-”键，选择需要的清晰度以得到良好的复印效果。

第4步：按“复印”键。

第5步：如果需要，可输入复印的份数，最多99份。

第6步：按“开始”键，开始复印，如图7-34所示。

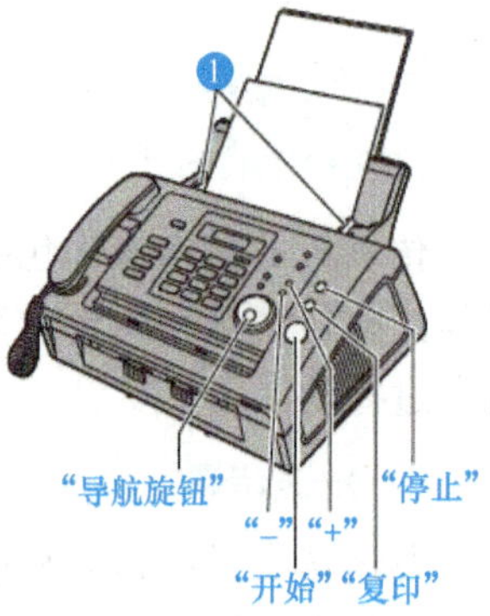

图 7-34 文稿复印操作

在进行文稿复印时，可以设置清晰度的不同选项，不同参数设置含义如下：

“精细”：用于印刷或打印的文字较小的文稿。

“超精细”：用于文字非常小的文稿。

“照片”：用于带有照片、阴影图画等的文稿。

“图文”（带文字的照片）：用于包含照片和文字的文稿。

（2）放大文稿

操作步骤：

第1步：插入文稿，然后按“复印”键。

第2步：按“►”键。

第3步：反复按“+”键，一次改变5%的放大率，从“105%”～“200%”中选择。

第4步：按“开始”键。

（3）缩小文稿

操作步骤：

第1步：插入文稿，然后按“复印”键。

第2步：按“►”键。

第3步：反复按“-”键，一次改变5%的缩小率，从“50%”至“95%”中选择。

第4步：按“开始”键。

（4）复印指定份数的文稿 操作步骤：

第1步：插入文稿，然后按“复印”键。

第2步：输入要复印的份数，最多99份。

第3步：按“开始”键，否则本机将在20s内开始复印。

任务拓展

传真机在使用过程中，当显示屏中出现“请更换墨盒”和“墨粉即将用完”提示信息时，表明墨粉已用完，需要对墨盒进行更换。当打印质量不佳时，可能需要对硒鼓更换，可以打印一份打印机测试表，了解硒鼓寿命的信息，进而决定是否更换硒鼓。如何更换呢？

操作步骤：

第1步：在打开新墨盒的保护袋之前，将其垂直摇动5次以上，如图7-35所示。

第2步：从保护袋中取出新墨盒。从墨盒上剥去封贴（①），如图7-36所示。

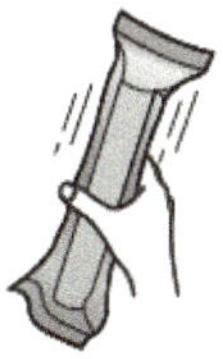

图 7-35 更换第 1 步

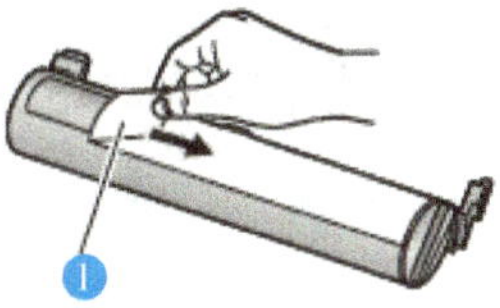

图 7-36 更换第 2 步

第3步：取下话筒和文稿支架。

第4步：抓住右侧上带有凸点的区域（②），抬起前盖（①），如图7-37所示。注意：熔融装置（③）会变热，请勿触摸。

第5步：抓住两端的引片，取出硒鼓和墨盒（①），如图7-38所示。

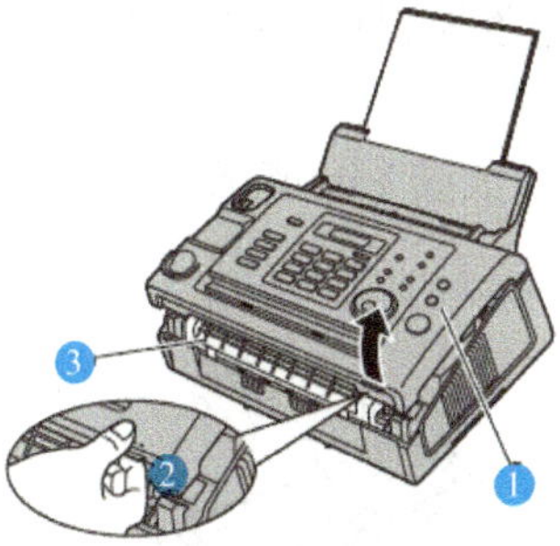

图 7-37 更换第 4 步

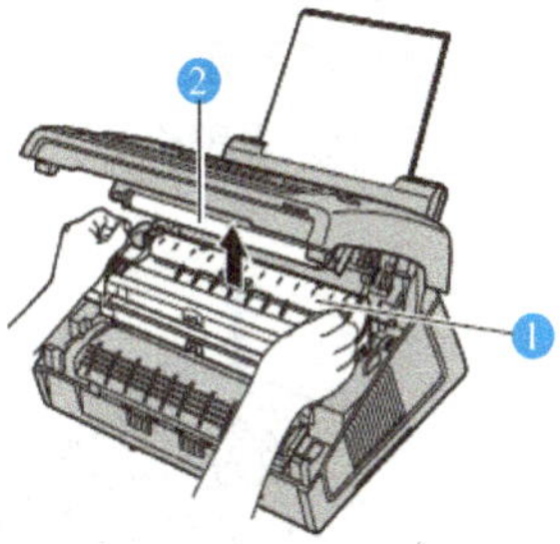

图 7-38 更换第 5 步

第6步：转动旧墨盒上的两个绿色推杆（①），直到对准箭头（②）为止，如图7-39所示。

第7步：从硒鼓（②）内取出旧墨盒（①），如图7-40所示。

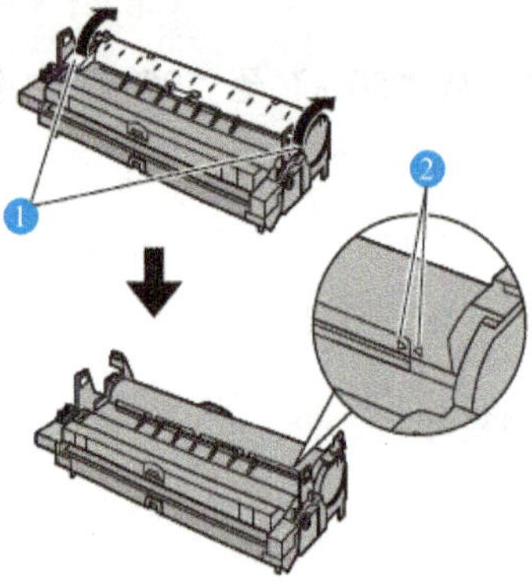

图 7-39　更换第 6 步

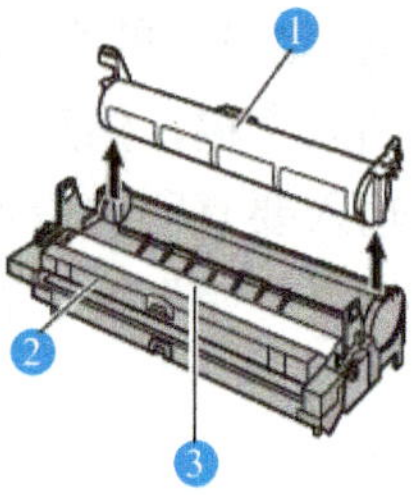

图 7-40　更换第 7 步

第8步：将清洁器（①）完全插入硒鼓的凹槽（②），并将它来回移向两侧至少3次，以清洁硒鼓内部，如图7-41所示。对其他凹槽也重复此步骤。请从头到尾清洁每条凹槽，包括其边缘。

第9步：如果同时更换硒鼓，请从保护袋中取出新硒鼓，将新墨盒（①）垂直放入硒鼓中（②），如图7-42所示。

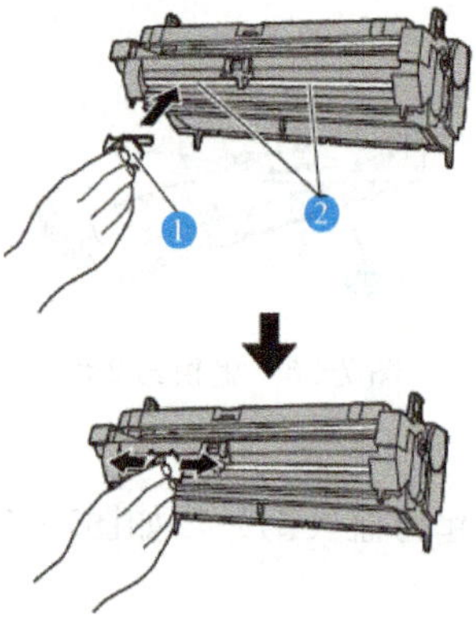

图 7-41　更换第 8 步

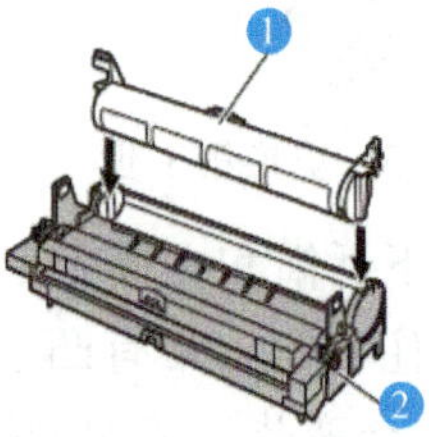

图 7-42　更换第 9 步

第10步：用力按下墨盒（①），将墨盒两侧上的绿色控制杆转向自身方向（②），同时一直按下，如图7-43所示。

第11步：为正确安装墨盒，应确保对准箭头（①），如图7-44所示。

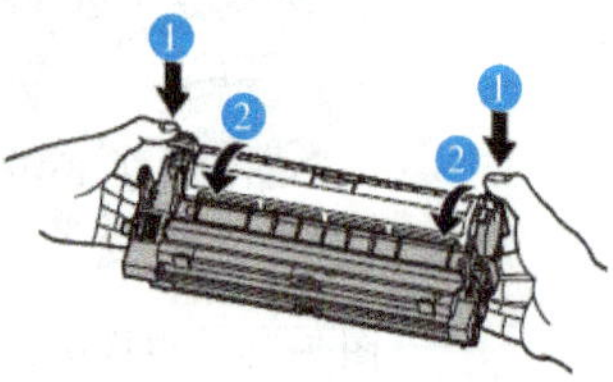

图 7-43　更换第 10 步

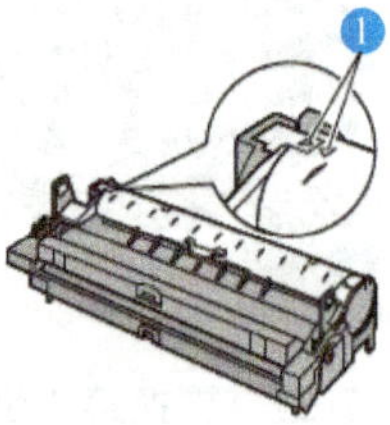

图 7-44　更换第 11 步

第12步：抓住引片，安装硒鼓和墨盒（①），为正确安装硒鼓和墨盒，应确保对准三角箭头（②），如图7-45所示。

第13步：同时按下前盖（①）的两端直到完全到位，关好前盖，如图7-46所示。

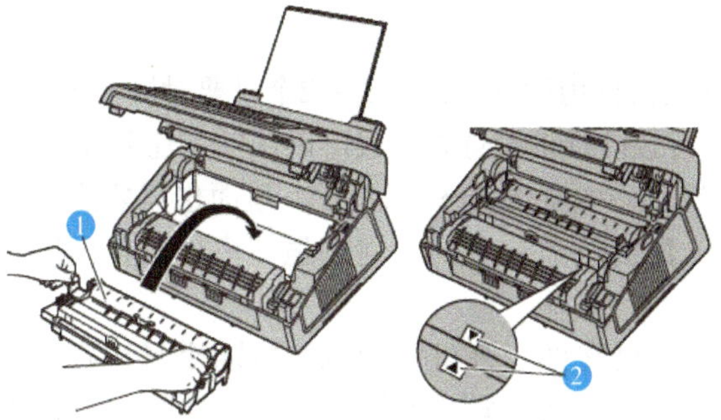

图 7-45　更换第 12 步

图 7-46　更换第 13 步

第14步：将话筒放在基座上并安装文稿支架。当机器显示“请稍等”时，请勿打开前盖或断开电源线。

温馨提示

使用传真机的注意事项

为了更好地使用设备，延长传真机的使用寿命，并保持良好的使用效果，在使用传真机的过程中，要注意以下几个方面：

1）不宜频繁地开机和关机，以延长传真机使用寿命。

2）不宜过多地复印稿件，以免减小感热记录头寿命。

3）不宜在高温、高湿、强磁、强腐蚀性气体的环境中使用，以免影响图文质量。

4）不宜使用非标准传真纸，以免造成器件磨损和影响图文质量。

5）合上纸舱盖的动作不宜过猛，以免结构变形器件损坏。

6）发送稿件上不宜有硬物（如装订针、大头针等），以免引起故障。

7）稿件上墨迹或胶水未干不宜发送，以免污染扫描玻璃，影响质量。

8）传真热敏纸记录的文件不宜长期保存，以免资料损失。

9）不宜随意更换电源线，以免影响安全。

10）传真机有故障不宜自己修理，以免错上加错。

任务4　维护与保养传真机

如今的传真机功能越来越全面，内部构造也越来越复杂。为了延长传真机的使用寿命，保证传真质量，有效地发挥传真机的作用，要做好传真机的保养和维护工作。

任务情境

小王使用传真机一段时间后，有时候出现卡纸、复印效果不清、文稿无法馈出等现象，怎么处理呢？

任务分析

传真机应进行定期预防性维护，一般在正常使用情况下，每6～12个月要对机器进行一次预防性维护检查。怎样知道传真机是否需要进行预防维护检查？一般可以从以下几个方面考虑。

1）传真机的外部附着块状的土、灰或其他污垢。如果外部脏了，里面也需要清洁。

2）传真机接收纸页不正常时，可能传真机内部有毛病，问题虽然不严重，但降低了整个机器的性能。

3）如果每天只用传真机传送或接收两三页文件，则可每间隔3个或4个月进行一次一般性清洗。即使有的机器很少使用，灰尘仍可侵蚀和影响机械部件的正常功能，也需要定期进行预防性维护。

任务实施

卡纸是传真机使用过程中经常出现的故障，现列举卡纸的不同位置及其相应的处理方法。

1. 记录纸在硒鼓和墨盒附近卡住时

操作步骤：

第1步：取下话筒和文稿支架。

第2步：抓住右侧上带有凸点的区域（②），抬起前盖（①），熔融装置（③）会变热，请勿触摸，如图7-47所示。

第3步：向自己的方向拉纸，小心地取出卡住的纸张（①），请勿触摸转印滚筒（②），如图7-48所示。

第4步：同时按下前盖（①）的两端直到完全到位，关好前盖，如图7-49所示。

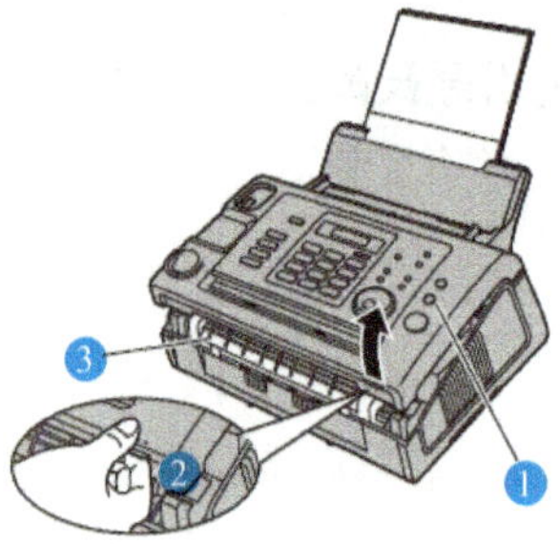

图 7-47　卡纸处理第 2 步

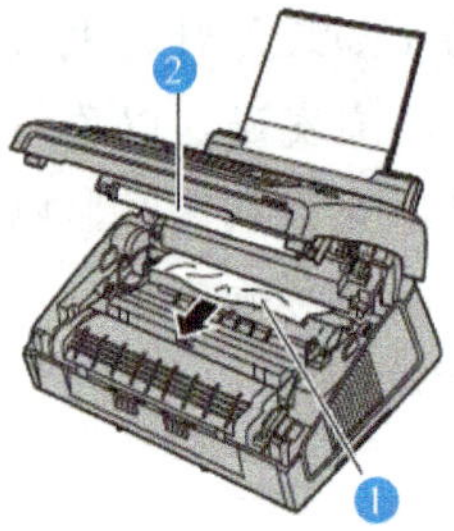

图 7-48　卡纸处理第 3 步

图 7-49　卡纸处理第 4 步

第5步：将话筒放在基座上并安装文稿支架。

2. 当记录纸在记录纸出口附近卡住时

操作步骤：

第1步：取下话筒和文稿支架。

第2步：抓住右侧上带有凸点的区域（②），抬起前盖（①），熔融装置（③）会变热，请勿触摸，如图7-50所示。

第3步：取出记录纸（①），然后取出硒鼓和墨盒（②）以便从后机箱取出卡住的纸张

（③），请勿触摸转印滚筒（④），如图7-51所示。

第4步：向前抬起两个绿色控制杆（①）直至停止，如图7-52所示。

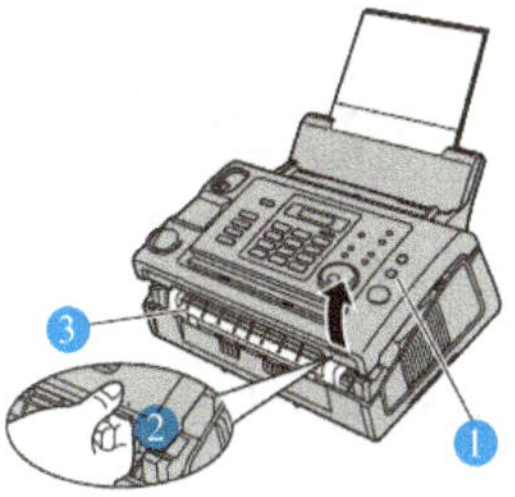

图 7-50 卡纸处理第 2 步

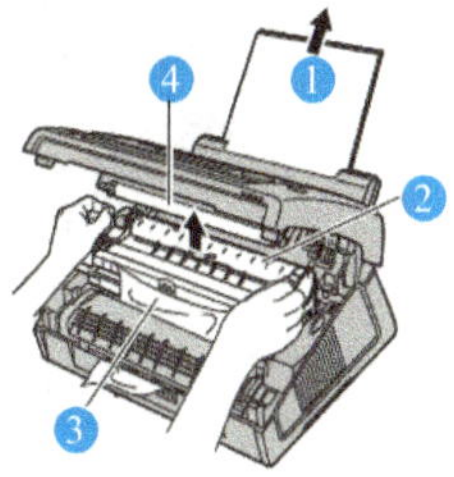

图 7-51 卡纸处理第 3 步

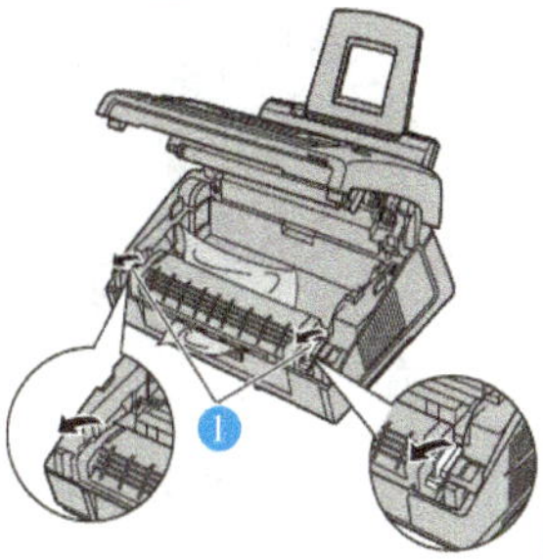

图 7-52 卡纸处理第 4 步

第5步：小心地向上拉卡住的纸张（①）以将其从熔融装置上取下，然后安装硒鼓和墨盒，如图7-53所示。

第6步：将控制杆（①）推回原来的位置，如图7-54所示。

第7步：同时按下前盖（①）的两端直到完全到位，关好前盖，如图7-55所示。

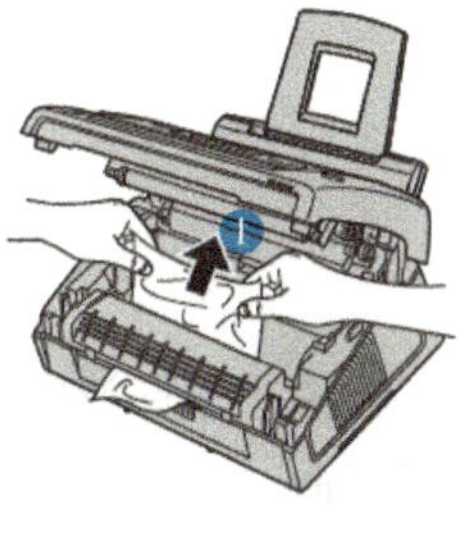

图 7-53 卡纸处理第 5 步

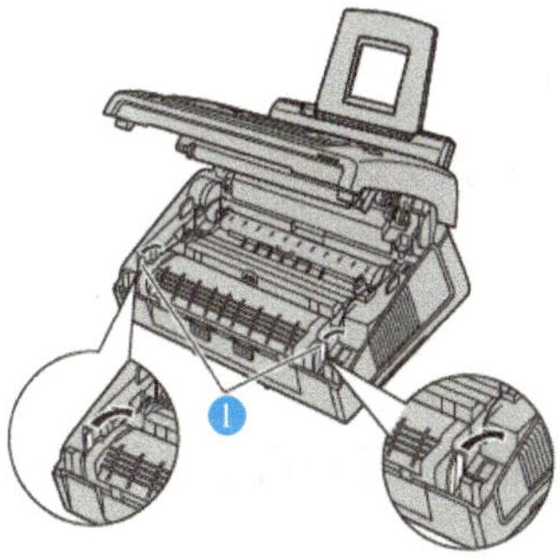

图 7-54 卡纸处理第 6 步

图 7-55 卡纸处理第 7 步

第8步：将话筒放在基座上并安装文稿支架。

第9步：将拉力板向前拉（①），然后重新插入记录纸。在重新插入之前，应翻松并拉平记录纸，如图7-56所示。

第10步：推回拉力板。

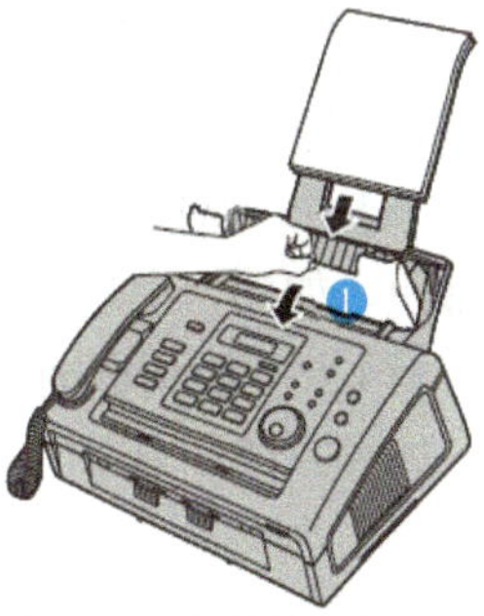

图 7-56 卡纸处理第 9 步

3. 文稿卡纸

操作步骤：

第1步：取下话筒和文稿支架。

第2步：抓住右侧上带有凸点的区域（②），抬起前盖（①），熔融装置（③）会变热，请勿触摸，如图7-57所示

第3步：拉开内盖（①），请勿触摸转印滚筒（②），如图7-58所示。

第4步：小心地取出卡住的文稿（①），如图7-59所示。

第5步：推回内盖，同时按下前盖（①）的两端直到完全到位，关好前盖，如图7-60所示。

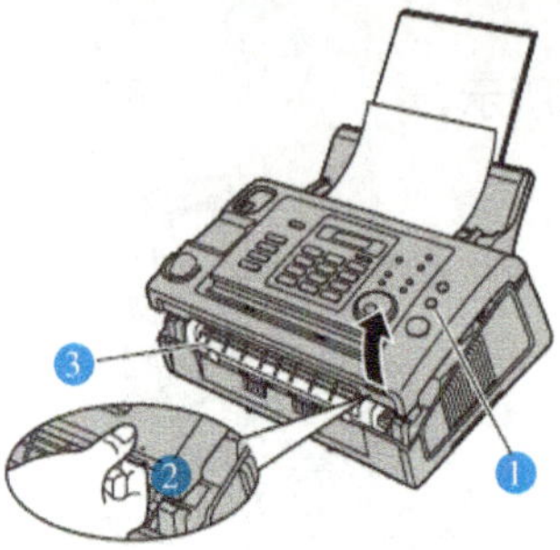

图 7-57 文稿卡纸处理第 2 步

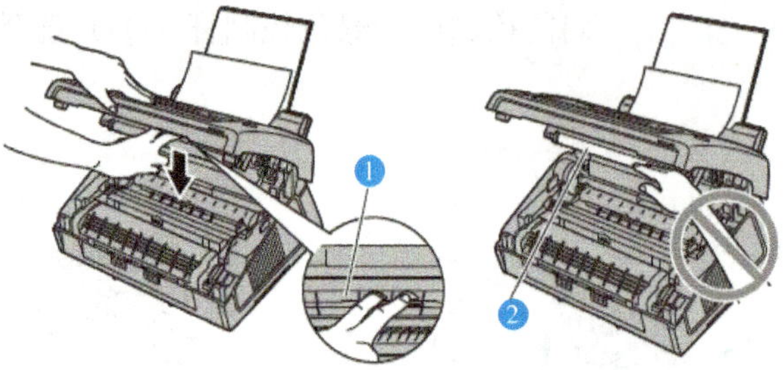

图 7-58 文稿卡纸处理第 3 步

图 7-59 文稿卡纸处理第 4 步

图 7-60 文稿卡纸处理第 5 步

第6步：将话筒放在基座上并安装文稿支架。

任务拓展

在使用传真机的过程中，设备的外部和内部难免会受到污染。对设备进行有效的清洁保养，不但可以更好地提高设备的工作效率，而且可以延长设备的使用寿命。

操作步骤：

第1步：断开电源线和电话线。

第2步：取下话筒和文稿支架。

第3步：抓住标有OPEN的引片（②），抬起前盖（①），熔融装置（③）会变热，请勿触摸，如图7-61所示。

第4步：使用蘸有异丙基乙醇的布清洁文稿分离滚筒（①），然后让所有部件完全干燥，如图7-62所示。

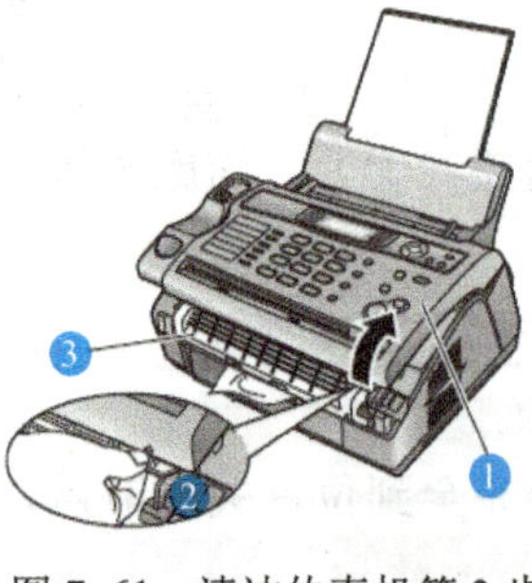

图 7-61 清洁传真机第 3 步

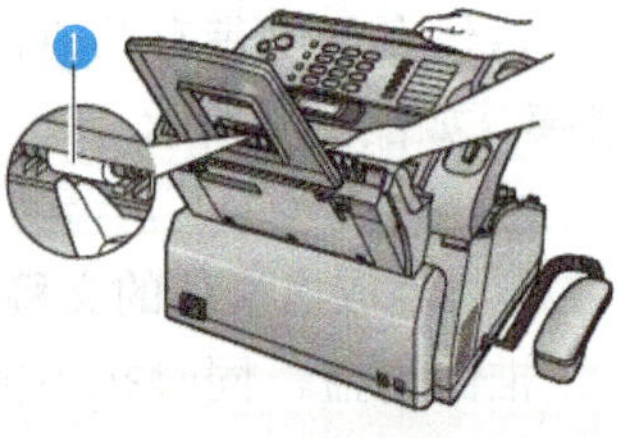

图 7-62 清洁传真机第 4 步

第5步：拉开内盖（①），请勿触摸转印滚筒（②），如图7-63所示。

第6步：使用蘸有异丙基乙醇的布清洁送稿器滚筒（①），然后让所有部件完全干燥。用柔软的干布清洁上部玻璃（②），清洁送稿器滚筒时请勿损坏透明纸（③），如图7-64所示。

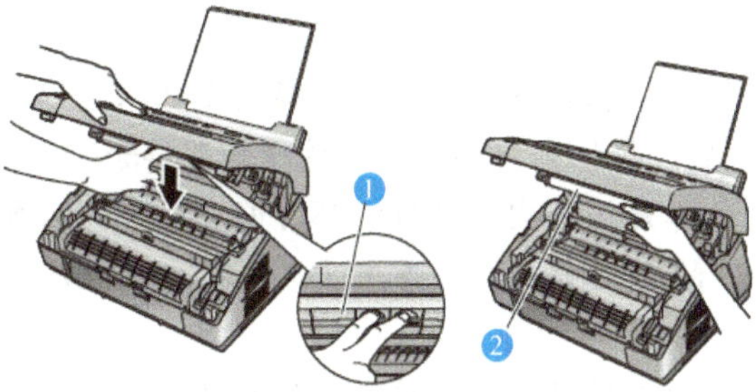

图 7-63　清洁传真机第 5 步

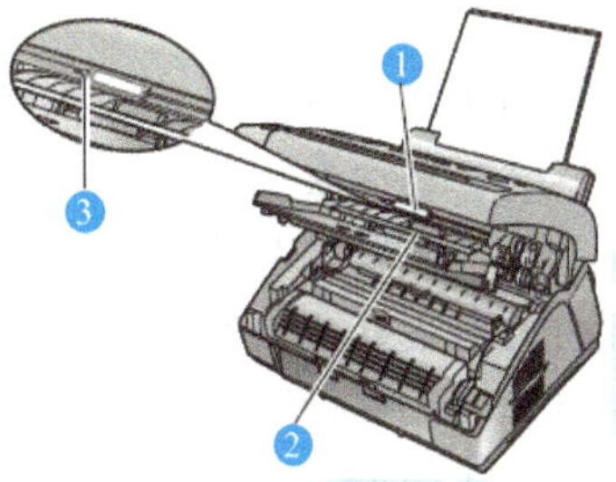

图 7-64　清洁传真机第 6 步

第7步：推回内盖。

第8步：抓住两端的引片，取出硒鼓和墨盒（①），如图7-65所示。

第9步：用柔软的干布清洁下部玻璃（①），如图7-66所示。

图 7-65　清洁传真机第 8 步

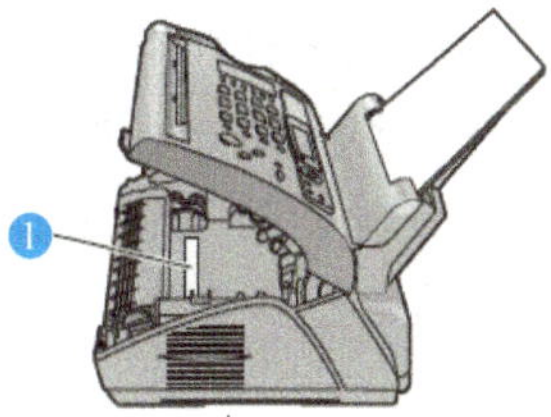

图 7-66　清洁传真机第 9 步

第10步：抓住引片，重新安装硒鼓和墨盒（①），为正确安装硒鼓和墨盒，应确保对准三角箭头（②），如图7-67所示。

第11步：同时按下前盖（①）的两端直到完全到位，关好前盖，如图7-68所示。

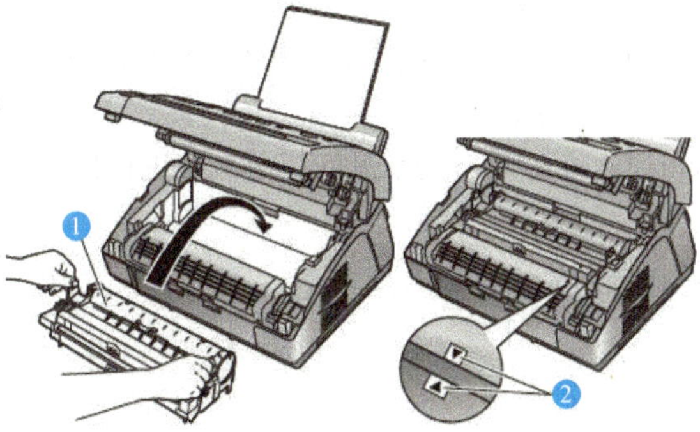

图 7-67　清洁传真机第 10 步

图 7-68　清洁传真机第 11 步

第12步：将话筒放在基座上并安装文稿支架。

第13步：重新连接电源线和电话线。

温馨提示

日常维护保养传真机的过程

（1）先外部后内部　传真机故障可能发生在机器外部，也可能发生在机器内部。检修时首先检查外部，当确认外部无问题后，再检查内部，直至故障全部排除。

（2）先清洁后检测　有些传真机的故障是因为尘埃所致。不管哪类故障，只要打开传真机发现机内有灰尘时，都可用干燥的小毛刷清扫后再用吹风机将尘埃吹净，然后进行其他例行检测。

（3）先静态后动态　静态检测是在不通电的情况下对传真机进行的检测，必须保证经静态检测无异常后才能进行动态（通电）检测。

（4）先普通后特殊　容易发现和易于排除的故障称为普通故障。

（5）先机械后电气　当传真机的机械部分出现故障时，因直观而比较容易被发现，且维修工作量较小；当电气部分发生故障时，由于故障的原因复杂，必须经过精心检测分析和判断后，才能够确定故障所在，检测工作相对繁杂。

（6）先检查后更换　在维修过程中，切忌盲目地更换已经损坏的元器件，这一点非常重要。因为导致元器件损坏的原因有多种，除去元器件自身质量不好的原因外，一般来说，元器件损坏是由于电路上的供电异常或负载过电流等原因导致的，如原因未找到就把元器件换掉，结果新元器件还会损坏，而且可能进一步扩大故障范围，所以应先查出原因，然后予以更换。

项目小结

传真机是一种现代化的终端通信设备，它利用光电扫描和变换技术，借助于通信线路，将文本信息传递给线路另一端的接收机，在接收端可以得到与原稿件基本一致的副本。它是现代办公与商务活动必不可少的一种办公设备。

本项目从传真机的分类出发，介绍了传真机的主要技术指标，设备及耗材的选购、保存及其注意事项；具体介绍了传真机的使用和维护方法。同时，列举了传真机的常见故障与故障排除方法，以使读者能够借助使用手册和使用经验对一些常见的简单故障进行排除。

实战强化

1．传真机的连接

（1）目的要求

掌握传真机的安装方法及使用前的设置和其他准备工作。

（2）实践内容

1）连接附件与线路。

2）装入记录纸。

3）设置传真机。

（3）测试项目（见表7-2）

表7-2 测试项目

序号	项目	操作项目	学生自评	教师评价	备注
1	熟悉面板	①正确说出各功能键的名称 ②正确说出各功能键的功能			
2	连接传真机	①能正确连接传真机 ②操作是否规范			
3	安装记录纸	①正确安装记录纸 ②操作是否规范			
4	设置传真机	①正确设置时间 ②正确设置电话号码 ③正确设置单位名称 ④正确设置发送标记			

（4）注意事项

在操作过程中，不要用力过猛，以免损坏机器。

2. 传真机的基本操作

（1）目的要求

掌握传真机的基本操作方法。

（2）实践内容

在教师指导下，按操作规范和操作步骤进行操作。

1）接打电话。

2）发送传真。

3）接收传真。

4）复印稿件。

（3）测试项目（见表7-3）

表7-3 测试项目

序号	项目	操作项目	学生自评	教师评价	备注
1	接打电话	①正确打出电话 ②正确接听电话			
2	发送传真	①掌握发送传真的方法 ②掌握免提发送传真的方法 ③明确（发送、复印）稿件的要求 ④操作是否规范			
3	接收传真	①掌握接收传真的工作方式 ②掌握典型接收传真的操作方法			
4	复印稿件	①掌握复印的操作方法 ②操作是否规范			

职业应用项目领域 8　使用多功能一体机

职业能力目标

1）能依据产品性价比选购符合实际需求的多功能一体机。

2）能依据产品说明书安装、调试多功能一体机。

3）能依据不同情况使用多功能一体机。

4）能依据故障现象诊断、维护与保养多功能一体机。

多功能一体机是应用数字化技术，将打印、复印、传真、扫描等功能进行组合，通过硬件和软件的共同作用，最大限度地实现功能共享，使设备的体积更小、使用成本更低，提高设备的性价比和使用效率。自从世界上第一台喷墨多功能一体机 1994 年诞生于美国 HP 公司以来，带动了办公设备的革命，一体机产品迅猛发展，喷墨型、激光型等多功能一体机产品型号层出不穷。

任务1　认识和选购多功能一体机

多功能一体机虽然有多种功能，但是打印技术是多功能一体机的基础功能，无论是复印功能还是接收传真功能的实现都需要打印功能支持才能够完成。因此，多功能一体机可以根据打印方式分为“激光型产品”和“喷墨型产品”两大类，如图8-1所示。

图 8-1　常见的激光型、喷墨型多功能一体机

任务情境

学校为了提高教师的办公效率，准备为每一个教研室配备一台多功能一体机，只需要能够完成打印、复印、扫描功能即可，并不需要具有传真功能。

任务分析

1. 多功能一体机的分类

（1）按照打印输出方式分类

1）喷墨型多功能一体机：这种机型以低廉的整机价格和能够实现黑白、彩色高质量打印，逼真的、多样的打印效果赢得了用户的青睐。随着打印成本的降低和机型性能的提高，喷墨型多功能一体机越来越受到中小企业、家庭和SOHO的欢迎，成为目前市场一大热点。

2）激光型多功能一体机：这种机型可分为黑白和彩色两大类。黑白机型技术发展较快，市场占有率较高，而彩色机型目前处于发展期，后期蕴含着巨大的商机。这种机型有较好的打印质量和较快的打印速度。随着市场占有率的不断扩大、耗材价格逐渐降低，目前已经成为市场的主流产品。

（2）按照功能分类　理论上来说，多功能一体机的功能有打印、复印、扫描、传真等功能。但对于实际的产品来说，只要具有其中的两种功能就可以称之为多功能一体机了。目前较为常见的产品在类型上一般分为两种：一种涵盖了3种功能，即打印、扫描、复印；另一种涵盖了4种功能，即打印、复印、扫描、传真。

2. 技术指标

要选购一台符合实际需要的设备，必须对要选购设备的性能指标有一定的了解。

（1）打印分辨率　多功能一体机的复印功能实际上是用户打印部件和复印部件的有机组成来实现，因此打印分辨率直接影响到打印和复印的清晰度效果。打印设备的分辨率指标是dpi，即指每英寸打印多少个点，一般用垂直分辨率和水平分辨率相乘表示。在单位面积中的点越多，清晰度越高。

（2）打印速度　打印速度的单位是ppm，指在1min之内能够打印A4幅面打印任务的张数。数值越高，打印速度越快。由于复印功能的输出也是通过打印设备来实现的，所以一般来说打印速度和复印速度基本是一致的。通常情况下，黑白打印速度要比彩色打印速度快很多，比如彩色激光打印机黑白打印速度为16ppm，而彩色打印速度仅为4ppm。

（3）扫描光学分辨率　多功能一体机的扫描部件，除了实现自身扫描功能之外，还有一个重要的任务就是为复印功能提供支持。一般来说，低端经济型多功能一体机的扫描光学分辨率和目前低端的扫描仪相比都不是很高，基本为600dpi×600dpi～1200dpi×1200dpi，这样的分辨率进行文字、照片扫描是完全足够的。

（4）连续复印量　多功能一体机的连续复印量指多功能一体机在对复印对象进行一次扫描之后，可以一次输出多页的数量。连续复印量越大，复印功能也就越强大。一般来说，能够有10页的连续复印能力就完全可以满足要求了，而有的多功能一体机连续复印量甚至可以达到99页，完全可以媲美一台复印机了。

（5）复印缩放比　多功能一体机的复印缩放比指通过多功能一体机的复印可以将复印对象放大或缩小的比率范围。一般来说，能够有50%～200%的复印缩放比完全可以满足要求。

任务实施

1. 明确选购目标

在学校教研室日常使用多功能一体机时，不外乎打印一些教学文档、复印一些材料、扫描一些纸质文件，而传真功能在日常工作中意义不是很大。因此，要明确此次选购的目标，要从以下几个方面进行考虑：

1）设备价格要较低。

2）设备维护方便。

3）机型耗材价格合适。

4）操作使用方便。

5）具有良好的售后服务。

2. 市场及网络调研

通过对市场调查及网络查询，依据所提出的选购目标，对不同的产品进行比较，从满足业务工作要求、产品性能、价格、售后服务等多方面进行考虑，最终决定选择EPSON ME OFFICE 520作为教研室本次选购的机型。

从产品的外观来看，机身采用了经典的黑色作为机身的主色调，内敛沉稳的外观体现出极具商务气质的设计理念。整机机身线条设计比较流畅，这款产品扫描平台的掀盖采用了钢琴烤漆质感的设计，体现出这款产品的精致做工。在产品顶部一侧设计有快捷按键，按键设计布局合理，并且在按键旁边有中英文注释，方便了用户的使用，如图8-2所示。

图 8-2 EPSON ME OFFICE 520

扫描二维码，观看多功能一体机选购视频。

扫码看视频

任务拓展

某单位办公室为了更好地提高工作质量和效率，需要购置一台激光型多功能一体机，用于完成办公室日常工作，其具体要求如下：

1）打印方式选择黑白激光，具有打印、复印、扫描功能。

2）打印分辨率不低于600dpi×600dpi，扫描分辨率不低于600dpi×600dpi。

3）纸张类型为最大A4打印纸，打印速度为A4纸不低于20ppm。

4）复印缩放比在25%～400%，固定倍率，1%增幅。

5）扫描类型采用平板式。

6）适用于目前主流的操作系统平台。

7）设备价格控制在2000元左右。

按要求选择3款激光型多功能一体机，将各款多功能一体机技术参数填写到表8-1中，用于帮助客户选购符合要求的设备。

表 8-1　激光型多功能一体机参数对照

相关设备参数	备选设备-1	备选设备-2	备选设备-3
参考价格			
品牌			
型号			
……			

经验分享

多功能一体机选购注意事项

现在多功能一体机市场发展迅速，产品更新换代非常快，对于广大普通用户来说，选购多功能一体机已经成为必然。在选购设备时，要注意以下两个方面，避免陷入选购误区。

1. 功能越多越好

衡量自身需求，不同用户的使用需求不尽相同，厂商也经过市场细分推出了很多针对性产品，用户可以根据自身需求来选择一台最适合自己的多功能一体机。没有传真业务的就选三项功能的产品，有传真业务的用户可以选择具有四项功能的产品。

考察产品功能平衡性，随着办公自动化程度的提高，多功能一体机更好地实现了“多功能”性，中高档产品打印、复印、扫描、传真样样行，低端产品也具备打印、复印、扫描三大要素。如今的多功能一体机不仅功能齐备，并且各项功能均有“独当一面”的本领。

2. 商用办公必须用激光一体机

在商务领域，用户看重的是效率，激光型多功能一体机就备受青睐。如果仅局限于单色输出，则选购一台彩色激光型多功能一体机就陷入了选购误区。

首先设备购置费用高，其次耗材消耗费用也高，一般单位难以承担。如果需要一台能实现彩色业务的多功能一体机，可以选购喷墨型多功能一体机，现在市场上有一类专门面向商用输出用户产品，它们在打印速度、打印品质、打印成本，以及机器的可靠性上，都非常适用于有彩色输出的中小企业使用者，购机价格比较合理。

任务2　安装多功能一体机

EPSON ME OFFICE 520的安装是非常简单的，只要用户在安装前仔细阅读用户手册，按照用户手册的安装步骤要求，就可以完成多功能一体机的安装。

任务情境

学校购置的EPSON ME OFFICE 520多功能一体机运到教研室后，教研室小闫老师要对设备进行安装，他首先取出用户手册进行阅读，准备自行安装。

任务分析

多功能一体机对安装环境是有要求的，要注意以下几个方面：

1）选择一处通风良好、免受灰尘侵扰且没有直射阳光的固定区域来安放设备。

2）不要堵上或盖住插孔及打印机机箱的开口。

3）在设备四周留有足够的空间以便操作或维修。

4）不要将设备放置在低温或多尘的地方，以及温度或湿度变化剧烈的地方使用。

5）设备在使用时要使用独立的电源，不要与其他设备共用一个电源。

6）如果具有传真功能的一体机，还要将设备放在电话线附近。

7）不要将机器置于办公桌或工作台的边缘。

任务实施

现以EPSON ME OFFICE 520喷墨型多功能一体机为例，对设备的安装进行说明。

1. 开箱

打开包装箱，包装箱中有多功能一体机一台，电源线一根，首先阅读和速查手册各一本，驱动和应用程序光盘一张，随机捆绑墨盒四套。将多功能一体机取出，去除保护胶条。

2. 连接电源线

操作步骤：

第1步：将电源线的一端插入打印机的交流电插口中，另一端插入到电源插座中，如图8-3所示。

第2步：在图8-4所示位置，按下电源按键，打开多功能一体机的电源。

第3步：从列表中选择语言，如图8-5所示。

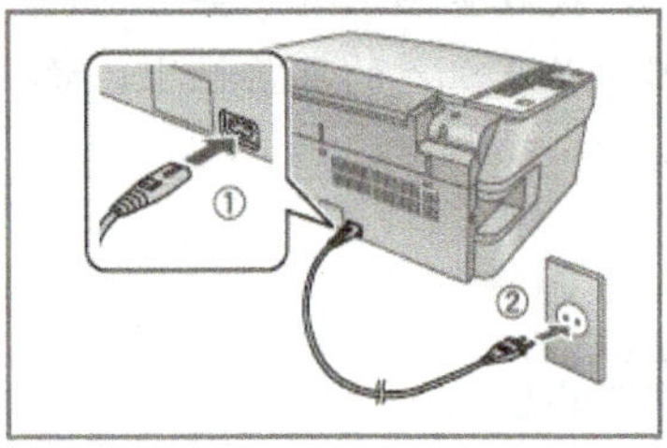

图 8-3　插入电源线

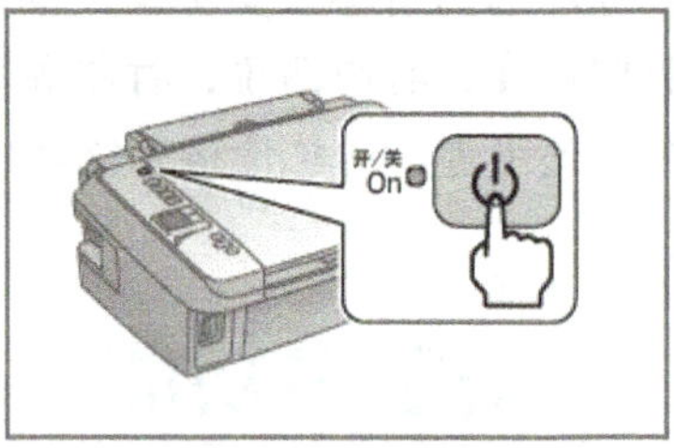

图 8-4　打开电源开关

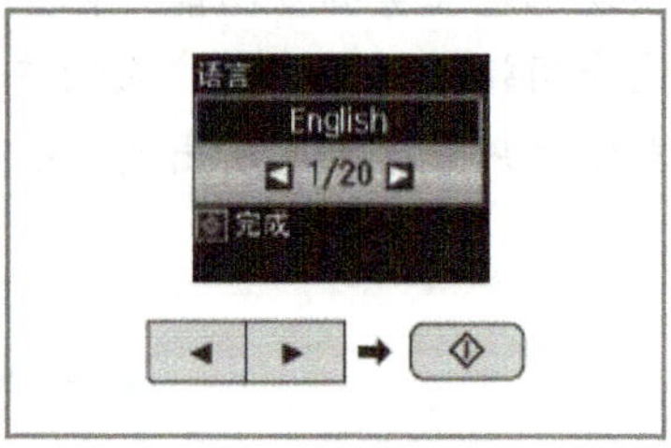

图 8-5　选择语言

3. 安装墨盒

操作步骤：

第1步：打开扫描仪组件并打开墨盒舱盖，如图8-6所示。

第2步：摇晃墨盒数次，取出墨盒，不要接触墨盒侧面的绿色的IC芯片，否则会导致无法打印，如图8-7所示。

第3步：仅撕掉黄色胶条，不要撕掉墨盒底部供墨口的透明封条及侧面的标签，如

图8-8所示。

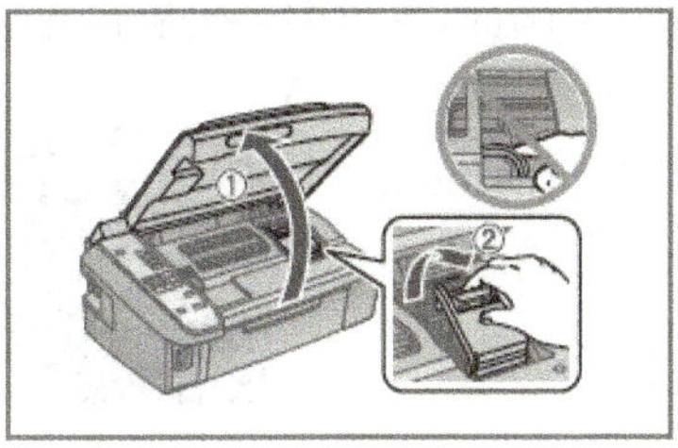

图 8-6　安装墨盒第 1 步

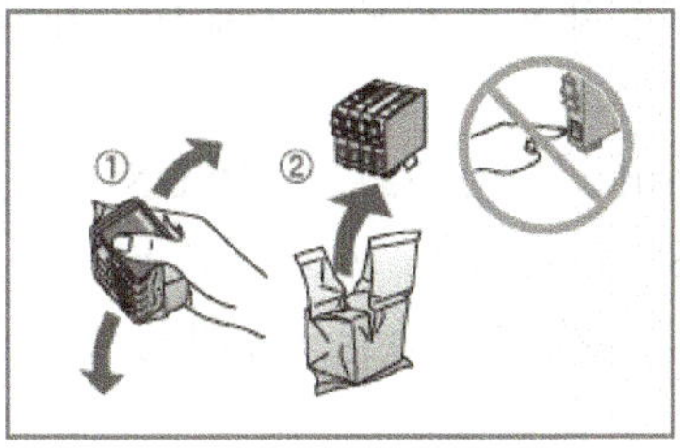

图 8-7　安装墨盒第 2 步

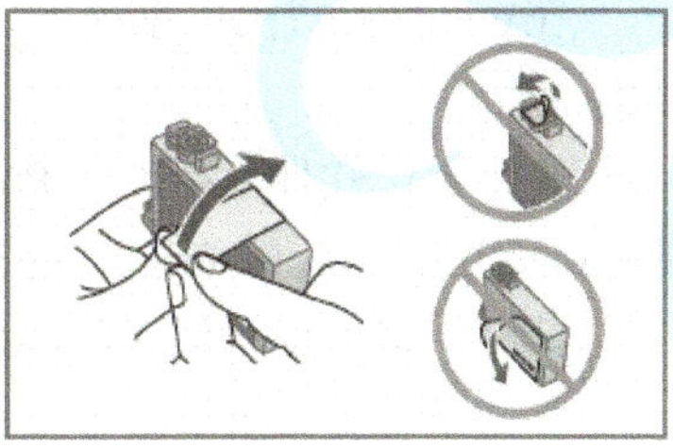

图 8-8　安装墨盒第 3 步

第4步：按图8-9所示顺序安装墨盒，向下按墨盒，直到发出咔嗒声。

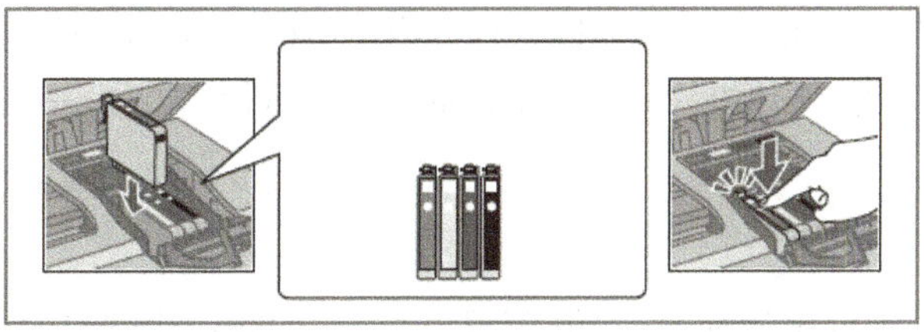

图 8-9　安装墨盒第 4 步

第5步：合上墨盒舱盖及扫描仪组件，如图8-10所示。

第6步：按图8-11所示的按钮，多功能一体机开始充墨。

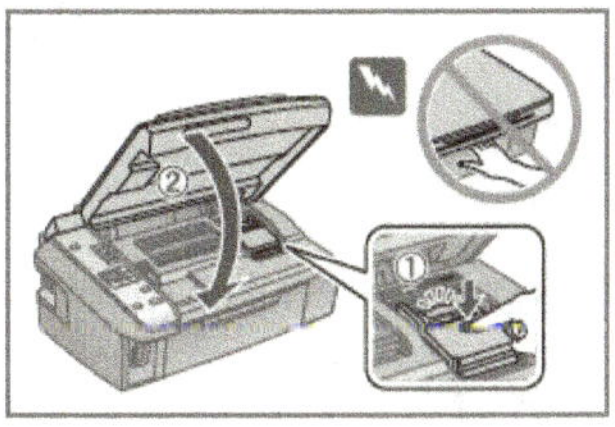

图 8-10　安装墨盒第 5 步

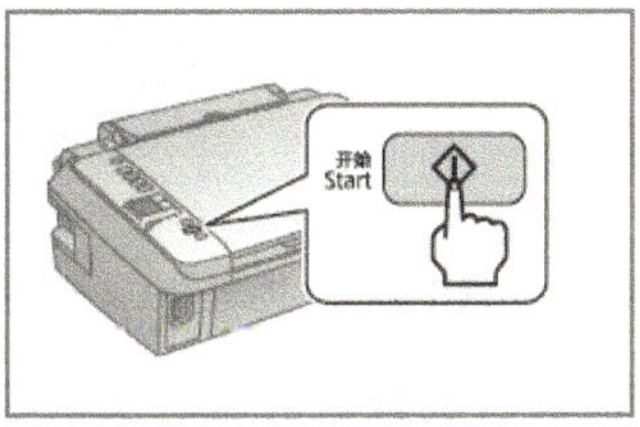

图 8-11　安装墨盒第 6 步

温馨提示

墨盒安装顺序

从正面看打印机墨盒排列顺序从左到右为109青色、109黄色、109洋红色、109黑色；在安装墨盒时，一定要按照要求将墨盒全部装入墨盒舱中。

充墨

在充墨的过程中不要拔掉电源插头，不要关闭电源，不要装入打印纸，充墨过程大约用时2min，当多功能一体机显示屏上出现“初始化完成”界面时，表明已完成充墨，可以正常使用多功能一体机。

4. 安装软件

在Windows 7操作系统下，将随机光盘放入光驱中，出现安装画面，按照屏幕提示进行相应的操作。

光盘附送软件包括ICC Profiles（Adobe）、EPSON Easy Print Module、EPSON Easy Photo Print、EPSON Web to Page、MaxReader、在线注册。

此时，根据屏幕提示将USB连线将多功能一体机与计算机相连。

扫描二维码，观看多功能一体机安装视频。

扫码看视频

任务拓展

现以Canon MF4350d多功能一体机为例进行说明，该机型具有打印、复印、传真、扫描等功能，该设备为激光型多功能一体机，其耗材价格低廉，设备使用方便，受到广大用户的欢迎。

1. 安装墨粉盒

操作步骤：

第1步：从包装袋中取出墨粉盒，如图8-12所示。同时，不要打开感光鼓保护盖。

第2步：轻轻摇动墨粉盒数次，使墨粉盒中的墨粉均匀分布于墨粉盒，如图8-13所示。

第3步：将墨粉盒放在平坦的表面上，并将封条完全拉出，如图8-14所示。

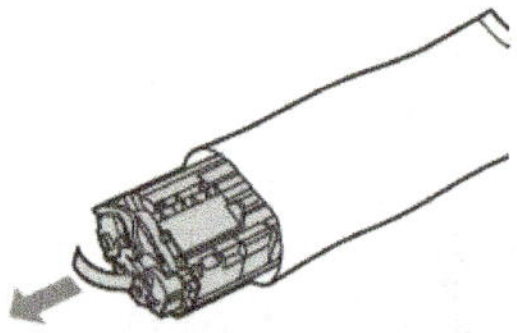

图 8-12　安装墨粉盒第 1 步

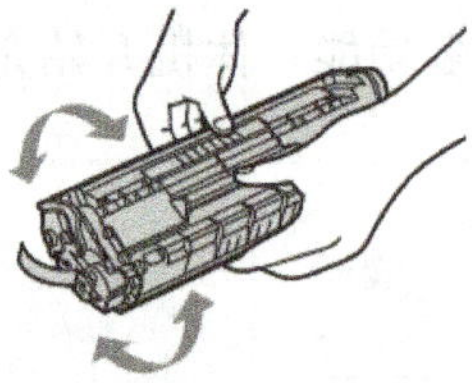

图 8-13　安装墨粉盒第 2 步

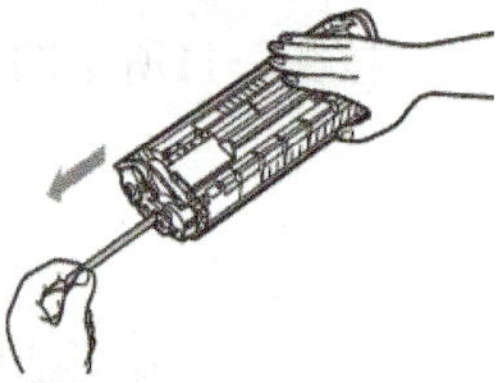

图 8-14　安装墨粉盒第 3 步

第4步：用手抓住操作面板的正面，如图8-15所示。

第5步：抬起扫描台（A）直到锁住，如图8-16所示。

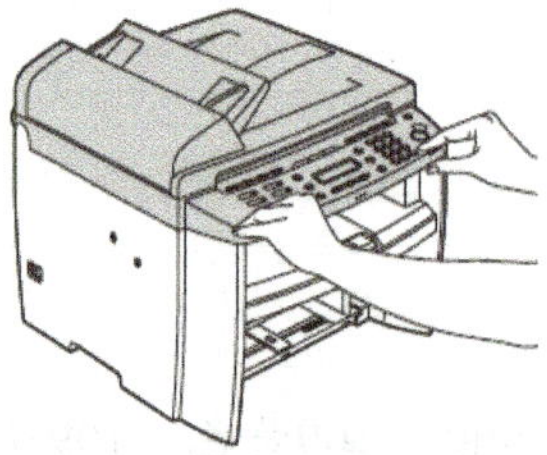

图 8-15　安装墨粉盒第 4 步

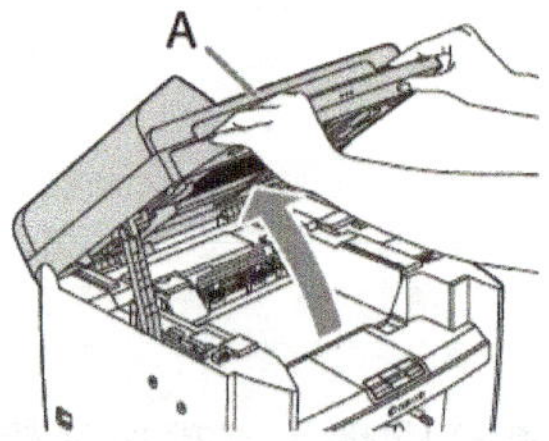

图 8-16　安装墨粉盒第 5 步

第6步：抓住墨粉盒盖板右前侧的把手（A），如图8-17所示。

第7步：打开墨粉盒盖板，如图8-18所示。

第8步：握住手柄（A）拿起墨粉盒，如图8-19所示。

第9步：插入墨粉盒，让墨粉盒右侧的突出部分（A）卡入本机右侧的导板（B），沿着导板平行滑入，如图8-20所示。

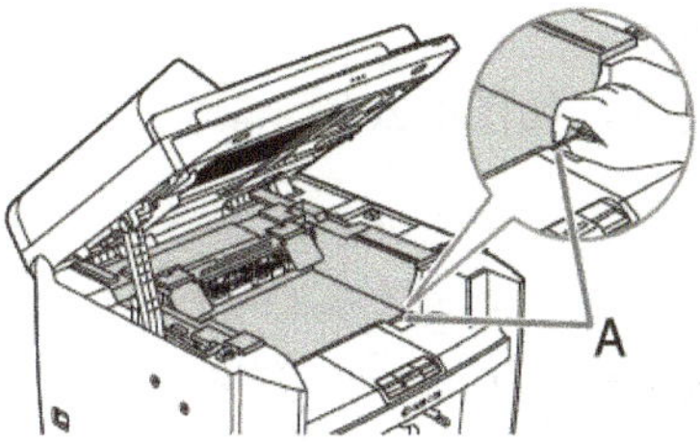

图 8-17 安装墨粉盒第 6 步

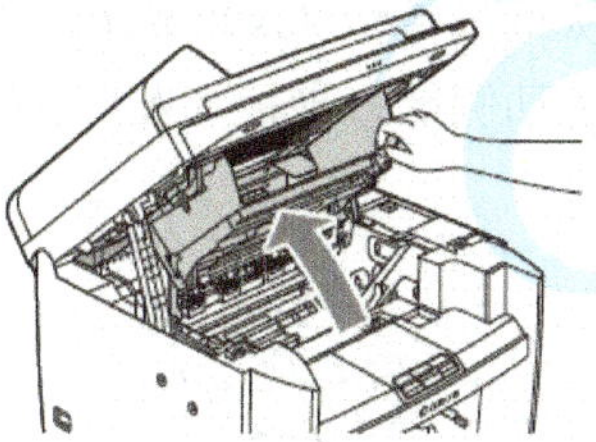

图 8-18 安装墨粉盒第 7 步

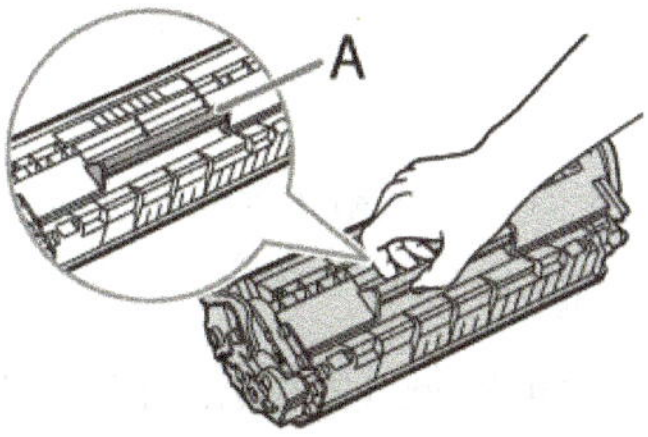

图 8-19 安装墨粉盒第 8 步

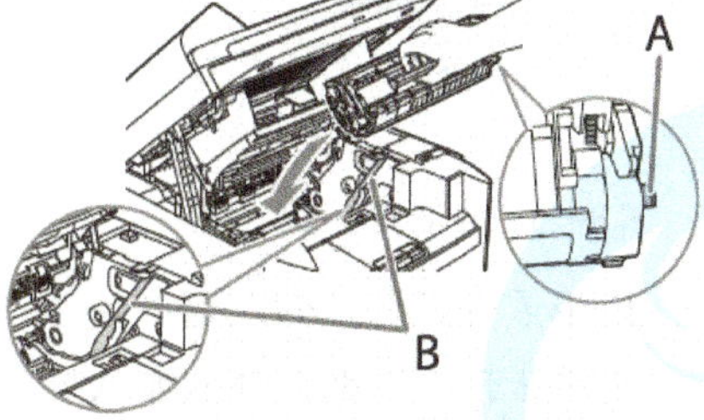

图 8-20 安装墨粉盒第 9 步

第10步：推入墨粉盒，确保正确装入机器，如图8-21所示。

第11步：抓住墨粉盒右侧的前把手（A），如图8-22所示。

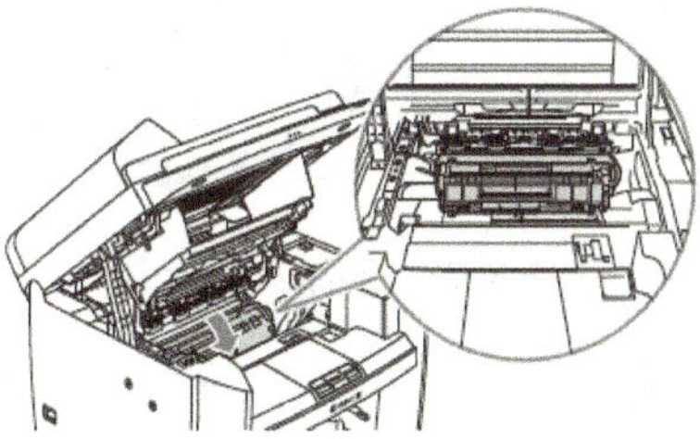

图 8-21 安装墨粉盒第 10 步

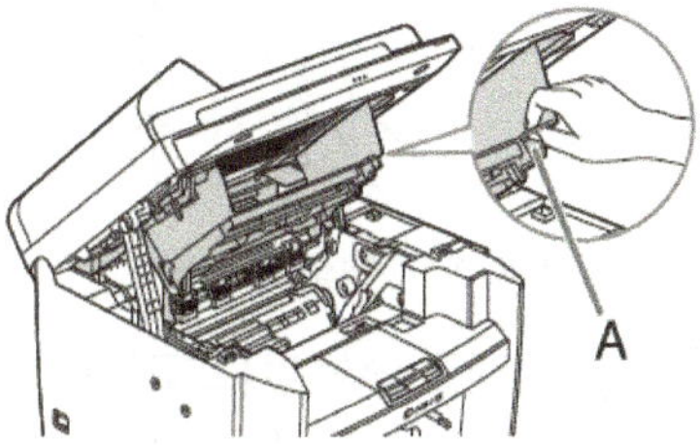

图 8-22 安装墨粉盒第 11 步

第12步：关闭墨粉盒盖板。

第13步：放下扫描台。

2. 装纸

操作步骤：

第1步：拉开输纸盘，如图8-23所示。

第2步：从机器上取下防尘盖，如图8-24所示。

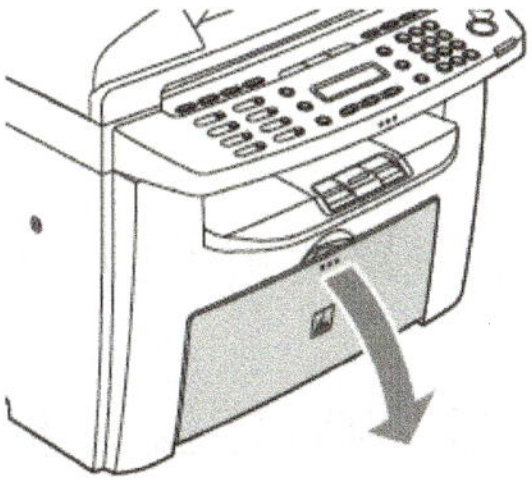

图 8-23 装纸第 1 步

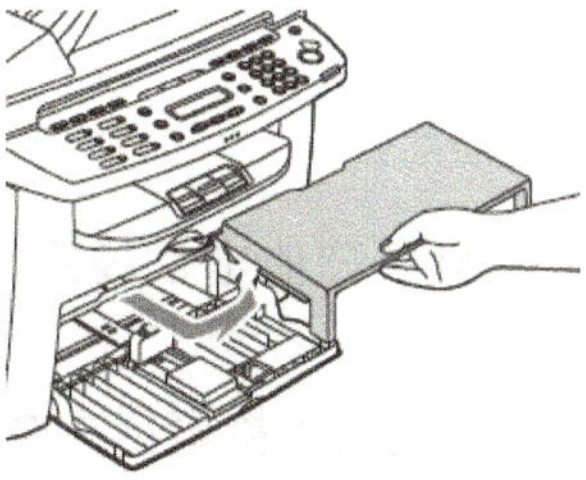

图 8-24 装纸第 2 步

第3步：从纸张导轨（A）滑出，如图8-25所示。

第4步：滑动侧纸张导板（A）以匹配纸张尺寸，如图8-26所示。

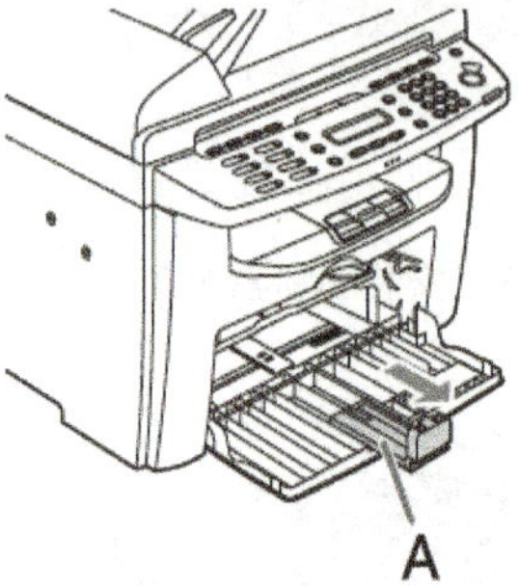

图 8-25　装纸第 3 步

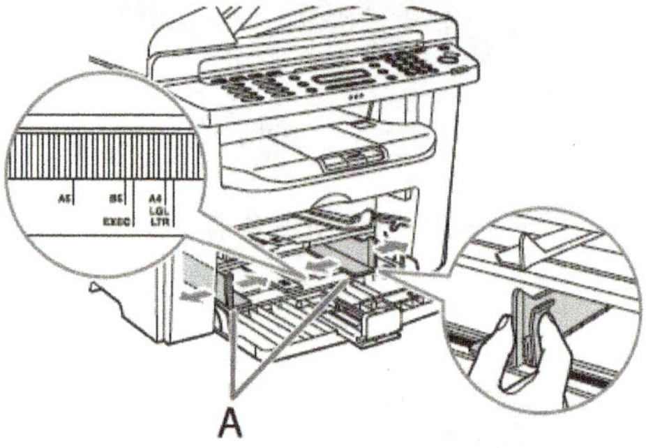

图 8-26　装纸第 4 步

第5步：扇形展开纸张，然后对齐边缘，如图8-27所示。

第6步：将纸张打印面朝上装入输纸盘，纸张的高度一定要低于侧纸张导板扣件（A），如图8-28所示。

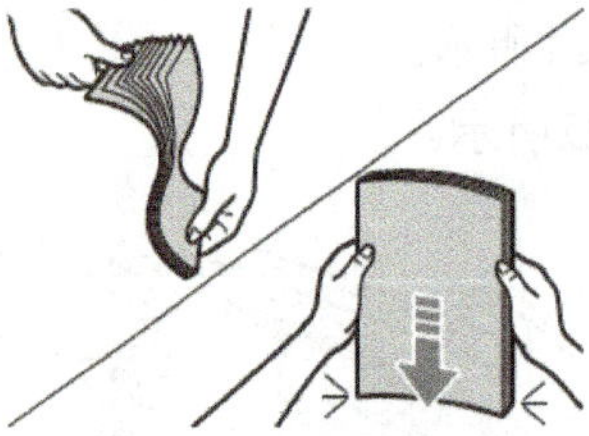

图 8-27　装纸第 5 步

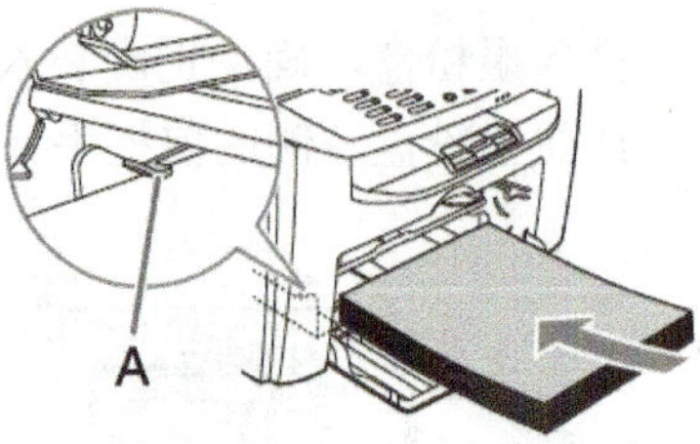

图 8-28　装纸第 6 步

第7步：调节纸张导轨以匹配纸张尺寸，如图8-29所示。

第8步：将防尘盖两边的突出部分（A）与机器内的导板（B）对齐，安装防尘盖，如图8-30所示。

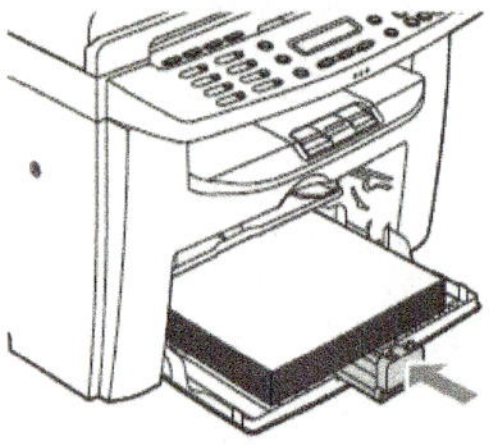

图 8-29　装纸第 7 步

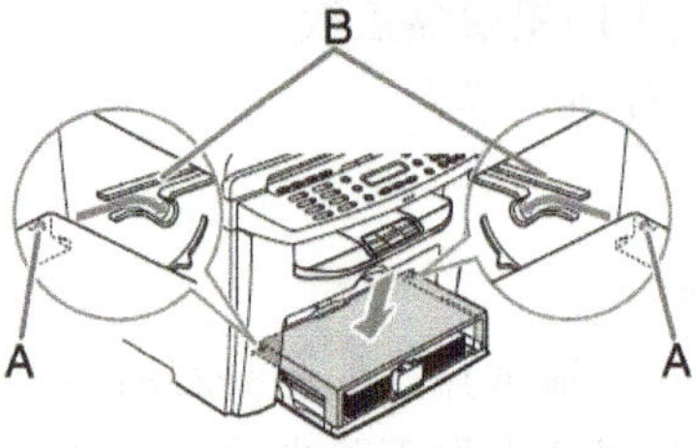

图 8-30　装纸第 8 步

3. 连接电话线

操作步骤：

第1步：将随机所赠的电话线连接到机器背面的电话线路插孔（A）和墙壁插孔，如图8-31所示。

第2步：如果有连接外接电话或带有内置应答机的电话，则将其连接到机器背面的外接设备插孔（B），如图8-32所示。

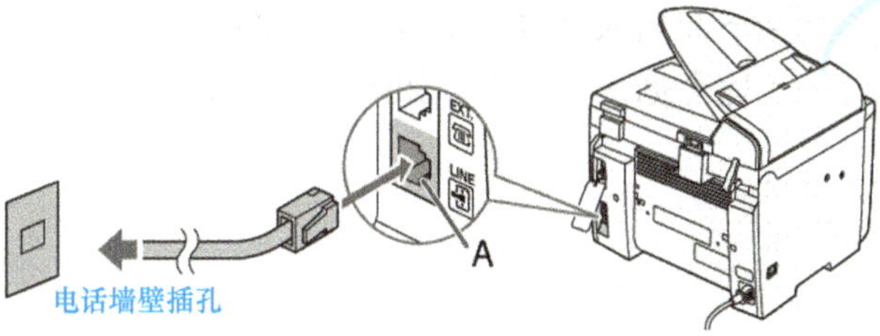

图 8-31　连接电话线第 1 步

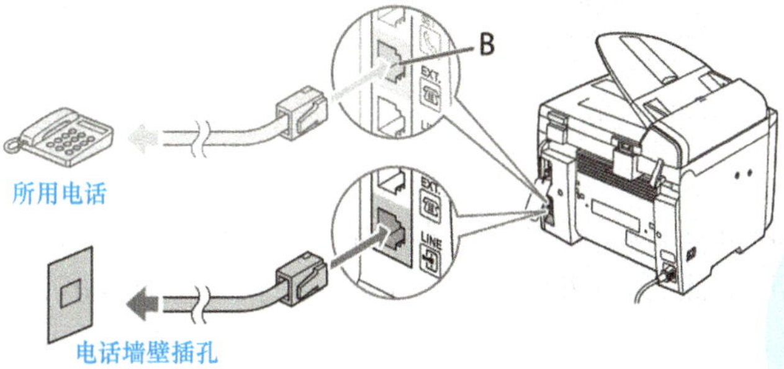

图 8-32　连接电话线第 2 步

第3步：如果有电话听筒，则将电话线连接到机器背面的电话听筒插孔（C），如图8-33所示。

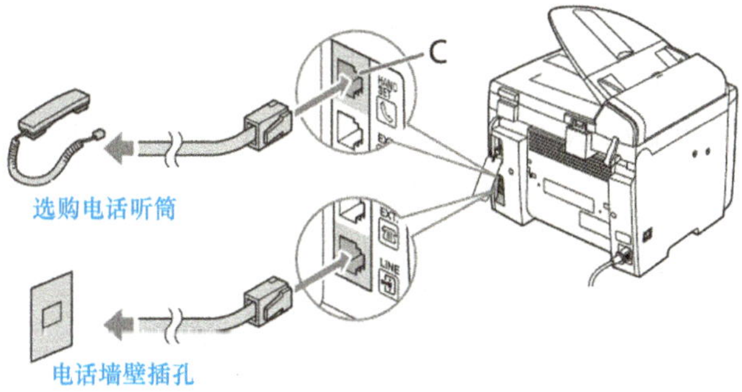

图 8-33　连接电话线第 3 步

4．安装电话听筒

操作步骤：

第1步：用螺钉旋具拆下机器左侧的销子和盖板，如图8-34所示。

第2步：将带销塞子（A）插入电话听筒支架上的安装孔中，如图8-35所示。此时销子不要完全插入塞子中。

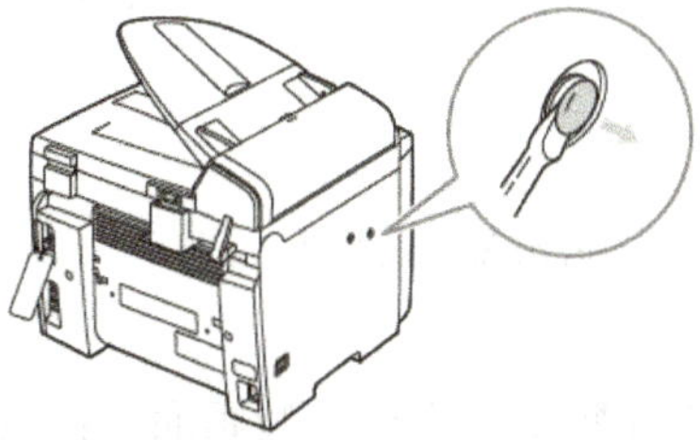

图 8-34　安装电话听筒第 1 步

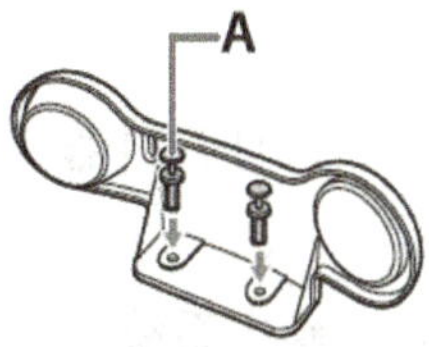

图 8-35　安装电话听筒第 2 步

第3步：将塞子与托架一起插入机器的安装孔，如图8-36所示。

第4步：小心地将销子完全插入塞子中，如图8-37所示。

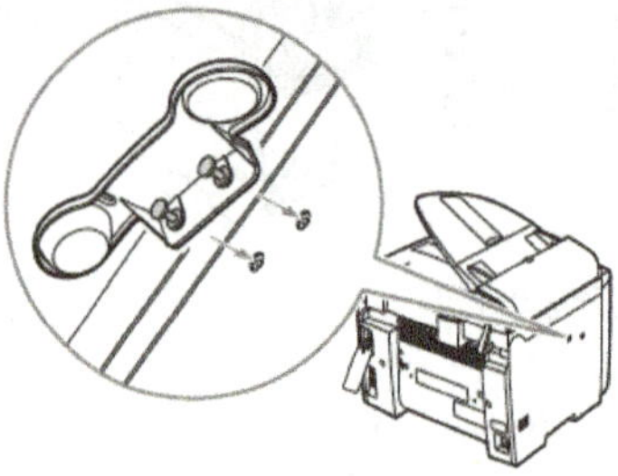

图 8-36　安装电话听筒第 3 步

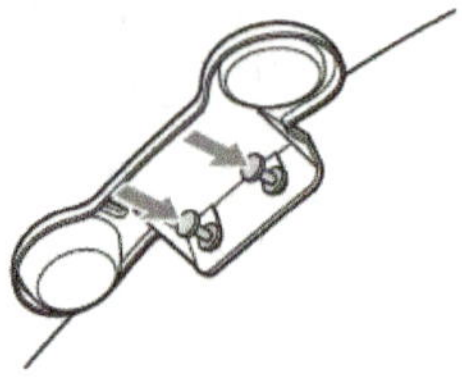

图 8-37　安装电话听筒第 4 步

第5步：将电话听筒放在托架上，如图8-38所示。

第6步：将电话听筒夹（A）安装在机器的背面，如图8-39所示。

第7步：将电话听筒线（A）穿过夹子，并合上夹子，如图8-40所示。

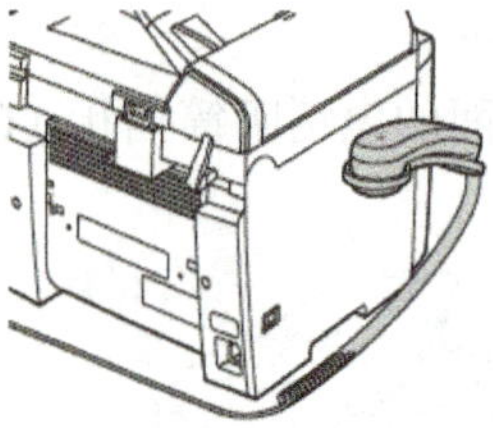

图 8-38　安装电话听筒第 5 步

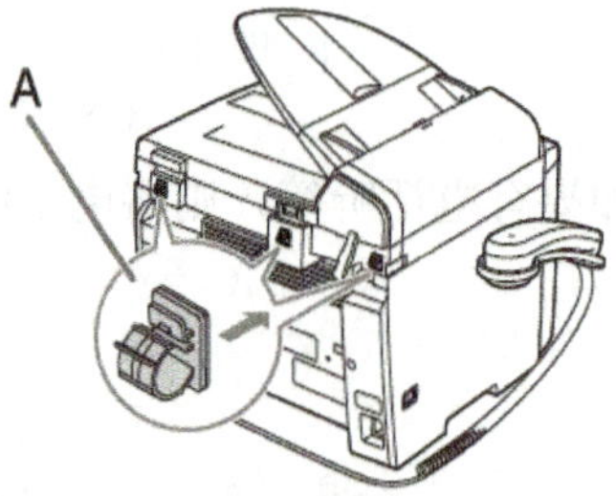

图 8-39　安装电话听筒第 6 步

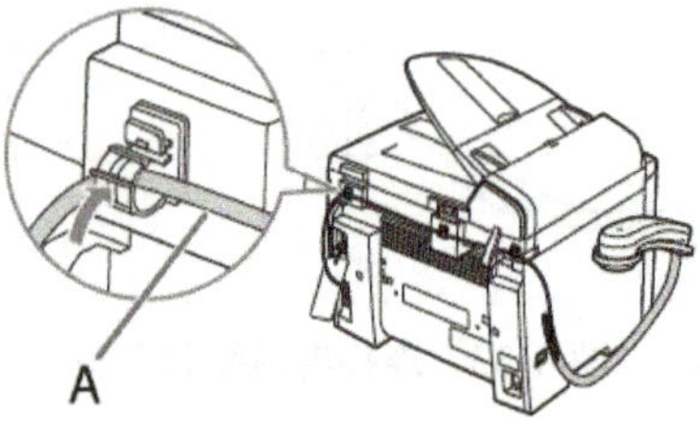

图 8-40　安装电话听筒第 7 步

5．建立连接

操作步骤：

第1步：将USB电缆接入机器的USB接口。需要购买长度在3m之内的USB 2.0适配电缆。

第2步：将电缆的另一端连接到计算机的USB端口。

第3步：将随机附带的电源线的一端插入机器的电源插孔，另一端插入接地良好的交流电源插座。

6．开机

按下电源开关，打开机器。机器正在预热，表明机器已启动。

7．安装软件

在Windows 7操作系统下，将随机光盘放入光驱中，出现安装画面，按照屏幕提示进行相应的操作。

任务3　使用多功能一体机

多功能一体机是将传真、打印、扫描、复印等功能模块固化在一个整机之内的特殊办公设备，充分掌握多功能一体机的正确使用方法是非常重要的，不但为日常办公带来了极大的便利，而且可以延长设备的使用寿命。

任务情境

教研室小闫老师要打印一份上交的文档，新购置的多功能一体机就派上了用场。小闫准备好文档和打印纸，准备进行打印输出。

任务分析

要想使用好多功能一体机的各项功能，就必须对多功能一体机的各功能键有一个深入的了解。下面，介绍EPSON ME OFFICE 520喷墨型多功能一体机控制面板中各按键的功能。

EPSON ME OFFICE 520喷墨型多功能一体机的操作控制面板如图8-41所示，各按键功能见表8-2。

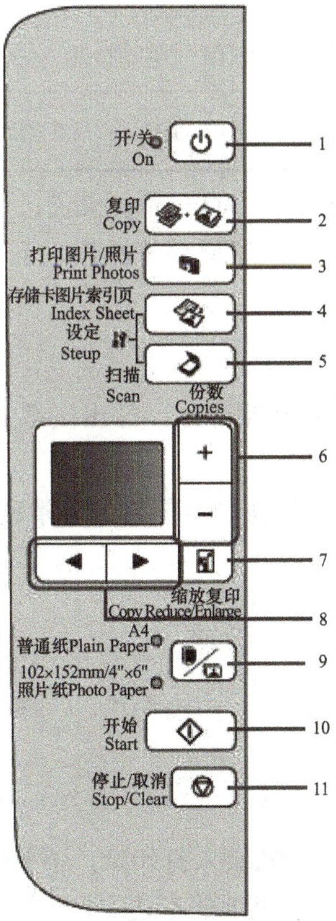

图 8-41　操作控制面板

表 8-2　操作控制面板上按键的功能

序　号	图　示	功 能 说 明
1	开/关/On	打开/关闭电源开关
2	复印/Copy	选择复印照片或文稿
3	打印图片/照片/Print Photos	选择可浏览和打印照片
4	存储卡图片索引页/Index Sheet	使用索引页选择可打印照片。先按下此键不放，再按下“扫描”按钮，进入设置模式
5	扫描/Scan	选择可扫描和保存文档。先按下“存储卡图片索引页”按钮，进入设置模式
6	+,-	设置份数
7		改变复印尺寸
8	◀，▶	选择照片
9		在A4普通纸和102mm×152mm照片纸中选择装入进纸器中的打印纸
10	开始/Start	开始复印、打印、扫描
11	停止/取消 Stop/Clear	停止复印、打印、扫描或重新设置

对于EPSON ME OFFICE 520多功能一体机来说，在常用过程中经常用到如何装入打印纸、如何插入与拨出存储卡及如何放置原稿等操作。下面对以上操作进行简要说明。

1. 装入打印纸

操作步骤：

第1步：拉出托纸盘，并滑出其延伸部分，拉出出纸器，并滑出其延伸部分，如图8-42所示。

第2步：打开进纸挡板，捏紧左导轨固定钮时向左滑动左导轨，如图8-43所示。

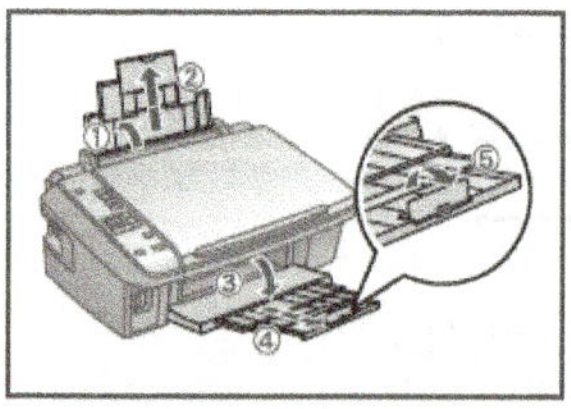

图 8-42　装入打印纸第 1 步

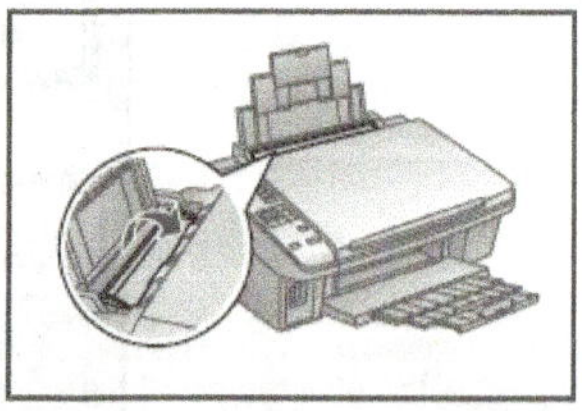

图 8-43　装入打印纸第 2 步

第3步：将打印面朝上，沿着右导轨装入打印纸，不要横向装入打印纸，如图8-44所示。

第4步：滑动左导轨使其靠着打印机纸的左边缘，但不要太紧，合上进纸挡板，如图8-45所示。

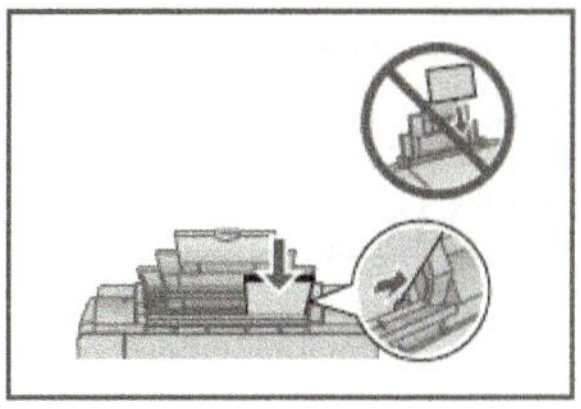

图 8-44　装入打印纸第 3 步

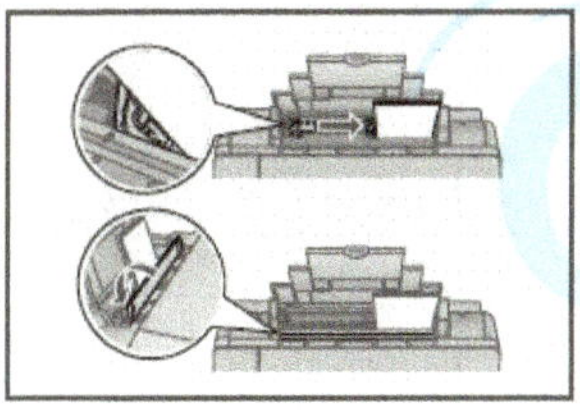

图 8-45　装入打印纸第 4 步

温馨提示

装纸

1）装入的打印纸张数不要超过导轨边缘的箭头标记。

2）在装入打印纸之前，使纸边缘整齐。

3）不要使用带有装订孔的打印纸。

2. 插入或拔出存储卡

（1）插入存储卡　操作步骤：

第1步：一次只能插入一张存储卡，如图8-46所示。

第2步：等待指示灯由闪烁变常亮，如图8-47所示。

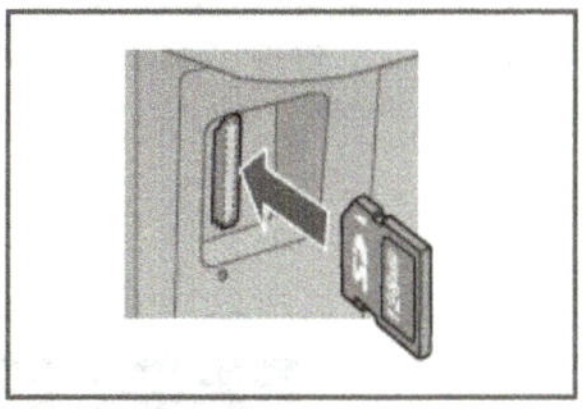

图 8-46　插入存储卡第 1 步

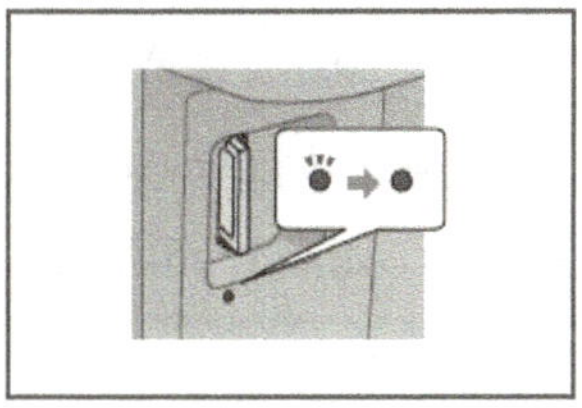

图 8-47　插入存储卡第 2 步

（2）拔出存储卡　操作步骤：

第1步：等待指示灯由闪烁变常亮，如图8-48所示。

第2步：取出存储卡，如图8-49所示。

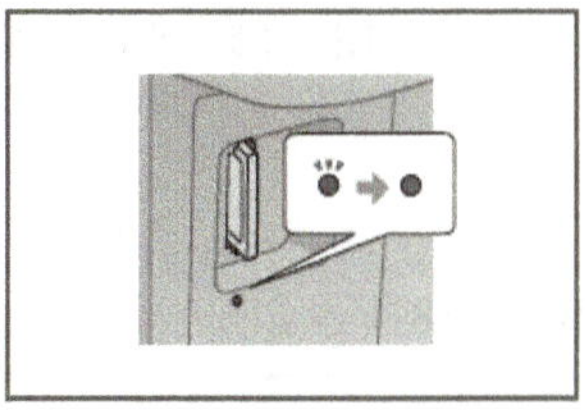

图 8-48　拔出存储卡第 1 步

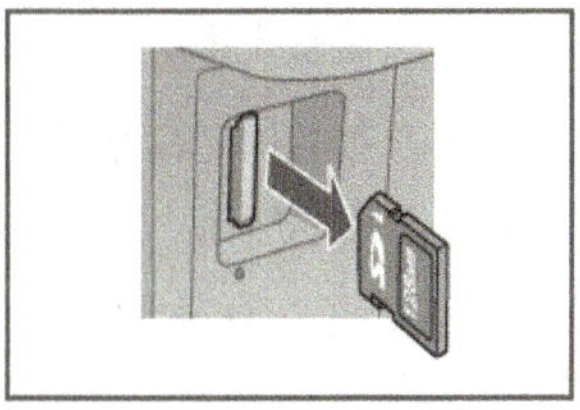

图 8-49　拔出存储卡第 2 步

3. 放置原稿

操作步骤：

第1步：将原稿面朝下放置在文稿以上，如图8-50所示。

第2步：将原稿的右下角与文稿台的右下角对齐，如图8-51所示。

图 8-50　放置原稿第 1 步

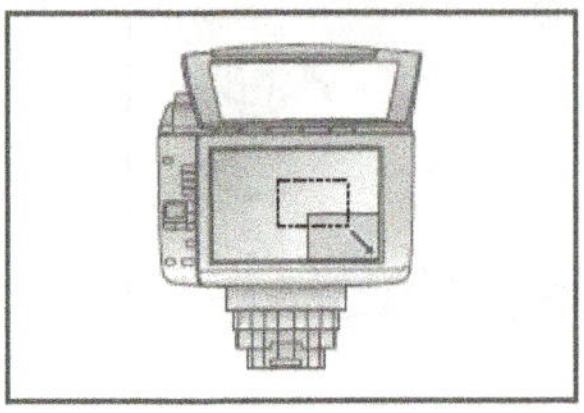

图 8-51　放置原稿第 2 步

任务实施

1. 复印照片或文稿

操作步骤：

第1步：将打印面朝上装入打印纸，如图8-52所示。

第2步：将原始文稿水平地放置在文稿台上，如图8-53所示。

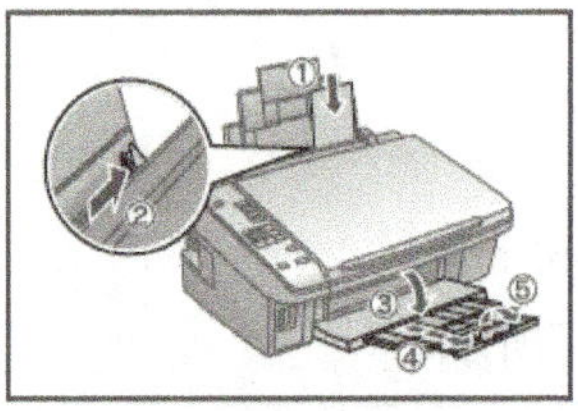

图 8-52　复印文稿第 1 步

图 8-53　复印文稿第 2 步

第3步：选择“复印”键，如图8-54所示。

第4步：选择颜色模式，如图8-55所示。

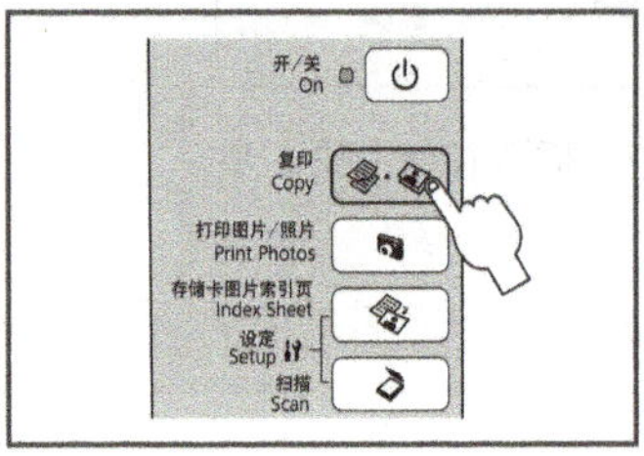

图 8-54　复印文稿第 3 步

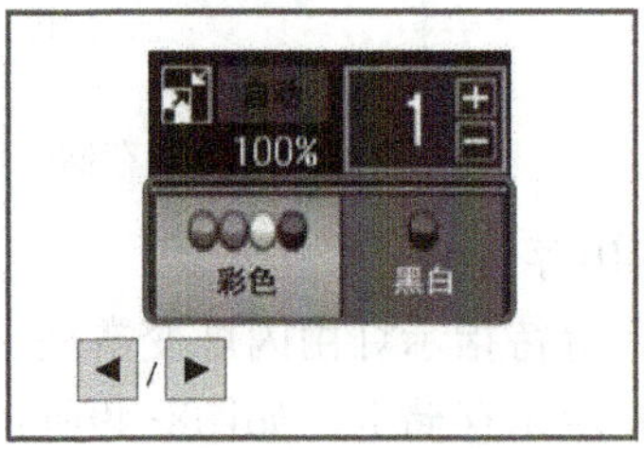

图 8-55　复印文稿第 4 步

第5步：设置复印份数，如图8-56所示。

第6步：选择打印纸类型和尺寸，如图8-57所示。

第7步：按下“开始”按钮，开始复印，如图8-58所示。

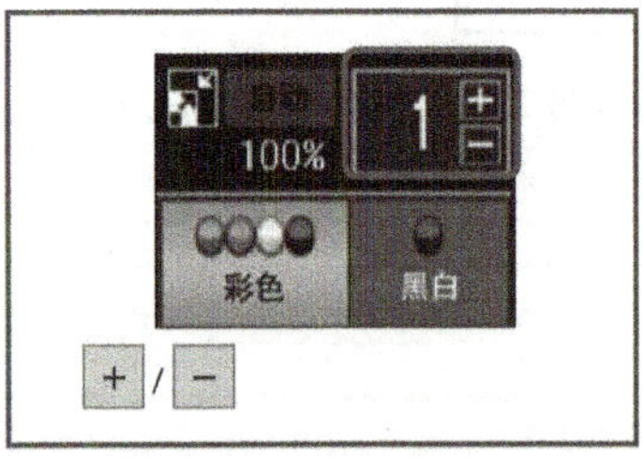

图 8-56　复印文稿第 5 步

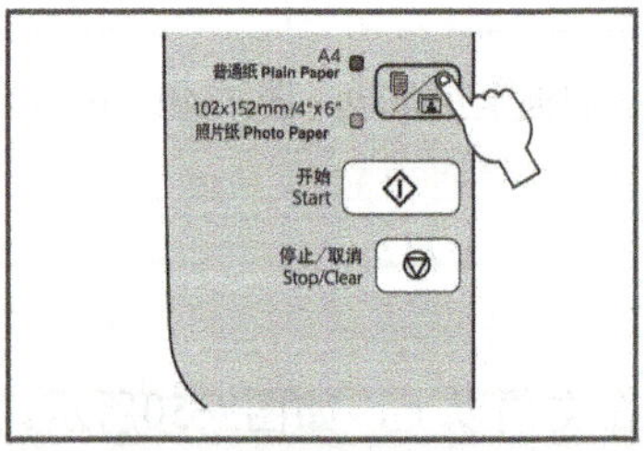

图 8-57　复印文稿第 6 步

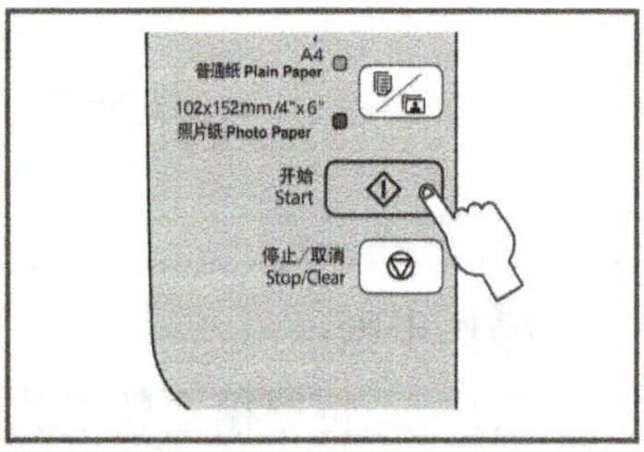

图 8-58　复印文稿第 7 步

2. 打印照片

操作步骤：

第1步：将打印面向上装入照片纸，如图8-59所示。

第2步：将存储卡插入存储卡卡槽，如图8-60所示。

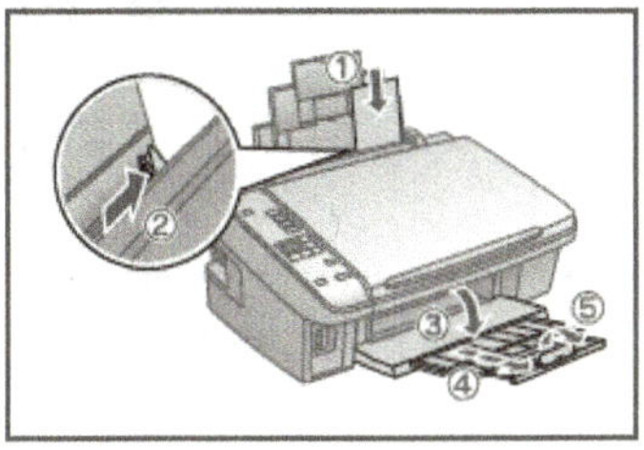

图 8-59 打印照片第 1 步

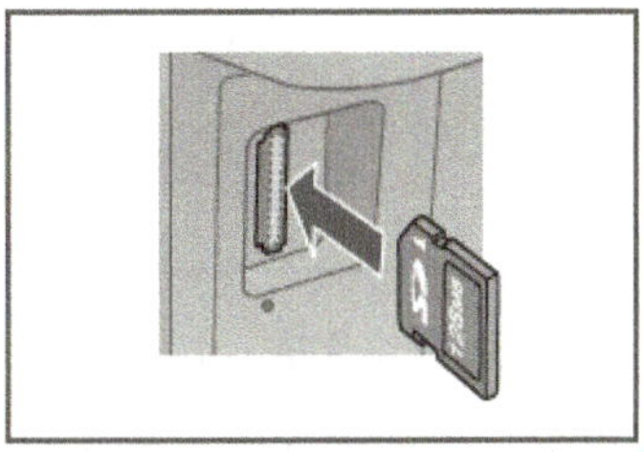

图 8-60 打印照片第 2 步

第3步：选择“打印图片/照片”键，如图8-61所示。

第4步：选择一张照片，如图8-62所示。

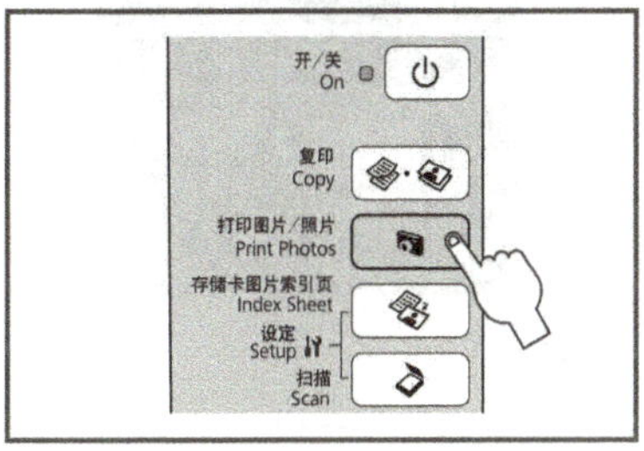

图 8-61 打印照片第 3 步

图 8-62 打印照片第 4 步

第5步：设置照片份数，如图8-63所示。

第6步：选择102mm×152mm照片纸，如图8-64所示。

第7步：按下“开始”按钮，开始打印照片，如图8-65所示。

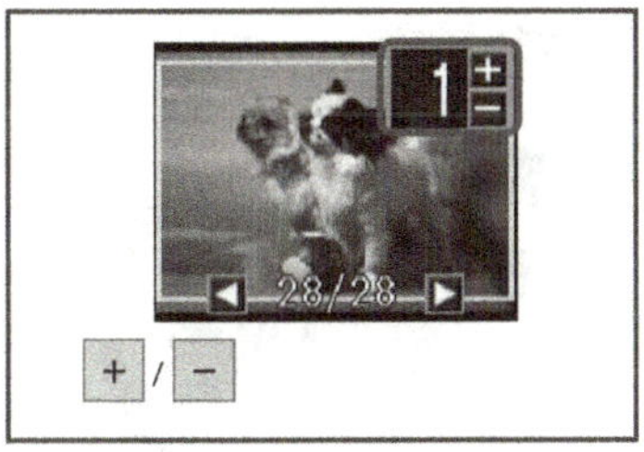

图 8-63 打印照片第 5 步

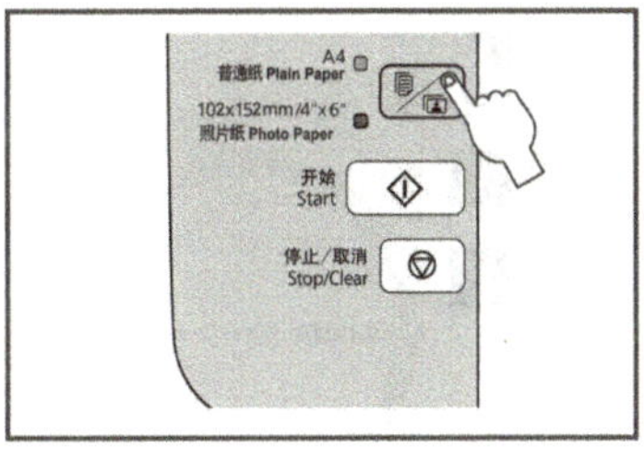

图 8-64 打印照片第 6 步

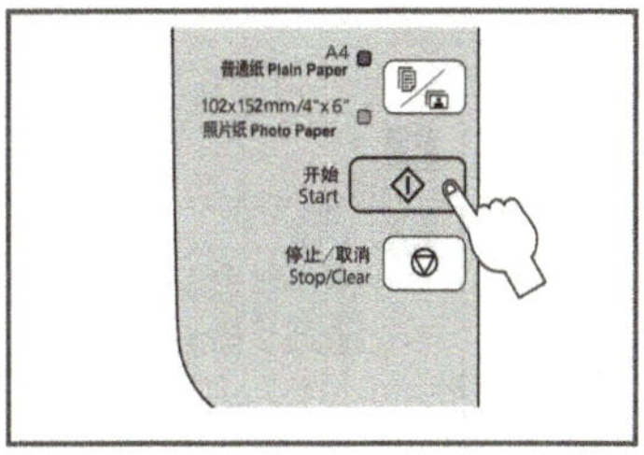

图 8-65 打印照片第 7 步

3. 从索引页打印照片

首先打印索引页，对想打印的照片进行标注，然后扫描索引页可以打印照片。存储卡上的照片被按缩略图每页30张打印在索引页上，如果照片过多，需要多张A4纸。

操作步骤：

第1步：将打印面朝上装入普通打印纸，如图8-66所示。

第2步：将存储卡插入存储卡卡槽，如图8-67所示。

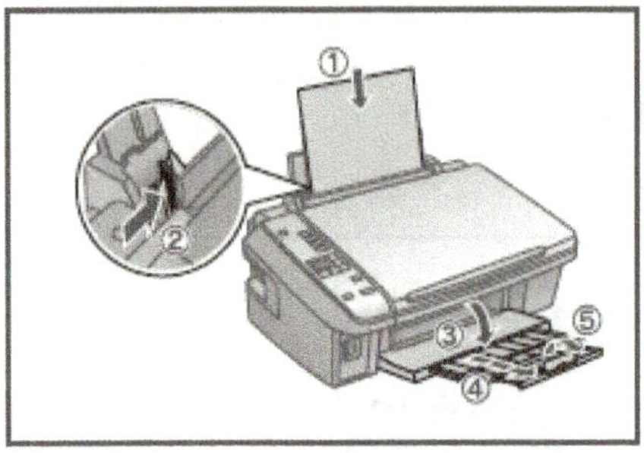

图 8-66 索引页打印照片第 1 步

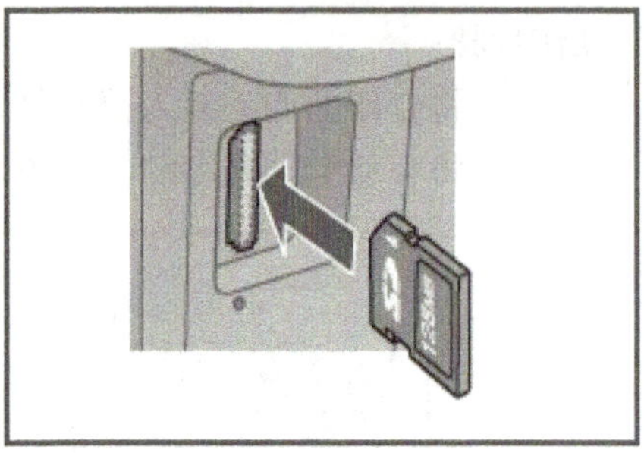

图 8-67 索引页打印照片第 2 步

第3步：选择“存储卡图片索引页”键，如图8-68所示。

第4步：打印索引页，如图8-69所示。

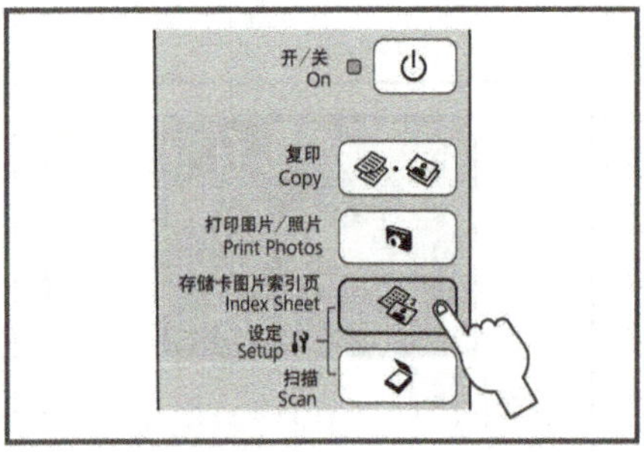

图 8-68 索引页打印照片第 3 步

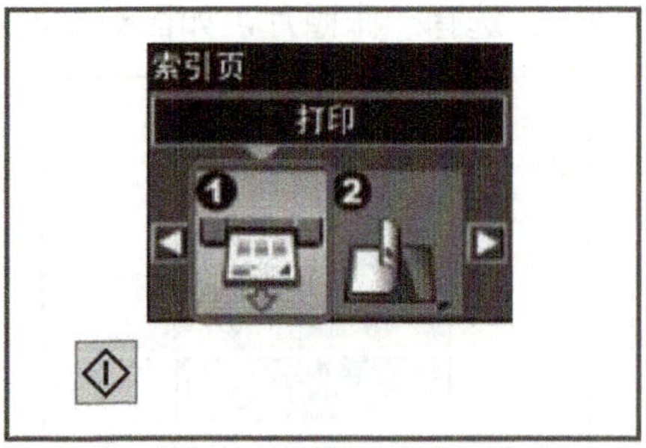

图 8-69 索引页打印照片第 4 步

第5步：检查索引页上的▲标记应与打印纸的角对齐，如图8-70所示。

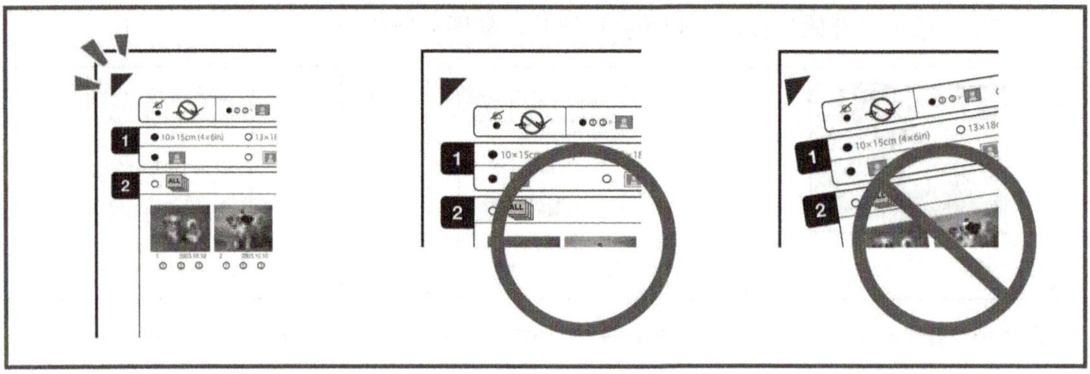

图 8-70 索引页打印照片第 5 步

第6步：选择打印纸尺寸，如图8-71所示。

第7步：选择边距或无边距，如图8-72所示。

第8步：选择打印的日期标记，如图8-73所示。

第9步：选择打印份数，如图8-74所示。

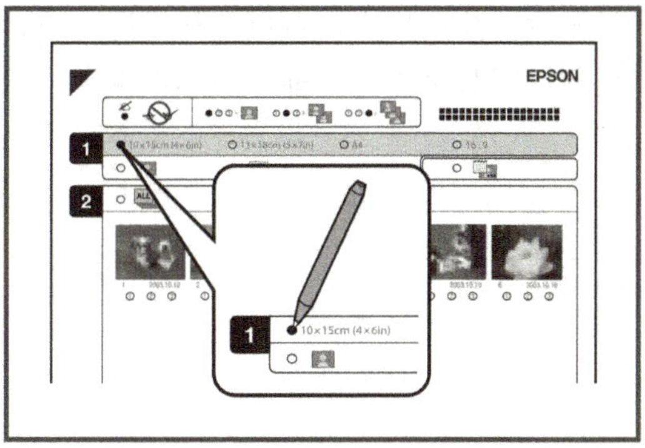

图 8-71　索引页打印照片第 6 步

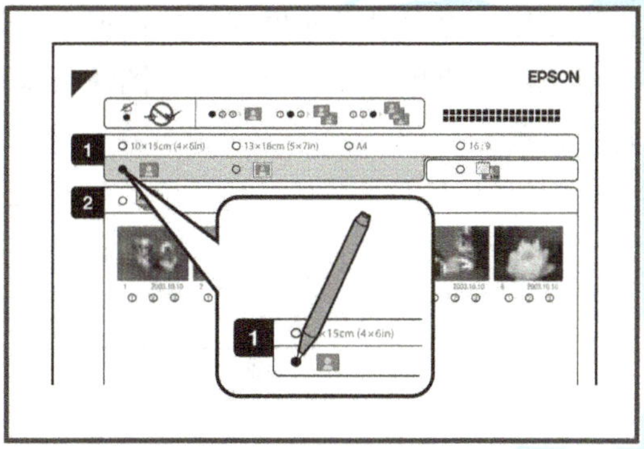

图 8-72　索引页打印照片第 7 步

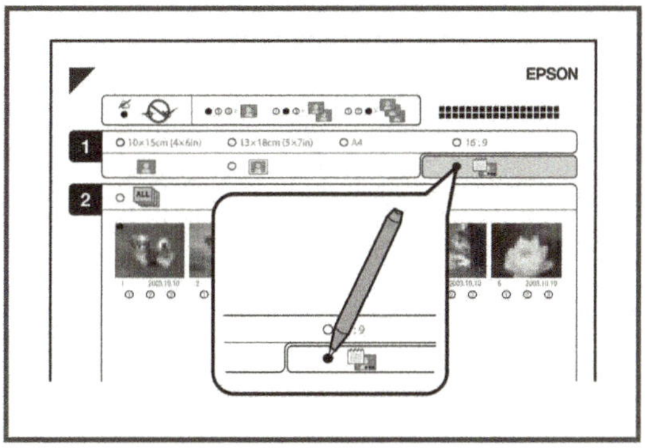

图 8-73　索引页打印照片第 8 步

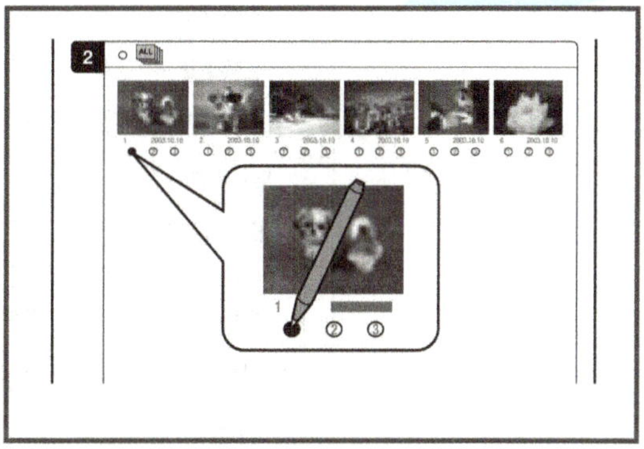

图 8-74　索引页打印照片第 9 步

第10步：将索引页面向下放置在文稿台上，并将模板上的三角标记与文稿台的右下角对齐，如图8-75所示。

第11步：在进纸器中装入照片纸，如图8-76所示。

第12步：从索引页打印照片，如图8-77所示。

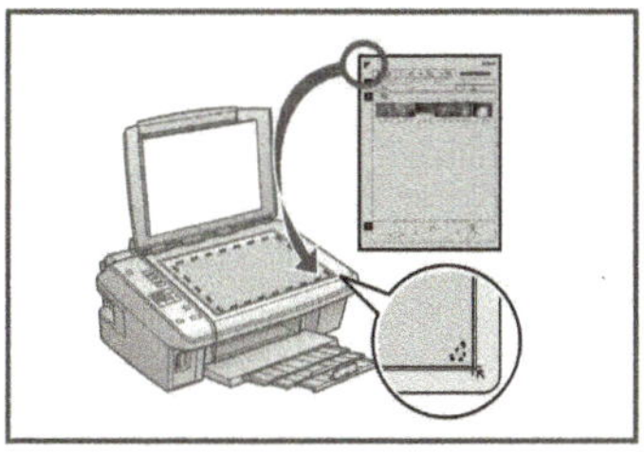

图 8-75　索引页打印照片第 10 步

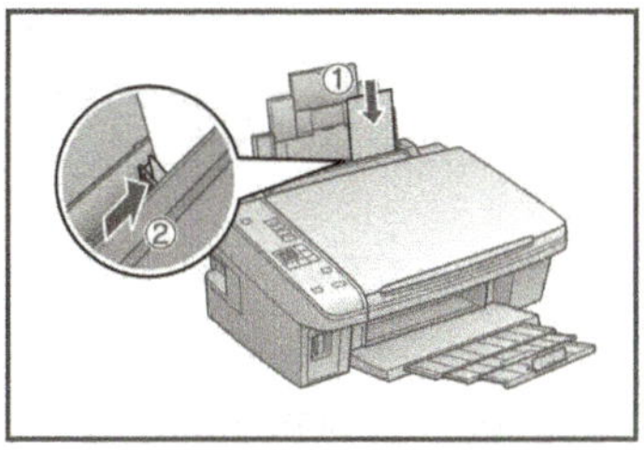

图 8-76　索引页打印照片第 11 步

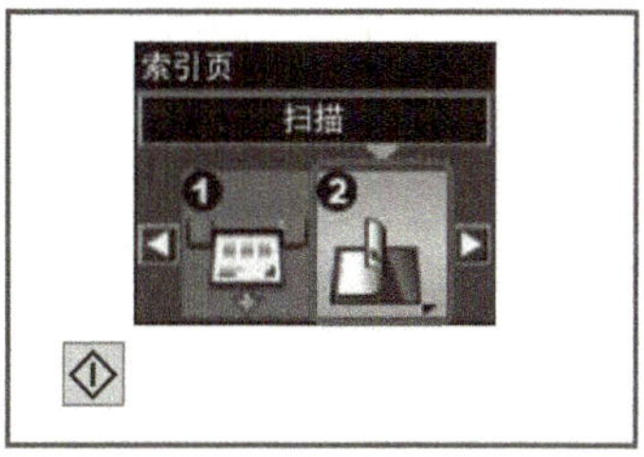

图 8-77　索引页打印照片第 12 步

4. 扫描

操作步骤：

第1步：将原稿放置在原稿台上。

第2步：双击桌面EPSON Scan图标，弹出“EPSON Scan”窗口，在窗口选择模式列表中可以选择“全自动模式”“家庭模式”“专业模式”，选择“专业模式”，单击“扫描”按钮，弹出“专业模式”扫描窗口，如图8-78所示。在窗口中，可以选择原稿类型、原稿来源、原稿自动曝光类型、图像类型、分辨率等，同时可以对扫描后的文件保存位置进行设置。

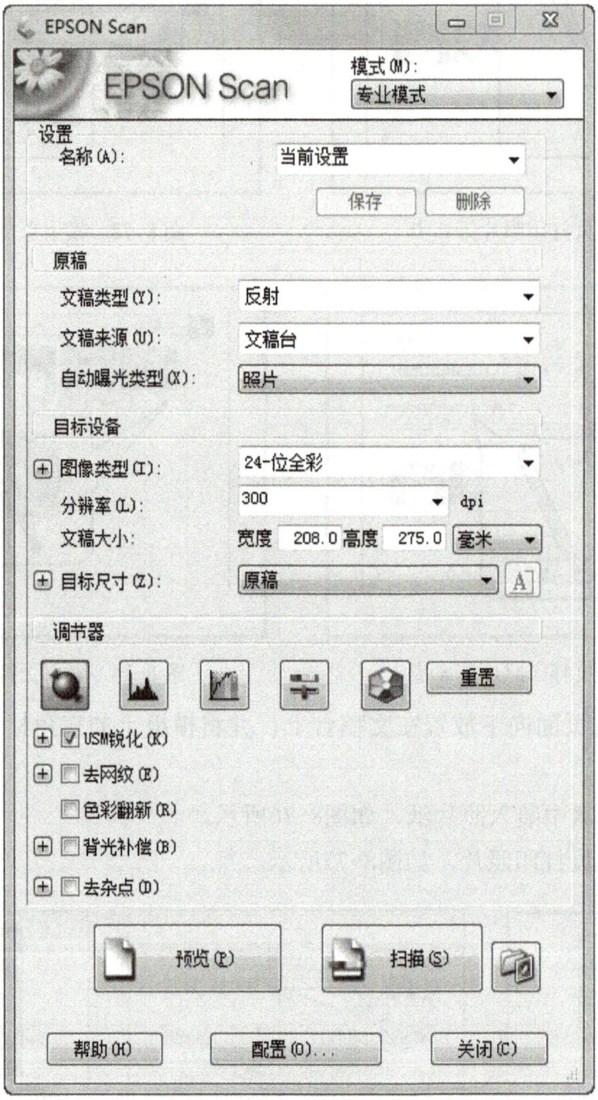

图 8-78 “EPSON Scan”窗口

第3步：一切设置完成后，单击“预扫”按钮，弹出“预览”窗口，通过选择框选择要扫描的图像，如图8-79所示。如果预览的效果不满意，可重新进行预扫，达到满意为止。

第4步：单击“扫描”按钮，弹出“文件保存设置”窗口，可以对文件的前缀、类型、保存位置进行设置，单击“确定”按钮，此时对所要扫描的图像进行扫描，完成扫描工作。

图 8-79 “预览”窗口

扫描二维码，观看多功能一体机使用视频。

扫码看视频

任务拓展

为了延长多功能一体机的使用寿命，用户在使用过程中应注意以下几个方面。

1. 多用连续复印

与普通打印机不一样的是，多功能一体机在每次启动时，都需要进行重新预热。如果长期频繁启动多功能一体机，则很容易会影响多功能一体机内部光学器件的寿命。为了避免频繁启动，应该尽可能地集中作业，把需要复印的材料都集中起来，使用多功能一体机的连续复印功能，来进行批量化操作。这样不但可以很好地保护多功能一体机的寿命，还能提高复印的速度。

2. 事先摆放好纸张

摆放好纸张应该包括使用优质打印纸或者传真纸，以及把纸张正确放置在导纸盒中。设备连续工作状态时，最有可能影响效率的就是复印纸张出现问题，一旦纸张在传送过程中出现什么异常，不但影响多功能一体机的正常工作，而且可能损坏多功能一体机纸张传送装置。为了避免复印纸张传送出问题，首先应该确保使用高质量的复印纸，其次要求复印纸摆放要正确，平整放置在送纸器内，不要放得太满，并且将导轨调整到适应纸宽。

3. 使用节省工作模式

节省墨粉的功能，对于少量的复印作业可能不会太明显，但是如果需要处理的信息量很大，这种功能产生的效果就很显著了。

4. 保护感光鼓

多功能一体机需要更换墨粉或者检查故障需要拿出墨粉盒时，一定要避免感光鼓放在阳光下直接照射，也不能在室内灯光下放置超过10min；还需要将墨粉盒放在一个干净、平滑的表面上，而且要避免用手触摸感光鼓。另外在更换墨粉时，要及时把废粉收集仓中的废粉清理干净，因为废粉堆积太多，在输出的文稿上会出现麻点现象，严重的话还会损坏感光鼓。

5. 定期清洁

多功能一体机是将传真、打印、扫描、复印等功能模块固化在一个整机之内的特殊办公设备，除了要按照处理扫描仪、传真机和打印机的清洁要求来维护多功能一体机外，还应该特别注意保护多功能一体机的光学成像部分。多功能一体机的光学成像部分设计最为精密，光学镜头或反射镜头的位置稍有变动就会影响CCD成像的质量，甚至可能使CCD接收不到图像信号。而且多功能一体机在进行复印工作时，光从灯管发出后到CCD接收期间要经过玻璃板及若干个反光镜片及镜头，其中任何一部分落上灰尘或其他微小杂质都会改变反射光线的强弱，从而影响复印的效果。因此，工作环境清洁和光学成像部分的保护是确保文件复印质量的重要前提。

任务4 维护与保养多功能一体机

多功能一体机在使用过程中，由于机器是光电结合设备，其结构复杂和精密，难免会出现这样或那样故障，用户只要对故障产生的原因进行分析，注意观察故障现象就可以解决。

任务情境

教研室教师小闫在使用多功能一体机进行打印的时候，突然机器不工作了，而且设备上的指示灯在闪烁，这是什么原因呢？小闫随即找出用户手册阅读起来，去寻找解决办法。

任务分析

在多功能一体机的使用过程中，设备的指示灯不同的显示状态表明设备的不同工作状态。不同指示灯的状态表明可能出现的问题及对应的解决方法见表8-3。

表 8-3　指示灯状态及解决方法

指示灯	问题	解决方法
打印纸指示灯亮	装纸错误	重新装入打印纸
墨水指示灯闪烁	墨盒墨量低	准备一个新的爱普生原装墨盒
墨水指示灯亮	墨盒已到使用寿命	更换墨盒
	墨盒安装不正确	更换墨盒后指示灯仍闪烁，可将墨盒重新安装
开关On指示灯闪烁	进入休眠状态	按下除了“On”键之外的其他键，就可以恢复到工作状态
打印指示灯闪烁	卡纸	按下“彩色照片”键，退出夹纸
		关闭电源，用手取出出纸器中的夹纸及碎纸，用手取出进纸器中的夹纸及碎纸
		关闭电源，打开扫描仪组件，取出夹纸
所有指示灯闪烁	未知错误	关闭电源，取出打印纸，再开启电源，如果错误仍然存在，请与爱普生售后联系
所有指示灯亮	打印机中的废墨收集垫，吸收量已饱和	与爱普生售后联系

任务实施

多功能一体机在使用时，可能会出现墨头堵、打印效果不好等现象，如何处理呢？现以EPSON ME Office 520多功能一体机进行说明。

选择“开始”菜单，选择并单击“设备和打印机”菜单，弹出“设备和打印机”窗口。在窗口中，选择“EPSON ME 520 Series”项，单击鼠标右键，在弹出的快捷菜单中选择“打印机首选项”命令，弹出“EPSON ME 520 Series打印首选项”对话框，如图8-80所示。

对于EPSON ME 520 Series打印机，系统提供了“EPSON Status Monitor 3”“喷嘴检查”“打印头清洗”“打印头校准”“更换墨盒”等五项维护功能，其操作非常简单，只要用鼠标单击提示左侧的按钮，按照相应提示进行操作即可。

扫描二维码，观看多功能一体机维护视频。

扫码看视频

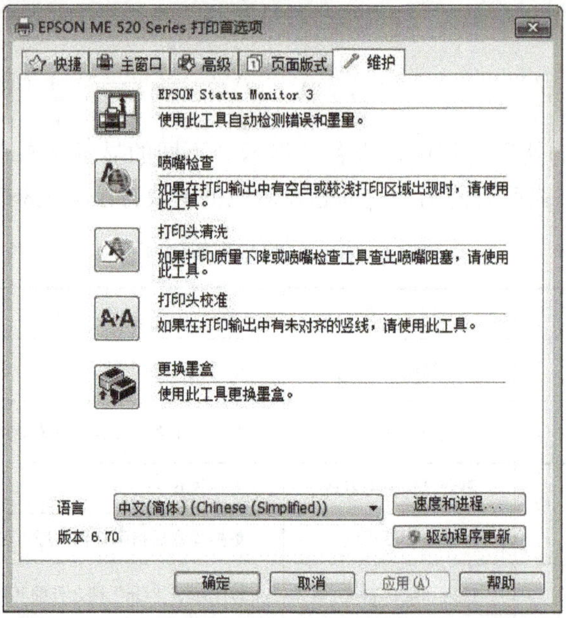

图 8-80 “EPSON ME 520 Series 打印首选项”对话框

任务拓展

1. 更换墨盒

操作步骤：

第1步：检查要更换的墨盒的颜色，如图8-81所示。

第2步：用手置于图8-82所示的位置打开扫描仪组件，在操作时不要用手触摸字车轴，不要触摸内部的白色扁平电缆，不要在打开扫描仪组件的同时打开文稿台。

图 8-81　更换墨盒第 1 步

图 8-82　更换墨盒第 2 步

第3步：打开墨盒舱盖，如图8-83所示。

第4步：从墨盒舱中取出要更换的墨盒，如图8-84所示。

第5步：打开墨盒包装前先摇晃墨盒数次，如图8-85所示。

第6步：取下黄色胶条，在操作时不要撕下侧面的标签，不要碰触墨盒侧面的绿色IC芯片，不要撕下墨盒供墨口处的封条，如图8-86所示。

第7步：将墨盒插入墨盒舱中，然后向下推动墨盒直到其锁定到位，如图8-87所示。

第8步：合上墨盒舱盖，如图8-88所示。

图 8-83　更换墨盒第 3 步

图 8-84　更换墨盒第 4 步

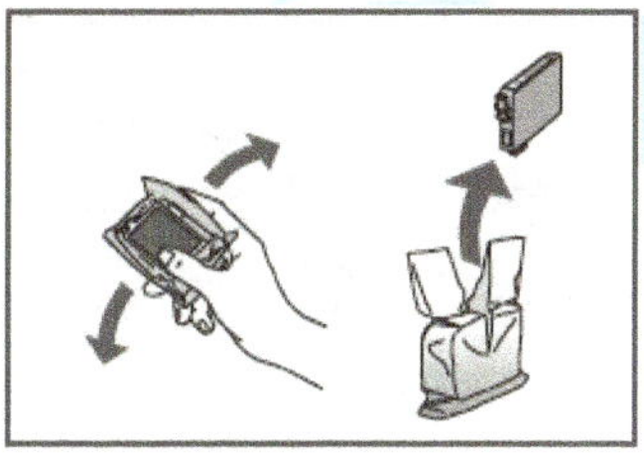

图 8-85　更换墨盒第 5 步

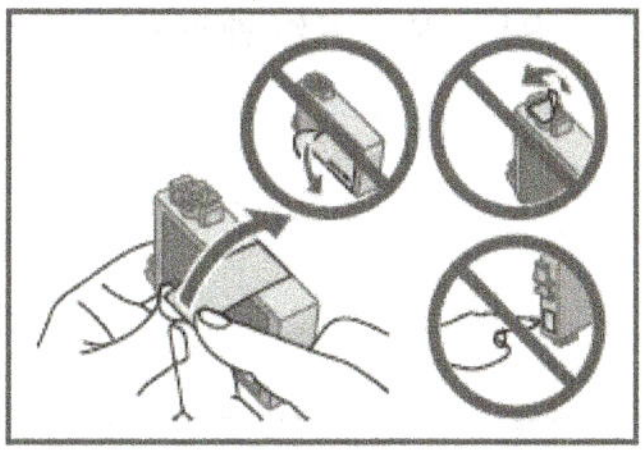

图 8-86　更换墨盒第 6 步

图 8-87　更换墨盒第 7 步

图 8-88　更换墨盒第 8 步

第9步：合上扫描仪组件，如图8-89所示。

第10步：按下“开始/Start”按钮开始充墨，如图8-90所示。

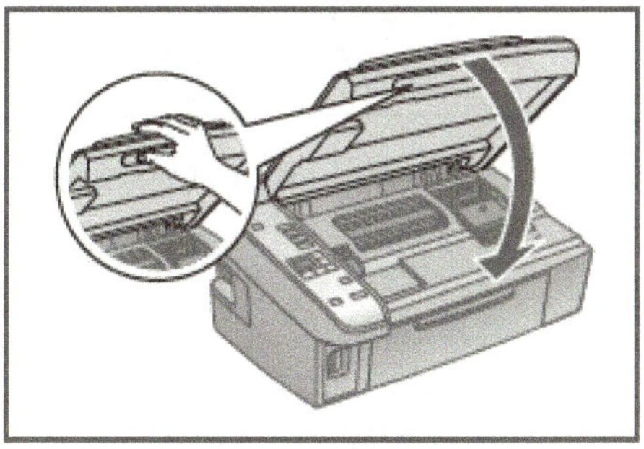

图 8-89　更换墨盒第 9 步

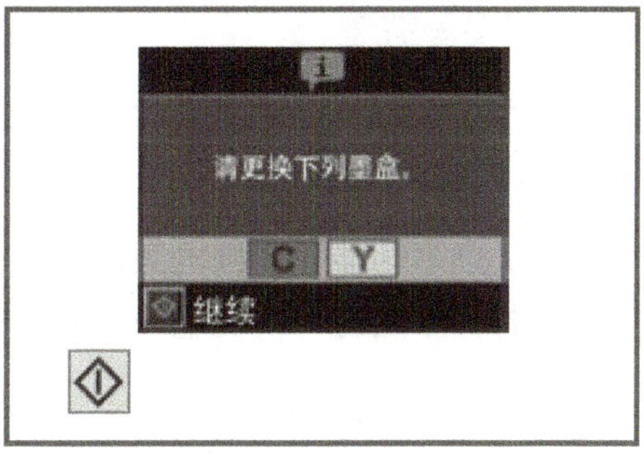

图 8-90　更换墨盒第 10 步

2. 夹纸

（1）多功能一体机内部夹纸处理方法1　操作步骤：

第1步：打开扫描仪组件，如图8-91所示。

第2步：取出夹纸，如图8-92所示。

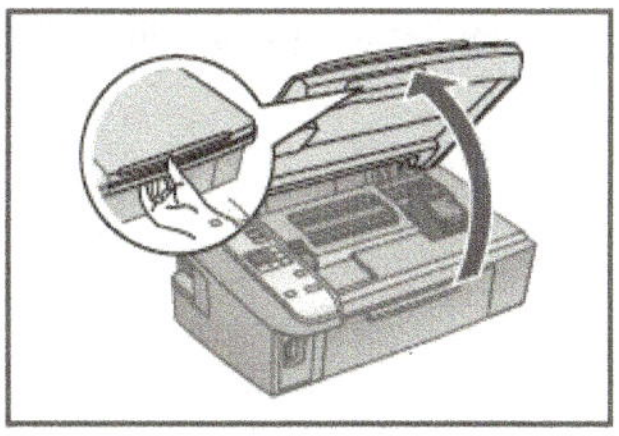

图 8-91　内部夹纸处理第 1 步

图 8-92　内部夹纸处理第 2 步

第3步：合上扫描仪组件，如图8-93所示。

第4步：按下“开始/Start”按钮开始打印，如图8-94所示。

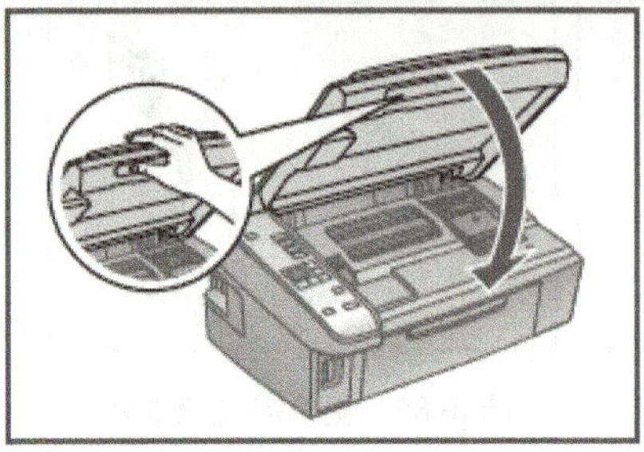

图 8-93　内部夹纸处理第 3 步

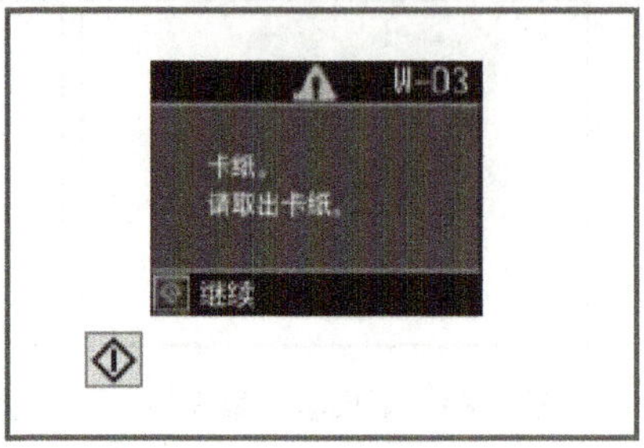

图 8-94　内部夹纸处理第 4 步

（2）多功能一体机内部夹纸处理方法2　操作步骤：

第1步：打开扫描仪组件，如图8-95所示。

第2步：取出夹住的打印纸，如图8-96所示。

图 8-95　内部夹纸处理第 1 步

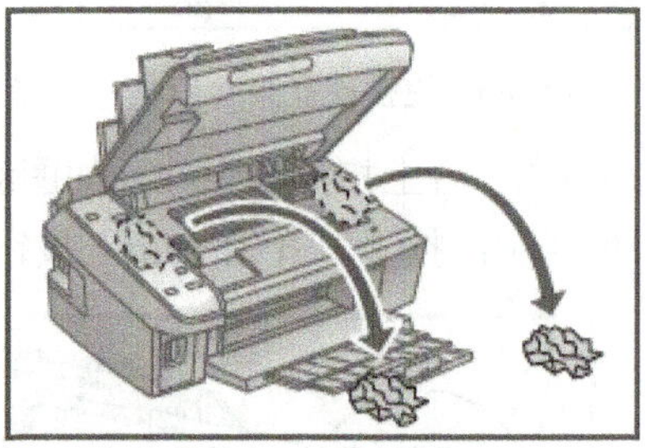

图 8-96　内部夹纸处理第 2 步

第3步：关闭多功能一体机电源，如图8-97所示。

第4步：打开多功能一体机电源，如图8-98所示。

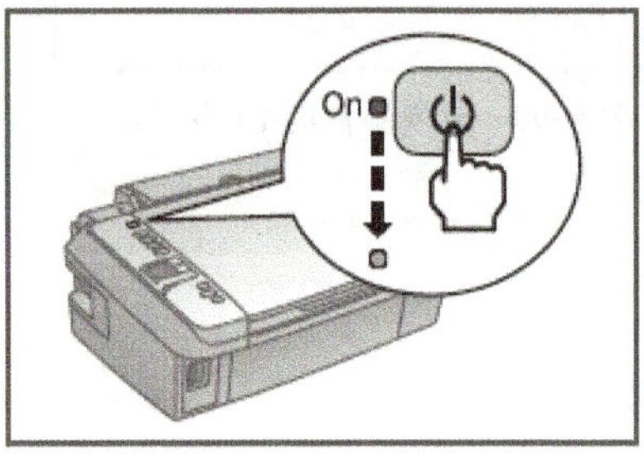

图 8-97　内部夹纸处理第 3 步

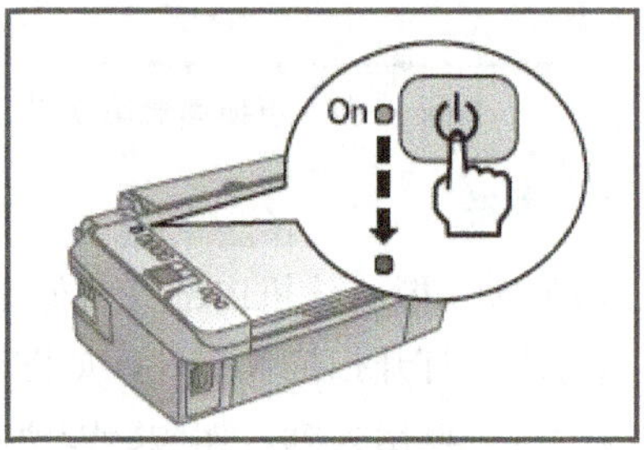

图 8-98　内部夹纸处理第 4 步

温馨提示

夹纸注意事项

如果在进纸器的入口处还残留有打印纸，必须将其轻轻拉出，否则设备不能工作。

知识储备

清洁多功能一体机

要保持打印和扫描质量，在设备使用一段时间之后或出现打印和扫描质量问题时，请按以下步骤清洁机器，不要使用含有大量酒精、稀释剂或其他烈性物质的清洁剂清洗机器外壳，可能会造成外壳褪色或破裂。

1. 清洁机器外部

用无绒的软布清洁机器外壳。软布可用水稍微蘸湿，但注意不要让水滴到机器上或滴入机器内。

2. 清洁机器内部

多功能一体机在打印过程中，纸屑、墨粉和灰尘颗粒会堆积在机器内部，这样会造成打印质量问题。清洁机器内部能够清除或减少这类问题。

操作步骤：

第1步：关闭机器，拔掉电源线，等待机器冷却。

第2步：打开前盖，然后拉出墨盒，将它放在一个干净的平面上。

第3步：用无绒的干布，将墨粉盒区域和墨粉盒腔内的灰尘与洒出的墨粉擦掉。

第4步：找到墨粉盒舱内上部的长条玻璃，轻轻擦拭玻璃，看灰尘是否使白色的棉花变黑。

第5步：重新插入墨盒，然后关闭前盖。

3. 清洁扫描装置

保持扫描装置清洁有助于复印件获得最佳的效果。建议用户在每天开始工作时清洁扫描装置。

操作步骤：

第1步：将无绒的软布或纸巾用水稍微蘸湿。

第2步：打开文档盖板。

第3步：擦拭文档扫描玻璃板表面直至其洁净干燥。

第4步：擦拭文档盖板的下侧直至其洁净干燥。

第5步：关闭文档盖板。

项目小结

为了更好地适应信息化时代的快节奏办公要求，单位购置了集传真、打印、复印、扫描等功能的多功能一体机。它以丰富的功能，低廉的使用成本，越来越受到用户的喜欢，成为现代办公中使用最为广泛的办公设备之一。

本项目从多功能一体机的分类出发，介绍了设备的主要技术指标，对设备选购、保养及其注意事项进行了深入的探讨，具体介绍了设备的安装、使用、维护方法。同时，列举了设备的常见故障与故障排除方法，以使读者能够借助使用手册和使用经验对一些常见的简单故障进行排除。

实战强化

1. 多功能一体机的连接

（1）目的要求

掌握多功能一体机的安装方法。

（2）实践内容

1）安装设备各部件及其连线。

2）安装驱动程序。

（3）测试项目（见表8-4）

表 8-4 测试项目

序号	项目	操作项目	学生自评	教师评价	备注
1	熟悉面板	① 正确说出各功能键的名称 ② 正确说出各功能键的功能			
2	连接多功能一体机	① 能正确连接多功能一体机 ② 操作是否规范			
3	安装驱动程序	① 正确安装驱动程序及相关软件 ② 操作是否规范			

（4）注意事项

在操作过程中，不要用力过猛，以免损坏机器。

2. 多功能一体机的基本操作

（1）目的要求

掌握多功能一体机的基本操作方法。

（2）实践内容

在教师的指导下，按操作规范和操作步骤进行操作。

1）打印文档。

2）复印文稿。

3）扫描文稿。

（3）测试项目（见表8-5）

表 8-5 测试项目

序号	项目	操作项目	学生自评	教师评价	备注
1	打印文档	① 正确安装打印纸 ② 操作是否规范			
2	复印文稿	① 正确安装打印纸 ② 正确放置原稿 ③ 操作是否规范			
3	扫描文稿	① 正确安装打印纸 ② 正确放置原稿 ③ 操作是否规范			

3. 多功能一体机的维护

（1）目的要求

掌握多功能一体机的常见故障排除方法。

（2）实践内容

1）控制面板指示灯不同闪烁含义。

2）卡纸处理。

3）更换墨盒。

（3）测试项目（见表8-6）

表 8-6　测试项目

序　号	项　目	操 作 项 目	学 生 自 评	教 师 评 价	备　注
1	控制面板指示灯不同闪烁状态的含义	① 装纸错误 ② 墨盒墨量低 ③ 墨盒已到使用寿命 ④ 墨盒安装不正确 ⑤ 进入休眠状态			
2	卡纸处理	① 从进纸器中取出卡纸 ② 从出纸器中取出卡纸 ③ 从扫描仪组件中取出夹纸			
3	更换墨盒	① 更换墨盒 ② 操作是否规范			

职业应用项目领域9　使用投影机

职业能力目标

1）能依据产品性价比选购符合实际需求的投影机。

2）能依据产品说明书安装、调试投影机。

3）能依据不同的情况使用投影机。

4）能依据故障现象诊断、维护与保养投影机。

1989年，世界上第一台液晶投影机——VPL-2000诞生于日本爱普生公司。投影机作为一种新型的多功能显示设备，广泛应用于多媒体教学、会议、专题讲座、网络中心、指挥监控中心、家庭娱乐等场所。它不仅可以作为计算机、工作站等设备的显示输出终端，还可以接收录像机、电视机、数码影碟机、视频展台等视频设备。它是一种应用非常广泛的大屏幕显示设备。

任务1　认识和选购投影机

在21世纪，媒体的展示形式越来越多，其中大屏幕投影机的使用受到人们的关注，它能与计算机画面同步展示，生动地表现所要表现的内容，深受人们的欢迎。

任务情境

在学校进行多媒体教学的过程中，为了提高授课效果和授课质量经常使用投影机。一天教务处长让教务处的小张去买一台投影机，为了进行多媒体教学和会议使用。

"买什么品牌、什么型号的呢？"

"买品牌的，放心，而且售后服务较好！"

如何为教务处选购一台投影机呢？

随即，小王上网进行查询。

任务分析

投影机品牌多样，种类繁多，用户无法确定选购哪一款投影机，就需要对投影机种类及主要技术指标有初步的了解，才能有的放矢地选购和使用投影机。

1. 投影机的分类

（1）依据采用的投影技术分类　投影机可分为CRT、LCD、DLP、LCOS四类。不同类型的投影机如图9-1所示。

1）CRT投影机是应用最早、最广泛的投影机。CRT技术已经比较成熟，它的优点是图像色彩丰富，还原性好，但操作比较复杂，机身体积庞大，价格昂贵，适应环境差，目前已经逐渐退出市场。

2）LCD投影机又可分为液晶光阀和液晶板两种技术。液晶光阀投影机采用CRT管和液晶光阀作为成像器件，是一个过渡性的产品；液晶板投影仪采用液晶板作为成像器件，该类产品的特点是分辨率和亮度高、色彩艳丽、体积小、价格适中，缺点是液晶板和灯炮的寿命相对短一些。LCD投影机目前大量应用于各个领域，是主流技术产品之一。

3）DLP投影机又称为数字光路投影机，它脱离了传统的模拟显示模式，实现数字信息显示。它的图像灰度和色彩都达到很高的等级，图像噪声较低，色彩还原真实度高，画面质量稳定。DLP投影仪清晰度高、画面均匀、色彩锐利、体积小巧，不需要进行会聚调整，可随意变焦，调整很方便，但是价格较贵。

4）LCOS投影机在色彩饱和度、还原度、动感画面连续性上都有较佳表现，体积也可以做得比较小巧，价格比较有竞争优势，与LCD技术相比在亮度、分辨率上也有很大提高。LCOS投影机主要应用于演示和娱乐，是刚刚兴起的产品，今后必将会逐渐成为主流。

a）　b）　c）　d）

图 9-1　不同类型投影机

a）CRT　b）LCD　c）DLP　d）LCOS

（2）依据应用环境分类　投影机可分为家庭影院型、教育会议型、便携商务型、主流工程型和专业剧院型5类。

（3）依据安装方式分类　投影机可分为正投、背投、吊投和侧投4类安装方式。

1）正投指观众和投影机相对投影幕是同侧的安装方式。

2）背投指观众和投影机分居投影幕两侧的安装方式。

3）吊投指通过安装吊架，用螺钉和螺栓将投影机固定吊装在顶棚的安装方式。

4）侧投是近几年才兴起的一种安装方式，通常与桌面式配对使用。有些原来没有安装投影机的演示厅并没有预留投影机的位置，即使临时勉强挂上投影幕，投影机也无处容身。此时侧投就派上用场了，投影机可以不必安放在与投影幕正对的方向上，只要调整水平梯形校正，就可以使画面恢复正常。

2. 技术指标

（1）对比度　对比度是画面黑与白的比值，比值越大，从黑到白的渐变层次就越多，从而色彩表现越丰富。对比度对视觉效果的影响非常关键，一般来说对比度越大，图像越清晰醒目，色彩也越鲜明艳丽。

（2）标准或最大分辨率　标准分辨率指投影机投出的图像原始分辨率，分辨率越高，可接收分辨率的范围越大，则投影机的适应范围越广。通常用物理分辨率来评价液晶投影机的档次。

最大分辨率称为可显示的最高分辨率，它指投影机可显示的输入信号的最高分辨率。投影机通过图像处理算法，可对输入信号进行缩放处理，实现信号满屏显示。

（3）投影镜头　在投影镜头的指标中，F是镜头的透光度。F越小，镜头的透光性越好。F是镜头的放大比率。为使用方便，一个镜头设置多档光圈，光圈的数值越大，光圈就越小，光通量也越少，每一个镜头的最大光圈都用数值标在镜头的前方。

焦距是用数值来表示的，分为短焦、标准和长焦，还有超短和超长焦。数值越小焦距越短，数值越大焦距越长。焦距决定了打满预定尺寸时投影机与影幕的距离，焦距越短，投影机与影幕的距离就越近，反之就越远。一般投影机的镜头都是标准镜头。

（4）色彩数　色彩数就是屏幕上最多显示多少种颜色。对于屏幕上的每一个像素来说，256种颜色要用8位二进制数表示。现在大多数投影机都支持24位真彩色。

（5）工作噪声　投影机工作时，由于风扇高速转动散热而带来噪声。因此，应选择既要保持良好的散热，又要降低噪声，即散热噪声不超过35dB的投影机。

（6）ANSI流明　投影机的主要性能指标，为亮度的计量单位，用ANSI表示。一般来说，流明数值越高表示投影机越亮，投影机档次越高。

（7）屏幕宽高比例或画面尺寸　投影屏幕宽高比例指屏幕画面纵向和横向的比例。屏幕宽高比可以用两个整数的比来表示，也可以用一个小数来表示，如4:3或1.33。计算机及数据信号和普通电视信号的宽高比为是4:3或1.33，电影及DVD和高清晰度电视的宽高比是16:9或1.78。

画面尺寸指投出的画面的大小，有最小图像尺寸和最大图像尺寸两种，一般用对角线尺寸表示，单位是英寸。这个指标是由投影光学变焦性能决定的，要投放预定的尺寸，须将投影机放置在与屏幕相应的距离上。根据各种投影机的镜头和亮度不同，画面尺寸与投影距离的关系有所不同。

知识储备

投影屏幕

投影屏幕是投影机周边设备中最常使用的产品。投影屏幕通常可分为正投屏幕和背投屏幕两种。正投屏幕又分为软屏幕和硬屏幕，其中软屏幕包括白屏幕、珠光屏幕和金属屏幕；硬屏幕包括平面屏幕和弧形屏幕。背投屏幕也可分为软屏幕和硬屏幕。

（1）白屏幕　如果有很多人要在一个大的范围内观看投影图像，这个图像还需在房间的所有地方都可以获得同样的亮度，则需要白屏幕。

（2）珠光屏幕　在玻璃纤维等结实的基层布上，黏结微粒玻璃珠而制成。这种类型的屏幕，可以最亮的亮度向入射位置反射。

（3）金属屏幕　在基层布上黏结铝涂层制成。用此屏幕可以得到2～4倍光亮和画面，呈现镜面特征，出射角等于入射角。

（4）金属弧形幕　当在较小的房间内安装投影机时，不管是地面安装还是吊装，使用铝制弧形幕都可获得非常明亮的画面。

投影机灯泡

投影机灯泡是投影机的唯一耗材，属于易耗品，具有一定的使用寿命。目前，市面上的投影机灯泡主要有超高压汞灯泡和金属卤素灯泡两大类，通常见到的UHE、UHP和UMPRD灯泡是按不同品牌划分的。

采用超高压汞填充技术的UHE灯泡和UHP灯泡具有功耗低、发热量小的特点，通常被称为冷光源灯泡。目前主流的灯泡类型就是冷光源灯泡。冷光源灯泡的优势非常明显，其特点是功耗较低、发热量较小，投影机温升也相对较低，因此适合投影机长时间工作。

金属卤素灯泡不属于冷光源，它产生暖光，需要较大功率才能产生与冷光源灯泡同等的亮度，而且使用寿命较短、亮度衰减较大。它发热量大，对投影机的散热系统要求也比较高，所以不宜用作长时间投影。

需要特别注意的是，一般不同投影机的灯泡是不能通用的，因此在选购的时候一定要仔细看清楚投影机使用的是哪种型号的灯泡。

另外，投影机灯泡家族中出现了一个新秀——氙灯。氙灯由于技术含量较高、价格较贵，目前只应用在高端投影机上。氙灯是一种很有前途的光源，随着技术的进步和成熟，必将被普遍应用到各种投影机上。

任务实施

1. 明确选购目标

1）投影机首先要符合教学需求。

2）投影机的分辨率要达到1920像素×1200像素。

3）投影机亮度要选择1500～2500lm。

4）投影机操作简单易用。

5）还要有辅助功能，如画面放大、画面冻结、光教鞭、投影机和计算机的切换，以及画面翻转等。

6）售后服务方便，信誉度高。

2. 市场及网络调研

通过对市场调查及网络查询，依据所提出的选购目标，对不同的产品进行比较，从满足教学工作要求、产品性能、价格、售后服务等多方面进行考虑，决定选择明基TH1060作为本次教务处选购的机型。明基TH1060机身设计给人简洁、沉稳、大气的视觉效果，镜头后方的亮银色对焦环宽大粗糙，表面布满防滑颗粒，既显得粗犷，又有效增加了操作手感，其外观如图9-2所示。

图 9-2　明基 TH1060 投影机

扫描二维码，观看投影机选购视频。

扫码看视频

任务拓展

某时尚青年准备为自己购置一台投影机用于家庭娱乐，平时可以通过设备看一些电影，要求投影机可以接收网络信号进行观看，体积较小，节省空间。其具体要求如下：

1）设备具有CPU，支持5G Wi-Fi。

2）视频格式支持1080P。

3）投影亮度不低于500lm。

4）分辨率不低于1280像素×800像素，对比度不低于1000:1。

5）灯泡寿命比较长。

6）具有常用输入端口。

7）设备价格控制在3000元左右。

按要求选择3款投影机，将各款投影机的技术参数填写到表9-1中，用于帮助客户选购符合要求的设备。

表 9-1　投影机参数对照

相关设备参数	备选设备-1	备选设备-2	备选设备-3
参考价格			
品牌			
型号			
……			

经验分享

投影机选购注意事项

确定所选机型后，如何通过投影产生的画面来鉴别投影机的实际指标呢？

（1）检查水平扫描频率范围　根据技术指标上给出的水平扫描频率扫描范围，从中选高、中、低三个频率，计算出 3 个频率点相对应的图像分辨率。检查投影机在这 3 个分辨率下是否能正常显示。

（2）检查聚焦性能　用投影机内部产生的测试方格或信号发生器、计算机产生的测试方格，将聚焦调至最佳位置，将图像对比度由低向高变化，观察方格水平和垂直线条。

（3）检查视频带宽　视频带宽直接影响视频的细节部分，用计算机或信号发生器产生一个投影机所能达到最高分辨率的白底图形信号，观察屏幕上的最小字符图形是否清晰。

（4）LCD 投影机的现场检查　打出一个全白图像，观察颜色均匀度。

投影机灯泡的选择

（1）依据投影机使用环境　如果在小型会议室内使用，对亮度要求不高，选择2000lm左右普通的金属卤素灯泡就能满足需要；如果是在比较明亮的大型会议厅使用，投影距离远、投影屏幕比较大，则应选购3000lm亮度的冷光源类型的UHE、UHP、UMPRD和SAP灯泡来满足要求；如果是家庭用户，主要用于观看电视、电影，对清晰度和动态效果要求比较高，则高亮度的冷光源灯泡是家庭用户的首选。

（2）依据不同的价格购买　投影机灯泡的成本大约占投影机的30%，购买哪种类型的灯泡还要看投影机的使用频率，才不会造成浪费。

（3）依据不同的使用频率购买　如果使用频率不高、使用时间不长，则可选择寿命比较短、价格比较低廉的金属卤素灯泡；对于大中型企业和家庭用户，使用比较频繁、使用时间比较长，则最好选用亮度衰减小、寿命长的UHE、UHP冷光源灯泡，这类灯泡不仅可以确保投影机长时间工作，还能提供高的亮度和对比度，满足用户对大屏幕、远距离的投影需求。

选择投影屏幕

（1）屏幕类型　屏幕类型应根据具体使用需要来决定。投影屏幕可选择挂墙的类型或天花装嵌类型，还有手动、电动之分；如果需要固定位置的投影场地，那么挂墙式、挂顶棚式或三脚支架式的屏幕是最好的选择；如果需要移动屏幕到不同的方位，则可选择便携式屏幕。

（2）最佳的屏幕尺寸　屏幕尺寸主要取决于使用面积、观众座位和位置。必须明确是选择适合观众的屏幕，而不是选择适合投影机的屏幕，要把观众的视觉感受放在第一位。

1）屏幕高度要让每一排的观众都能清楚地看到投影画面的内容，屏幕高度大约等于从屏幕到观众席最后一排座位的距离的1/6。

2）屏幕到第一排座位的距离应大于2倍屏幕的高度。

3）屏幕底边离地面距离1.5m左右。

屏幕面料要适合投影机及观众的需要。如果一张屏幕需要供给多部投影机使用，则屏幕面料应选择适合对屏幕要求较高投影机的需要。如果同时拥有幻灯机和影像投影机，由于投影机的光线输出量比幻灯机低，所以，应选择那种反射率参数适合投影机的面料。但是，由于现在多数投影机的亮度都比较高，所以采用反射率比玻璃珠幕低的白塑幕反而可获得更好的投影效果。投影幕参数对照表见表9-2。

表9-2　投影幕参数对照

卷帘屏幕（4:3）		卷帘屏幕（16:9）	
对角线/in	尺寸/m×m	对角线/in	尺寸/m×m
100	2.0×1.5	92	2.03×1.44
120	2.4×1.8	106	2.34×1.32
150	3.0×2.4	133	2.94×1.65
180	3.6×2.4	159	3.55×1.98
200	4.2×3.2	161	3.55×2.03

（续）

卷帘/支架（方幕）		快装活动幕（4:3）		背投屏幕（丹麦DNP）	
对角线/in	尺寸/m×m	对角线/in	尺寸/m×m	对角线/in	尺寸/m×m
50×50	1.27×1.26	100	2.032×1.524	67	1.04×1.37
60×60	1.52×1.52	120	2.438×1.830	72	1.10×1.46
70×70	1.78×1.78	150	3.040×2.280	84	1.28×1.70
84×84	2.13×2.13	180	3.660×2.740	100	1.52×2.03
96×96	2.44×2.44	200	4.267×3.200	120	1.83×2.44
108×108	2.78×2.78	250	3.675×4.876	150	2.28×3.04
120×120	3.05×3.05	300	6.090×4.570		
144×144	3.66×3.66				

（3）投影设备需求的影像格式与屏幕比例　常见投影设备需求的影像格式与屏幕比例见表9-3。

表 9-3　影像格式与投影屏幕比例关系

影像格式	屏幕比例（宽:高）	影像格式	屏幕比例（宽:高）
VGA信号	4:3	PAL制式	4:3
投影机	1:1	HDTV（高清晰度电视）	16:9
NTSC制式	4:3	宽银幕	1.85:1

任务2　安装投影机

由于投影机的安装方式、连接方式各不相同，所以掌握其安装方法是十分必要的。

任务情境

教务处小张，从某公司买回一台明基TH1060投影机。这时，有位教师来借用投影机，为学生举办讲座，小张提出一个建议，两个人共同进行安装，那么他们是如何安装这台投影机的呢？

任务分析

1. 投影机的安装环境选择

当投影机工作时，受环境光线的影响较大，室外光线和室内灯光太强会直接使投影效果变差。在布置投影环境时应注意以下几点：

1）安置窗帘遮挡室外光线。

2）屏幕上方或近处光源应关闭。

3）墙壁、地板尽量不使用易反光材料。

4）局部范围照明，可使用聚光灯。

5）选择与环境搭配的投影屏幕。

2. 投影机各部件名称及功能

现以明基TH1060投影机为例进行说明，对投影机的部件有一个初步的了解。

1）投影机正面或上面各位置如图9-3所示。

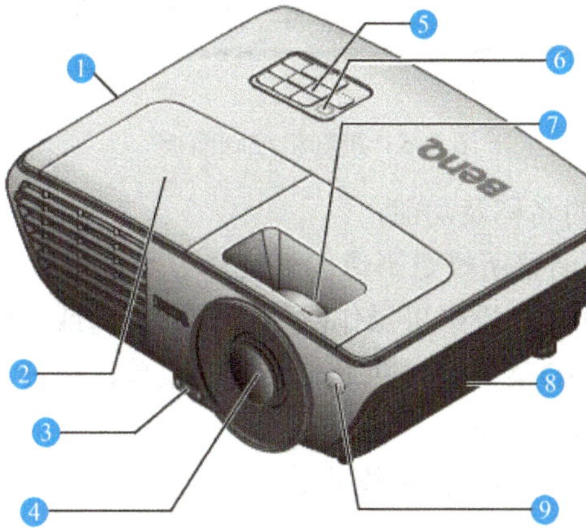

图 9-3　投影机正面或上面

2）投影机后面或底面如图9-4所示。

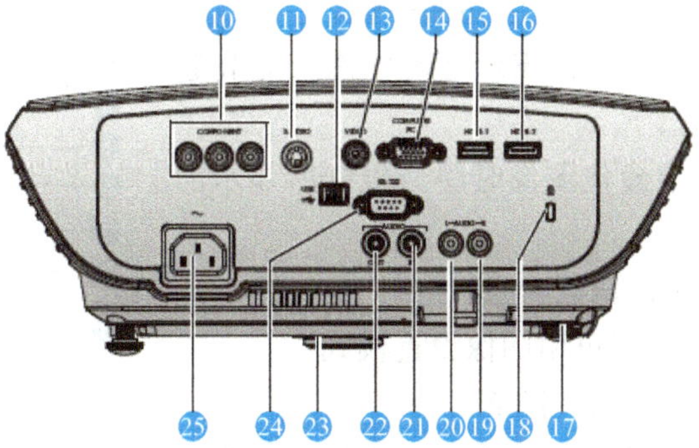

图 9-4　投影机后面或底面

图9-3和图9-4所示投影机各位置名称如下：

①通风口（排出热空气）；②灯罩；③快速装拆按钮；④投影镜头；⑤外部控制面板；⑥顶部红外线遥控传感器；⑦调焦圈和缩放圈；⑧通风口（吸入冷空气）；⑨前部红外线遥控传感器；⑩COMPONENT输入接口；⑪S-VIDEO输入接口；⑫USB输入接口；⑬VIDEO输入接口；⑭PC输入接口；⑮HDMI1输入接口；⑯HDMI2输入接口；⑰后调节支脚；⑱Kensington防盗锁插槽；⑲音频输入插孔（左）；⑳音频输入插孔（右）；▪音频输入插孔；▪音频输出插孔；▪快速装拆支脚；▪RS—232控制端口；▪AC电源线插口。

3）投影机控制面板如图9-5所示。

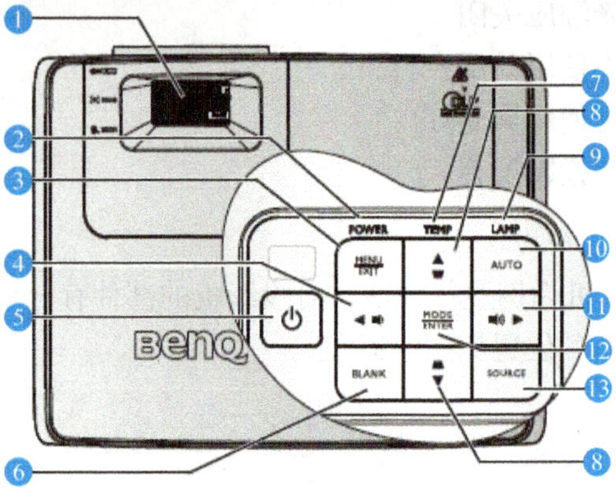

图 9-5　投影机控制面板

投影机控制面板各按钮的名称及功能：

①调焦圈/缩放圈：用于调整所投射影像的外观。

②POWER（电源指示灯）：投影机操作时指示灯会亮起或闪烁。

③MENU/EXIT：开启OSD菜单。返回上一个OSD菜单，离开并储存菜单设定。

④◀向左/减小音量🔉：减小音量。

⑤⏻电源：开启投影机或切换成待机模式。

⑥BLANK：可用于隐藏屏幕影像。

⑦TEMP（温度警示灯）：如果投影机温度过高，警示灯会亮红灯。

⑧ 梯形失真校正/箭头键（⏷/▲向上、⏶/▼向下）：手动校正因投影角度而产生的扭曲图像。

⑨LAMP（灯泡指示灯）：表示灯泡状态。灯亮起或闪烁，表示灯泡有问题。

⑩ AUTO：自动确定最佳图像时序（根据所显示的图像）。

⑪ ▶向右/增大音量🔊：增大音量。

⑫ MODE/ENTER：选择可用图像设置模式。

⑬ SOURCE：显示信号源选择条。

4）遥控器可以帮助使用者更加方便地使用投影机，如图9-6所示。

遥控器各按键的名称及功能：

①红外线发射器：将信号发射到投影机。

②LED指示灯：仅当按下按键时点亮。

③ ON 电源打开：可让投影机在待机和开启模式之间切换。

④VIDEO：显示VIDEO信号源选择。

⑤COMPP：显示COMPONENT信号源选择。

⑥HDMI1：显示HDMI1信号源选择。

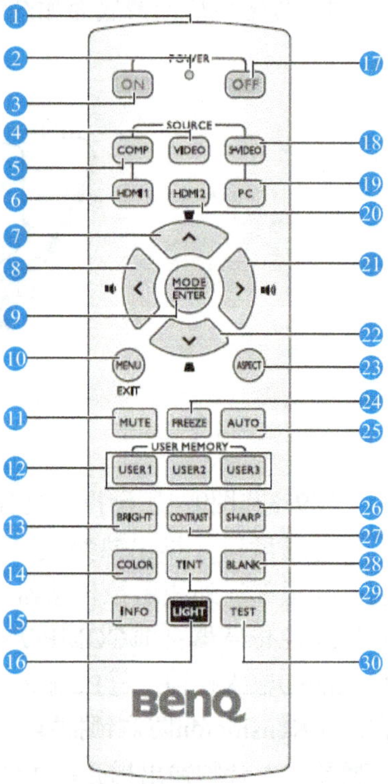

图 9-6　遥控器

⑦ 向上光标/梯形失真校正（∧/▼）：∧表示切换和更改OSD中的设置；▼表示手动校正因投影角度而产生的扭曲图像。

⑧ 向左光标/减小音量（</🔉）：<表示切换和更改OSD中的设置；🔉表示减小音量。

⑨ MODE/ENTER：MODE表示根据使用环境选择合适的预设模式；ENTER表示OSD菜单的确认键。

⑩ MENU/EXIT：MENU表示打开屏幕显示OSD菜单；EXIT表示返回到之前的屏幕显示菜单，退出并保存菜单设置。

⑪ MUTE：使内置扬声器静音。

⑫ USER1/USER2/USER3：选择用户记忆设置。

⑬ BRIGHT：显示亮度设置条。

⑭ COLOR：显示色彩设置条。

⑮ INFO：启动信息功能。

⑯ LIGHT：将遥控器背光灯开启或关闭约10s，若背光灯亮时按任意键，则背光灯继续点亮10s。

⑰ OFF 电源OFF：关闭投影机电源。

⑱ S VIDEO：显示S VIDEO信号源选择。

⑲ PC：显示PC信号源选择。

⑳ HDMI2：显示HDMI2信号源选择。

- 向右光标/增大音量（>/🔊）：>表示切换和更改OSD中的设置；🔊表示增大音量。
- 向下光标/梯形失真校正（∨/▲）：∨表示切换和更改OSD中的设置；▲表示手动校正因投影角度而产生的扭曲图像。
- ASPECT：选择显示比例。
- FREEZE：冻结或取消冻结屏幕画面。
- AUTO：自动确定最佳图像时序（根据所显示的图像）。
- SHARP：显示锐度设置条。
- CONRAST：显示对比度设置条。
- BLANK：隐藏屏幕画面。
- TINT：显示色调设置条。
- TEST：显示测试图案。

任务实施

投影机的安装是一个相当重要的环节，根据不同的环境及需要可采用不同的安装方式。

1. 投影机的安装方式

选择一个合适的安装方式对投影机来说非常重要。常见的投影机可按下列4种方式安装，如图9-7所示。

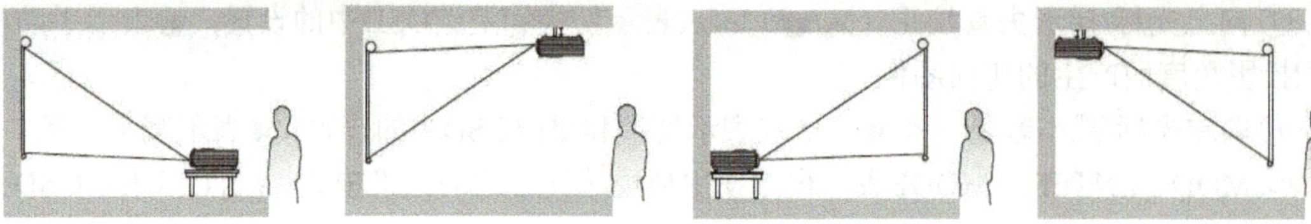

a）　b）　c）　d）

图 9-7　投影机安装方式

a）桌上正投　b）吊装正投　c）桌上背投　d）吊装背投

不同方式的安装特点如下：

（1）桌上正投　投影机位于屏幕正前方的桌子上，是放置投影机最普遍的方式，安装快速并具有移动性。

（2）吊装正投　投影机倒吊在屏幕正前方的顶棚上，使用专用顶棚安装组件，将投影机安装在顶棚上。开启投影机后，在系统中设定，投影机位置菜单中设定吊装正投方式。

（3）桌上背投　投影机位于屏幕正后方的桌子上，此时需要一个专用的投影屏幕。开启投影机后，在系统中设定，投影机位置菜单中设定桌上背投方式。

（4）吊装背投　投影机倒挂于屏幕正后方的顶棚上。在安装时需要一个专用的投影屏幕和投影机顶棚悬挂安装套件。开启投影机后，在系统中设定，投影机位置菜单中设定吊装背投方式。

温馨提示

吊装投影机注意事项

一般的投影机都具有将画面倒置功能，通过这种功能就可以将投影机吊装在天花板顶部使用。在吊装的过程中，需注意以下几点：

1）投影机与屏幕之间的距离不要太远也不能太近，要根据屏幕的大小来确定。

2）投影机镜头应该保持与悬挂屏幕的上边沿在同一水平线上。

3）投影机镜头中心点与投影屏幕中心点在同一垂直线上。

4）根据投影机的大小选择尺寸合适的安装吊架。

5）将固定用的螺钉和螺栓拧紧到位。

6）调整安装后投影画面的梯形。

7）安装使用后，保证关闭电源。

2. 投影机连线

要想获得良好的展示效果，就必须将投影机与计算机等设备进行很好地连接。

（1）连接计算机或显示器，连接示意图（见图9-8）

方法1：使用VGA线。

操作步骤：

第1步：选择一条VGA线，将其中一端连接至计算机的D Sub输出插孔，将VGA线另一端连接至投影机的PC信号输入插口。

第2步：如果使用投影机（混合单声道）的扬声器，则应将合适的音频线一端连接到计算机的音频输出插孔，另一端连接到投影机的音频插口。连接完成后，可用投影机的屏显（OSD）菜单来控制音频。

方法2：使用HDMI线。

操作步骤：

选择一条HDMI线，将其中一端连接到计算机的HDMI插口，将线缆的另一端连接到投影机上的HDMI信号输入插口。

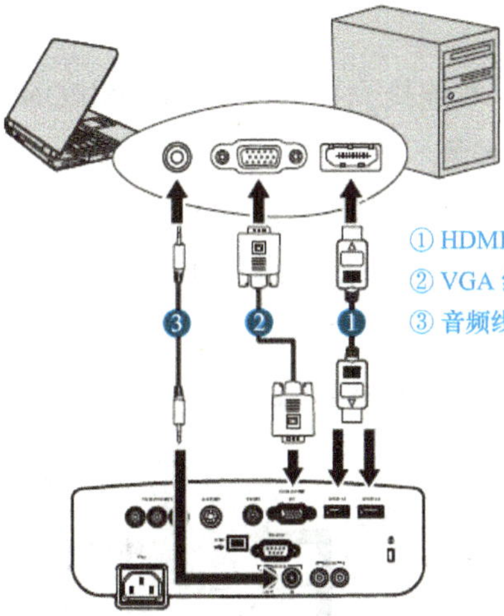

图 9-8　笔记本式计算机或台式计算机与投影机连接示意图

（2）连接视频源设备　投影机可以连接到提供HDMI、分量视频、S端子和Video（复合视频）输出插口之一的各种视频信号源设备。每种方法提供不同的视频质量，从投影机与视频源设备两者都有的插口中选用匹配的连接方式。

温馨提示

连接笔记本

许多笔记本式计算机连接到投影机时并未打开其外接视频端口。通常，按组合键<Fn+F3>或CTR/LCD键可接通或关闭外接显示器。在笔记本式计算机上找到标示CTR/LCD的功能键或带显示器符号的功能键，同时按下<Fn>键和标示的功能键。

方式1：连接HDMI信号源设备，连接示意图如图9-9所示。

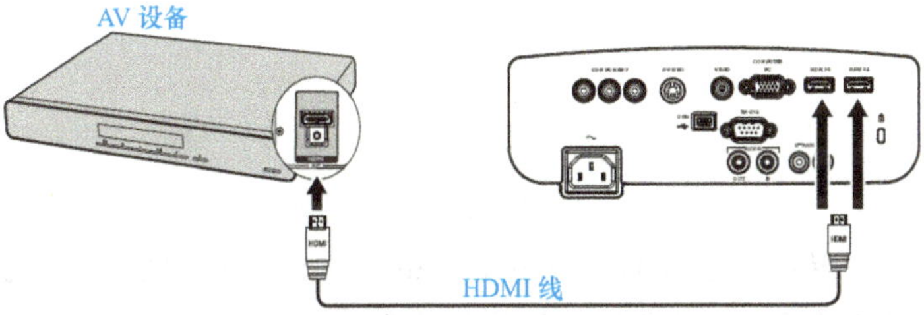

图 9-9　连接 HDMI 信号源设备示意图

操作步骤：选择一条HDMI线，将其一端连接到HDMI源设备的HDMI输出插口，将线缆的另一端连接到投影机上的HDMI信号输入插口。连接完成后，可用投影机的屏显（OSD）菜单来控制音频。

方式2：连接分量视频源设备，连接示意图如图9-10所示。

操作步骤：

第1步：选择一条分量视频线，将带有3个RCA型连接器的一端连接到视频信号源设备的分量视频输出插口，使插头的颜色与插口的颜色相匹配：绿对绿、蓝对蓝、红对红。

第2步：将分量视频线的另一端连接到投影机上的COMPONENT插口，使插头的颜色与插口的颜色相匹配：绿对绿、蓝对蓝、红对红。

第3步：选择一条合适的音频线，将其一端连接到AV设备上的左/右音频输出插口，将线缆的另一端连接到投影机上的左/右音频输入插口。连接完成后，可用投影机的屏显（OSD）菜单来控制音频。

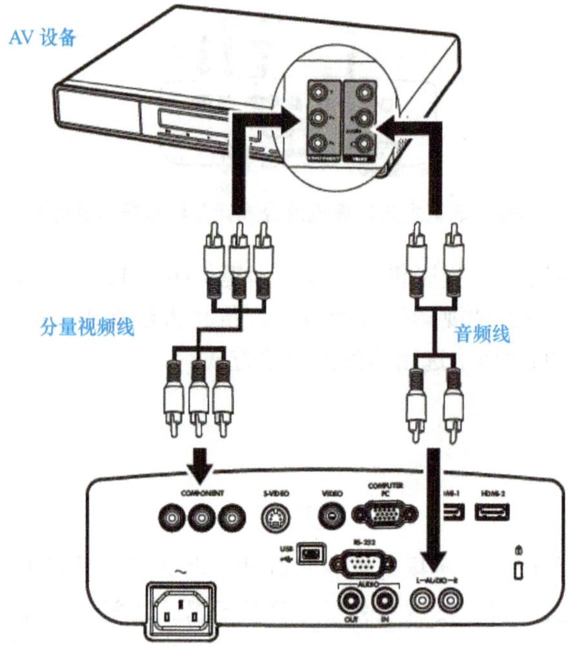

图 9-10　连接分量视频源设备示意图

温馨提示

连接分量视频源设备

投影机已打开并选择正确的视频源后，如果所选择的视频图像未显示，则检查视频源已打开并且正确运行，还要检查信号电缆是否正确连接。

方式3：连接S-端子视频源设备，连接示意图如图9-11所示。

操作步骤：

第1步：将S-端子视频线的一端连接到视频信号源设备S视频输出插口。

第2步：将S-端子视频线的另一端连接到投影机上的S VIDEO插口。

第3步：选择一条合适的音频线，将其一端连接到AV设备上的音频输出插口，将线缆的另一端连接到投影机上的左/右音频输入插口。连接完成后，可用投影机的屏显（OSD）菜单来控制音频。

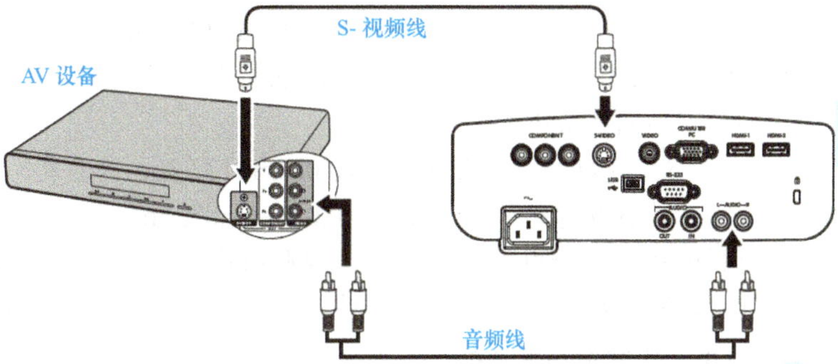

图 9-11　连接 S- 端子视频源设备示意图

方式4：连接复合视频源设备，连接示意图如图9-12所示。

操作步骤：

第1步：将视频线的一端连接到视频信号源设备的复合视频输出插口。

第2步：将视频线的另一端连接到投影机上的VIDEO插口。

第3步：选择一条合适的音频线，将其一端连接到AV设备上的音频输出插口，将线缆的另一端连接到投影机上的左/右音频输入插口。连接完成后，可用投影机的屏显（OSD）菜单来控制音频。

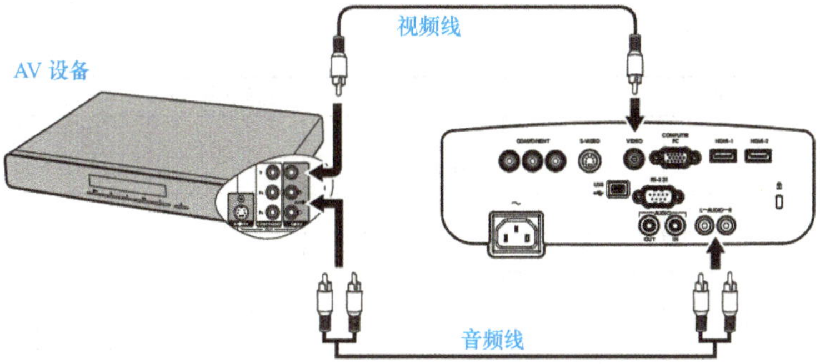

图 9-12　连接复合视频源设备示意图

任务拓展

在安装投影机时，要考虑投影距离和画面尺寸以适合使用场合。投影距离和画面尺寸是与投影机的焦距和液晶片尺寸紧密相关的，其相互关系如下：

（1）已知画面尺寸得到投射距离

最小投射距离（m）=最小焦距（m）×画面尺寸（in）÷液晶片尺寸（in）

最大投射距离（m）=最大焦距（m）×画面尺寸（in）÷液晶片尺寸（in）

（2）已知投射距离得到画面尺寸

最大投射画面（m）=投射距离（m）×液晶片尺寸（in）÷最小焦距（m）

最小投射画面（m）=投射距离（m）×液晶片尺寸（in）÷最大焦距（m）

例如，东芝TLP-S71的焦距是26.5～31.5mm，液晶片尺寸是0.7in的LCD板，需要85in的画面。

最小投射距离=0.0265m×85in÷0.7in=3.217m

最大投射距离=0.0315m×85in÷0.7in=3.825m

例如：爱普生EMP 6000的焦距是24.0～38.2mm，液晶片尺寸是0.8in的LCD板，投射距离为4m，求：最大的投射画面和最小的投射画面。

最大投射画面=4m×0.8in÷0.024m=133.3in

最小投射画面=4m×0.8in÷0.0382m=83.7in

需要根据投影画面尺寸来选择投影屏幕尺寸，现在所说的屏幕尺寸实际为屏幕对角线的长度，单位为英寸（in）。我国的常用度量单位为米（m），有必要知道根据屏幕尺寸（in）得到屏幕宽度（m）和屏幕高度（m）。

长度单位换算公式：1in=2.54cm=0.0254m

普通屏幕的宽度和高度的比为4:3，于是由勾股定理得到：

屏幕宽度（m）=屏幕尺寸（in）×0.0254m/in×0.8=屏幕尺寸÷50（m）

屏幕高度（m）=屏幕尺寸（in）×0.0254m/in×0.6=屏幕尺寸÷66（m）

依此公式：

60in的屏幕的宽度为（60÷50）m=1.2m，高度为（60÷66）m=0.909m

150in的屏幕的宽度为（150÷50）m=3m，高度为（150÷66）m=2.27m

200in的屏幕的宽度为（200÷50）m=4m，高度为（200÷66）m=3.03m

投影大小与投影距离对照见表9-4。

表9-4　投影大小与投影距离对照

屏幕尺寸				投影距离/cm			高度位移量/cm
对角线		宽/cm	高/cm	最小长度（使用最大镜头）	平均值	最大长度（使用最小镜头）	
in	cm						
30	762	610	457	550	606	661	23
40	1016	813	610	734	807	881	30
50	1270	1016	762	917	1009	1101	38
60	1524	1219	914	1101	1211	1321	46
80	2032	1626	1219	1468	1615	1761	61
100	2540	2032	1524	1835	2018	2202	76
120	3048	2438	1829	2202	2422	2642	91
150	3810	3048	2286	2752	3028	3303	114
200	5080	4064	3048	3670	4037	4404	152
220	5588	4470	3353	4037	4440	4844	168
250	6350	5080	3810	4587	5046	5505	191
300	7620	6096	4572	5505	6055	6606	229

任务3　使用投影机

投影机是展示信息的一种特殊办公设备，充分掌握投影机的正确使用方法是非常重要的，不但为日常办公带来了极大的便利，而且可以延长设备的使用寿命。

任务情境

学校的王老师要利用投影机为学生组织一场专题讲座，通过制作的PPT文档和笔记本式计算机展示课件，新购置的投影机就派上了用场。

任务分析

投影机的操作非常简单，只需要与计算机进行正确连接，通过遥控器对投影机进行控制。

任务实施

1．启动投影机

操作步骤：

第1步：将电源线插入投影机与电源插座。开启电源插座的开关，供应电源之后，检查投影机的POWER电源指示灯是否亮橘色灯，如图9-13所示。

第2步：掀开镜头护盖。镜头护盖若未取下，则可能会因投影机灯泡所产生的高热而变形。

第3步：按投影机上的电源⏻或遥控器上的ON按钮，启动投影机，如图9-14所示。当灯泡亮起时，会听见开机提示音。POWER电源指示灯便会开始闪烁绿色灯；当投影机启动完成后，便会恒亮绿色灯。开机步骤需要30s。开机程序的后段，会投射出开机的标志。

旋转对焦圈调整影像的清晰度。若要关闭铃声，则选择关闭开/关机提示音。

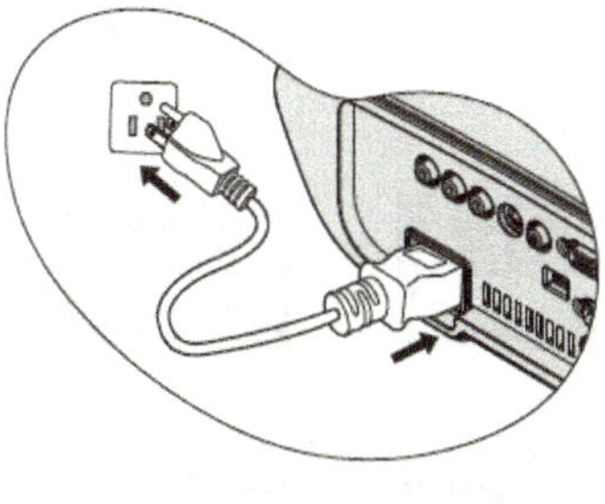

图 9-13　连接电源

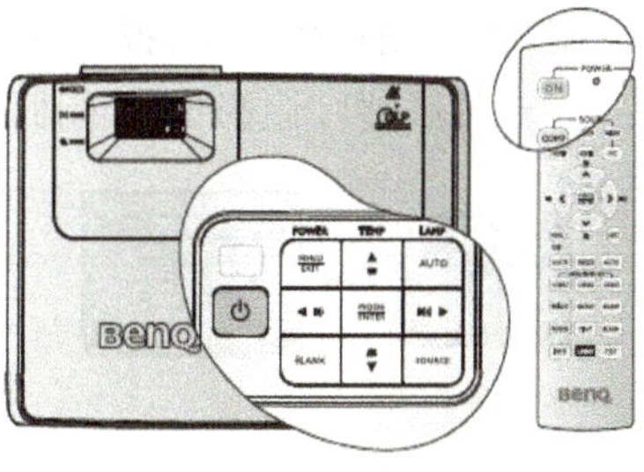

图 9-14　启动投影机

第4步：要使用屏显菜单，应先将其设置为熟悉的语言。

第5步：如果出现输入密码提示，则按箭头键输入5位密码。

第6步：接通所有连接的设备。

第7步：投影机开始搜索输入信号，屏幕左上角显示当前扫描的输入信号。如果投影机未检测到有效信号，则屏幕上将一直显示“无信号”信息，直到检测到输入信号，也可使用投影机或遥控器上的SOURCE选择所需要的输入信号。

2. 调整投影影像

（1）调整投射角度

操作步骤：

本投影机配有一个快速调整脚座和一个后调整脚座，这些调整器可以调整影像高度及投影角度。若要调整投影机，则可按图9-15所示操作进行。

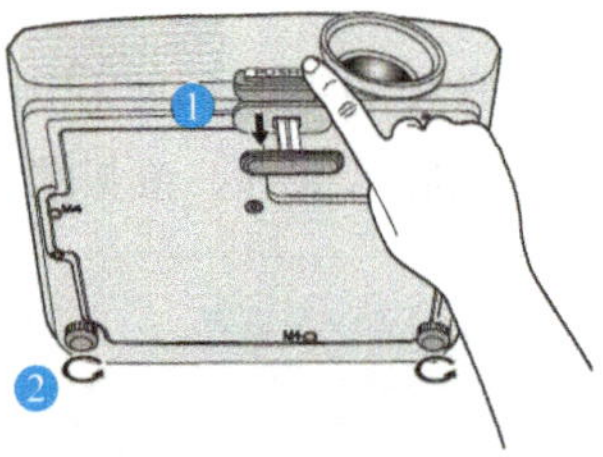

图 9-15　调整投射角度

第1步：按快速调整脚座按钮，然后抬高投影机前端。一旦影像调整好后，释放快速调整脚座按钮，以将支脚锁定到位。

第2步：旋转后调整支脚，微调水平角度。要收回支脚时，只要提起投影机，同时按一下前方快速装拆按钮，然后慢慢将投影机向下压即可，以相反方向旋转后调整支脚。如果投影机没有放在平坦的表面，或是屏幕和投影机没有成垂直角度，则投射的影像会呈现梯形失真。

（2）自动调整影像

在通常情况下，可能需要将影像品质最佳化，按投影机或遥控器上的AUTO键。在3s内，内建的智能型自动调整功能会重新调整频率值，提供最佳画质。

温馨提示

自动调整影像

在进行自动调整时，屏幕将会变成空白。这个功能只有在选取PC信号（模拟RGB）时才能使用。

（3）微调影像尺寸和清晰度

操作步骤：

第1步：使用镜头缩放圈，将投射的影像调整成需要的尺寸，如图9-16所示。

第2步：旋转对焦圈，让影像更清晰，如图9-17所示。

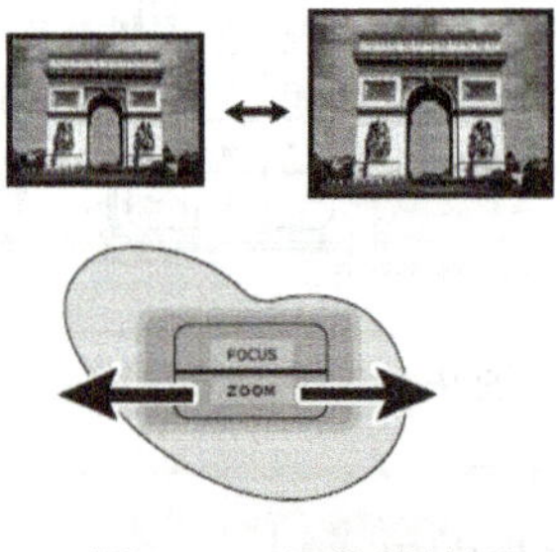

图 9-16　调整缩放圈

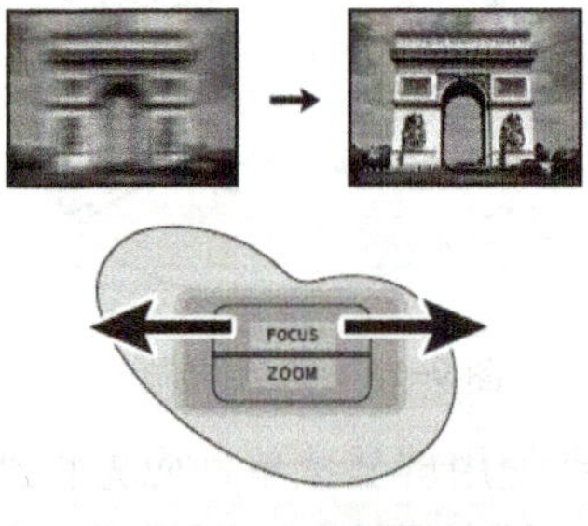

图 9-17　调整对焦圈

（4）修正梯形失真

所谓梯形失真，就是指投影时影像上方或下方明显较宽。投影机与屏幕不垂直时会发生此现象。要修正这一现象，除了调整投影机的高度之外，还必须依照下列步骤之一进行手动修正。修正梯形失真效果如图9-18所示。

1）使用遥控器修正。

操作步骤：

第1步：按MENU/EXIT键，然后按◀/▶键，直到显示菜单被高亮显示。

第2步：按▼键高亮显示自动梯形校正，然后按◀/▶键选择关闭，以禁用梯形校正功能。

第3步：按▼/▲键，显示梯形失真校正页面，按▲键校正影像顶部的梯形失真。按▼键校正影像底部的梯形失真。

2）使用OSD菜单修正。

操作步骤：

第1步：按MENU/EXIT键，然后按◀/▶键，直到显示菜单被高亮显示。

第2步：按▼键高亮显示自动梯形校正，然后按◀/▶键，选择关闭，以禁用自动梯形校正功能。

第3步：按MENU/EXIT键，然后按◀/▶键，直到显示菜单被高亮显示。

第4步：按▲键校正影像顶端的梯形失真，按▼键修正影像底部的梯形失真。

图 9-18　修正梯形失真效果

3. 调节声音

（1）静音

1）使用遥控器。按MUTE键，暂时关闭声音。声音关闭时，屏幕右上角将显示🔇。如果要恢复声音，则再按一次MUTE键。

2）使用屏显菜单。

操作步骤：

第1步：按MENU/EXIT键，然后按◀/▶键，直到系统设定为高级菜单被高亮显示。

第2步：按▼键高亮显示音频设置，然后按ENTER键，显示音频设置页面。

第3步：高亮显示静音，然后按◀/▶键，以选择打开。

第4步：如果要恢复声音，重复执行第1步至第3步，然后按◀/▶键选择关闭。

（2）关闭开/关提示音

操作步骤：

第1步：按MENU/EXIT键，然后按◀/▶键，直到系统设定为高级菜单被高亮显示。

第2步：按▼键高亮显示音频设置，然后按ENTER键，显示音频设置页面。

第3步：按▼键高亮显示开/关提示音，然后按◀/▶键选择关闭。

4. 投影机的关机

操作步骤：

第1步：如果要关闭投影机，可以按遥控器上的电源关闭按钮OFF直接关闭投影机，或可按投影机上的⏻POWER，随后显示警告信息，再按一次⏻POWER键。此时投影机并没有结束工作，散热风扇仍在转动，需要进行3～5min的散热过程。

第2步：冷却过程完成后，电源指示灯将常亮橙色灯，风扇也将停止。

第3步：如果长时间不使用投影机，则将电源线从墙壁插座上拨出。

任务拓展

1. OSD菜单

明基TH1060投影机配备了屏显（OSD）菜单功能，可以进行各种调整与设定，如图9-19所示。

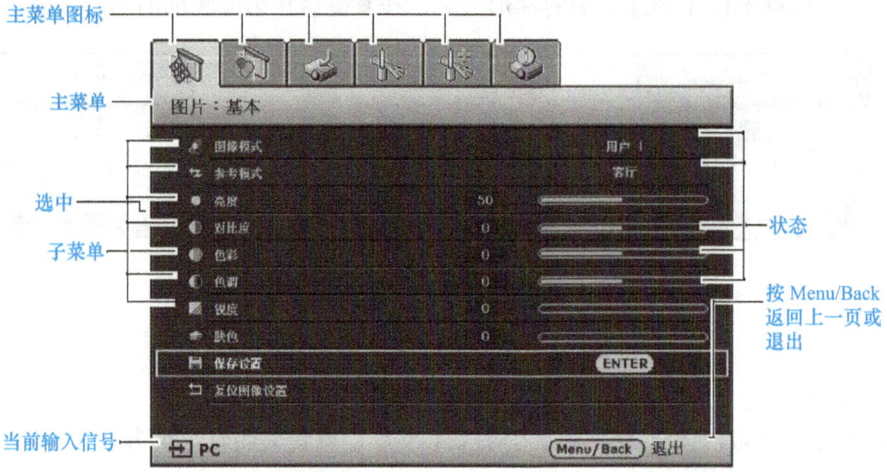

图 9-19　屏显（OSD）菜单

2. OSD菜单设定

操作步骤：

第1步：按投影机或遥控器上的MODE/ENTER键，开启屏显（OSD）菜单，如图9-20所示。

第2步：按◀/▶键高亮显示系统设定基本菜单，如图9-21所示。

第3步：按▼键高亮显示语言，然后按MODE/ENTER键选取适用的语言，如图9-22所示。

第4步：按投影机或遥控器上的MENU/EXIT键两次，以退出并储存设定。按第一次会返回主菜单，第二次则会关闭OSD菜单。

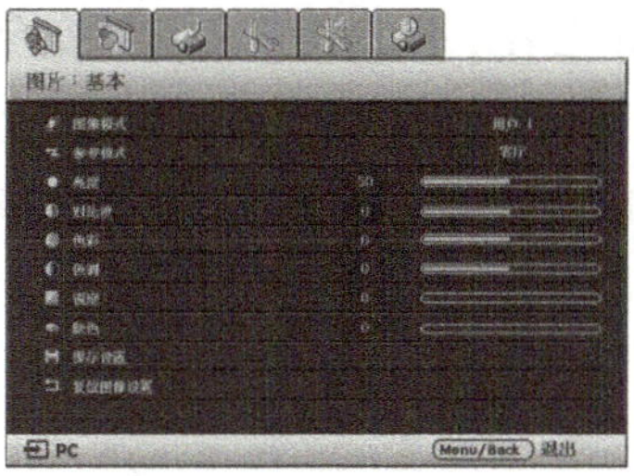

图 9-20　开启 OSD 菜单

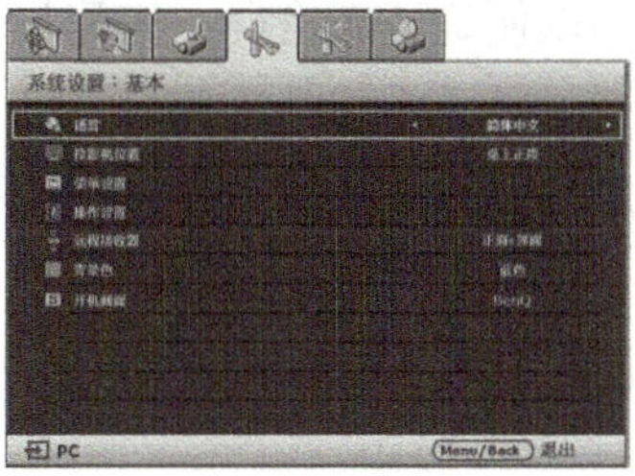

图 9-21　高亮显示系统设定

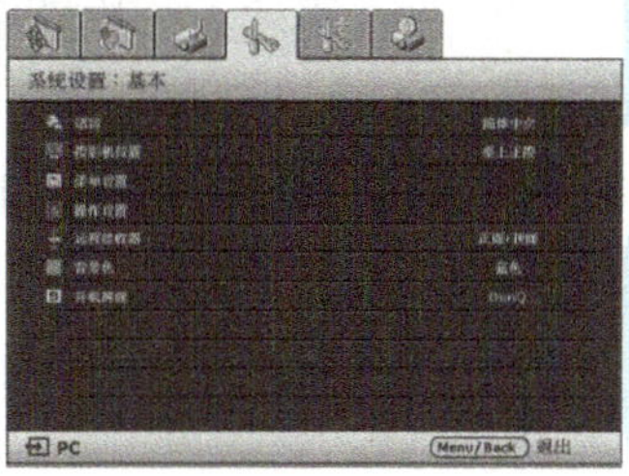

图 9-22　选取适合的语言环境

3. 切换输入信号

投影机可以同时连接多个设备，然而一次只能显示一个。在启动投影机时，它会自动搜寻可用的信号。如果需要投影机自动搜寻信号，应确定来源菜单的快速自动搜寻功能已设为开启（此为投影机的默认值）。下面介绍手动循环切换可用的输入信号。

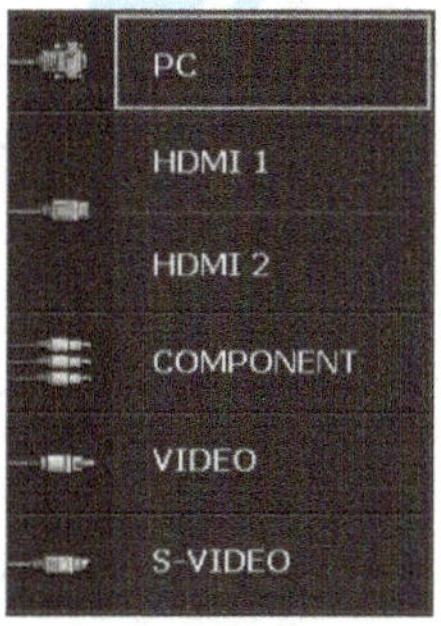

图 9-23　信号选取栏

操作步骤：

第1步：按投影机或遥控器上的SOURCE键，会显示信号选取栏，如图9-23所示。

第2步：按▲/▼键，直到选取所需要的信号，然后按MODE/ENTER键。

检测到信号后，所选取的信号源会在屏幕上显示数秒。如果有多台设备同时连接到投影机，则可以重复步骤1和2以搜寻另一个信号。

4. 设定密码

操作步骤：

第1步：开启OSD菜单，进入系统设定：高级→安全设置菜单。按MODE/ENTER键，显示安全设定页面。

第2步：高亮显示电源锁定，然后按◀/▶键选择打开。

第3步：如图9-24所示，在屏幕显示4个方向键（▲、▼、◀、▶）分别代表4个数字（1、2、3、4）。依据需要设定密码，按方向键输入5位数密码。

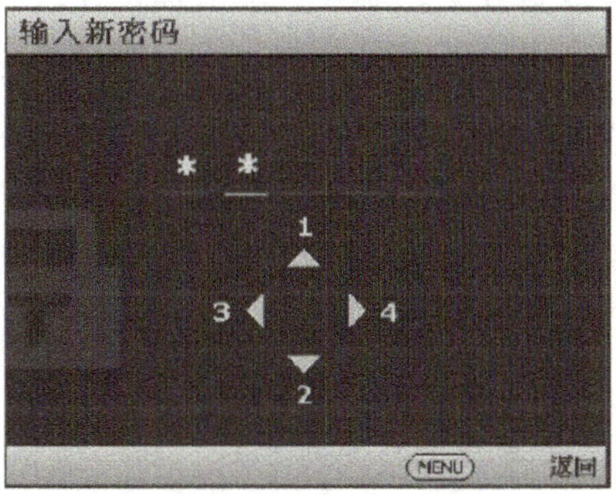

图 9-24　设置密码

第4步：再输入一次新密码，以便确认新密码。密码设定好之后，OSD菜单会回到安全设置页面。

第5步：如果要激活电源锁定功能，则按▲/▼键高亮显示电源锁定，然后按◀/▶键选择打开。

第6步：如果要退出OSD菜单，则按MENU/EXIT键。

温馨提示

投影机密码

一旦设置密码，除非每次投影机使用时输入正确的密码，否则投影机不能使用。如果激活开机锁定功能之后，又时常忘记密码会很不方便的，可在用户手册中记录密码，将其置于安全的地方以供日后参考。

使用投影机的注意事项

为了更好地发挥投影机的使用效能，延长设备的使用寿命，在使用时注意以下几个方面：

1）打开投影机电源之前，需要确认连接投影机电缆正常连接，切换好输出方式。同时要确保视频源已经正常输出。

2）正确开关机。当投影机在长时间使用的情况下，不能直接关机，否则会严重影响投影机灯泡的使用寿命。

3）保证通风、排气口不被堵塞，以免机器过热，散热口与其他物品之间要保持一定距离。

4）保持投影机镜头干净。投影机镜头干净与否，将直接影响投影屏幕上内容的清晰程度。投影机镜头在不用的时候，需要盖好镜头盖避免粘上灰尘。

5）如果投影机吊装在天花板上，切勿自行安装，应找专业人员安装，确保操作正确，避免机身损坏。

6）小心搬动投影机，跌落或震动都会损坏内部元件。

7）在放映的过程中，尽量不要移动投影机，以免对灯泡造成影响。

8）尽量不要用手触摸灯泡杯，开机后不要把眼睛直视投影机，以免损坏眼睛。

9）如果灯泡寿命已到，应及时更换。更换灯泡前，需冷却一段时间，否则容易烫伤手。所换灯泡必须与原灯泡是相同的型号。

10）关闭总电源时，务必将插头从电源插口中拔出。

11）切勿在过分潮湿或雨中暴露使用投影机。

12）在雷击、闪电情况下最好不使用投影机，将电源插头拔下，确保安全。

13）投影机内有高压，切勿打开机箱。

任务4　维护与保养投影机

投影机是一种集机械、液晶或DMD芯片、电子电路技术于一体的高精密的产品，做好投影机的日常维护与保养工作非常重要，有利于延长设备寿命，降低应用和操作的损耗。

任务情境

投影机在使用一段时间后，忽然发现投影的画面显示效果不如之前，而且越来越暗，这是什么原因呢？

任务分析

经过查阅产品使用手册并上网对故障现象进行查询，了解到可能是投影机的灯泡使用寿命到了，需要更换灯泡。那么如何更换灯泡呢？

随即查阅产品使用手册进行学习。

任务实施

投影机在使用过程中，可能会出现这样或那样的故障。如果不是机器硬件出现故障，出现的问题是很好解决的。常见故障及解决方式见表9-5。

表 9-5　常见故障及解决方式

现　　象	原　　因	解 决 方 式
无法开启投影机电源	电源线没有接上电源	将电源线一端插入投影机的交流电源插孔，再将另一端插入电源插座 注意电源开关是否打开
	冷却期间，重新尝试开启投影机电源	等候冷却程序完成
没有影像	视频信号源并未开启或连接不正确	开启视频信号源，检查信号线是否正确连接
	投影机未正确连接到输入信号的装置	检查接头
	并未正确选择输入信号	按投影机或遥控器上的SOURCE键，选择正确的输入信号
	镜头盖没有打开	掀开镜头盖
影像模糊	投影镜头没有正确对焦	使用对焦圈调整镜头的对焦
	投影机与屏幕没有正确对齐	调整投影角度与方向，并于必要时调整投影机高度
	镜头盖没有打开	掀开镜头盖
遥控器无法操作	电池没电	更换新电池
	遥控器和投影机之间有障碍物	移除障碍物
	与投影机距离太远	遥控器与投影机之间的距离在8m之内

任务拓展

1. 更换灯泡

（1）更换灯泡

操作步骤：

第1步：关闭电源，拔掉电源插头。如果灯泡过热，则灯泡冷却后再更换。

第2步：为了保护投影机的表面，将投影机放在平坦的桌面上，并在桌上放一块软质的垫子，将投影机翻转过来置放，拧松前部的螺钉，然后取下投影机的灯泡盖，如图9-25所示。

第3步：使用磁性锁头的螺钉旋具，松开固定灯泡的3个锁紧螺钉，如图9-26所示。

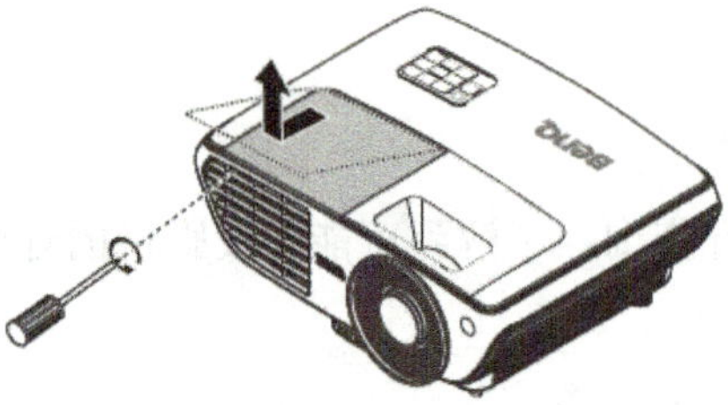

图 9-25　松开灯泡盖螺钉及移除灯泡盖

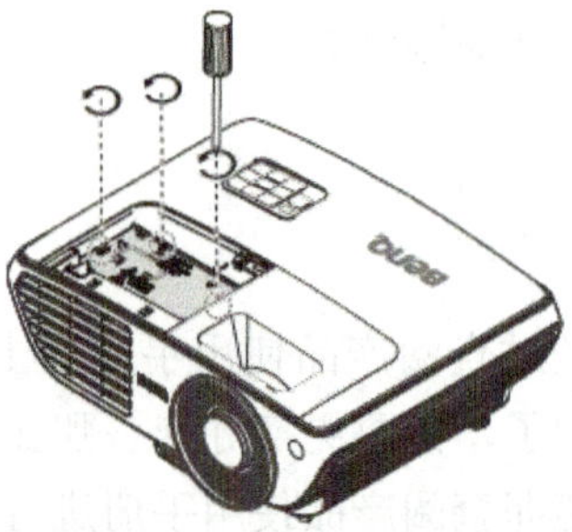

图 9-26　松开锁灯泡螺钉

第4步：拉起把手，使其立起。使用把手将灯泡缓缓拉出投影机，如图9-27所示。

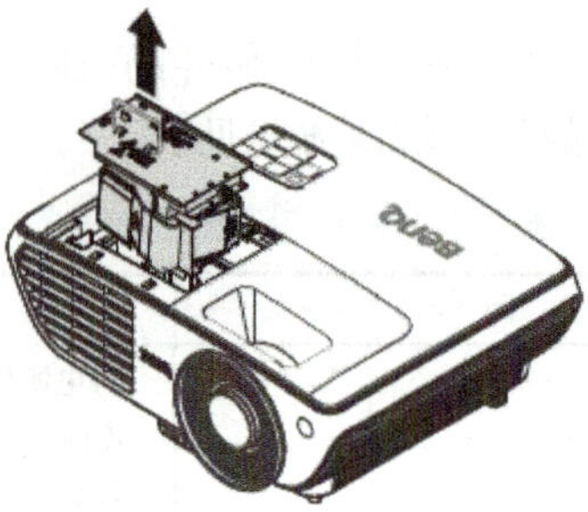

图 9-27　拉出灯泡

温馨提示

拉出投影机灯泡

如果太快拔出灯泡可能造成灯泡破裂，破碎的玻璃会掉进摄影机内；取下灯泡后，切勿将手插入投影机内，如果触摸到内部的光学组件，可能会导致颜色不均匀或投影的图像失真；切勿将灯泡置于可能会溅到水、儿童可能触摸到或接触易燃材料的地方。

第5步：将新灯泡插入灯泡舱，确保在投影机中安装到位，如图9-28所示。

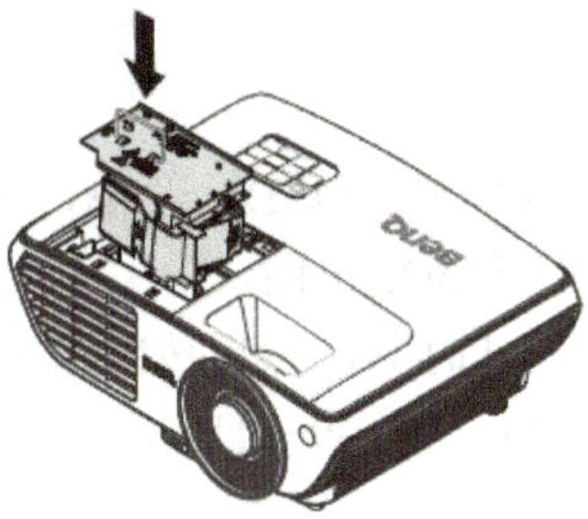

图 9-28 插入灯泡

温馨提示

安装新灯泡

确保对准接头；如果遇到阻力，则可提起灯泡再试一次。

第6步：将固定灯泡的螺钉锁紧，如图9-29所示。同时确认把手完全放平并锁到位。

第7步：将灯泡罩放回到投影机上，如图9-30所示。

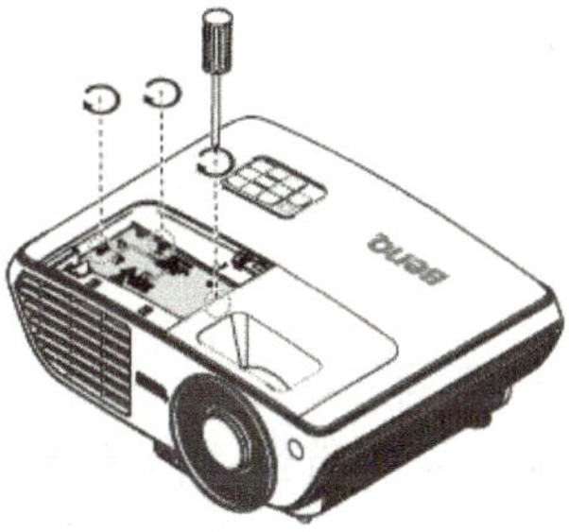

图 9-29 固定灯泡盖螺钉

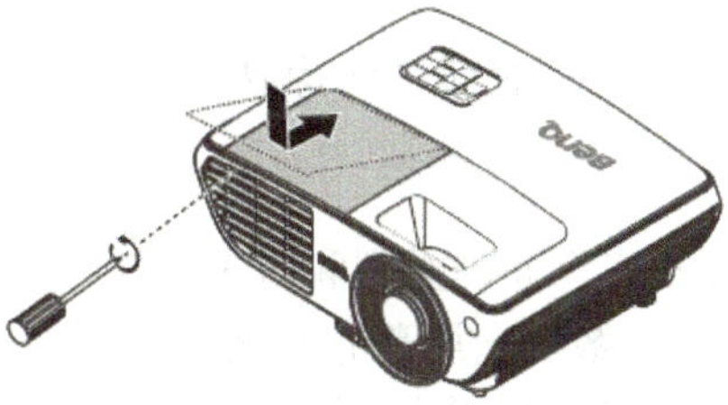

图 9-30 放置好投影机灯泡罩

第8步：重新启动投影机。

温馨提示

更换灯泡的注意事项

1）为了避免触电的危险，务必先关闭投影机电源，并拔下电源线，再更换灯泡。

2）为了降低严重烫伤的危险，应让投影机冷却至少 45min，再更换灯泡。

3）为了降低手指受伤与损坏内部组件的风险，应小心取下尖锐的灯泡玻璃碎片。

4）为了减少手指受伤的危险或触摸镜头对影像品质造成的影响，在拆下灯泡时，请勿触摸空的灯座。

5）灯泡内含水银，依照当地的危险废弃物丢弃法规，以正确方式弃置灯泡。

6）为确保投影机最佳效能，要更换灯泡时建议购买合格的投影机灯泡。

7）如果要在倒吊在天花板上投影机更换灯泡，应确保灯泡插孔下方没有人，以免灯泡破裂时可能对他人的眼睛造成伤害。

（2）重新设定灯泡的计时器

操作步骤：

第1步：出现开机画面后，打开屏显（OSD）菜单，进入系统设定：高级→灯泡设置菜单。按MODE/ENTER键，将显示灯泡设定页面。

第2步：按▼键，选中复位灯泡计时器，然后按MODE/ENTER键，将显示警告信息，询问是否要重设灯泡计时器，选中复位，如图9-31所示。

第3步：然后按MODE/ENTER，灯泡使用时间会重置为0。

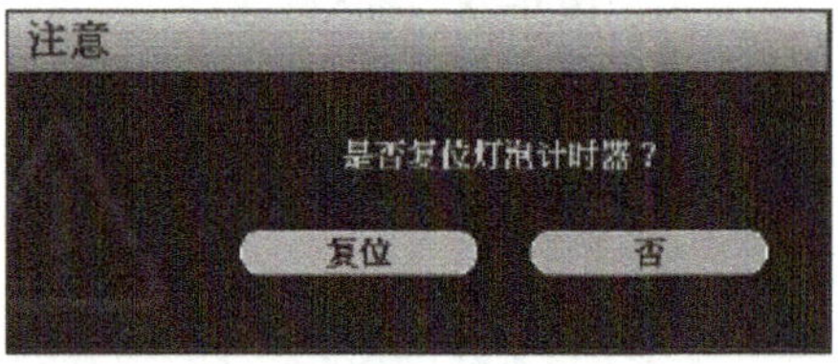

图 9-31 警告信息

温馨提示

复位灯泡计时器

如果未更换新灯泡请勿复位，否则可能造成投影机损坏。

2．投影幕布的维护

由于投影幕布的类型和所采用的材质不同，其维护方法也不同。

1）大多数的金属幕布和玻珠幕布都有耐霉、耐火烧和可清洁等特性，但还是要注意防止灰尘过多及过度受潮，最好的清洁方法是用软毛刷轻轻地打扫，经常用水洗会导致屏幕的增益下降。

2）对于玻珠型屏幕，由于其表面通常都会有一些螺纹或竖纹结构，所以最好不要用清水清洗，尽量以柔软的布及鸡毛扫帚顺着纹路走向从上至下擦拭清洁，不可用力过大，以免损伤其纹路，必要时可用湿布拧干轻擦表面并及时晾干。

3）不管是手动幕还是电动幕，当不需要使用时应把幕布卷回保护盒内。每次使用完毕后，应检查幕布表面是否沾有灰尘或污垢，若发现有，应该用软布擦干净，再把幕布卷进保护盒内。幕布可经常使用，但每次连续上下滚动使用时间不能超过5min，否则会导致电动机发热。如果连续使用须等电动机冷却后再用，电动机无须添加润滑剂。

温馨提示

清洁投影机

投影机在正常使用一段时间之后，就要进行维护，同时在保存过程中也要注意。

1．清洁镜头

发现表面有灰尘或脏污时，立刻清洁镜头，可以按以下方式进行：

1）使用罐装的压缩空气清除灰尘。

2）如有尘土或脏污，使用镜片专用清洁纸或沾有清洁剂的布来轻擦镜片。

3）绝对不要使用研磨垫、碱性或酸性清洁剂、擦洗粉或是酒精、苯、杀虫剂等挥发性溶剂。此类物质与橡胶或乙烯物质长时间接触可能会对投影机表面和机身材质造成伤害。

2．清洁投影机外壳

在清洁外壳前，应先关闭投影机，并拔掉其电源线，可以按以下方式进行：

1）如果要清洁脏污，请使用非棉质的软布，轻擦外壳。

2）如果要清除严重脏污及斑点，请将软布沾水或中性清洁剂，再擦拭外壳。

3）绝对不要使用蜡、酒精、苯、稀释剂或其他化学清洁剂，这些物质会损伤外壳。

3．清洁光路

光路除尘一定要由专业人员操作，如有问题可以联系售后服务中心。

4．收存投影机

若要长时间收存投影机，请遵照下列程序：

1）确定收存场所的温度与湿度是在投影机建议的范围之内。

2）收回调整脚座。

3）取出遥控器中的电池。

4）将投影机放在原本的包装或同材质的包装材料里。

项目小结

投影机作为一种新型的多功能显示设备，广泛应用于多媒体教学、会议、专题讲座、网络中心、指挥监控中心、家庭娱乐等场所，具有广阔的发展前景。

本项目从投影机的分类、特点出发，介绍了投影机的主要技术指标，设备及耗材的选购、保存及其注意事项；具体介绍了投影机的使用和维护方法。同时，列举了投影机的常见故障与故障排除方法，以使读者能够借助使用手册和使用经验对一些常见的简单故障进行排除。

实战强化

1．投影机的安装与使用

（1）目的要求　熟悉投影机的基本结构，并能进行正确的安装和使用。

（2）实践内容

打开包装，清点配件是否齐全，根据实物写出名称，并写入表9-6。

表 9-6　配件名称

序　号	1	2	3	4	5	6	…

注：①取出包装保护材料，并妥善保存，以备下次使用。

②投影机的安装与计算机连接。

③使用投影机播放电影。

（3）测试项目（见表9-7）

表 9-7 测试项目

序号	项目	操作项目	学生自评	教师评价	备注
1	配件识别	写出各配件的名称			
2	安装与连接投影机	① 连接投影机电源线 ② 投影机与计算机相连接 ③ 启动电源 ④ 操作是否规范			
3	利用遥控器调整屏幕画面	各功能键的使用是否正确			
4	利用控件面板调整屏幕画面	各功能键的使用是否正确			
5	使用注意事项	要求口述正确			

2. 维护与清洁投影机

（1）目的要求

1）熟悉投影机的使用环境。

2）掌握清洁投影机的方法。

（2）实践内容

1）投影机的使用环境。

2）清洁投影机镜头。

3）清洁投影机机身。

（3）测试项目（见表9-8）

表 9-8 测试项目

序号	项目	操作项目	学生自评	教师评价	备注
1	选择投影机的使用环境	① 投影机位置选择是否合理 ② 供电电源及插头是否正确			
2	清洁投影机镜头	① 掌握清洁投影机镜头的方法 ② 操作是否规范			
3	清洁投影机机身	① 清洁投影机机身 ② 操作是否规范			

职业应用项目领域 10　使用高拍仪

职业能力目标

1）能依据产品性价比选购符合实际需求的高拍仪。

2）能依据产品说明书安装、调试高拍仪。

3）能依据不同情况使用高拍仪。

4）能依据故障现象诊断、维护与保养高拍仪。

高拍仪即高速影像拍摄仪，也有人称为速影仪、精拍仪或速拍仪，它不仅可以拍摄图片、录像、文本转换、图像处理，还可以配合投影仪即时显示多种操作。2007 年，世界上第一台高拍仪由中国良田公司研制发明。

随着光电技术的不断提高，特别是近几年数字技术的日益成熟，高拍仪这一新型办公设备目前已经广泛应用于政府部门、医疗机构、航天航空、金融行业（银行、证券、保险）、学校等有文件需要扫描归档或复印存档的领域。它是一款能够快速提升办公效率的设备，它的无纸化操作也成为低碳办公的首选。

任务1　认识和选购高拍仪

高拍仪是通过光电转换技术，将实物、文稿、过程等信息转换为图像信号输出在投影机、监视器等显示设备上展示出来的一种演示设备，它广泛应用于教学、会议、视频会议、图像编辑、产品展示等领域。

任务情境

某学校为了将一些教学资料转化为数字形式，还要把实物教具在课堂上将其细节内容更详细地展示给学生，更好地提高授课效果和授课质量，就需要配备一批高拍仪。教务处长让教务处的小张去购置一批高拍仪，满足教学的需要。

“买什么品牌、什么型号的呢？”

“买品牌的，放心，而且售后服务较好！”

如何为教务处选购一台适用的高拍仪呢？

随即，小张上网进行查询。

任务分析

用户只有明确高拍仪的特点、功能和技术指标，明确自己的选购要求，才能选购一台符合实际需要的高拍仪。常见高拍仪外观如图10-1所示。

1. 高拍仪的特点

1）节能环保，外观多样，体积小，便于携带，特别适合移动办公，大小只有普通扫描仪的1/10。

2）一秒就能将A3纸以内的文件扫描到计算机，它极大地提高了办公效率。

3）可用作实物展示，并录制有声数字影像。

4）可将所拍摄文件直接1:1打印，取代了复印机。

5）能对所拍摄的图片进行OCR识别，将图片转化为Word可编辑文档，并自动排版。

6）融入了无纸传真技术，即使没有传真机，也能够发传真，显著提高了传真效率。

7）可以把书、杂志、合同等文件直接发送电子邮件，省时省力。

8）携带方便，折叠式高拍仪无疑可以随身携带。

图 10-1　常见高拍仪外观

2. 高拍仪的功能

（1）文件扫描　高拍仪采用USB 2.0接口，传输速度可达到480Mbit/s，配备高清晰镜头，提供高质量扫描，最大扫描尺寸可达A3幅面，不管是彩色书籍，还是票据、身份证或者文稿文件之类，都可轻松获取JPG格式图片或者设定的格式文件存储于计算机。

（2）制作电子书　通过对书本的翻页拍摄，自动整理成一本PDF文件格式电子书，硬盘存储，方便保存、传送。

（3）实物拍摄　通过对产品的折叠，能方便进行实体对象拍摄，包括拍摄人、实物等，并可以将数据存盘。同时可进行连续拍摄，时间间距自己设定。

（4）影像录像　高拍仪提供了实时数字录像功能，操作简单，录像质量高，录像时间长短可根据硬盘大小自行设定。

（5）高清百万视频摄像　在QQ视频或者网络视频中，提供流畅高清画面。

（6）制作签名　拥有高拍仪后，可以自行制作手写签名，并且提取出名字，在以后的电子文件中只需将名字粘贴在文件上就能实现直接亲笔签名，并传真和文件打印等。

（7）实物投影机　高拍仪拥有活动的结构，能对空间的任何物品进行拍摄，最终显示在计算机屏幕上，配合投影仪可直接投影到幕布上。

（8）复印传真邮件　能快速地获取纸张文件、物体等影像文件，并可由黑白或彩色打印机实时打印，或者直接用网络传真发送出去。

3. 技术指标

（1）拍摄尺寸　拍摄尺寸指高拍仪可以摄像的有效的变焦范围和正常聚焦的有效区

域。如果展示物体不在这个区域，展台将无法进行实物演示。目前，常见高拍仪的拍摄尺寸通常不超过A4幅面，个别支持A3幅面。

（2）扫描元件　高拍仪的核心部分是完成光电转换的部件——扫描元件（也称为感光器件）。目前市场上扫描仪所使用的感光器件有两种：电荷耦合元件CCD（硅氧化物隔离CCD和半导体隔体CCD）和互补金属氧化物导体CMOS。

CCD的生产成本相对较低，扫描速度相对较快，扫描效果能满足大部分工作的需要，所以CCD的高拍仪已成为市场首选。作为生产成本最低的CMOS器件，其扫描成像质量相对较差，容易出现杂点，不能满足用户的需要。

（3）扫描介质　扫描介质为高拍仪所能扫描的介质类型，一般高拍仪可以处理的介质为纸文档、图书、图片、照片、票据、杂志、立体物品等。

（4）光源　在高拍仪使用过程中通常采用自然光和LED补光功能进行。LED补光灯采用高亮发光二极管（LED）来制成，其运行稳定，发热量低，低能耗，使用寿命长。与荧光灯不同的是，LED灯没有重金属污染，是非常好的绿色光源，可有效提高识别效果。

温馨提示

设备命名

业内生产此类设备的厂家有良田、哲林、方钻、光阵、点易拍、紫光、多易拍、思汉、方图科技等十余家。由于不同生产厂家的产品，均有各自的特点，所以其命名方法也不同。有的命名为高拍仪，如良田高拍仪S500A3B；有的命名为精拍仪，如光阵精拍仪WJ1004，实际上均为同一类产品，只是命名方法不同。

任务实施

1．明确选购目标

1）采用折叠直立式，一键启动功能。

2）可以扫描文档、图书、立体物品、图片、照片、票据、杂志等多种介质。

3）扫描幅面不超过A4，分辨率为500万像素。

4）图像控制具有亮度调整、曝光时间调整、锐利度调整、色彩调整等功能。

5）USB 2.0接口，具备OCR功能，操作简便。

6）价格要适中。

7）售后服务要良好。

2．市场及网络调研

通过对市场调查及网络查询，依据所提出的选购目标，对不同的产品进行比较，从满足教学工作要求、产品性能、价格、售后服务等多方面进行考虑，选择光阵WJ1004高拍仪作为本次选购的型号。

光阵WJ1004高拍仪是一款办公领域革新性产品，它具有折叠式的超便捷设计，高速扫描，具有OCR文字识别功能，可以将扫描的照片识别转换成Word、Excel等多种文档，准确率达95%以上，还能进行拍照、录像、复印、实物投影、网络无纸传真等操作。它让办公更轻松、更快捷、更环保，其外观如图10-2所示。

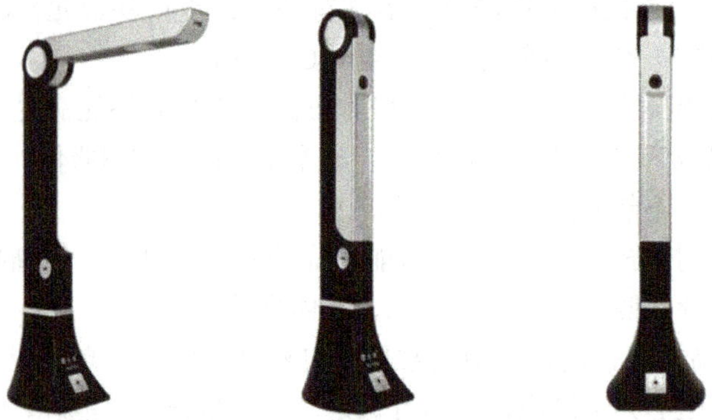

图 10-2　光阵 WJ1004 高拍仪

扫描二维码，观看高拍仪选购视频。

扫码看视频

经验分享

如何选购高拍仪？

很多朋友面对市场上那么多高拍仪品牌，不知道如何选择高拍仪。如何从市场上挑选出来适合自己的一款高拍仪呢？下面简单介绍选购技巧。

（1）选择好品牌　选择品牌是首选，通过ZOL和PCONLINE等网站获取品牌排行信息，决定购买的依据。

（2）看销量　一般来说，销量高的都是大部分人认可的，至少很多人都用过，结合评价可以看出每款产品的功能质量到底如何。

（3）看评价　产品的评价信息很重要，在销量差不多的情况下，评价越好，产品的认可度越高。

（4）看价格　在功能认可的基础上，选择可以接受价位的高拍仪，以便选择到最适合的设备。

（5）看服务　售后服务也是一个重要标准，关系到产品的用户体验。

任务拓展

某学校准备建设一个多媒体教案，需要购置一台高拍仪，用于日常教学活动的需要，其具体要求如下：

1）高拍仪具有整机放大200倍功能。

2）清晰度高于850TV线。

3）具备正负片、冻结、旋转、标题、同屏对比、镜像、文本/图像、黑白/彩页等图像特技功能。

4）具有两个侧灯，具有USB 2.0接口。

5）支持视频、音频输入和输出功能。

6）价格要适中。

7）售后服务要良好。

8）设备价格控制在4000元左右。

按要求选择3款高拍仪，将各款高拍仪技术参数填写到表10-1中，用于帮助客户选购符合要求的设备。

表 10-1　高拍仪参数对照

相关设备参数	备选设备-1	备选设备-2	备选设备-3
参考价格			
品牌			
型号			
……			

任务2　安装高拍仪

为了今后更好地使用高拍仪，就必须了解设备的结构、各组成部分名称和安装过程，避免在使用过程中出现错误。

任务情境

教务处小张从某公司购置一台光阵WJ1004高拍仪。小张从包装箱中取出产品使用说明书，开始详细阅读，然后对其进行安装。

任务分析

1. 高拍仪安装环境的选择

环境光线对高拍仪工作影响较大，室外光线和室内灯光太强会影响设备使用效果。在安装高拍仪时，选择使用环境应注意以下几点：

1）在高拍仪的摄像头里，包含有塑料或聚酯橡胶成分的元件，强烈光线照射会使这些元件很容易发生老化现象。

2）高拍仪不能在过高的温度环境下工作，特别是不能将高拍仪从温度过低的环境搬到温度太高的环境后立即使用，温度应保持在0～40℃。

3）高拍仪作为一种精密的光学电子仪器，安装环境湿度应保持在30%～90%，并且必须保持环境清洁，注意防尘。

2. 高拍仪包装箱所含部件

高拍仪一台，高拍仪专用文稿垫一张，产品软件光盘一张，USB 2.0数据线一根，产品使用说明书一本，保修卡一张，合格证一张，共计7件。

3. 高拍仪各部件名称

高拍仪各部件名称，如图10-3所示。

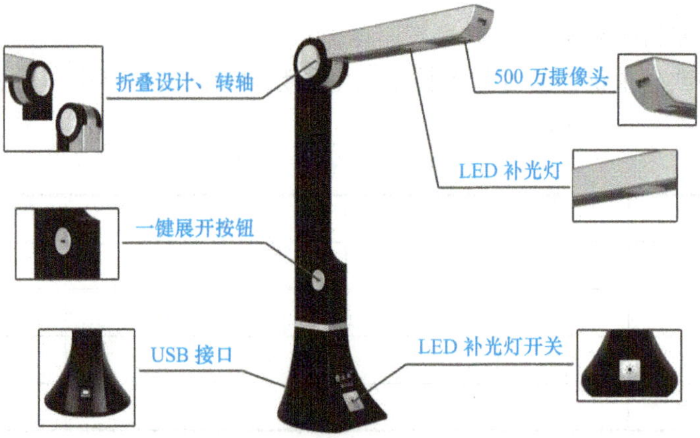

图 10-3 光阵 WJ1004 高拍仪各部件名称

任务实施

光阵WJ1004高拍仪的安装过程比较简单，分为硬件连接与驱动程序安装两部分。

1. 高拍仪的硬件安装

将USB连接线一端连接高拍仪的USB接口，另一端与计算机USB接口相连，即完成硬件连接。硬件连接示意图如图10-4所示。

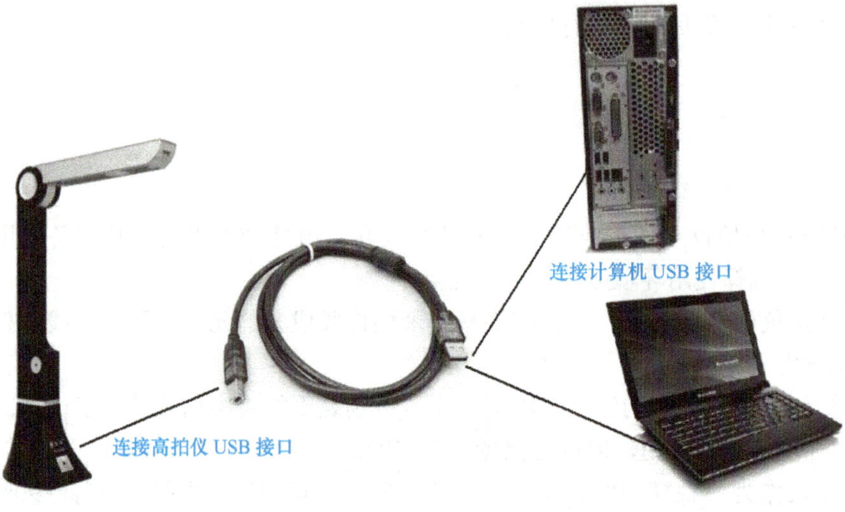

图 10-4 高拍仪硬件连接示意图

2. 高拍仪的驱动程序安装

将高拍仪安装在装有Windows 7操作系统的计算机中。

操作步骤：

第1步：首先打开光驱，将高拍仪驱动光盘放入光驱。

第2步：打开光盘所在的盘符，找到Setup.exe应用程序图标。

第3步：双击该文件，依据提示，完成高拍仪驱动程序的安装。

扫描二维码，观看高拍仪安装视频。

扫码看视频

知识储备

为了保证高拍仪的正常使用，在设备安装时要注意以下几个方面：

1）在安装驱动程序前，暂时关闭防火墙和杀毒软件。

2）高拍仪在使用时，数据线的USB接口必须与安装驱动时的USB接口一致，否则设备不能使用。

3）在使用台式计算机时，尽量使用主机箱后置的USB接口，以达到提供稳定电源的目的。

4）高拍仪正常连接后，此时灯泡亮，同时要确保视频源已经正常输出，还需要切换好输出方式。高拍仪的输出方式有三种，可以同时按住<Win>徽标键与<F5>键（与笔记本式计算机相连接时，可以按下<Fn>键与<F8>键），来选用合适的屏幕输出方式。

5）正确关闭高拍仪不像一台普通台灯，想开就开；要关闭时，直接切断电源是使用高拍仪的“大忌”。正确的方法应该先退出工作程序，再关闭电源。

任务3　使用高拍仪

高拍仪是展示信息的一种特殊办公设备，充分掌握高拍仪的使用方法是非常重要的，不但为日常办公带来了极大的便利，而且可以延长设备的使用寿命。

任务情境

高拍仪作为现代办公、教学活动中一种有效的展示工具，深受广大用户的喜欢。一天，王老师准备将自己制作的设计模型展示给学生，由于模型比较小，需要借助高拍仪来帮助展示。

任务分析

光阵WJ1004高拍仪安装完成后，在计算机桌面上双击高拍仪图标，系统弹出光阵高拍仪的软件工作界面，如图10-5所示。

在工作界面的右侧，涵盖了高拍仪主要的功能区，“保存方式”功能区如图10-6所示，“视频画板”功能区如图10-7所示，“视频工具”功能区如图10-8所示，“条形码”功能区如图10-9所示。

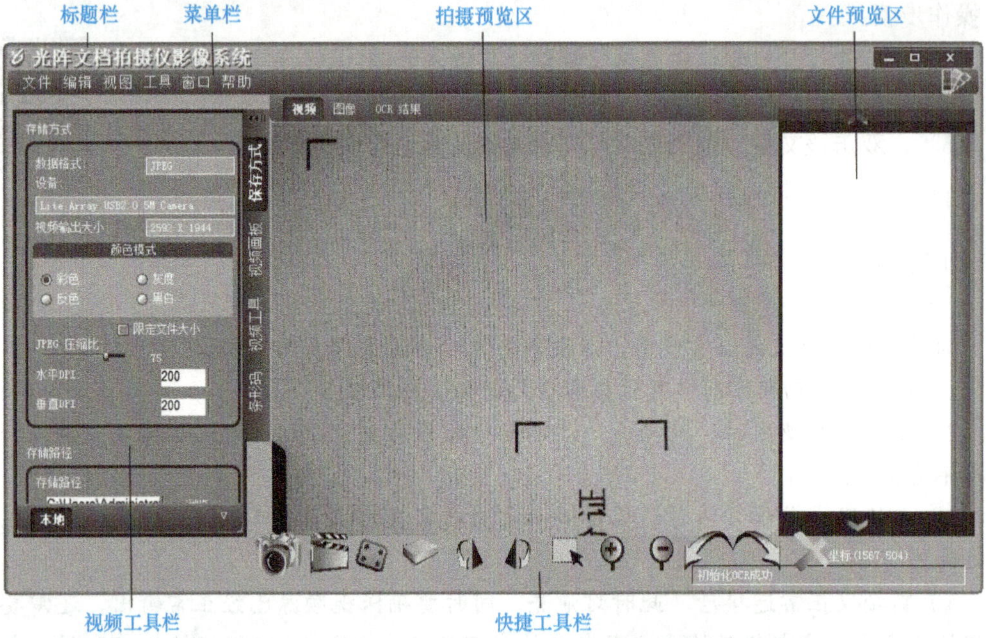

图 10-5　光阵 WJ1004 高拍仪的软件工作界面

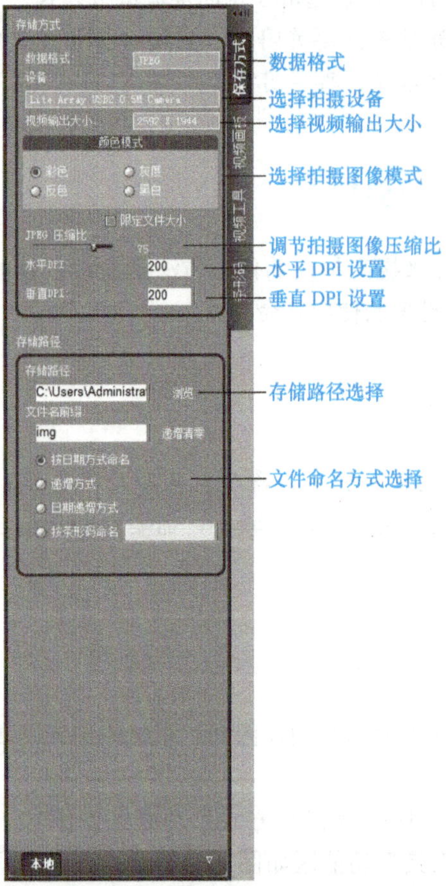

图 10-6　“保存方式”功能区

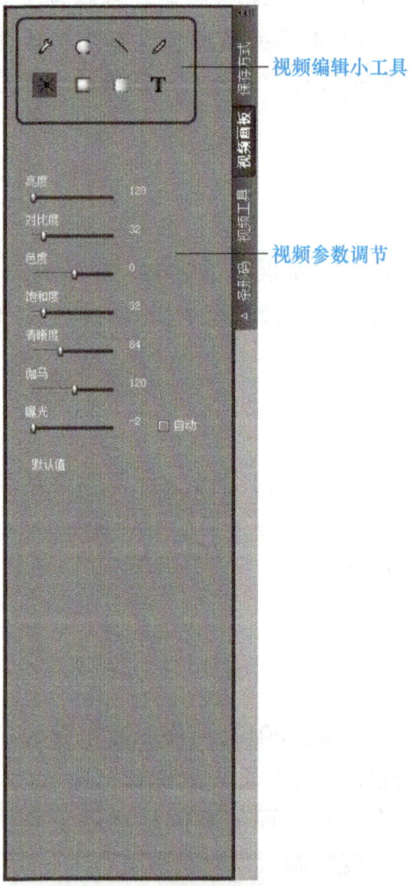

图 10-7　“视频画板”功能区

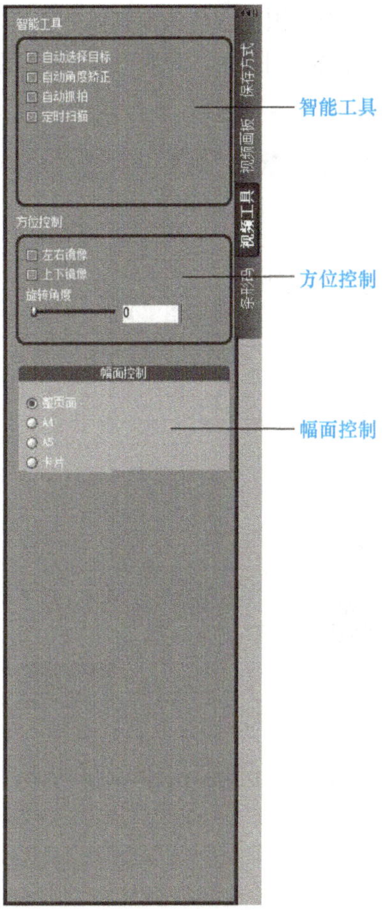

图 10-8 “视频工具”功能区

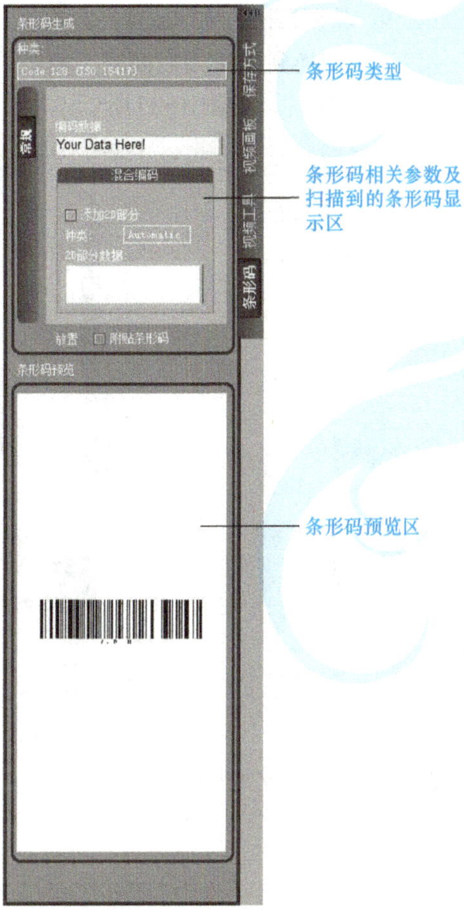

图 10-9 “条形码”功能区

在工作界面的下方，涵盖了高拍仪快捷工具栏，如图10-10所示。

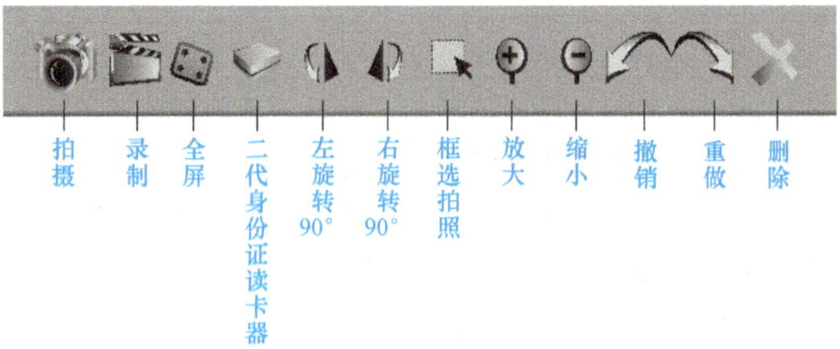

图 10-10　快捷工具栏

任务实施

高拍仪软件具有“视频”模式、“图像”模式和“OCR结果”模式，下面分别对三种工作模式下的相关操作进行说明。

1. “视频”模式

（1）扫描　操作步骤：

第1步：将要扫描的物体放置在高拍仪专用文稿垫上，通过拍摄预览区域调整物体的位置。

第2步：切换到“视频”模式，单击快捷工具栏中的“扫描”图标，此时在文件预览区域显示拍摄的图片，如图10-11所示。

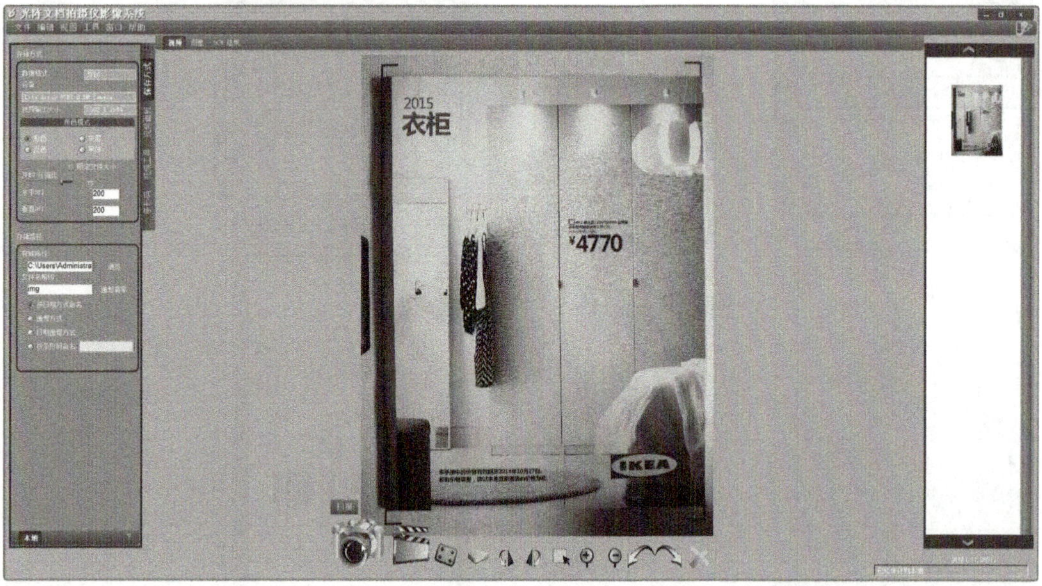

图 10-11　扫描图片

此时依据保存方式所进行的设置，将该图片保存在指定位置，并以指定文件名进行保存。

温馨提示

增加亮度

当扫描图像发暗时，为了改善扫描效果，可以打开LED补光灯。

（2）录像

操作步骤：

第1步：将录制视频的相关物体置于摄像头下方。

第2步：切换到“视频”模式，单击快捷工具栏中的“录像”图标，此时弹出对话框，输入文件名及保存位置，文件类型为.wav，单击“确定”按钮，则开始录制。此时快捷工具栏中的“录像”图标变为“停止录像”图标，此时动作不要太快。由于摄像头不含MIC，不能录制音频。

第3步：单击快捷工具栏中的“停止录像”图标，将对录制的视频进行保存。

（3）框选扫描

操作步骤：

第1步：将要扫描的物体放置在高拍仪专用文稿垫上，通过拍摄预览区域调整物体的位置。

第2步：切换到“视频”模式，单击快捷工具栏中的“框选扫描”图标，用鼠标在预览区域框选。此时在文件预览区域出现红色选框，将鼠标置于选框的4个边线位置，此时鼠标指针变成双向箭头，调整框选线的位置，使要扫描的图片置于红色框选线之中，如图10-12所示。

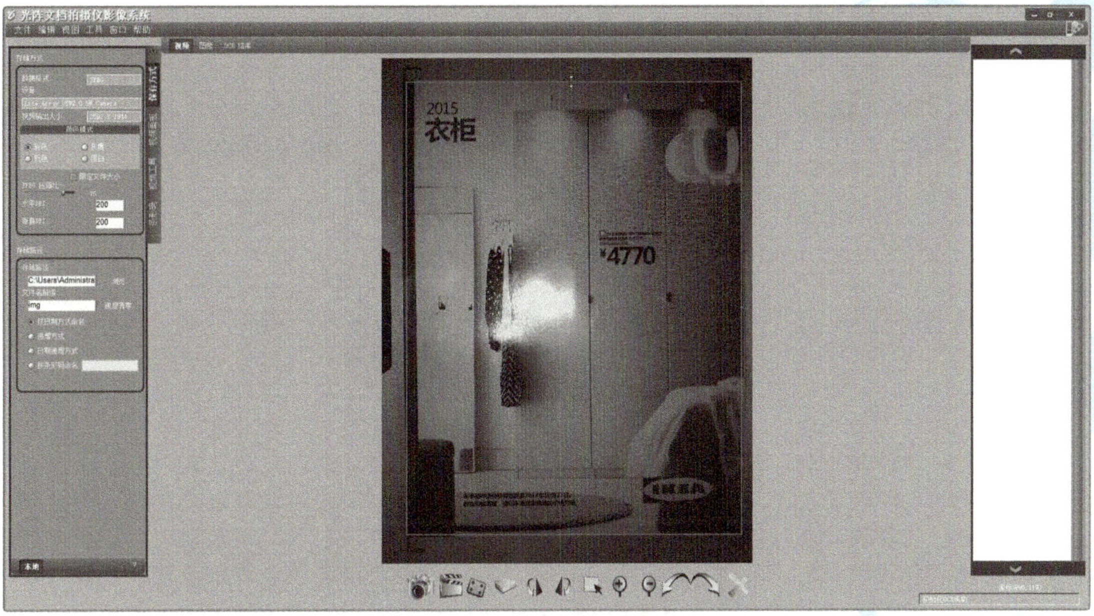

图 10-12　框选扫描图片

第3步：单击快捷工具栏中的“扫描”图标，此时框选的内容将在文件预览区域中显示，依据保存方式所进行的设置，将该图片保存在指定位置并以指定文件名进行保存。

温馨提示

框选扫描

采用框选扫描的方法，可以得到图片中指定部分的内容。

2. “图像”模式

利用已扫描的图片生成PDF文件。

操作步骤：

第1步：切换到“图像”模式，单击快捷工具栏中的“生成PDF”图标，则弹出对话框，此时显示当前目录中已扫描的图片，也可将其他图片添加其中。

第2步：单击“浏览”按钮，选择并设置生成的PDF文件的文件名及存放位置，单击“确定”按钮，如图10-13所示。此时将生成PDF文件。

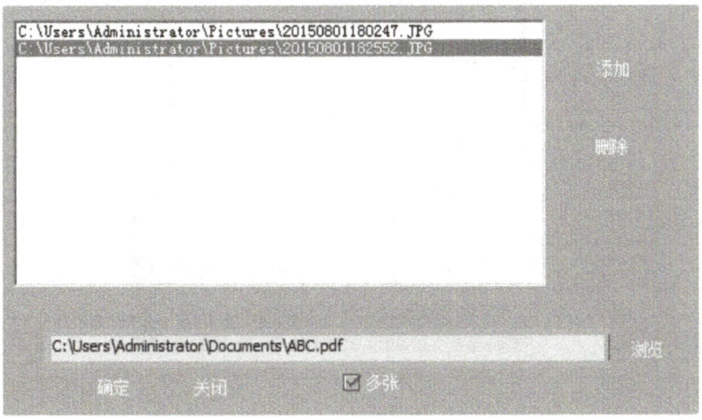

图 10-13　生成 PDF 文件

第3步：在指定位置打开PDF文件，其设计效果如图10-14所示。

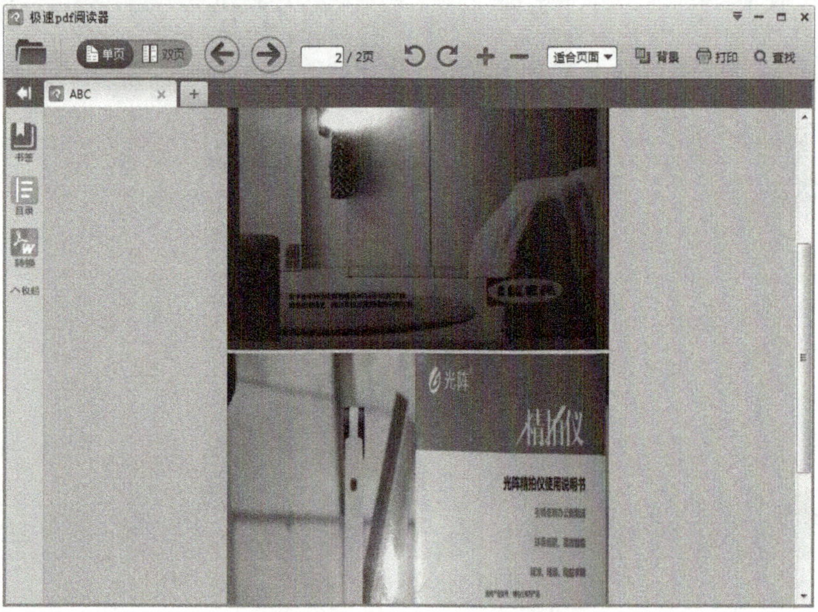

图 10-14　PDF 文件设计效果

3. “OCR结果”模式

操作步骤：

第1步：将包含大量文字的书籍的某一页放置在高拍仪专用文稿垫上，通过拍摄预览区域调整书籍的位置。

第2步：切换到“视频”模式，单击快捷工具栏中的“框选扫描”图标，在预览区域框选，调整预览区域出现红色选框，调整框选线的位置，使要扫描的文字内容置于红色框选线之中，如图10-15所示。

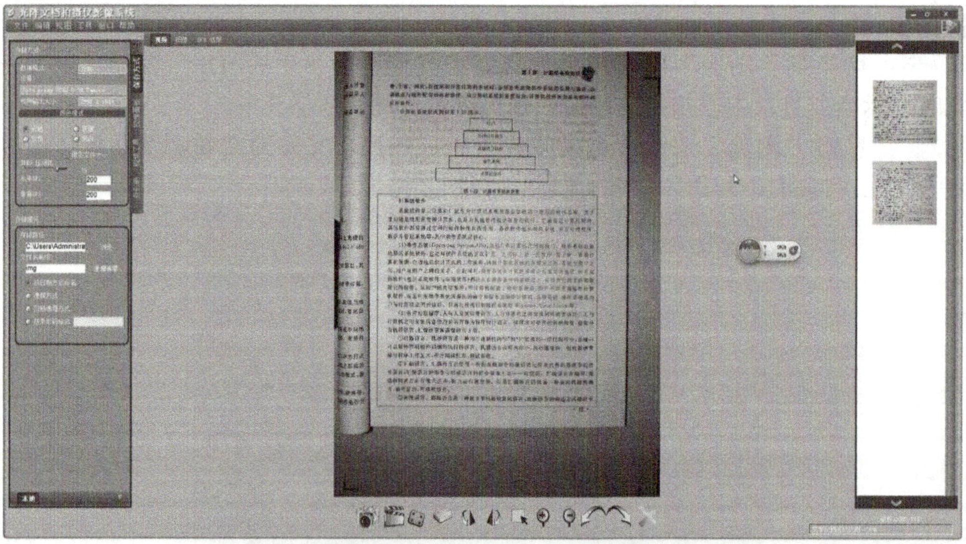

图 10-15　框选文字区域

第3步：单击快捷工具栏中的“扫描”图标，将框选的文字内容进行扫描。

第4步：切换到“OCR结果”模式，选择刚刚扫描完成的图片，此时屏幕预览区域显示识别出来的文字，单击左侧功能区中的“导出”按钮，则将识别后的结果导出记事本中，如图10-16所示。

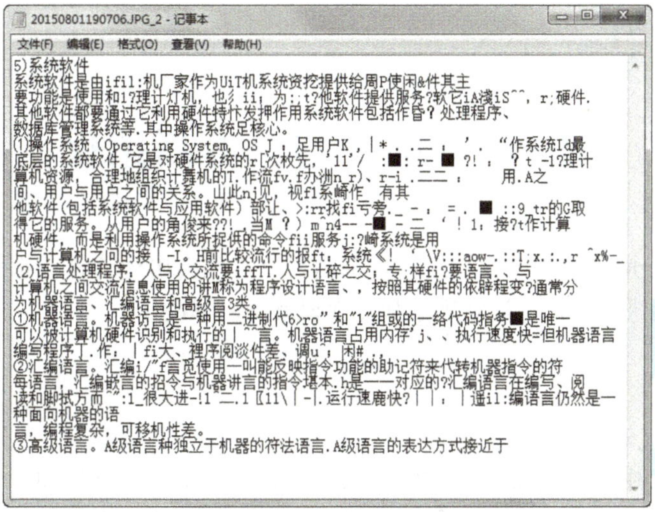

图 10-16　OCR 识别结果

温馨提示

OCR识别

OCR识别的效果与扫描的图片效果有直接关系。要想提高OCR识别率，在扫描时要注意光线和照明亮度的设定，这对后期扫描图片的效果尤其重要。

扫描二维码，观看高拍仪使用视频。

扫码看视频

任务拓展

第二代身份证阅读器已经在银行、邮局、公安、人事局考试中心、通信、证券、物流、租赁、卫生、电力、文化、运输及网吧、娱乐场所、保险、公检法、工商、税务、财政、证券、家政、地产、机场、工厂等广泛使用，如图10-17所示。第二代身份证阅读器在使用中需要注意以下几个方面：

1）如果使用的是联机型的身份证阅读器，那么请注意USB数据线最好插在主机箱的后面，从主板上取电，而不要从前置面板上取电。因为阅读器需要稳定的5V电压才能工作，从后面取电会更有保障。

图 10-17　第二代身份证阅读器

2）读取同一张第二代身份证的时候，请将第二代身份证拿开一下，然后靠近身份证阅读器，这样才能再次读取出来。

3）保持第二代身份证和身份证阅读器之间的距离在6cm以内，且中间不能有金属物品存在。

4）在身份证阅读器的使用过程中，如果出现阅读器读不出来信息的时候，不要去敲打身份证阅读器的机身。

任务4　维护与保养高拍仪

由于高拍仪是光电结合设备，结构复杂精密，难免会出现这样或那样故障，用户只要对故障产生的原因进行分析，注意观察故障现象就可以解决。

任务情境

王老师在教学中使用高拍仪，教学效果非常好，学生非常感兴趣。可是有一天王老师突然发现高拍仪不好用了，是什么原因造成的呢？王老师通过查阅有关高拍仪的资料，查找设备不能用的原因。

任务分析

不少用户在使用高拍仪后，有时会发现高拍仪软件不能打开、无法拍摄等故障现象。出现这种情况，主要是驱动程序出现问题，这与用户使用高拍仪的操作方法有关。

任务实施

1. 安装高拍仪软件不能打开的解决方法

（1）分析原因

建议按照处理驱动安装问题的方式处理或者重新安装驱动程序。

（2）解决方法

1）查看硬件是否配套。

2）检查USB线两端是否连接正常。

3）打开设备查看是否正常显示图像。

4）用鼠标右键单击“计算机”图标，在弹出的快捷菜单中选择“属性”，弹出“控制面板”的“系统”窗口，单击窗口左侧的“设备管理器”按钮，弹出“设备管理器”窗口，选择“图像设备”，如果“图像设备”下面没有显示“Lite Array USB2.0 5M Camera”，而是“USB视频设备”，则单击鼠标右键，在弹出的快捷菜单中选择“更新驱动程序软件”命令。

2．装置高拍仪，无法拍摄，提示“操作失败”

（1）分析原因

1）驱动程序未卸载彻底。

2）浏览器的安全级别设置。

3）硬件设备损坏。

（2）解决方法

1）先拔下设备插头。

2）更换USB接口，重新辨认。

3）若仍无法摄影，查看高拍仪驱动程序是否卸载彻底，卸载彻底后重新装置驱动程序。

4）更换其他可正常使用的高拍仪，测验是否硬件设备损坏。

经验分享

如何确定高拍仪设备是否损坏？

1）将设备与计算机连接，打开LED灯看是不是亮的。

2）第一次插上计算机，右下角会不会提示驱动程序安装，或是换一个从未使用过的USB接口会不会有提示。

3）打开计算机的设备管理器，看图像设备中有没有显示相关的驱动程序。

4）使用测试软件，测试软件上是否呈现图像。如果有，则说明设备是没有问题的。

任务拓展

作为一款办公产品，高拍仪的保养时应注意的问题如下：

1）不能让高拍仪放置在一个强光与潮湿的环境中。

2）应注意室内温度，最好是在5～35℃。

3）应注意灰尘，不使用时最好用布把它罩起来。

4）应避免磁场干扰，尽量把它放在离其他电磁场较远的地方。

5）保持高拍仪镜头清洁。高拍仪镜头干净与否，将直接影响屏幕上内容的清晰程度。同时镜头非常娇贵，在不用的时候需要盖好镜头盖避免粘落灰尘，清洁时应该使用专业镜头纸或其他专业清洁剂来清除高拍仪镜头上的灰尘。

项目小结

高拍仪作为现代办公和教学的辅助工具，已渗透到人们的日常工作中，其良好的显示效果，丰富的功能深受人们的喜欢。

本项目从高拍仪的特点、功能出发，介绍了高拍仪的主要技术指标，设备选购注意事项；具体介绍了高拍仪的使用和维护方法。同时，列举了高拍仪的常见故障与故障排除方法，以使读者能够借助使用手册和使用经验对一些常见的简单故障进行排除。

实战强化

1. 高拍仪安装与使用

（1）目的要求　熟悉高拍仪的基本结构，并能正确地安装和使用。

（2）实践内容

1）打开包装，清点配件是否齐全，根据实物写出名称，并写入表10-2。

表 10-2　配件名称

序　号	1	2	3	4	5	6	……

注：取出包装保护材料，并妥善保存，以备下次使用。

2）安装高拍仪。

3）使用高拍仪。

（3）测试项目（见表10-3）

表 10-3　测试项目

序　号	项　目	操作项目	学生自评	教师评价	备　注
1	配件识别	写出各配件的名称			
2	安装高拍仪	① 安装各部件 ② 安装各种电缆 ③ 操作是否规范			
3	使用高拍仪	① 拍摄图片 ② 拍摄实物 ③ 拍摄视频 ④ OCR文字识别 ⑤ 操作是否规范			
4	使用注意事项	要求口述正确			

2. 高拍仪的清洁

（1）目的要求

1）熟悉高拍仪的使用环境。

2）掌握高拍仪的清洁方法。

3）掌握高拍仪镜头的清洁方法。

（2）实践内容

1）高拍仪的使用环境。

2）清洁高拍仪。

3）清洁高拍仪镜头。

（3）测试项目（见表10-4）

表 10-4　测试项目

序　号	项　目	操作项目	学生自评	教师评价	备　注
1	高拍仪的使用环境	① 高拍仪的位置选择是否合理 ② USB电缆连接是否正确			
2	清洁高拍仪	① 清洁工具选择 ② 操作是否规范			
3	清洁高拍仪镜头	① 清洁工具选择 ② 操作是否规范			

职业应用项目领域 11 使用数字照相机

职业能力目标

1）能依据产品性价比选购符合实际需求的数字照相机。
2）能依据产品说明书及不同环境使用数字照相机。
3）能依据故障现象诊断、维护与保养数字照相机。

世界第一台数字照相机由美国柯达公司于 1975 年研制发明。数字照相机真正发展是最近 30 年。随着数字影像技术飞速发展，数字照相机已成为现代办公、管理文档、家庭娱乐乃至进行专业制作不可缺少的设备之一。

任务1 认识和选购数字照相机

数字照相机（Digital Camera，DC）是集光学、电子及机械方面于一体的精密仪器，其成像原理可以简单地概括为电荷耦合器件（CCD）接收光学镜头传递来的影像，经过模数转换器（ADC）转换成数字信号后存于存储器中，数字照相机自身的液晶显示屏（LCD）用来查看所拍摄图像的好坏。因此，数字照相机是一种非常方便的图像设备，还可以通过不同接口直接传输到计算机进行图像处理。数字照相机已广泛应用于办公、家庭、新闻、医疗、航空等领域。

任务情境

小李假期要带女儿去黄山旅游，由于自己非常热爱摄影，所以想买一台用于旅游和日常拍摄的数字照相机，应该选购一台什么样的照相机呢？

“选购单镜头反光式的、长焦的，还是卡片的？”

“买大品牌的放心，而且售后服务较好！”

如何为小李购买一台数字照相机呢？

任务分析

数字照相机品牌众多，型号多样，用户在选购数字照相机时往往会有各种困惑，这就需要对照相机的种类及主要技术指标有初步的了解，才能有的放矢地进行选购。

1. 数字照相机的分类

依据数字照相机的用途可以简单分为单反照相机、长焦照相机和卡片照相机，如图11-1

所示。

a）　　b）　　c）

图 11-1　数字照相机

a）单反照相机　b）长焦照相机　c）卡片照相机

2. 技术指标

数字照相机常用的技术指标包括像素、CCD、分辨率、白平衡、感光度、光圈等。

（1）像素　像素指数字照相机的分辨率，是衡量数字照相机的重要指标。像素越大，照片的分辨率也越大，打印尺寸在不降低打印质量的同时也越大。

（2）CCD　CCD是电荷耦合元件的英文缩写。它相当于传统照相机的底片，是感应光线的电路装置。CCD像素数目越多、单一像素尺寸越大，收集到的图像就会越清晰。

（3）分辨率　分辨率是用于度量图像内数据量多少的一个参数。通常表示成ppi（每英寸像素pixel per inch）和dpi（每英寸点）。包含的数据越多，图形文件就越大。

（4）白平衡　物体颜色会因投射光线颜色产生改变，在不同光线的场合下拍摄出的照片会有不同的色温。通过白平衡修正，会按目前画像中图像特质，调整整个图像红绿蓝三色的强度，以修正外部光线所造成的误差。数字照相机可以提供自动和手动白平衡。

（5）感光度　感光度用ISO表示，根据光源的不同强度调节照相机的感光能力。例如，一般阴天的环境可用ISO 200，黑暗的舞台环境可用ISO 400或更高。当提升ISO值时，影像质量会下降。

（6）光圈　光圈是一个用来控制光线透过镜头，进入机身内感光面的光量的装置，通常是在镜头内。表达光圈的大小用F值。

光圈F值=镜头的焦距/镜头口径的直径。

完整光圈系列值如下：F1、F1.4、F2、F2.8、F4、F5.6、F8、F11、F16、F22、F32、F44、F64。

光圈F值越小，在同一单位时间内的进光量越多，而且上一级的进光量是下一级的一倍。例如，光圈从F8调整到F5.6，进光量便多一倍。

（7）景深　在进行拍摄时，调节照相机镜头，使距离照相机一定距离的景物清晰成像的过程，称为对焦。那个景物所在的点，称为对焦点。对焦点前、后一定距离内的景物所成像都可以是清晰的，这个前后范围的总和就称为景深。景深的大小，首先与镜头焦距有关，焦距长的镜头，景深小；焦距短的镜头，景深大。其次，景深与光圈有关，光圈越小，景深就越大；光圈越大，景深就越小。再次，前景深小于后景深。

（8）快门　快门是镜头前阻挡光线进来的装置。通常快门的时间范围越大越好。秒数低适合拍摄运动中的物体，照相机就强调快门，最快能到1/16 000s，可轻松抓住急速移动的目标。

任务实施

1. 明确选购目标

当今社会已进入到信息时代，将日常生活美好的瞬间记录下来，离不开数字照相机和数字摄像机（DV）。在经济条件允许的情况下，不要盲目地追求高像素，以实用为最好。使用数字照相机的目标是为了家庭娱乐，此次选购的目标，要从以下几个方面进行考虑：

1）家庭生活娱乐使用。

2）需要价格在5000～8000元。

3）需要像素在1000万以上。

4）需要5倍以上光学变焦。

5）良好的售后服务。

2. 市场及网络调研

通过对市场调查及网络查询，依据所提出的选购目标，对不同的产品进行分析比较，从满足实际需求、产品性能、技术指标、价格、售后服务等多方面进行考虑，最终决定选择Canon EOS 60D作为小李本次选购的机型。

Canon EOS 60D外观非常经典，充满科技气息，整机采用流线型设计，机身简洁亮丽大方，各功能键都运用了人体工程力学技术，产品操作舒适，如图11-2所示。

图 11-2 Canon EOS 60D 数字照相机

扫描二维码，观看数字照相机选购视频。

扫码看视频

任务拓展

某单位办公室为了日常办公、开会等留下影像资料，需要购置一台卡片数字照相机，用于完成办公室日常工作需要。其具体要求如下：

1）总像素在1000万以上。

2）光学变焦在5倍以上，数字变焦在2倍以上。

3）具有光学防抖功能，支持连拍功能。

4）具有高清视频1080P格式，1920像素×1080像素逐行扫描功能。

5）视频格式支持MOV、H.264/MPEG 4 AVC。

6）具有多种拍摄场景模式，如全自动、风景、运动、海滩、雪景、食物、博物馆、人像、夜间人像、聚会/室内、落日、黄昏/黎明、夜间风景、特写、焰火表演等。

7）设备价格控制在2000元左右。

按要求选择3款卡片数字照相机，将各款数字相机技术参数填写到表11-1中，用于帮助客户选购符合要求的设备。

表 11-1　卡片数字照相机参数对照

相关设备参数	备选设备-1	备选设备-2	备选设备-3
参考价格			
品牌			
型号			
……			

经验分享

数字照相机的选购注意事项

在选购数字照相机时，要坚持“适用、实用、够用”的原则，充分考虑自身的使用特点和拍摄需求，选择性价比较高的机型。在选购数字照相机时，为了保证所购买的质量，可以采取以下步骤进行选购。

1）仔细检查外包装及新旧程度，封条是否完好。

2）打开包装盒之后看盒子里面的配件是否有被使用过或明显被拆开过的痕迹；特别要注意电池引脚的地方有没有划痕。通常在包装盒里有一张清单，详细地说明了有多少随机配件，可以对照清点。

3）查看机器的外表。看机身上有没有划痕，包括镜头、LCD 和 EVF 等。

4）尝试拍摄，并用一下变焦，看远近是否都可以拍清楚，然后回放图像，看其图像质量。

5）对着白色的纸和深色的纸拍摄几张，看 CCD 或 CMOS 是否有坏点。

6）索要正规的保修单和正规发货票。

知识储备

数字照相机辅助配件选购

选购完数字照相机之后，还需要购置存储卡、电池、UV 镜和转接环、照相机包、三脚架等配件，用户可以按实际需要购置。选购配件是相当重要的，直接影响到数字照相机的使用和拍摄效果。

1. 存储卡的选购

目前市场上常见的数字照相机存储卡主要有 MMC 卡、CF 卡、SD 卡、记忆棒、XD 卡等，如图 11-3 所示。

图 11-3　数字照相机常用的存储卡

数字照相机中使用较为普遍的是CF卡和SD卡，存储卡读取速度对拍摄效果影响不是十分明显，只是对存储速度略有影响。现以SD卡的不同存储速率进行说明。

在SD 2.0规范中对于SD卡的性能分为以下等级，不同等级分别满足不同的应用要求。

Class 0：包括低于Class 2和未标注Speed Class的情况。

Class 2：能满足观看普通MPEG4或MPEG2的电影、SDTV、数字摄像机拍摄，速度为2MB/s。

Class 4：可以流畅播放高清电视（HDTV），数字照相机连拍等需求，速度为4MB/s。

Class 6：满足单反相机连拍和专业设备的使用要求，速度为6MB/s。

Class10：满足更高速率要求的存储需要，速度为10MB/s。

而在SD 3.0规范中对于SD卡的性能又有了很大提升，存储速度更快，更好地满足不同用户的需求。

60x：60倍速，速度为9MB/s。

100x：100倍速，速度为15MB/s。

120x：120倍速，速度为18MB/s。

133x：133倍速，速度为20MB/s。

150x：150倍速，速度为22MB/s。

200x：200倍速，速度为30MB/s。

266x：266倍速，速度为40MB/s。

600x：600倍速，速度为90MB/s。

在SD 3.0规范中，1倍速是150KB/s，那么60x就是60×150KB/s=9000KB/s，约合9MB/s，SD 2.0最高25MB/s，最大速是160x。而200x、266x、600x对应的速度是30MB/s、40MB/s、90MB/s，不是SD 2.0的，而是SD 3.0的。

不同品牌数字照相机使用的存储卡类型是不同的，选购时一定要注意存储卡和照相机相匹配，以及所支持的存储卡最大容量等问题。

2．电池的选购

数字照相机（DC）的电池主要分两类，即AA电池和锂电池。它们各有各的好处，AA电池在拍摄中更换方便，容易购买，但使用时间没有锂电池长；而锂电池小巧、轻便，携带方便，使用时间较长。使用锂电池要注意以下几点：

1）按照标准的时间和程序充电。

2）当出现机器电量过低提示时，应该尽量及时充电。

3）使用锂电池时一定要注意防水、防潮湿。

任务2　使用数字照相机

充分了解自己手中照相机的各项性能，熟悉照相机每一个按钮的操作方法，同时了解各种专业术语和拍摄技巧，才能得心应手地使用数字照相机，拍摄出理想的照片。

任务情境

小李买了一台Canon EOS 60D数字照相机，想拍摄一些风景照片，他该如何去拍摄，从哪着手呢？小李取出数字照相机产品用户手册，仔细阅读起来，在了解照相机的各项功能的同时，又了解许多拍摄方面的专业知识和技巧，为拍摄做了充足的准备。

任务分析

1. 数字照相机各部件名称及功能

通过阅读Canon EOS 60D数字照相机产品用户手册，了解照相机各部件名称及用法。

1）Canon EOS 60D数字照相机正面图如图11-4所示。

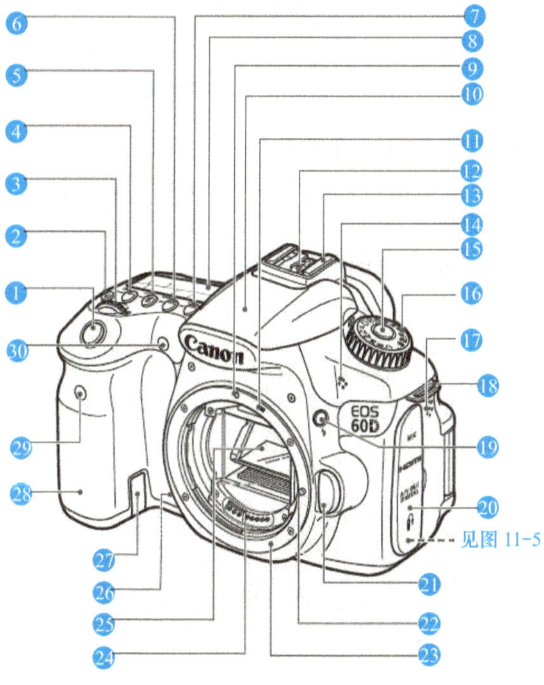

图 11-4　Canon EOS 60D 数字照相机正面图

Canon EOS 60D数字照相机正面各部件名称如下：

① 快门按钮；　② 液晶显示屏照明按钮；

③ 主拨盘；　④ 测光模式选择按钮；

⑤ ISO感光度设置按钮；　⑥ 驱动模式选择按钮；

⑦ 自动对焦模式选择按钮；　⑧ 液晶显示屏；

⑨ EF镜头安装标志；　⑩ 内置闪光灯/系统对焦指示光；

⑪ EF S镜头安装标志；　⑫ 闪光同步触点；

⑬ 热靴；　⑭ 麦克风；

⑮ 模式转盘锁释放按钮；　⑯ 模式转盘；

- 扬声器；
- 背带环；
- 闪光灯弹出按钮；
- 端子盖；
- 镜头释放按钮；
- 镜头固定销；
- 镜头卡口；
- 触点；
- 反光镜；
- 景深预览按钮；
- 直流电连接器电源线孔；
- 手柄（电池仓）；
- 遥控感应器；
- 减轻红眼/自拍指示灯。

2）Canon EOS 60D数字照相机各端子接口如图11-5所示。

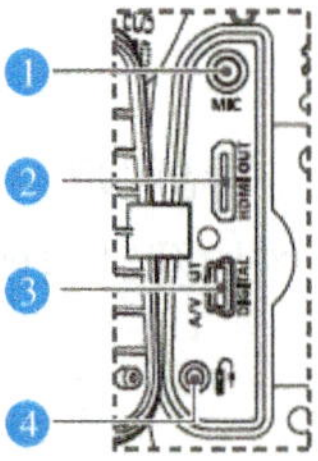

图 11-5　Canon EOS 60D 数字照相机各端子接口

Canon EOS 60D数字照相机各端子名称如下：

① 外接麦克风输入端子；　② HDMI mini输出端子；

③ 音频/视频输出/数码端子；　④ 遥控端子。

3）Canon EOS 60D数字照相机背面图如图11-6所示。

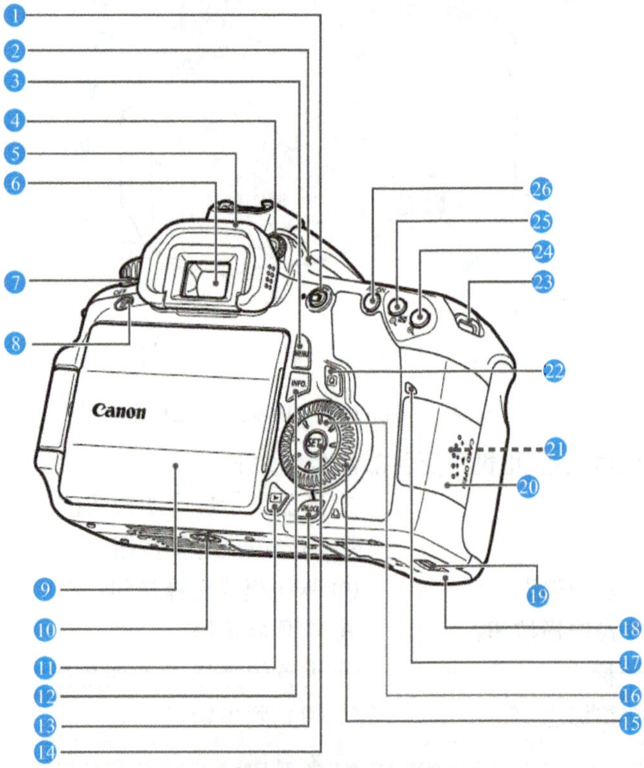

图 11-6　Canon EOS 60D 数字照相机背面图

Canon EOS 60D数字照相机背面各部件名称如下：

① 实时显示拍摄/短片拍摄按钮；② 焦平面标记；
③ 菜单按钮；④ 屈光度调节旋钮；
⑤ 眼罩；⑥ 取景器目镜；
⑦ 电源开关；⑧ 删除按钮；
⑨ 液晶监视器；⑩ 三脚架接口；
⑪ 回放按钮；⑫ 信息按钮；
⑬ 速控转盘锁释放按钮/直接打印按钮；⑭ 设置按钮；
⑮ 速控转盘；⑯ 多功能控制钮；
⑰ 数据处理指示灯；⑱ 电池仓盖；
⑲ 电池仓盖释放杆；⑳ 存储卡插槽盖；

- 存储卡插槽；
- 速控按钮；
- 背带环；
- 自动对焦点选择/放大按钮；
- 自动曝光锁/闪光曝光锁按钮/索引/缩小按钮；
- 自动对焦启动按钮。

2. 电池充电

操作步骤：

第1步：取下保护盖，如图11-7所示。

第2步：装上电池，按图11-8所示将电池牢固地装入充电器。要取下电池，按与上述相反的步骤操作。

第3步：给电池充电，按箭头所示，转出电池充电器的插头，将插头插入电源插座，如图11-9所示。

图 11-7　电池充电第 1 步

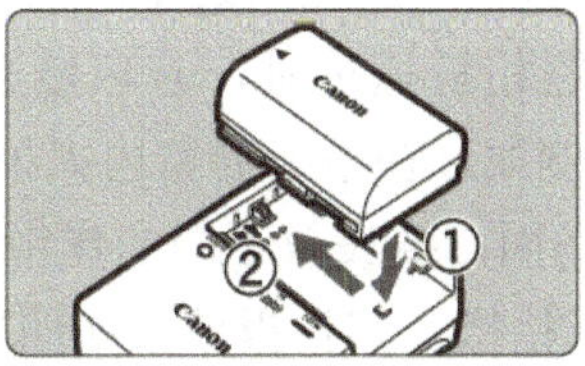

图 11-8　电池充电第 2 步

图 11-9　电池充电第 3 步

温馨提示

电池充电指示灯

当充电电量为 0% ～ 49% 时，充电指示灯为橙色，每秒钟闪烁 1 次；当充电电量为 50% ～ 74% 时，充电指示灯为橙色，每秒钟闪烁 2 次；当充电电量为 75% 或更高时，充电指示灯为橙色，每秒闪烁 3 次；充满电时，充电指示灯为绿色，指示灯点亮。

3. 数字照相机功能设定

（1）拍摄模式设定　数字照相机有多种拍摄模式，通过不同模式的选择，可以获得不同的拍摄效果。通过转动拍摄模式转盘，切换拍摄模式，模式转盘其具体按键及功能如图11-10所示。

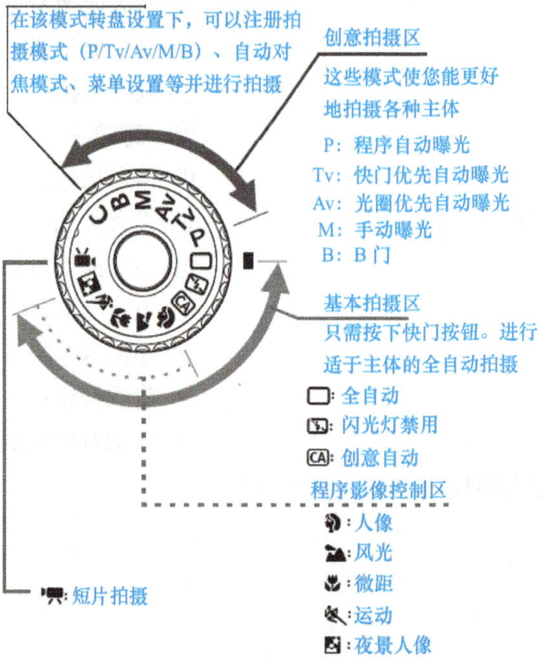

图 11-10　模式转盘

（2）光圈设定　依据说明书，了解并掌握光圈设定技术。通常，在A档光圈优先曝光模式下可以调整光圈的数值（红圈内数字即为光圈系数F值）。

（3）快门速度设定　依据说明书，了解并掌握快门速度设定技术。通常，在S档快门优先曝光模式下可以调整快门速度的数值（红圈内数字即为快门速度数值）。

（4）ISO设定　在手持数字照相机抓拍时，若环境光线较暗，则应使用较高的ISO数值，反之应使用较低的ISO数值。例如，在昏暗的室内抓拍时，常使用ISO 800。

（5）焦距设定　拍摄不同的场面，要设置不同的焦距。分别使用28mm广角、105mm中焦、300mm长焦、500mm长焦进行拍摄，其拍摄效果如图11-11所示。

图 11-11　用不同焦距拍摄的照片

（6）白平衡模式设定　为获得理想的色彩效果，常需要手动选择白平衡模式，不同的白平衡模式能够获得不同的色彩效果。例如，在拍摄日落时，选择晴天日光白平衡模式，效果会更好。

（7）对焦模式和对焦点设定　要想获得准确迅速地自动对焦，就必须根据被摄主体的情况设置对焦模式和选择对焦点。例如，在拍摄运动物体时，最好使用AF C连续自动对焦模式。

（8）曝光补偿模式设定　当拍摄深色、浅白色物体或物体逆光时，应该及时设置曝光补偿。例如，在拍摄雪景时，应该增加曝光补偿；在拍摄日落或逆光时，应该减少曝光补偿，如图11-12所示。

图 11-12　使用逆光拍摄和使用曝光补偿（+1.5EV 值）拍摄效果

（9）闪光灯模式设定　闪光灯具有多种模式，分别适用不同的拍摄场合。例如，在夜间拍摄人像时，最好采用慢速同步＋消除红眼闪光模式。

（10）包围式曝光　当照相机设置包围式曝光模式时，会拍摄出3张等差曝光量的相片，级差分别为1/3EV、0.5EV、1EV，来调节曝光量。每张照片的曝光量不相同，适用于复杂光源，或照相机不易正确测光的场合。图11-13分别是“不足一级”“正常”和“过度一级”的曝光量拍摄效果。

a）　b）　c）

图 11-13　曝光量包围式曝光效果

a）不足一级　b）正常　c）过度一级

（11）景深　在镜头前方（调焦点的前、后）有一段一定长度的空间，当被摄物体位于这段空间内时，其在底片上的成像恰位于焦点前后这两个弥散圆之间，被拍摄物体所在的这段空间长度称为景深。换言之，在这段空间内的被摄物体，其呈现在底片面的影像模糊度，都在容许弥散圆的限定范围内，这段空间的长度称为景深。以持照相机拍摄者为基准，从焦点到近处容许弥散圆的距离叫前景深，从焦点到远方容许弥散圆的距离叫后景深，如图11-14所示。从图11-14中可以看出，后景深大于前景深。

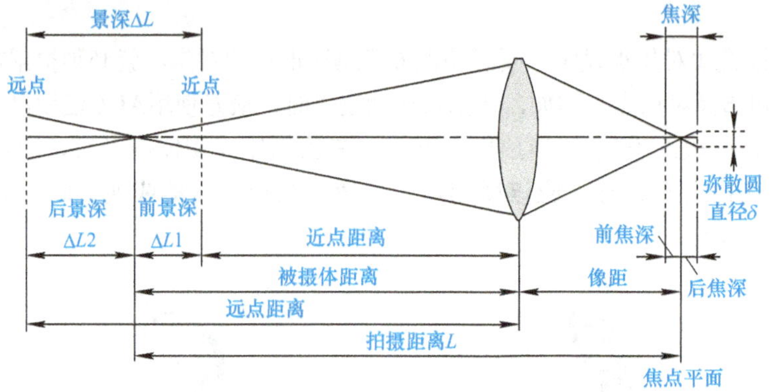

图 11-14　景深示意图

景深具有不同的范围，如图11-15所示。通过景深计算公式可以看出，景深与镜头使用光圈、镜头焦距、拍摄距离及影像的要求有关，不同景深拍摄产生的效果如图11-16所示。同时，其他因素对景深的影响是比较大的，主要表现在以下方面：

1）镜头光圈。镜头光圈越大，景深越小；光圈越小，景深越大。

2）镜头焦距。镜头焦距越长，景深越小；焦距越短，景深越大。

3）拍摄距离。拍摄距离越远，景深越大；距离越近，景深越小。

图 11-15　景深范围

图 11-16　小景深和大景深效果

任务实施

在进行拍摄前要安装电池和SD存储卡，这是准备进行拍摄的关键一步。

1. 安装电池及SD存储卡

操作步骤：

第1步：打开存储卡及电池仓盖。

第2步：分别将存储卡、电池的正面与镜头的方向保持一致，电子触点向下进行安装。

第3步：关闭存储卡和电池仓盖。

温馨提示

电池及SD存储卡安装注意事项

注意电池插入时的方向，将电池插入直到被开关锁住为止。要想取出电池，朝开关的箭头指示方向推动；注意存储卡插入时的方向，将存储卡完全插入，直到发出“咔嚓”一声为止。要想取出存储卡，请按压存储卡直到发出“咔嚓”一声为止，然后平直抽出存储卡。

2. 拍摄操作

操作步骤：

第1步：取下镜头盖，打开电源开关。

第2步：从模式拨盘上选择想要的功能。

温馨提示

转盘使用

现在大部分照相机都设置了模式转盘，用起来非常方便，在转盘上分程序影像控制区和创意拍摄区。

第3步：感光度的设定，将感光度设置为ISO 200。

温馨提示

感光度设定

拍摄风景时，感光度不要设置太高。相对的，感光度高成像质量就会下降。

第4步：设置像素的分辨率为2560像素×1920像素。

温馨提示

分辨率设定

如果拍摄一般的风景，像素可以设置低一些。如果考虑以后放大用，则像素就可以设置高一些。像素越高，所拍摄的图像占据的存储空间就越大。

第5步：白平衡模式的设定。

温馨提示

白平衡设定

白平衡可以设置为自动 AWB 或日光模式，平时可以根据天气情况和环境变化来设置白平衡，以达到满意的色彩平衡。

第6步：测光模式的设定。

温馨提示

测光模式设定

拍摄前，选择合适的测光模式非常必要，是照片准确曝光的前提。

第7步：光圈的设定。

温馨提示

光圈设定

在拍摄风景的时候，光圈的设定要小些，如 F8 或 F11 等小光圈，以获取大景深。

第8步：快门速度的设定。

温馨提示

快门速度设定

快门速度快慢，一定程度决定着照片的清晰度。设置快门时要考虑光圈的大小，以达到准确曝光，如果需要快门速度很慢，则建议使用三脚架、快门线或自拍模式。

第9步：曝光补偿模式的设定。

温馨提示

曝光补偿模式设定

拍摄照片得到正确曝光的同时，可以利用曝光补偿模式人为增加或减少曝光量。

第10步：对焦模式和对焦点的设定。

温馨提示

对焦模式和对焦点设定

对焦选择自动或手动均可，对焦点也可以自行选择单点或多点。

第11步：取景器屈光度的设定。

温馨提示

屈光度设定

在使用前，根据视力来调节屈光度，以确保取景器中显示的景物清晰。

第12步：拍摄焦距。

温馨提示

焦距设定

焦距的大小直接影响画面，焦距越短景深越大，焦距越长景深越小。风景照片应获取较大的景深，最好使用短焦距的广角镜头，如 17 ～ 85mm 或 17 ～ 40mm 镜头。

第13步：照相机的握持方法。单反照相机握持方法如图11-17所示；长焦照相机握持方法如图11-18所示。

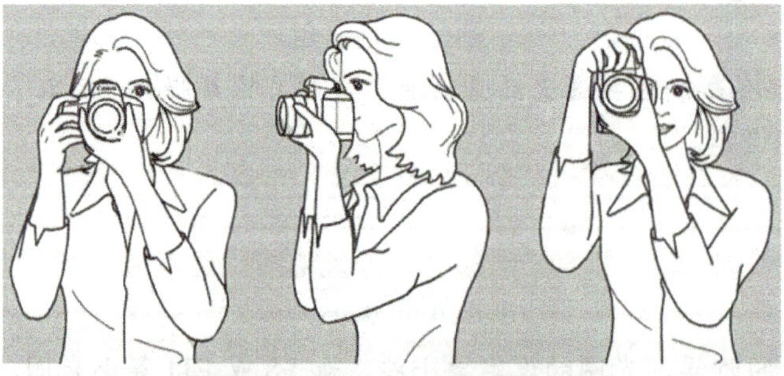

图 11-17　单反照相机握持方法

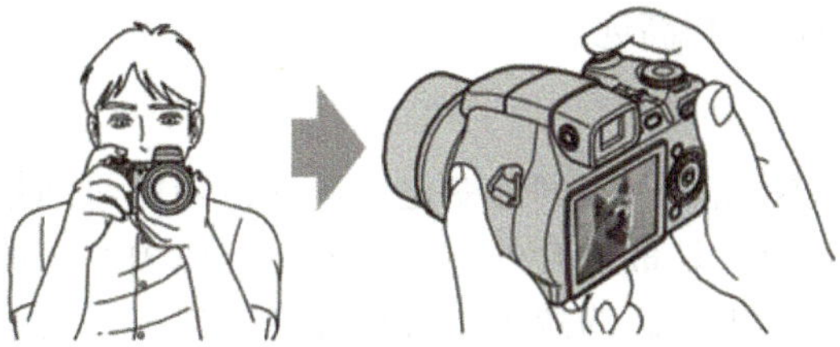

图 11-18　长焦照相机握持方法

第14步：取景构图、对焦、拍摄的方法。

1）将照相机握稳，手臂贴在身边。

2）取景构图。

3）用快门按钮对焦、拍摄。首先将快门按钮按下一半进行对焦，然后完全按下快门按钮，完成拍摄。

第15步：完成拍摄后，可以浏览或打印照片。

任务拓展

数字照相机与其他办公设备有所不同，仅仅掌握它的操作未必能拍摄出较理想的作品，这是由于摄影是一种创作，它需要在熟练使用数字照相机的基础上，掌握必要的摄影技巧，积累一定的拍摄经验，甚至具备一定的艺术修养，才能拍摄出理想的作品。在风光摄影中，要注意以下几个方面。

1. 正确曝光参数

当看到美丽的日出、日落时候，会有一种冲动，想要把它拍摄下来，但又不想让周围的景色影响画面，这时候应该适当降低一些曝光值，比如在正确测光的基础上，并减少曝光补偿（1EV），拍出的画面会有一种剪影效果，而主体太阳会很好地体现出来。

2. 选取最大景深

风光摄影尽可能让整个场景都处于对焦范围之内。最简单的办法是选用最小的光圈，光圈越小，所获得照片的景深就会越大，拍摄的照片的清晰范围也就越大。

3. 选择合适聚焦点

所有照片都需要一定的焦点，风景照片也不例外。实际上，风景照片如果没有焦点，画面会显得空洞。在风景摄影中，焦点可以选择建筑物、一块石头、岩石等，使主体更加明确，主题更加突出。

4. 考虑前景

在拍摄时，需要仔细考虑所选取的前景，要将图像的吸引点放置在前景内。在前景选择时，可将垂直的柳条、草坪、礁石等作为前景，创造出具有延伸感的景深，使画面层次感更加丰富。

5. 考虑天空

在风景摄影中，天空是一个重要元素。如果拍摄的画面中，天空有各种形状的云团、美丽的彩虹、日出和日落，则要将地平线的位置放低，可将地平线的位置放在画面下1/3的地方，更加突出了天空的辽阔和高远。

6. 利用天气

一个场景会根据天气情况出现戏剧性变化，选择恰当的时间拍摄特别重要。很多初学者认为一个阳光灿烂的好天气是最适合外出拍摄的，但风雨欲来的阴天也能提供很好拍摄机会，尤其表现情绪低沉、折光感的效果。尝试寻找拍摄暴风雨、迷雾、生动的云层、厚厚云层中的透出的阳光、彩虹、日出、日落等，更好地表现天气的丰富多彩。

7. 改变观察角度

当发现一个值得拍摄的场景时，尝试找出更多的兴趣点，如趴在地上从低角度进行仰拍，或者找个有利的高点进行俯拍。根据周围环境，尝试从不同的角度进行拍摄，会发现一些意想不到的效果。

8. 寻找线条美感

在画面构图的表现手法中，经常采用S形构图、T形构图、三角形构图等。线条是常用的表现手法之一，使用比较多。如何使拍摄的照片引人注目呢？常用的方法是通过使用线条，将垂直的、水平的、倾斜的不同线条引入到画面中，增加景深的层次感。

9. 让照片动起来

当大多数人想到风光摄影时，首先出现在他们大脑中的是平静的环境。真正的风光摄影并不是静止的，为了让画面在照片中动起来，需要加入动态、情绪和兴趣点。

比如树林中的风、海滩上的波浪、瀑布的水流、滑翔的飞鸟、移动的云朵等，要捕捉这些动态画面，一般需要使用慢快门，让更多的光线进入，同时需要使用小光圈或者配合滤镜使用，使画面动静分明。

10. 提高构图意识

不论是人像摄影还是风光摄影，构图都是非常重要的，是摄影的灵魂。景物没有层次感，那永远不会成为好照片。在风光摄影构图中要注意景物的层次，还要在构图中注意构图，如经典的0.618的黄金分割，“井”字构图等。如果采用“井”字构图，应将主体放在“井”字的四个焦点处，这会使画面看起来更加舒展、有灵性。“井”字构图如图11-19所示。

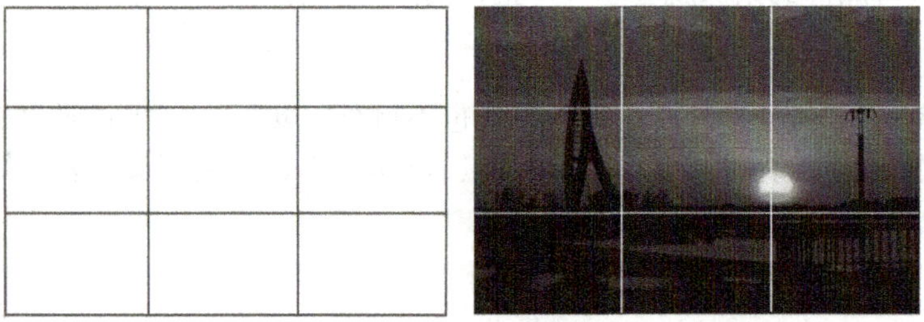

图 11-19 “井”字构图

温馨提示

如何保存数字照相机？

由于数字照相机是非常精密的光学仪器，在使用的过程中，首先应阅读使用说明书，了解照相机的基本特征和必要的注意事项。数字照相机在使用和存放的时候，注意以下几个方面的问题，才能保证数字照相机的正常使用，延长数字照相机的使用寿命。

1．妥善存放数字照相机

存放数字照相机要远离灰尘。如果长时间不使用数字照相机，应取出电池和存储卡，存放在干燥的盒子中。

2．避免潮湿

数字照相机是高精密的电子产品，防水防潮是非常重要的。如果长时间不用，必须选择干燥处妥善存放。如果在潮湿环境下使用，一定要采取防护措施。

3．注意环境的温度

数字照相机不能直接暴露在高温环境下。由于数字照相机采用CCD或CMOS等成像元件，其接受强光或高温的能力十分有限。同样，要避免在低温环境下使用，以免机器内部产生霜雾等现象。

4．注意防止烟尘

数字照相机要在清洁的环境下使用和保存，可以减少因外界的污染导致照相机产生故障。如果污物落在镜头上，影响拍摄的清晰度。保持使用环境的清洁，可以降低照相机发生故障的可能性。

5．远离静电和磁场

在使用数字照相机时，要注意身上所产生的静电，特别在冬季，身上的衣物产生的静电特别多，很容易造成照相机内部电子元件的损坏。

6．防止剧烈振动

数字照相机应防止剧烈振动。剧烈振动会使照相机内部零件移位、松动脱落。在使用时，不要随意放置照相机，放置地点要牢固，确保不受意外的撞击。

任务3　维护与保养数字照相机

数字照相机在使用过程中，可能会出现这样或那样的故障，必须了解各种故障的原因和解决办法，以延长数字照相机的使用寿命，提高工作效率。

任务情境

小李使用数字照相机一段时间以后，发现数字照相机拍摄后回放时没有图像，开机后立即就关机了，拍摄几张照片就电量不足等情况。此时，小李无法自行处理以上故障，通过电话咨询售后服务人员，明白了故障产生的原因。

任务分析

通过咨询佳能数字照相机售后服务人员，知道主要是电池电量问题、拍摄时出现的问题及影像回放时出现故障，通过分析，多数故障是由于数字照相机的不当设置造成的。

任务实施

1. 电池电源故障

（1）打开数字照相机开关，不能正常拍照

故障原因：电池没有正确插入；电池电量耗尽。

解决方法：给电池充电。

（2）打开数字照相机时，LCD显示屏关闭

1）故障原因：是否将显示设置为取景器。

解决办法：将[EVF/LCD]切换到LCD显示屏。

2）故障原因：是否启动了经济模式，自动将LCD显示屏关闭。

解决办法：半按快门按钮，取消经济模式。

3）故障原因：电池电能被耗尽。

解决方法：给电池充电。

（3）数字照相机打开后立即关闭

1）故障原因：电池被耗尽。

解决方法：给电池充电。

2）故障原因：如果任由数字照相机开着，电池将被耗尽。

解决方法：设置经济模式。

（4）电池寿命过短

故障原因：电池未充足电；在低温下拍摄；电池已损坏。

解决方法：电池充电要充足；避免在低温环境下拍摄；更换电池。

2. 拍摄故障

（1）无法拍摄图像

故障原因：“拍摄”/“回放”开关是否设置正确；模式转盘是否设置正确；内存或存储卡是否还有存储空间。

解决方法：进行正确设置并检查存储空间。

（2）拍摄的图像发白

故障原因：如果镜头有污垢，拍摄的图像会发白。

解决方法：关闭数字照相机，缩回镜头，并用软布轻轻擦拭镜头表面。

（3）拍摄的图像太亮或太暗

故障原因：曝光补偿不当。

解决方法：将“最快快门速度”设置为较慢的速度。

（4）不能正确对被摄物体聚焦

故障原因：由于拍摄模式的不同，聚焦范围也不同；被摄物体超出聚焦范围；在拍摄时发生抖动或物体移动。

解决方法：设置适当的拍摄模式；注意拍摄范围。

（5）拍摄的图像模糊不清，光学影像稳定器不起作用

故障原因：在暗处拍摄图像时，快门速度会变慢。

解决方法：拿稳照相机进行拍摄；使用自拍定时器或三脚架进行拍摄。

（6）拍摄的图像看起来很粗糙，图像出现噪点

故障原因：感光度设置太高或快门速度太慢；是否在场景模式中设置了“高感光度”或“高速连拍”。

解决方法：降低感光度；提高“图像调整”下的“降噪”。

（7）动态影像录制中途停止

故障原因：存储卡存储速度过慢；存储卡与照相机所要求的不匹配。

解决方法：选择Class6以上的存储卡，使其存储速度达10MB/s；选择SD高速卡。

3. LCD监视器/取景框故障

（1）尽管已开机，但LCD监视器/取景框关闭

故障原因：可能选择经济模式下的“自动LCD关”；使用AC适配器时，也可能出现。

解决方法：更改设置。

（2）LCD监视器/取景框太亮或太暗

故障原因：屏幕亮度设置不当，启动了“增亮LCD”。

解决方法：调整屏幕亮度。

（3）图像没有显示在LCD取景框上

故障原因：可能是“EVF/LCD”开关。

解决方法：按“EVF/LCD”开关，切换到LCD显示屏进行显示。

4. 闪光灯故障

（1）不能启动闪光灯

故障原因：是否开启闪光灯；是否设置自动括弧式曝光、色彩括弧式曝光、连接。

解决方法：按“ϟOPEN”键打开闪光灯；重新进行设置。

（2）闪光灯多次启动

故障原因：是否设置了红眼降低；是否设置场景模式中的“闪光灯连拍”。

解决方法：重新进行设置。

5. 回放故障

（1）不能回放图像

故障原因：“拍摄”/“回放”是否设置正确；内存或存储卡上是否有图像。

解决方法：重新进行设置及检查。

（2）不能显示所拍摄的图像

故障原因：回放是否设置为“类别回放”/“收藏夹回放”。

解决方法：重新设置为“标准回放”。

（3）在图像检索时，图像显示的日期与实际拍摄的日期不符

故障原因：日期设置不对；图像是否经过计算机重新处理。

解决方法：正确设置日期。

（4）所拍摄图像的红色部分变为黑色

故障原因：在使用降低红眼时，被拍摄的红色被肤色的颜色所包围造成的。

解决方法：在闪光灯模式设置为“⚡A”“⚡”“㊉”或者“拍摄”模式菜单下的“数字红眼纠正”设置为OFF。

任务拓展

由于数字照相机是非常精密的光学仪器，在使用的过程中要注意对设备进行保养。首先应阅读使用说明书，了解数字照相机的基本特征和必要的注意事项，还要注意下面一些常见问题，才能保证数字照相机的正常使用，延长数字照相机的使用寿命。

1. 镜头的维护

镜头是数字照相机的眼睛，需要格外精心保护。由于它经常暴露在空气中，经常受到空气中的灰尘和沙粒等杂物的伤害。如果镜头上灰尘越来越多，则会大大降低照相机的成像质量。在清洁镜头时，首先用软刷或洗耳球清除尘埃，然后滴一滴镜头清洁液在擦拭纸上，反复擦拭镜头表面，最后用干净的专用的棉纸进行擦拭，直至干净为止。平时不使用时，最好盖上镜头盖，以减少清洁的次数。

2. 液晶显示屏的维护

液晶显示屏是数字照相机的特殊部件，不但价格昂贵，而且很容易受伤。在使用和存放时，注意不要让重物挤压液晶屏，不要放置在阳光下直射。如果液晶屏脏了，只能用干净的软布轻轻地擦拭，不要使用有腐蚀性的溶剂。

3. 电池的维护

数字照相机主要靠电池供电。如果使用不匹配的电池或不节制地使用，电池电量会很快耗尽。在使用电池时，最好不要使用一次性的碱性电池，应选用充电的镍镉电池、镍氢电池或锂电池。同时在使用数字照相机的过程中要注意以下几点：

1）保持电池的清洁。为了避免电量的流失，应保持电池两端的接触点和电池槽内部干净。

2）正确对电池进行充电。使用原厂的充电器和电池，有助于延长电池的使用寿命。对于充电时间，则取决于所用充电器和电池，以及使用电压是否稳定等因素。

3）妥善放置电池。如果长时间不使用数字照相机，必须将电池从照相机或充电器中取出，并完全放电，然后放在干燥、阴凉的环境保存，不要将电池与金属物品一同放置。

4. 存储卡的维护

存储卡是数字照相机存储数据的载体，必须精心维护。从数字照相机装入或取出时，要在关闭照相机的情况下进行。同时，要注意正确地格式化存储卡，不同的数字照相机对存储卡的格式化方法有所不同。另外，尽量避免在高温、高湿的环境下使用和存放；不要将存储卡置于高温或强烈太阳光下；不要对存储卡施予重压；不要弯曲存储卡，避免存储卡掉落或受撞击；要避免在静电、磁场等环境下保存或使用。

温馨提示

数字照相机的清洁

为了使数字照相机具有良好的工作状态，根据使用环境情况，需要对数字照相机进行定期清洁。

在清洁数字照相机之前，一定要关闭数字照相机电源开关，然后做清洁工作。清洁数字照相机的部位有机身、模式转盘、按钮、镜头、镜筒、LCD显示屏等，进行清洁的工具主要有软棉布、软毛刷和洗耳球。清洁的部位及方法有以下几种：

1）清洁数字照相机外部，使用软布轻轻擦拭机身表面。如果数字照相机很脏，用中性洗涤剂将浸湿后，再拧干擦拭，最后用干布擦拭。

2）清洁液晶屏和取景框，只能使用干净的软布轻轻擦拭。

3）清洁数字照相机存储卡槽及电池槽，使用软毛刷或洗耳球清理内部灰尘。

4）清洁镜头，先用洗耳球吹去灰尘，再用专业镜头纸画圆擦拭。

在清洁数字照相机的时候注意以下两点：

1）不要使用苯或酒精溶液清洁数字照相机。

2）一定要在取出电池或拔下AC适配器后进行清洁。

项目小结

数字照相机是现代办公和家庭中经常使用的一种影像拍摄设备，其操作非常简单，可以记录人们工作、学习、生活中的各种活动。

本项目从数字照相机的分类出发，介绍了数字照相机的主要技术指标，设备及耗材的选购、保存及其注意事项；具体介绍了数字照相机的操作、使用、耗材安装维护方法。

实战强化

1. Canon EOS 60D数字照相机的基本结构与使用

（1）目的要求　熟悉数字照相机的基本结构，并能正确操作设置和使用。

（2）实践内容

1）打开包装，清点配件是否齐全，根据实物写出名称，并写入表11-2。

表11-2　配件名称

序　号	1	2	3	4	5	6	……

注：取出包装保护材料，并妥善保存，以备下次保管器材用。

2）数字照相机模式转盘及操作设置。

3）对数字照相机拍摄测试。

4）使用单张拍摄。

5）使用多张连拍拍摄。

6）使用动态追踪拍摄。

（3）测试项目（见表11-3）

表 11-3　测试项目

序　号	项　目	操 作 项 目	学 生 自 评	教 师 评 价	备　注
1	数字照相机界面识别	写出数字照相机各按钮及配件名称			
2	数字照相机界面按钮的识别与设置	① 数字照相机开关 ② 闪光灯 ③ 模式转盘 ④ 屈光度调节旋钮 ⑤ ISO感光度 ⑥“EVF/LCD”按钮 ⑦“拍摄”/“回放”选择开关 ⑧ LCD显示屏 ⑨ 快门按钮 ⑩ 白平衡按钮			
3	使用数字照相机拍摄	① 使用单张拍摄 ② 使用多张连拍拍摄 ③ 使用动态追踪拍摄 ④ 拍摄设置操作是否规范			
4	控件面板的使用设置	各功能键的使用是否正确			
5	使用注意事项	要求口述表达正确			

2. Canon EOS 60D数字照相机使用环境、存储卡、电池的更换和清洁

（1）目的要求

1）熟悉数字照相机的使用环境。

2）掌握数字照相机存储卡和电池更换方法。

3）掌握数字照相机清洁保养方法。

（2）实践内容

1）数字照相机的使用环境。

2）安装或更换存储卡、电池。

3）清洁、保养数字照相机。

（3）测试项目（见表11-4）

表 11-4　测试项目

序　号	项　目	操 作 项 目	学 生 自 评	教 师 评 价	备　注
1	选择数字照相机的使用环境	① 数字照相机使用的环境是否合理 ② 风雨天气是否有数字照相机保护罩			
2	存储卡、电池的更换或安装镜头遮光罩安装与拆卸	① 安装存储卡 ② 取出存储卡 ③ 安装电池 ④ 取出电池 ⑤ 安装遮光罩 ⑥ 拆卸遮光罩 ⑦ 操作是否规范			
3	清洁数字照相机	① 数字照相机外部清洁 ② 数字照相机镜头清洁 ③ 操作是否规范			

职业应用项目领域 12　使用数字摄像机

职业能力目标

1）能依据产品性价比选购符合实际需求的数字摄像机。

2）能依据产品说明书及不同环境使用数字摄像机。

3）能依据故障现象诊断、维护与保养数字摄像机。

世界上第一台数字摄像机由索尼公司于 1985 年研制发明。经过多年发展，总像素从几十万到几千万，影像质量从标清到高清，目前已步入数字时代，成为现代办公、管理文档、家庭娱乐乃至进行专业影视制作不可缺少的数字影像设备之一。

任务1　认识和选购数字摄像机

数字摄像机（Digital Video，DV）已进入千家万户，它所拍摄的真实而又生动的场景有着比数字照片更迷人的表现力，生动的影像可以更真实、细腻地记录精彩瞬间，为人们留下美好的回忆。

任务情境

单位小赵要带女儿去四川九寨沟旅游，想买一台用于旅游拍摄的数字摄像机，应该选购一台什么样的数字摄像机呢？

“选购业务级的还是家用级的？”

“买国产的，还是买进口的？”

“买价格贵的，功能多的，质量就能好，还是购买经济实用的？”

“买大品牌的，放心，而且售后服务较好！”

如何为小赵家购买一台数字摄像机呢？

任务分析

1．数字摄像机的分类

（1）按使用用途分类　数字摄像机可分为广播级、专业级、消费级数字摄像机，如图12-1所示。

（2）按存储介质分类　数字摄像机可分为磁带式、光盘式、硬盘式、存储卡式数字摄像机。

（3）按传感器类型分类　数字摄像机可分为CMOS和CCD摄像机。

（4）按传感器数目分类　数字摄像机可分为单CCD和3CCD摄像机。

a）　　b）　　c）

图 12-1　不同用途摄像机的分类

a）广播级　b）专业级　c）消费级数字摄像机

2. 技术指标

（1）CCD　CCD的像素是衡量数字摄像机成像质量的一个重要指标，其大小直接决定所拍摄的影像的清晰度、色彩和流畅程度，尺寸越大越好。CCD的像素基本决定了数字摄像机的档次。目前大多数数字摄像机采用CCD或CMOS作为光学记录元件。

（2）镜头　镜头是决定数字摄像机成像质量的重要因素。一是镜头要看光学变焦倍数，光学变焦倍数越大，拍摄场景可取舍程度就越大，对拍摄时的构图会带来很大的方便。二是镜头口径，如果口径小，即使再大的像素，在光线比较暗的情况下也拍摄不出好的效果来，它将成为数字摄像机成像的一个瓶颈。

（3）光学变焦　数字摄像机依靠光学镜头来实现变焦，光学变焦倍数越大，能拍摄的景物就越远。光学变焦通过镜头、物体和焦点三方的位置发生变化而产生的。

（4）数码变焦　数字变焦通过数字摄像机内部的处理器，把图片内的每个像素的面积增大，从而达到放大的目的。与光学变焦不同，数字变焦只是利用感光器件使画面在垂直方向上的变化，实现变焦效果。通过数字变焦，拍摄的景物放大了，但清晰度会有一定程度的下降。

（5）操作菜单　操作菜单的便利性是不言而喻的，对于从来没使用过数字摄像机的普通用户来说，去操作复杂的按键是非常困难的。现在多数的数字摄像机的操作菜单都十分简单，中文触摸式菜单只要在液晶屏上指指点点，就可以完成操作，十分方便，适合数字初学者。

（6）液晶显示屏　数字摄像机的液晶显示屏是用于观察拍摄时的画面和画面回放的窗口，主要考虑的是亮度要高，像素要大，同时面积越大越好。目前，比较流行的是2.5in和3.5in的液晶屏。

任务实施

1. 明确选购目标

如今在家庭娱乐、出差旅游、记录孩子的成长过程中离不开数字摄像机，它已经成为生活中的一部分。因此，要明确此次选购数字摄像机的目标：

1）需要家庭娱乐、记录孩子的成长、出差旅游度假等使用。

2）需要价格在5000～6000元。

3）需要画质是高清的。

4）进口知名品牌数字摄像机。

5）需要10倍以上光学变焦。

6）良好的售后服务。

2. 市场及网络调研

通过对市场调查及网络查询，依据所提出的选购目标，对不同的产品进行分析比较，从满足实际需求、产品性能、技术指标、价格、售后服务等多方面进行考虑，最终决定选择松下HC W850GK作为小王家本次选购的数字摄像机类型。

松下HC W850GK外观非常时尚，充满高科技气息，身形小巧，整机采用流线型设计，机身简洁亮丽大方，各功能键都运用了人体工程力学技术，最大限度地减轻了频繁按键而带来的疲劳感，产品操作舒适，如图12-2所示。

图 12-2　松下 HC W850GK 数字摄像机

扫描二维码，观看数字摄像机选购视频。

扫码看视频

任务拓展

某自行车发烧友，平时喜欢骑车领略自然风光，同时要将沿途的风光分享给其他朋友，需要购置一台能够安装在自行车上的运动摄像机。其具体要求如下：

1）最大像素不低于500万。

2）动态视频支持常见视频格式，录制时间在3h以上。

3）具有内置麦克风，同时支持录像回放功能。

4）存储介质支持Micro SD卡或MMC卡，最大支持容量不低于32GB。

5）支持USB接口和HDMI接口。

6）数字变焦不低于4倍，最大光圈不低于F2.8。

7）设备价格控制在10000元左右。

按要求选择3款运动摄像机，将各款运动摄像机技术参数填写到表12-1中，用于帮助客户选购符合要求的设备。

表 12-1　运动摄像机参数对照

相关设备参数	备选设备-1	备选设备-2	备选设备-3
参考价格			
品牌			
型号			
……			

经验分享

数字摄像机的选购注意事项

看着各种型号的摄像机，很多人的感觉是无从下手，首先要考虑自己的使用目的。其次要考虑总体性能特点、影像存储量，当然也包括价格。在选购时应该注意哪些问题呢？

（1）明确自身应用需求　用户在购置数字摄像机时，应根据自己实际应用特点，明确拍摄目标，以够用为原则。

（2）注重产品性价比　选购数字摄像机时，产品的性价比应该是用户考虑的首要问题。在购置数字摄像机时，具有高性价比、功能全面、保证成像质量的产品是众多用户所追求的。

（3）考虑环境适应能力　在使用时会遇到各种环境，气候的高低温变化、刮风下雨等；数字摄像机应具备防尘、防风沙、防水处理，而且能抗撞击，这就要求用户在选购时要考虑到对不同环境适应能力强的机型。

（4）考虑耗材问题　家用数字摄像机的主要耗材是电池、闪存卡或录像带。在选购耗材时，应该保证是原装正品，如果电池和闪存卡品质没有保证，后果不堪设想，同时还要考虑使用寿命。

（5）具有良好的售后服务　目前，社会上流行的各种型号的数字摄像机都是由专业厂家生产的，其售后服务和质量是相当有保障的，水货除外。

在选购数字摄像机时，要坚持“实用、够用”的原则，充分考虑自身的使用特点和拍摄需求，选择性价比高、专业生产商生产的机型，不建议购买最新型号的机器。

温馨提示

购买数字摄像机的验机步骤

在购买数字摄像机的时候，如果确定了具体选购对象，则需要按照以下步骤仔细检验。验机的步骤如下：

1）仔细检查外包装及新旧程度，封条是否完好。

2）打开包装盒之后，查看包装盒中配件是否齐全。

3）查看机器的外表，看看机身上有没有划痕，包括镜头、LCD、EVF和外壳等。

4）尝试拍摄，并用一下变焦，看远近是否都可以拍清楚，如果对将要买的机器不熟悉，试机的时候用录制模式拍摄，然后回放查看图像质量。

5）仔细观察CCD或CMOS有没有坏点，可以对着白色的纸和深色的纸拍摄检查。

6）索要正规的保修单和正规发货票。

任务2　使用数字摄像机

当看到让人赏心悦目的影视作品时，就会想它是如何拍摄的、镜头是如何运用的。其实，任何一部影视作品的诞生都离不开前期的摄像，如何正确认识并使用摄像机，理解不同技术术语的含义及拍摄技巧，是创作一个好的影视作品的前提和保证。

任务情境

小赵买回松下HC W850GK数字摄像机后，想用这台摄像机来记录旅游度假的整个过程，留下美好的记忆。那么，如何利用手中的数字摄像机拍摄呢？

任务分析

1．数字摄像机各部件名称及功能

通过阅读松下HC W850GK数字摄像机用户手册，了解数字摄像机各部件的名称及用法。

1）数字摄像机左面图，如图12-3所示。

2）数字摄像机正面图，如图12-4所示。

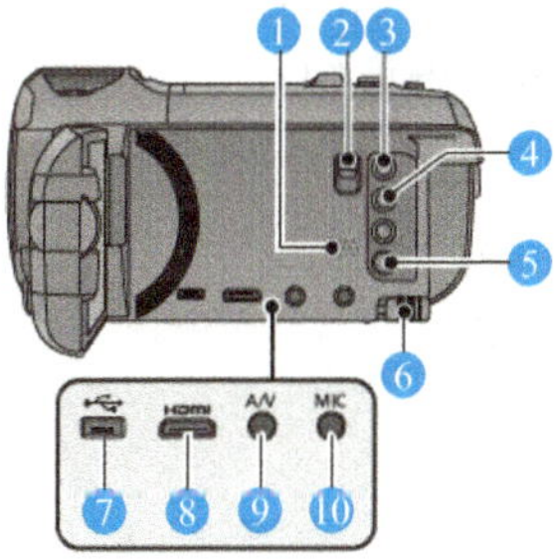

图 12-3　松下 HC W850GK 数字摄像机左面图

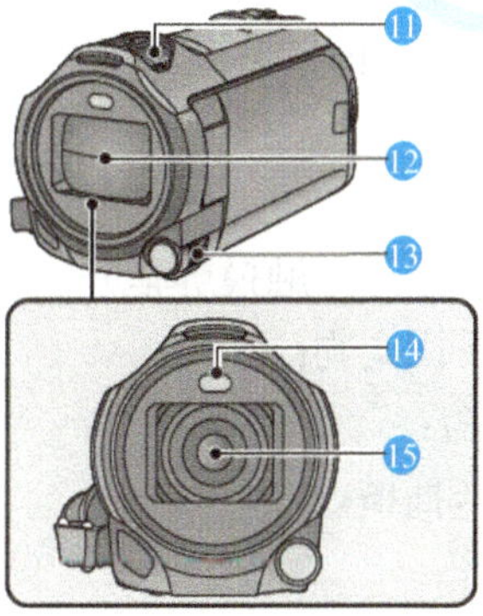

图 12-4　松下 HC W850GK 数字摄像机正面图

3）数字摄像机背面图，如图12-5所示。

4）数字摄像机底面图，如图12-6所示。

5）数字摄像机右视图，如图12-7所示。

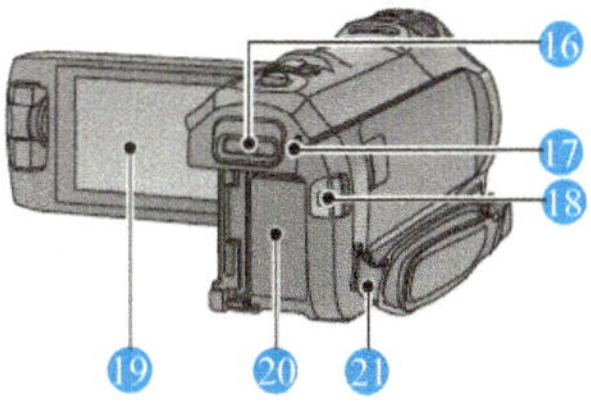

图 12-5　松下 HC W850GK 数字摄像机背面图

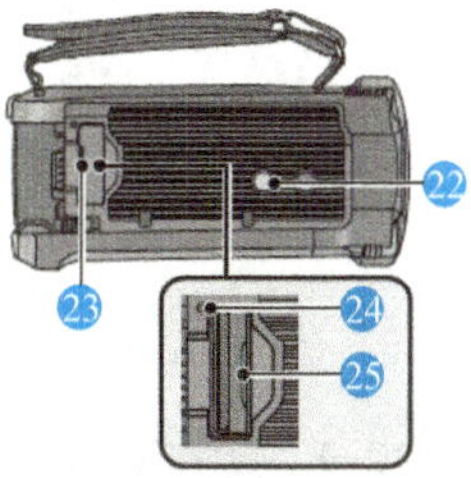

图 12-6　松下 HC W850GK 数字摄像机底面图

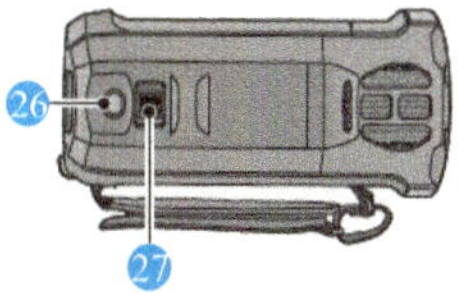

图 12-7　松下 HC W850GK 数字摄像机右视图

6）数字摄像机右下面图，如图12-8所示。

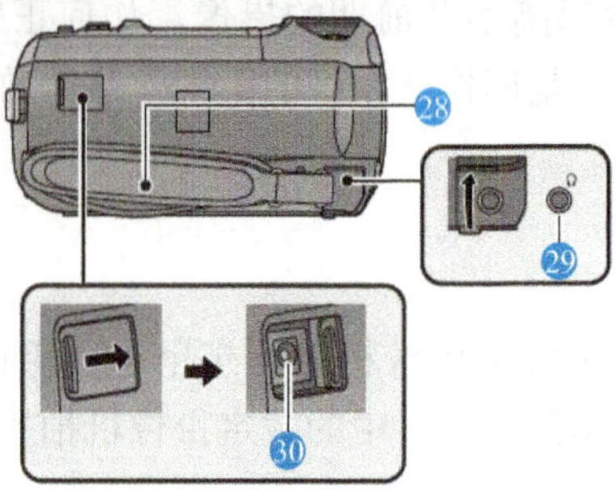

图 12-8 松下 HC W850GK 数字摄像机右下面图

松下HC W850GK数字摄像机各部件名称如下：

① 扬声器；
② 冷靴转接座释放手柄；
③ 拍摄/回放按钮；
④ 水平拍摄功能按钮；
⑤ 电源按钮；
⑥ 电池释放手柄；
⑦ USB接口；
⑧ HDMI微型连接器；
⑨ AV连接器；
⑩ 麦克风端口；
⑪ 内置麦克风；
⑫ 镜头盖；
⑬ 多功能手动转盘；
⑭ 内置闪光灯/摄像灯；
⑮ 镜头；
⑯ 冷靴转接座安装部位；
⑰ 状态指示灯；
⑱ 录制开始/停止按钮；
⑲ LCD显示屏（触摸屏幕）；
⑳ 电池座；
- 肩背带固定物；
- 三脚架插座；
- SD卡盖；
- 存取指示灯；
- 记忆卡插槽；
- 拍照按钮；
- 变焦杆；
- 手持带；
- 耳机端口；
- DC输入端子。

2. 数字摄像机基本握持方法

数字摄像机的握持方法非常简单，应掌握相关要领。具体握持方法如图12-9所示。

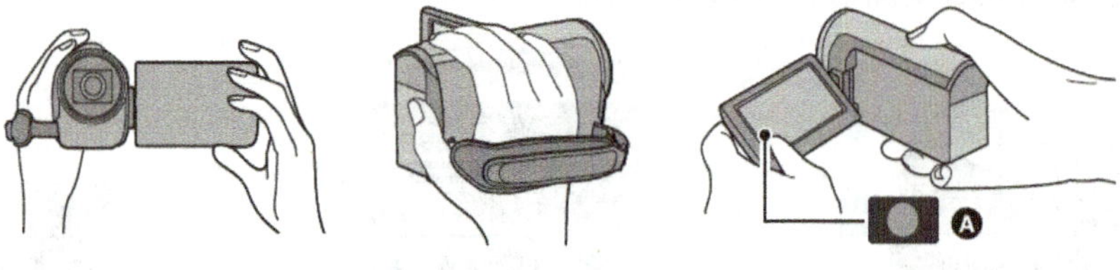

a） b） c）

图 12-9 数字摄像机握持方法

1）双手握持数字摄像机（见图12-9a）。

2）将右手穿过手持带（见图12-9b）。

3）在腰部手持数字摄像机时，使用录制按钮A很方便（见图12-9c）。

温馨提示

数字摄像机握持注意事项

1）在录制时，确认已经站稳并且没有与其他人或物体发生碰撞危险。

2）在室外时，应该顺光拍摄。如果被摄物体逆光，则拍摄时被摄物体将会变暗。

3）在录制时，两臂靠近身体，并将两脚公开以便更好地保持平衡。

4）请勿用手挡住麦克风。

3. 使用触摸屏

通过用手指直接触摸LCD显示屏来进行操作，其常用操作方法如下：

方法1：触摸。触摸后离开触摸屏，以选择图标或图片，如图12-10所示。

方法2：一边触摸一边滑动。在按着触摸屏的同时移动手指，如图12-11所示。

图 12-10　使用触摸屏方法 1

图 12-11　使用触摸屏方法 2

温馨提示

使用触摸屏

在使用时，触摸图标的中央；正在触摸着触摸屏幕的另一部分时，再去触摸，触摸屏将不起作用。

4. 场景模式

在拍摄的过程中，采用不同的场景模式可以使拍摄的视频呈现不同的效果。松下HC W850GK数字摄像机具备的场景模式见表12-2。

表 12-2　场景模式

序　号	场景模式	效　果
1	运动	使快速移动的场景在慢速回放和回放暂停时抖动减少
2	人像	使人物突出于背景
3	肌肤柔化	可以使肤色看起来更柔和，以使容貌更具吸引力
4	聚光灯	改善被摄物体被明亮地照射时的画面

（续）

序　号	场景模式	效　果
5	雪景	改善在雪地拍摄时的画质
6	海滩	使得大海或天空的蓝色鲜明夺目
7	日落	使得日出或日落的红色鲜明夺目
8	风景	广阔的风景
9	烟火	可以捕捉到夜空中烟火的美丽瞬间
10	夜景	可以捕捉到傍晚或夜晚的美丽瞬间
11	低照度	用于黄昏等暗场景（仅在动态影像录制模式下）
12	夜间肖像	可以捕捉到明亮的人物及背景（仅在静态图片拍摄模式下）

5. 构图技法

构图指拍摄画面的布局和结构安排，可以从画面镜头、景别、画面布局等方面综合考虑。拍摄时必须选取和主题相关的、观众感兴趣的内容，在拍摄过程中还要考虑构图的连续性，并以完美的构图将内容正确地传达给观众。

虽然数字摄像机主要是拍摄动态画面，可借用静态构图的一些技巧，在按下录制键前，对四周的环境有所了解，使画面看起来更加舒服。

（1）保持数字摄像机平衡稳定　在拍摄时，数字摄像机处于水平状态，以建筑物等与地面平行或垂直的物体为参照物，尽量让画面在监视器内保持平衡。

（2）画面要有层次感　构图重点要突出主体形象，处理好主体与陪体、环境和背景之间的关系，以获取完美的画面表现。

主体：处于画面中最大的面积、最醒目的位置。

陪体：如果主体和陪体一同出现在画面中，作为陪体应处于主体相应的次要位置，不能成为视觉的中心。

前景：前景可以安排在画面框架的上下或左右的边缘位置，主要起到烘托和陪衬主体的作用，以不破坏和影响主体的表现为原则。

后景：选择和处理后景时，力求简洁、明快，后景的清晰度或趣味性不要超过主体等。

（3）采用九宫格构图　被摄主体并不一定都要置于画面中心，可根据九宫格法则构图。当出现地平线、远处的山峦或建筑物时，应将主体大致置于1/3的位置，放在上1/3或下1/3处，在有主体建筑的情况下偏左或偏右，如图12-12所示。

图 12-12　九宫格构图

（4）处理好动态与静态的关系　在拍摄过程中，要体现动中有静、静中有动、动静结合的画面效果。

（5）运用对比关系　对比是一种造型手段，是突出主体的有效手法，可以采用大小对比、影调对比和虚实对比手法。

（6）画面要整洁、内容要有条理　拍摄大场面时，应该统筹安排拍摄目标，注意内容的条理性。拍摄完一个目标后，再转向另一个目标，不要盲目地转换镜头。

6. 镜头、画面的运用

（1）镜头　镜头有两种说法，导演说的镜头是用摄像机不间断地拍摄下来的一个片段；摄像中说的镜头则是摄像机最重要的光学部分。

（2）固定镜头和运动镜头　从艺术上划分镜头的运用，可分为两大类：固定镜头和运动镜头。

1）固定镜头指摄像机的机身、机位及镜头焦距均不发生变化所拍摄的片段，其核心就是画面所依据的框架不动。从某种意义上讲，固定画面很接近美术作品和摄影照片的形态感。由于摄像具有时间上的连续性，具有表现运动的特性，所以一定要注意与绘画和摄影的固定画面区分开。

固定画面在摄像中占有重要的地位。首先，固定画面提供了一个稳定的视点，符合人们停留仔细观察物体的视觉习惯；其次，固定画面有一定的不足之处，如对运动的形态较复杂的物体表现力差。另外，也不适合表现比较复杂的空间场景。遇到这两种情况，就要运用另一种拍摄方法来完成，即运动镜头。

2）运动镜头是相对固定镜头而言的，在拍摄时，变动机位、变动焦距或镜头光轴所拍摄的镜头称为运动镜头。它克服了固定镜头的弊端，扩展了视野范围。运动镜头能保持时间的真实延续，增强了画面再现现实的能力。运动镜头按其运动方式的不同，可以分为推摄、拉摄、摇摄、移摄、跟摄、升降拍摄、综合运动拍摄等基本类型。

① 推摄：推摄是摄像机向被摄主体方向推进，或者变动镜头焦距使画面框架由远而近向被摄主体不断接近的拍摄方法，起到一个从整体到局部，突出细节，突出重要的作用。

② 拉摄：拉摄是摄像机逐渐远离被摄主体，或变动镜头焦距使画面框架由近至远与主体拉开距离的拍摄方法。拉摄使被摄主体由大变小，周围环境由小变大，常被用作结束性或结论性的镜头。

③ 摇摄：遥摄是当摄像机机位不动，借助于三脚架上的三维云台，镜头沿水平轴或垂直轴做扇形或圆形运动时所拍摄的画面。完整的摇镜头包括：起幅、摇动、落幅三个相互连贯的部分，犹如人们转动头部环顾四周一样，展示空间，扩大视野。

④ 移摄：摄像机在拍摄中改变所处位置就是移摄，把摄像机放在一个运动着的工具上，一边移动一边拍摄。随着摄像机的运动，调动了观众的视觉感受，使观众产生身临其境之感。在表现大场面、复杂场景时具有气势恢宏的效果。

⑤ 跟摄：跟摄是摄像机始终跟随运动的被摄主体一起运动而进行的拍摄。它既能突出主体，又能交待主体运动速度、方向、体态及与环境的关系。

⑥ 升降拍摄：摄像机借助升降装置等一边升降一边拍摄的方式称为升降拍摄。升降运动带来了画面视域的扩展或收缩，有利于表现纵深空间中的点面关系。

⑦ 综合运动摄像：综合运动摄像指摄像机在一个镜头中把推、拉、摇、移、跟、升降等各种运动摄像方式，不同程度地、有机地结合起来的拍摄。用这种方式拍到的电视画面称为综合运动镜头。

（3）机位　机位是拍摄时摄像机所处的位置，分为固定机位和移动机位。固定机位是安装在三脚架上，选定某一处地点进行拍摄；移动机位是摄像机动起来，移摄和跟摄是常用的拍摄手法。

（4）拍摄角度　摄像机与被摄者之间形成的角度，可分为平拍、俯拍和仰拍。平拍是普遍采用的，与拍摄时观察事物的角度接近，显得客观，被广泛使用。

（5）光学变焦　光学变焦指通过镜头对影像放大，但不影响影像的成像质量。现在的家用摄像机的光学变焦倍数在10～35倍，能比较清楚地拍到100m外的东西。

（6）光学防抖功能　光学防抖是通过改变镜片组的位置来达到减振防抖的功能，所以拍摄出来的影像不会模糊不清。光学防抖成本较高，多应用于高端产品。

（7）景别的运用　景别实际上是距离的概念，根据视距远近的不同，被摄主体在画面中所呈现的范围不同。由于呈现的范围不同，也就产生了景别的不同。景别指被摄主体与画面形象在电视屏幕框架结构中所呈现的大小和范围。不同的景别既可传达不同性质的信息，又可给人以不同的视觉感受。景别大致可分为全景、中景、近景和特写，如图12-13所示。

图 12-13　全景、中景、近景和特写四种景别

（8）白平衡　物体反射出的颜色视光源的色彩而定。人的大脑可以侦测并且判断这样的色彩改变，因此在阳光、阴霾的天气、室内灯光下，人们所看到的白色物体依旧。然而，就数字摄像机而言，这些由不同光源产生的“白色”在颜色上来说还是不尽相同的，有的含浅蓝色、黄色或红色。为了贴近人的视觉，摄像机模仿人类大脑并根据光线来调整色彩，以便在最后能够呈现出肉眼所看到的白色，这称为“白平衡”。数字摄像机都提供了“自动白平衡”。有的数字摄像机也提供了手动白平衡，根据不同的手动方式，其在相同光线下产生的效果如图12-14所示。

图 12-14　同光线下 AWB 自动、日光、阴天、钨丝灯、白色荧光灯白平衡效果

（9）光线方向　所有的光都具有方向性，根据光源与被摄主体及摄像机水平方向的相对位置，可将光线分为顺光、逆光、侧光三种基本类型；根据三者纵向的相对位置，又可分为顶光、俯射光、平射光及仰射光四种光线，如图12-15所示。

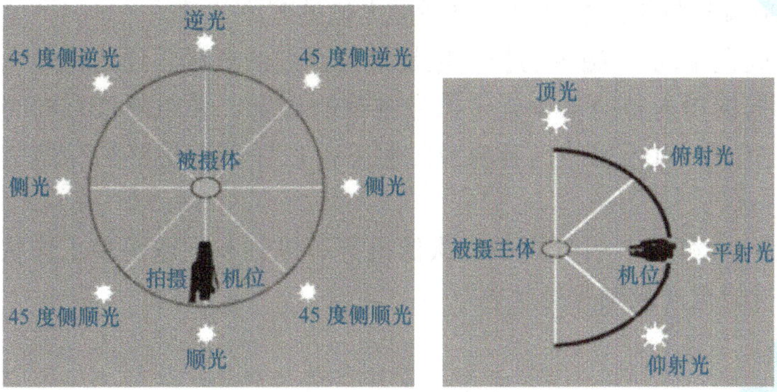

图 12-15　光线方向示意图

（10）快门设置　快门是镜头前阻挡光线进来的装置，通常快门的时间范围越大越好。秒数低适合拍摄运动中的物体，1/8000s快门速度，可轻松抓住急速移动的目标。如果光线比较暗，则快门速度会变慢，图12-16是用1/10s速度拍摄的画面，较好地体现了动与静的关系。

图 12-16　低速快门拍摄效果

（11）增亮“LCD”　这项功能使用户在明亮处观看LCD显示屏时变得更加清楚，但它不会影响到实际录制的影像。一般分为五档设置：[+2]变得更亮、[+1]变得较亮、[0]标准、[-1]变得较暗、[A]自动调整。

（12）自动对焦　所有摄像机都具有此项功能，是以红外线测距的方式来完成旋转镜头对焦的。当镜头对准目标时，红外线也同时感应到与目标间的距离，同时驱动调焦机构进行对焦。

任务实施

1．数字摄像机的准备工作

（1）电力　数字摄像机的工作离不开电力。为数字摄像机提供电力有两种方法：使用交流适配器和蓄电池。使用交流适配器能保证数字摄像机长时间不间断地工作，如拍摄会议、报告、演出等。使用电池时，要根据拍摄的内容估计所需的时间和电池的容量，计划携带电池的数量。

（2）液晶屏及目镜　液晶屏及目镜是观察拍摄内容的反馈窗口。液晶屏可根据现场的光线情况，调整亮度和对比度，使图像清晰、色彩还原正确。为了使每个人都能清楚目镜里的拍摄画面，应调整目镜的屈光度，以适应人们的观察习惯。

（3）磁带或硬盘空间　磁带的长度也是拍摄计划的项目，通过磁带盒上的标志查看磁带的长度，并根据拍摄内容的多少确定携带磁带的数量。采用硬盘存储的数字摄像机，注意检查剩余硬盘空间，对无用的内容要及时删除，以保证有足够的存储空间来满足拍摄的需要。

（4）等待录制　任何一台家用数字摄像机都有录制和回放两种工作状态。在进行拍摄前要将数字摄像机设置在录制等待状态。

2. 机器调整

机器调整包括电源开启、拍摄模式、变焦、光圈调节、快门速度选择、调整白平衡等方面的内容。一般家用数字摄像机都设有自动装置，电源开启之后机器调节工作自动完成。高端机型一般备有自动和手动选择功能，特殊情况下可以进行手动调节，如镜头焦距、快门速度、白平衡调整等。

3. 录制与回放

所有的数字摄像机都具有录制和回放双重功能。录制操作是用右手大拇指来完成的，当拇指按下REC（录制）红色按钮时，数字摄像机进入录制状态，在目镜中出现REC字样，此时所拍摄的内容被记录下来。在目镜前面还有一个红色指示灯也会亮起，提示被摄对象已经开始录制。只要按下REC键就可以了，不用一直按着，当再次按下REC键时停止录制，进入录制等待状态，目镜内的REC提示消失，出现PAUSE（暂停）字样。

如果想看一下所录制的内容，就需要使用数字摄像机的回放功能。将录制开关CAMERA转至VTR（或PLAY），打开LCD显示屏，操作面板上出现REW、FFWD、PLAY等功能键，通过按不同的功能键，录制的内容就会从显示屏上播放出来，同时可以听到录制的同期现场声音，此时数字摄像机就像一台录像机了。

数字摄像机同样可以拍摄静态图片，首先打开LCD显示屏，将机器设置为静态图片拍摄模式，然后半按📷按钮，最后按📷按钮，完成照片拍摄。

4. 节目制作

（1）制作流程

节目制作的全过程可分为若干阶段，一般分为“前期制作”与“后期制作”。“前期制作”包括构思创作和拍摄录制；“后期制作”包括编辑和合成。

1）前期制作。包括根据拍摄需要，进行节目构思，分析确定节目主题，进行调查研究，搜集相关资料，草拟节目脚本，最后制定拍摄计划。

流程：脚本（文字）→分镜头本→拍摄计划→实际拍摄→素材。

2）后期制作。后期的主要工作要结合节目构思主题和创作意图，编辑整理前期素材，进行剪辑等。

流程：素材审查→编辑→修改→合成（同期音、音乐、配音、特技、字幕）→成品。

（2）非线性编辑

随着多媒体技术在影视后期制作中的应用，以计算机为基础的非线性编辑应运而生。由于数字摄像机的日益普及，几乎任何人都可以轻松编辑自己的视频作品。非线性编辑需要完成以下几方面的工作。

1）素材采集。在进行剪辑前，要检测计算机系统的稳定性，素材采集到计算机后，不能出现素材内容缺失。计算机使用视频采集卡或非线性编辑卡进行采集，通过IEEE 1394接口将数字摄像机磁带中的内容采集到计算机硬盘中。

非线性视频编辑软件有许多种，如Adobe公司的Premiere、Ulead公司的“会声会影”等，都是不错的编辑软件，有兴趣的用户可以自主地学习。

2）审看素材。审看素材是后期制作的必要过程。审看素材一般是节目创作与剪辑人员一同进行，在观看素材时，应对需要的镜头和段落作必要的记录，以备将来剪辑之用。

3）画面编辑。从整体上把握视频节目的结构，这个结构可以是整个数字视频的结构，也可以是某一个段落的结构。“蒙太奇”是将镜头与镜头之间、段落与段落之间进行不同的排列与结合的方法。蒙太奇可以有多种方法，基本可以分为叙事性蒙太奇和表现性蒙太奇。在编辑过程中，首要考虑的是蒙太奇结构的创建，声音也是重要的组成部分，声音和画面是不可分的。

4）节目合成。合成是节目制作的最后阶段，要将字幕、片头、片尾等组合在一起，它是节目创作的重要组成部分，要精心设计。

影视节目制作是一个实践性很强的工作，不同阶段有不同的特征。要学习真正的编辑方法，需要不断学习与实践。

扫描二维码，观看数字摄像机使用视频。

扫码看视频

经验分享

使用数字摄像机注意事项

目前，数字摄像机的使用频率是非常高的，不论是出行还是家庭聚会都能见到它的身影。为了延长摄像机的使用寿命，在使用机器前一定要详细阅读说明书。在使用机器时，不仅要考虑操作问题，还要考虑使用环境对拍摄的影响，所以应注意以下几个方面：

1）严禁在使用过程中拔出存储卡，会损伤存储卡或造成数据丢失。

2）录制时，确定已经站稳并且没有与他人或物体发生碰撞的危险。

3）在室外应该顺光拍摄，如果被摄物体逆光，拍摄时被摄物体会变暗。

4）拍摄时两臂靠近身体，并且要两脚分开以便更好地保持身体的平衡稳定。

5）请勿挡住数字摄像机前端的麦克风。

6）尽量保持数字摄像机外观的清洁。

任务拓展

在进行风光片拍摄时，对于不同的场景，不同的内容要采用不同的拍摄方式。对于观光记录、地方美食、地方特产等项目的拍摄方法见表12-3。

表 12-3 风光片拍摄分镜头

拍摄项目	拍摄内容	拍摄方式
观光记录	主题建筑物或景物、地标建筑具有代表性的标志或图腾等 旅游景点当地的风土人情、服饰装饰、地域特色水果、花卉等	用分镜拍摄手法将景点特色逐一入镜 静态主题拍摄镜头的时间不宜过长 在拍摄风景时，要有适当的游人的镜头
地方美食	餐厅外观 美食内容 访问享用者	用全景拍摄餐厅外观 用特写拍摄美食内容及食谱 用半身镜拍摄几位享用美食者的情况
地方特产	特产店的外观 购买特产的人们	用全景拍摄特产店外观 以全景、中景、近景拍摄特产内容

温馨提示

风光片拍摄注意要点

在进行风光片拍摄时，要具有题材广、意境深、画面美、色彩鲜等特点，可以使美好的画面拍摄入镜。拍摄风光片要注意以下几点：

（1）主题鲜明　拍摄风景时，明确拍摄意图，大胆取舍，避开杂乱无章的景物，使画面更加生动优美。

（2）特色鲜明　风光片可以反映不同的地方特色。农村风光、城市风光，除了要反映地域特色外，还要注意时代特征，要有创意，拍出来的片子不能千篇一律，否则让人看了会很乏味。

（3）时间表现　日出东方，透过晨雾散射出一束束光芒，给人以清新、向上的感觉。傍晚，夕阳发出绚丽的霞光，给周围的景物披上了浓浓的彩妆，用手中的数字摄像机拍摄出来，会更具感染力。

（4）空间表现　风景摄像，要充分利用前后的虚实关系，体现景物的深度，使画面更具空间感。

（5）天气表现　关注天气变化，雨景、雾景、雪景天气拍摄，既交待了背景，又增强了艺术效果。

经验分享

数字摄像机对使用环境的要求

1）千万不要把数字摄像机镜头对着强烈的太阳或其他强光源，强光会烧毁数字摄像机的摄像管。不要让太阳光直接射进观景器，强光会损害观景器的屏幕。在使用灯光照明时，数字摄像机与灯光应有足够的距离，防止强灯光直接照射在数字摄像机上。数字摄像机停止使用时，应随即关闭电源，放进背包，避免暴露于光线之下。

2）数字摄像机采用 CCD 感光元件，它耐高温的能力是有限的，所以不能用数字摄像机直接对着太阳或者非常强烈的灯光拍摄，否则会在图像上形成严重的垂直拖影，使拍摄质量受到影响，特殊需要或无法避开时也要尽量缩短拍摄时间。数字摄像机长时间受强光照射或者受热都会使机壳变形，所以在使用和保存时要注意不要将机器置于强光下长时间曝晒，也不要将机器放在暖气管道或电热设备附近。

3）数字摄像机只适应在0～40℃之间的温度里工作，在低温环境下拍摄应有防寒措施。

4）数字摄像机如果使用或储存在湿度较大的环境中，不仅容易造成电路故障，还容易使摄像镜头发霉。在使用中如果不小心溅到液体时，应该立即关掉电源，擦拭机身上的水渍，再用洗耳球将各部位细缝吹一次，风干数小时后，再测试数字摄像机是否正常工作。

5）数字摄像机是一个光电一体精密的机械设备，任何振动都会对设备产生损伤，影响数字摄像机的运行。因此，拍摄时要做到手不离机或机不离身，保证数字摄像机不会碰撞到硬物或摔伤，不用时最好放回摄像机套或摄影包里。

6）数字摄像机应当远离化学用品，当在拥有化学用品或有大量烟尘的地方拍摄时，要预防腐蚀，应将机器用塑料袋包好，用完以后放在通风处吹上一阵时间。

7）油烟、灰尘会影响数字摄像机的镜头的清洁度、增加调整开关和旋钮的惰性。因此，数字摄像机应在清洁的环境中使用，防烟避尘。如果在户外风沙大的情况下拍摄，风沙容易刮伤镜头，对机械装置造成损伤。除了正在拍摄外应随时用护盖将镜头盖住，在风沙大的地区，最好将数字摄像机的护套带上。

8）数字摄像机是光电一体的精密设备，关键部件对强磁场和电场都很敏感，它们直接影响拍摄效果，甚至导致数字摄像机无法操作。数字摄像机不能靠近有磁力线的物体，如电动机、变压器、扬声器、磁铁等，同时收音机、电磁炉、电视机天线也会使摄取的图像变形，最好也不靠近。

9）数字摄像机要避免连续、持久、固定地对着强光照射下的主体进行拍摄，尤其是明暗反差很强的主体，如夜间的灯光；否则，在那个明亮主体的位置上留下“光点”，使以后拍摄的镜头，尤其是低调子的画面上，总是出现那个“光点”，这就是惰性。如果发生这种情况，则应让数字摄像机休息几天，一般可在一周内恢复。

任务3 维护与保养数字摄像机

数字摄像机在使用过程中，可能会出现这样或那样的故障，为了更好地分析和解决各种故障，必须了解和掌握各种故障的原因和解决办法，以提高工作效率。

任务情境

小赵使用数字摄像机一段时间后，发现数字摄像机拍摄几个镜头后，开关在ON位置，也不能拍摄了。此时，小赵很着急，通过电话咨询了售后服务人员，明白了上述故障原因。

任务分析

通过咨询松下数字摄像机售后服务人员，明白了故障产生的原因，主要是对数字摄像机的特性不熟悉，才出现了不该出现的“故障”，如果不汲取教训，则会影响正常拍摄工作。

任务实施

1. 数字摄像机故障

（1）数字摄像机无故自动关机

1）故障原因：数字摄像机自动保护。

解决方法：重新关机再开机。

2）故障原因：电池质量不好。

解决方法：更换新电池。

3）故障原因：湿气凝结或劣质的摄像带引起的自动保护。

解决方法：摄像带退出带仓，数字摄像机放在干燥通风的地方，通电1h以上，一般就可以解决问题，或者更换录像带。

4）故障原因：机器内部故障。

解决方法：送专业维修部门修理。

（2）数字摄像机液晶屏显示图像闪烁

故障原因：数字摄像机液晶屏排线可能老化。

解决方法：送到专业维修部门修理，更换排线。

2. 磁头故障

（1）回放图像时，出现马赛克或出现许多水平、均匀的白色水平线

故障原因：由于长期拍摄，数字摄像机的磁头脏了。

解决方法：使用专门的清洁带，清洁磁头，或使用磁头清洁液擦洗磁头。

（2）拍摄时，画面质量下降

故障原因：由于长期拍摄，数字摄像机的磁头脏了或磁头老化。

解决方法：使用专门的清洁带清洁磁头，或使用磁头清洁液擦洗磁头或去售后服务中心更换磁头。

3. 拍摄模式故障

1）故障原因：模式转盘设置不正确。

解决方法：重新设置模式转盘。

2）故障原因：摄像带（存储卡）已经用完。

解决方法：更换新的摄像带或更新安装的存储卡。

4. 拍摄时故障

（1）拍摄的图像发黑

故障原因：拍摄的景物处于逆光状态。

解决方法：要顺光拍摄或使用曝光补偿功能。

（2）拍摄的图像模糊不清，光学影像稳定器不起作用

故障原因：拍摄时，数字摄像机把握不稳。

解决方法：使用双手拿稳数字摄像机进行拍摄或在用慢速快门拍摄时，可使用三脚架。

（3）拍摄的图像太亮或太暗

故障原因：曝光补偿是否适当。

解决方法：重新调整曝光补偿的数值。

任务拓展

数字摄像机是一种非常精密的电子设备，它的内部拥有精密的光学系统、电子处理系统和机械系统等。为了充分发挥其效能，延长设备的使用寿命，减少故障的出现，应当掌握一些日常数字摄像机及其配件的维护与保养知识。

1. 数字摄像机的保养

1）要注意机器的日常保洁工作。

2）拍摄时，避免镜头直对阳光或强光源，以免损伤光学器件。

3）防止机器受潮，尽量不要在雨雪天进行拍摄。

4）数字摄像机不能长时间工作，否则会损害电子器件，加速机器老化。

5）非专业维修人员不能自行拆装数字摄像机。

2. 镜头的保养

镜头是数字摄像机的关键部件，需要格外精心保护。最有效的办法就是在镜头外加装一个UV镜，可以防尘，防止镜头被划伤。

3. 液晶屏的保养

数字摄像机液晶屏在使用的时候，不要长时间在烈日下直接照射，否则容易损伤液晶屏。如果怕数字摄像机的液晶屏被刮花或拍摄时沾上油污，可以贴上PDA用的透明贴纸，也有一定的作用。

4. 磁头的保养

在数字摄像机的日常维护过程中，不能忽视磁头的清洁。一般清洗磁头有两种方法，一种是使用磁头清洁带；另一种是使用磁头清洁液。

经验分享

如何清洁数字摄像机？

在使用数字摄像机过程中，除了要注意数字摄像机的日常保养之外，还要定期对数字摄像机进行清洁，才能保证设备的正常使用。

1．数字摄像机的清洁

数字摄像机使用后的清洁除了要拂去一天的灰尘，还要做一次完整、彻底的检查与清洁。清洁步骤是先除去风沙，然后是消除水分，最后是清除镜面与机身上的指印或污渍等。

清洁数字摄像机的第一步是使用洗耳球将数字摄像机身上大部分的灰尘先吹下来；第二步使用毛刷将细缝中的灰尘完全清除；第三步使用一块干净、柔软、吸水性好且不掉纤维的干燥绒布，或使用专门的镜头擦拭软布进行擦拭。

2．镜头的清洁

如果要清洁镜头，则一定要使用专门用来擦拭镜头的镜头液和镜头布等。首先用洗耳球对着镜头吹几次，将较大的灰尘吹去，然后用镜头刷轻轻地扫除细小的灰尘，最后将清洁液喷涂在镜头布上，不要将清洁液直接喷到镜头上，慢慢按照一个方向擦拭，直到镜头干净为止。

3．液晶屏的清洁

在使用数字摄像机时，液晶屏暴露在空气中，时间长了可能会出现这样或者那样的污点，必须使用专业的清洁剂进行清除。在准备清洁时，一定要关闭显示屏的电源，然后用柔软的干布或者清洁剂小心地从屏幕中心向外擦拭，擦拭时力度要轻，否则显示屏屏幕会因此而短路损坏。另外，千万不能用酒精之类的化学溶液擦拭、更不能用粗糙的布、纸之类的物品来擦拭显示屏，也不要将液体直接喷到屏幕上，以免水汽侵入显示屏内部。

4．磁头的清洁

（1）使用清洗带清洁磁头

大家一般都见过清洗带，使用磁带的数字摄像机随机附件里都有一盘清洗带。磁头的表面镀有一层金属磁性体薄膜，具有一定的耐磨性，清洗带实质上就是一种精细研磨带，主要是依靠和数字摄像机的磁头直接接触产生摩擦从而去除灰尘等脏东西，最终使磁头的表面变得和以前一样干净。

根据磁头磨损的程度，每次使用清洗带的时间不能过长，一般来说 5～10s 就足够了。中间不要停止，也不要“快进”和“快倒”，而且使用之后不要再倒带重复使用，要连续从清洗带的带头使用到带尾，否则会把灰尘重新带到数字摄像机的磁头上，造成重复污染。

（2）手动清洁磁头

手工清洁磁头使用的材料一般是麂皮、不起毛的软布或者脱脂棉纸，一般的棉花会掉毛，所以最好不用；清洗液可以选择无水乙醇、石油醚等，一定要使用 95% 以上的医用无水乙醇，低度乙醇含水量高会对磁鼓的电磁性造成损害，而工业上用的乙醇杂质含量相对较多，也会对磁头造成过分的磨损。

在清洗前要切断电源，把麂皮等靠在磁头鼓的圆柱面上，用手慢慢转动磁头，沿水平方向轻轻擦拭，不能沿垂直方向擦动，一般擦拭 2～3 圈就可以了，切忌不要过分擦拭，而且在擦拭时一定不要蘸太多的清洗液，否则清洗液滴在传动轴等橡胶材料上会导致材料的老化，甚至引起磁头的脱落。清洗之后，一定要等到清洗液完全挥发掉再开机，否则会对机器造成损伤。

（3）使用新的数字摄像带清洁磁头

如果在室外拍摄时出现了磁头需要清洗的情况，此时既没有清洗带又没有手工清洁材料，可以将一盘新的摄像带放入带舱，按下回放键，走带 10min 左右就可以解决问题。但是新摄像带也会沾满了灰尘而影响再次使用，所以此法一般只作应急使用，不宜用作常规磁头的清洗保养方法。另外，此方法操作虽简单，但较顽固的附着物是不易清洗掉的，还是需要使用清洗带和清洗液来清洁。

项 目 小 结

数字摄像机是现代办公和家庭中经常使用的一种影像录制设备，其操作非常简单，可以记录人们工作、学习、生活中的各种活动。

本项目从数字摄像机分类、技术指标、选购出发，具体介绍了数字摄像机基本使用、拍摄技巧，以及摄像机常见故障现象与故障排除、维护与保养的方法。

实 战 强 化

1. 数字摄像机的基本结构与使用

（1）目的要求

熟悉数字摄像机的基本结构，并能正确操作设置和使用。

（2）实践内容

1）打开包装，清点配件是否齐全，根据实物写出名称，并写入表12-4。

表 12-4 配件名称

序 号	1	2	3	4	5	6	……

注：取出包装保护材料，并妥善保存，以备保管配件用。

2）熟悉数字摄像机按键功能及操作设置。

3）使用数字摄像机进行取景。

4）按下拍摄按钮进行拍摄。

5）在拍摄期间移动并调节变焦。

（3）测试项目（见表12-5）

表 12-5 测试项目

序 号	项 目	操 作 项 目	学 生 自 评	教 师 评 价	备 注
1	数字摄像机界面识别	写出数字摄像机各按钮及配件的名称			
2	数字摄像机按钮的识别与菜单设置	① 电源开关 ② DC输入端子 ③ SD卡插槽 ④ USB接口 ⑤ 变焦杆 ⑥ 菜单设置			
3	使用数字摄像机拍摄	① 使用变焦杆进行特写、近景、中景、远景的拍摄 ② 进行移动画面的拍摄 ③ 拍摄设置操作是否规范			
4	菜单的使用设置	各功能菜单项的使用是否正确			
5	使用注意事项	要求口述表达正确			

2. 数字摄像机使用环境、存储卡（摄像带）、电池的更换和清洁

（1）目的要求

1）熟悉数字摄像机的使用环境。

2）掌握数字摄像机存储卡（摄像带）和电池的更换方法。

3）掌握数字摄像机清洁保养方法。

（2）实践内容

1）数字摄像机的使用环境。

2）安装或更换存储卡（录像带）、电池。

3）清洁、保养数字摄像机。

（3）测试项目（见表12-6）

表 12-6　测试项目

序　号	项　目	操作项目	学生自评	教师评价	备　注
1	选择数字摄像机的使用环境	① 数字摄像机使用的环境是否合理 ② 风雨天气是否有数字摄像机保护罩			
2	存储卡、电池的更换或安装	① 安装存储卡或摄像带 ② 取出存储卡或摄像带 ③ 安装电池 ④ 取出电池 ⑤ 操作是否规范			
3	清洁数字摄像机	① 数字摄像机机身清洁 ② 数字摄像机镜头清洁 ③ 数字摄像机液晶屏清洁 ④ 操作是否规范			

职业应用项目领域13　使用其他设备

职业能力目标

1）能依据产品性价比选购符合实际需求的光盘刻录机、移动硬盘、摄像头、碎纸机。

2）能依据产品说明书使用不同设备。

3）能依据故障现象诊断与维护相关设备。

随着时代的发展，数字时代已经悄悄进入人们的生活。在日常办公和生活过程中，经常要使用光盘刻录机、摄像头、移动硬盘等数字设备。为了对纸质文件进行保密处理，也要经常使用碎纸机等设备。

任务1　使用光盘刻录机

世界上第一台DVD光盘刻录机由飞利浦与索尼公司于1996年共同研制开发。光盘刻录机是一种特殊光盘驱动器，不仅可以正常读取光盘数据，还可以将计算机中的数据刻录到特定的光盘中，达到永久保存的目的。

任务情境

小刘到黄山旅游，拍摄了许多风光照片，为了保存这些照片，又不占用计算机的存储空间，他就想到了光盘，怎么才能刻录光盘呢？

小刘听朋友说，使用光盘刻录机可以刻录影音光盘、数据光盘、数据，其携带非常方便。要想保存照片，只要有光盘刻录机和光盘就可以了。随即小刘就到计算机市场选购光盘刻录机和光盘。

任务分析

1．光盘刻录机分类

（1）按安装方式分类　光盘刻录机按安装方式可分为外置和内置两种。内置式就是安装在计算机主机内部，是应用最为普遍的产品类型；外置式则是通过外部接口连接在主机上，主要是针对需要移动工作的用户，更多的是强调移动性，在性能方面要逊色于内置式光驱。

（2）按光盘刻录机刻录光盘类型分类　目前，由于光盘刻录机可以刻录CD、DVD、HD DVD和BD四种类型的光盘，所以可以将光盘刻录机分为以下四种：CD刻录（包含CD-RW刻录）、DVD（包含DVD-RW刻录）刻录、HD DVD刻录和BD刻录机。

2. 光盘分类

光盘是存放信息的载体，有不同的规格、容量和种类。

（1）CD DA　数字音乐光盘（Compact Disc-Digital Audio，CD-DA）是CD音乐光盘，又称为Audio CD。Audio CD可说是光盘的始祖，主要应用在音乐储存。Audio CD光盘可以在所有的CD音响上来播放音乐。由于其具有数字式的高品质声音，风行全世界，现在其他规格的光盘均以此为基础而发展起来的。

（2）CD ROM　只读式光盘（Compact Disc-Read Only Memory，CD-ROM）是最常见、使用最广泛的一种光盘，主要是用来保存数字化资料，其容量为700MB，而且价格十分低廉。

（3）CD I　交互式光盘（Compact Disc-Interactive，CD-I）完全采用光驱作为资料的输入设备。它具有交互式功能，并且采用实时性的操作系统，类似电视、录放机等功能的产品，使用者可通过遥控器控制。它主要定位在消费类电子产品市场，现在已经非常少见。

（4）Photo CD　Photo CD由柯达和飞利浦公司共同研发，可将相片、底片扫描并转换成数字式的Photo CD格式后存入光盘，在直径120mm的Photo CD光盘中可储存100张以上的相片，每一张相片又以五种不同的分辨率储存，最高分辨率达3072像素×2048像素。

（5）Video CD　Video CD（简称VCD）称为激光视频光盘，在VCD影碟机中播放直径为120mm的光盘就是Video CD。VCD利用MPEG 1的技术将影片数字化，音质可达立体声频率，可全屏幕动态播放，播放时间约74min，增加交互式菜单功能，可选择播放片段。

（6）Enhanced CD　Enhanced CD称为加强型光盘，一般常用于计算机游戏光盘，使立体声音乐能够配合游戏运行顺畅。

（7）CD R　CD R（CD Recordable）称为可记录式光盘，必须配合CD R光盘刻录机和刻录软件将资料一次写入CD R光盘中，写入后的资料不能更改及删除，对资料的保存有较高的安全性。CD R盘片的容量根据CD R光盘的直径大小，可分为120mm和80mm两种。常见的CD R光盘基本为120mm的CD R，其标准容量为650MB。而80mm的CD R光盘比较少见，其标准容量为184MB。

（8）CD RW　CD RW称为重复擦写式光盘，它与CD R一样，也必须配合CD RW光盘刻录机和刻录软件将资料擦写到CD RW光盘中。不过CD RW光盘上的资料可自由更改及删除，使用寿命可达1000次左右的重复擦写，使用弹性比CD R更大，但是CD RW光盘的价格比CD R高许多。CD RW盘面一般呈淡灰色，与CD ROM较相近。

（9）MD　MD（MiniDisc）称为迷你磁光盘，是对MD碟片和使用MD碟片设备的通称。通常所说的MD，指播放MD碟片的小型数字化随身听，是索尼公司于1992年发布并销售的一种随身听产品。

（10）DVD　数字通用光盘（Digital Versatile Disk，DVD）与CD ROM光盘的外观很相似，其直径为120mm，厚度为1.2mm。DVD的存储方式主要有两种，即单面存储和双面存储，而且每一面可以存储两层资料。其主要的存储方式有：单面单层（DVD 5）的存储容量为4.7GB，单面双层（DVD 9）的存储容量为8.5GB，双面单层（DVD 10）的存储容量为9.4GB，双面双层（DVD 18）的存储容量为17GB。DVD光盘还可分为DVD ROM、DVD Video、DVD Audio、DVD R、DVD RAM和DVD RW。

3. 选购产品

经过调查与分析，根据实际需要，最后决定选择先锋BDR-XS05C外置蓝光刻录机，如图13-1所示。该刻录机通体为灰色，时尚大气，具有USB 3.0接口。

图 13-1　先锋 BDR-XS05C 外置蓝光刻录机

扫描二维码，观看光盘刻录机选购视频。

扫码看视频

任务实施

目前，光盘刻录软件有很多种，比如Nero、Power2Go等，不论哪种软件其使用方法基本相同。现在，以常用的Nero软件为例进行说明。

1. Nero光盘刻录软件的安装

将含有Nero软件的驱动光盘放入光驱，执行Setup.exe程序，按照屏幕相应提示进行操作。安装完成之后，重新启动计算机，Nero光盘刻录软件就可以正常使用了。

2. 使用Nero软件刻录光盘

Nero光盘刻录软件具有刻录数据光盘、音乐光盘、视频光盘、引导光盘等功能。

启动Nero软件，双击桌面上的Nero应用软件图标，显示画面如图13-2所示。现以Windows 7操作系统为例进行说明。

图 13-2　Nero 启动界面

（1）制作数据光盘

操作步骤：

第1步：将要准备刻录的空白光盘放入刻录机中，然后单击“制作数据光盘”图标后，出现“光盘内容”窗口，如图13-3所示。

第2步：在图13-3中，单击“添加”按钮，出现“添加文件和文件夹”窗口，选择准备刻录到光盘中文件，单击“添加”按钮，将已经选择的文件添加到图13-3的空白区域。

第3步：文件添加完毕之后，单击“下一步”按钮，出现“最终刻录设置”窗口，此时可以设置光盘的名称、是否选择“刻录后检验光盘数据”以及“允许以后添加数据”（选择此项表明该刻录光盘为可擦写的光盘）选项，单击“刻录”按钮，就开始刻录了。

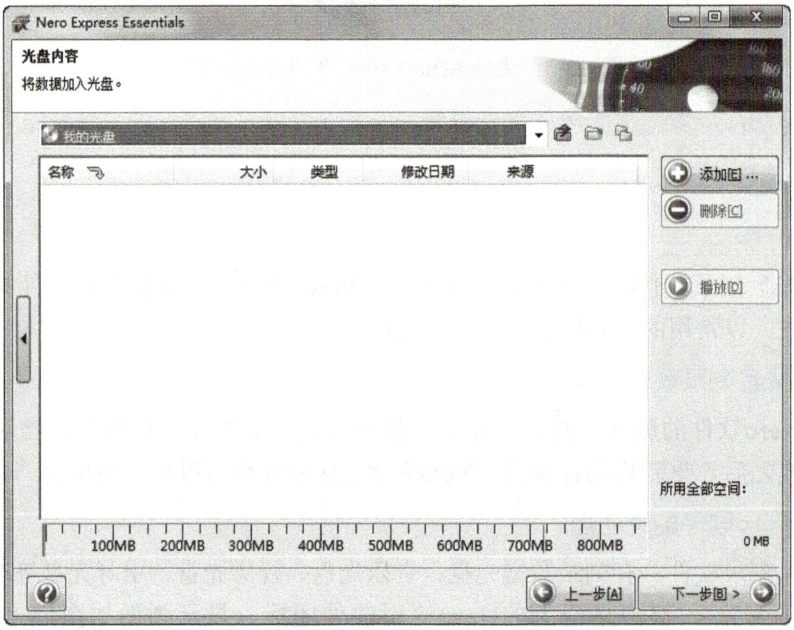

图 13-3　Nero 软件“光盘内容”窗口

（2）制作音频光盘

操作步骤：

第1步：将准备刻录的空白光盘放入刻录机中，然后单击“制作自己的DVD视频”图标后，出现“我的音乐CD”窗口。

第2步：在“我的音乐CD”窗口中，单击“添加”按钮，出现“制作自己的DVD视频添加文件和文件夹”窗口，选择合适的音频文件，单击“添加”按钮，将已经选择的文件添加到窗口的空白区域。

第3步：文件添加完毕之后，就可以单击窗口的“下一步”按钮，出现“最终刻录设置”窗口，此时可以设置光盘的名称、是否选择“刻录后检验光盘数据”选项，单击“刻录”按钮，就开始刻录了。

（3）制作视频光盘

操作步骤：

第1步：将准备刻录的空白DVD光盘放入刻录机中，单击“制作自己的DVD视频”图标后，出现“未命名项目[DVD-视频]－Nero Vision Essentials”窗口，如图13-4所示。

第2步：在该窗口中，单击“添加视频文件…”按钮，弹出一个窗口，选择合适的视频文件，单击“打开”按钮，将已经选择的文件添加到窗口的空白区域，如图13-5所示。

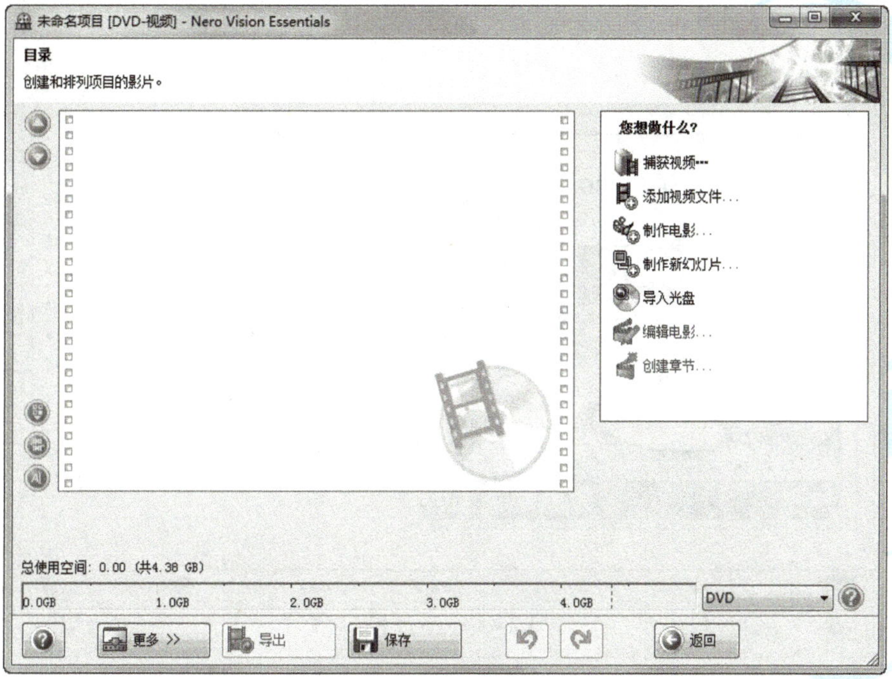

图 13-4 制作视频光盘第 1 步

图 13-5 制作视频光盘第 2 步

第3步：文件添加完毕之后，就可以单击窗口的“下一个”按钮，出现“编辑菜单”窗口，如图13-6所示。此时可以通过选择窗口右侧区域的各选项，对DVD菜单进行自定义设置，比如编辑菜单的背景、按钮、字体及页眉/页脚文本等内容。

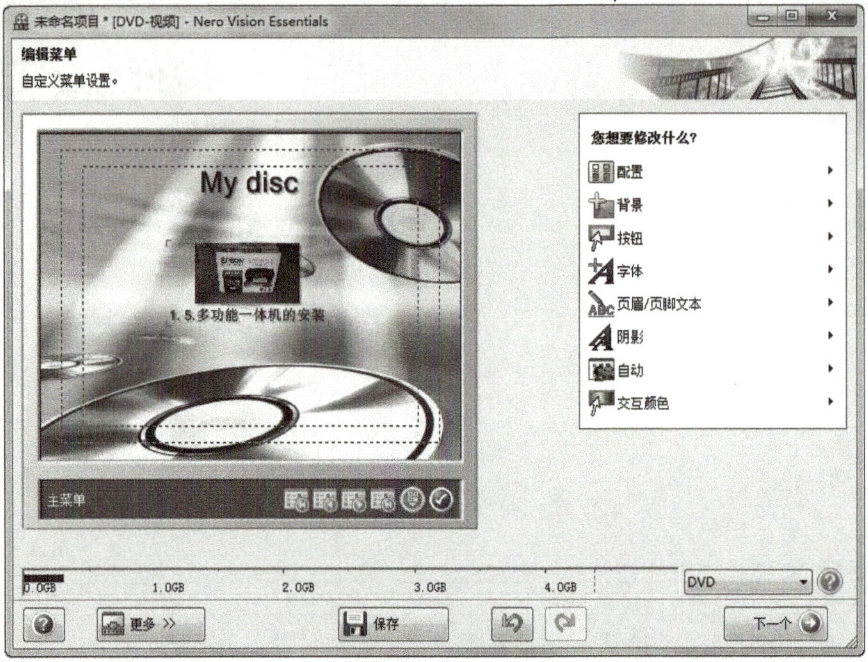

图 13-6　制作视频光盘第 3 步

第4步：菜单编辑完毕之后，就可以单击窗口的“下一个”按钮，出现“预览”窗口，如图13-7所示。此时可以通过选择窗口右侧遥控器的各按钮对所做项目进行最终测试。

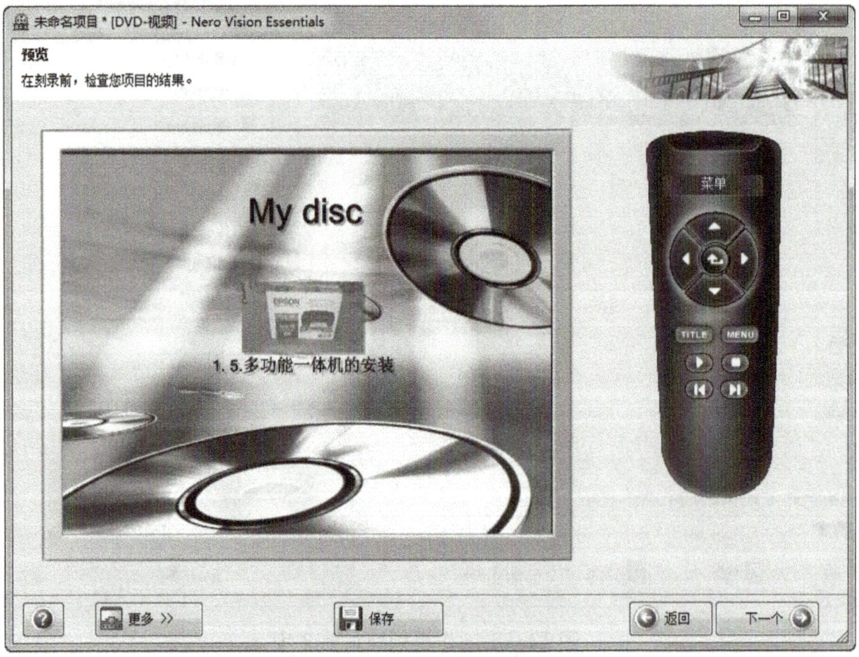

图 13-7　制作视频光盘第 4 步

第5步：对项目效果满意后，单击窗口的“下一步”按钮，出现“刻录选项”窗口，如图13-8所示。此时可以设置刻录的相关参数，单击“刻录”按钮，就开始刻录了。

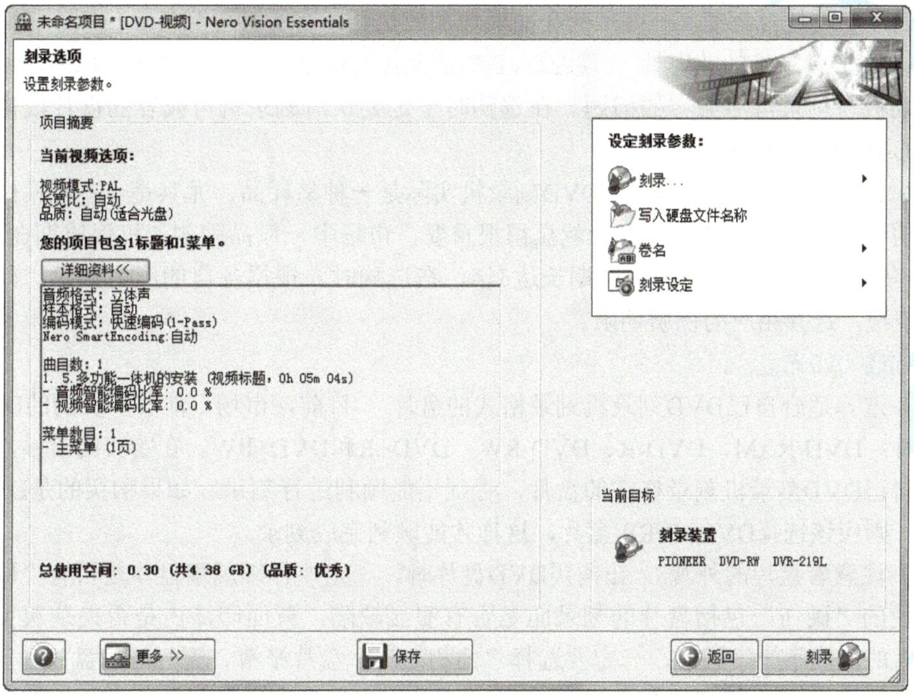

图 13-8　制作视频光盘第 5 步

扫描二维码，观看光盘刻录机使用视频。

扫码看视频

任务拓展

在实际工作中，选择适合需要的DVD刻录机及其耗材——刻录光盘，对于普通用户来说是非常必要的。在具体选购中要注意以下诸多方面。

1．选购DVD刻录机

伴随着计算机多媒体技术的飞速发展，CD ROM已经成为历史，计算机的基本配制现已采用DVD ROM。在选购DVD刻录机时应注意以下几个方面。

（1）DVD刻录机的稳定性　DVD刻录机在刻录和读取光盘时，对刻录机的稳定性有较高的要求，主要是DVD光盘容量很大，刻录的时间也较长，可靠的稳定性能保证光盘刻录的质量。一些稳定性差的刻录机很可能造成光盘碎裂。

（2）DVD刻录机的缓存　刻录机的缓存大小对刻盘成功率有着至关重要的影响，不过现在缓存的作用越来越小。大缓存可以有效避免缓存降低带来的刻录速度下降。现在市场主流的刻录机基本都采用了8MB缓存，少数机型还是2MB，而价格相差并不大。建议大家在购买刻录机时选用8MB缓存的产品。

（3）DVD刻录机的散热　DVD刻录机在工作时，由于盘片高速运转，产生极大的热量。如果刻录机的散热效果不好，一方面刻录机的激光头寿命会大大缩减，另一方面刻录盘片由于受热很容易变形，造成光盘碎裂。因此，在购买DVD刻录机时要注意机身在散热方面的处理手段是否合理，一些厂商在面板增加散热孔，有的甚至配备散热风扇。

（4）DVD刻录机的兼容性　现在DVD刻录盘在制作上没有形成统一的标准，所以造成很多刻录机与刻录盘不兼容的问题。在选购时一定要认清刻录机可兼容的盘片规格，当然可兼容的类别越多越好。

（5）DVD刻录机的保质期　DVD刻录机实际是一种易耗品，尤其是一些经常做数据备份工作的用户，刻录机的使用寿命就显得很重要，市场中一般品牌刻录机保质期在3个月，多的为1年，而一些知名品牌保质期长达3年。在选购时，根据各自的应用频率、刻录机的损耗等情况，选择相应的保质期限。

2. 选购DVD光盘

（1）选择适合自己DVD刻录机刻录格式的盘片　目前，市场上能够购买到的DVD刻录盘有五种：DVD RAM、DVD R、DVD RW、DVD+R和DVD+RW。在购买的时候，必须选择适合自己DVD刻录机刻录格式的盘片，否则不能顺利进行刻录。如果购买的是DVD+RW刻录机，则应该选择DVD+R/RW盘片，这样才能顺利完成刻录。

（2）注意看盘片的外观　在购买DVD盘片时，一定要仔细观察盘体是否有“硬伤”。这里所说的“硬伤”包括盘片的刻录面是否有明显缺陷，背面印漆内是否夹杂灰尘或者色泽非正常的深浅不一。因此，一定要选择“面相好”、盘片平滑、无气泡的盘片。

（3）注意包装工艺和保存方式　盘片在刚制造出来时的质量相差不大，但在运送及封装过程中，不同厂商可能导致盘片质量不同。盘片是否有包装、包装中经过了哪些环节、包装质量如何，都会影响DVD刻录盘片质量。包装好的盒装片可以防尘、不易刮伤，因此可保证刻录品质，易于长久保存。散装片虽然价格便宜，但是因为不易保存，难以保证刻录质量，数据也难以保存长久。

（4）选择原厂DVD盘片　与CD R/RW盘片不同，DVD刻录盘片的制造工艺要求较高，能生产的DVD盘片厂商只有几家，如BenQ、清华同方、TDK和三菱等。目前市场DVD刻录盘产品有两大类：原厂盘片和非原厂盘片。原厂盘片指生产DVD刻录盘的几个厂商所制造并以自己品牌出售的盘片，有无尘包装，同时要打品牌，所以质量都能保证；非原厂盘片又包含非原厂的盒装盘片和无牌的散装盘片，该盒装盘片往往是通过批量订购生产商的散装盘片进行第二次包装，不采用无尘的封装方式，产品的质量要逊色。

经验分享

光盘及光盘刻录机使用经验

1. 光盘刻录机的保养

光盘刻录机是很娇贵的，在使用时要注意以下几个方面：

1）刻录机工作时发热量很大，不要让刻录机长时间工作。一般情况下，连续刻录三张盘片，就要停止工作，减缓刻录机的老化。

2）保持使用环境清洁，注意防止灰尘进入刻录机，不使用的时候，一定要关闭舱门。

3）选择非品牌的盘片，可能直接影响刻录机的使用寿命。

4）刻录机的读盘性能往往很一般，不要把它当作影碟机去读视频光盘。如果要当作影碟机读取各种视频光盘，最好另备一个读盘性能比较好的专用光驱来完成。

2．光盘的保存与保养

1）保存盘片的环境应该避光、防高温和潮湿，否则会导致盘片变形。

2）在提取盘片时，不能用手直接接触盘片表面，不能对盘片进行挤压、弯曲。

3）存放盘片时应该避免重叠存放，应该采用竖立存放，长期平放会使光盘变形。紫外光会加速盘片染料氧化；潮湿易使光盘变质，甚至起层，产生霉点，最终使光盘报废。

4）对于长年不使用的盘片，最好能够做到每隔几个月就转动一下，并且最好能够播放或读取一下，检查盘片是否读取正常。

5）对于需要进行标识的盘片，最好不要直接用油性笔在上面书写，笔油会渗透到盘片的染料层里面，导致光盘的永久性损坏；也不要在上面贴上一张小纸条，会导致读盘过程中出现转动不规则、平衡不好等现象，长期这样使用也会造成盘片出现后期的变形。最好在光盘套上进行标记。

6）将不需要立即使用的光盘放回到储存盒里面，在使用的时候要注意不要接触到其他物体。当光盘出现了污垢，需要清理的时候，要选择柔软的布（最好是镜头纸或者专用的布）由里向外呈放射性地擦拭。

3．使用光盘刻录机的注意事项

1）在刻录之前，关闭其他运行程序。

2）刻录过程中，尽量采用慢速刻录。

3）硬盘的容量要大、速度要稳定。

4）要保证被刻录的数据连续，要将刻录的文件存放到同一个分区中。

5）在刻录之前，应该对计算机进行杀毒。

6）尽可能给刻录的信息起英文文件名，而且文件名称不宜太长。

7）尽可能在高配置的计算机上进行刻录，刻录成功率较高。

8）在刻录之前，最好先进行预刻录测试。

任务2　使用移动存储设备

世界上第一个移动存储设备——U盘由中国朗科公司于1998年研制成功。它可以将文件从计算机复制到外置的可移动存储器上，以防硬盘上的文件受损。软驱是最老的可移动备份设备，早已过时。目前，社会上使用比较广泛的移动存储设备主要有U盘、存储卡、移动硬盘等。

任务情境

办公室的小王常常要存储大量的数据，而使用光盘进行存储数据虽然可以，但使用不方便，而且不便随时更新。这时小王就想到了目前社会上比较流行的、可以存储大量数据的存储设备——移动硬盘。

任务分析

1．移动存储设备的分类

目前社会上广泛使用的移动存储设备主要有U盘、存储卡、移动硬盘等。

（1）U盘　U盘全称“USB接口移动硬盘”，英文名“USB Removable（Mobile）Hard Disk”。U盘的称呼最早来源于朗科公司生产的一种新型存储设备，称为“优盘”，也称为“移动硬盘”，使用USB接口进行连接。USB接口连接计算机的主机后，U盘的资料就可转移到计算机上，计算机上的数据也可以保存到U盘上，很方便。其特点就是：小巧便于携带、存储容量大、价格便宜，而且样式多。常见U盘样式如图13-9所示。

图 13-9　常见 U 盘

（2）存储卡　存储卡（Memory Card）主要用于手机、数字照相机、便携式计算机、MP3和其他数字产品上的独立存储介质，一般是卡片的形态，故统称为“存储卡”，又称为“数码存储卡”或“数字存储卡”等。存储卡具有体积小巧、携带方便、使用简单的优点。大多数存储卡都具有良好的兼容性，便于在不同的数码产品之间交换数据。近年来，随着数字产品的不断发展，存储卡的存储容量不断得到提升，应用也快速普及。存储卡的类型很多，主要有CF卡、MMC卡、SD卡、记忆棒、XD卡、SM卡等，如图13-10所示。不同类型存储卡在不同设备上是不能通用的，在购买和使用时，一定要注意。

图 13-10　CF 卡、MMC 卡、SD 卡、记忆棒、XD 卡、SM 卡

（3）移动硬盘　移动硬盘（Mobile Hard Disk）是以硬盘为存储介质，与计算机之间交换大容量数据，强调便携性的存储产品。移动硬盘多采用USB、IEEE 1394等传输速度较快的接口，以较高的速度与系统进行数据传输。主流品牌移动硬盘均采用USB 3.0接口，读取速度约为15～25MB/s，写入速度约为8～15MB/s。常见移动硬盘如图13-11所示。

图 13-11　常见移动硬盘

2. 性能指标

（1）接口类型　移动硬盘外置接口方式主要有并行、IEEE 1394、USB三种。并行接口移动硬盘出现较早，由于其数据传输率低，并且不支持即插即用，已被淘汰。

IEEE 1394也称火线，它是苹果公司20世纪80年代中期提出的，是苹果计算机标准接口。其数据传输速度理论上可达50～100MB/s，并支持热插拔，只在一些高端计算机主板才配有IEEE1394接口，普及性较差。

USB接口的移动硬盘是主流接口，支持热插拔。目前USB有三种标准，USB 1.0、USB 2.0和USB 3.0。USE 1.0接口理论传输速率是1.5MB/s；USB 2.0接口理论传输速率是60MB/s；USB 3.0接口理论传输速率是625MB/s。USB 3.0接口需要主板的支持，可向下兼容。USB 3.0接口已成为市场的主流，目前最新接口的理论传输速率为10GB/s。

（2）移动硬盘的尺寸　移动硬盘分为1.8in、2.5in和3.5in三种。1.8in移动硬盘大多数安装在超薄笔记本式计算机上使用，目前市场上零售比较少；2.5in移动硬盘使用在笔记本式计算机上，其体积小重量轻，便于携带，目前为主流产品；3.5in的硬盘使用在台式计算机上，其体积较大，便携性相对较差。

（3）供电　有不少劣质台式计算机主板的机箱前置USB端口容易出现供电不足的情况，会造成移动硬盘无法被Windows操作系统正常发现的故障。在供电不足的情况下就需要给移动硬盘进行独立供电，因此大部分移动硬盘都设计了DC IN直流电插口以解决这个问题。

2.5in USB移动硬盘工作时，硬盘和数据接口由计算机USB接口供电，USB接口可提供0.5A电流，而笔记本式计算机硬盘的工作电流为0.7～1A，一般的数据复制不会出现问题。如果硬盘容量较大、移动文件较大、USB接口同时给多个USB设备供电，则可能出现供电不足的现象。为加强供电，2.5in USB硬盘一般会提供从PS/2接口取电的电源线。

3.5in的硬盘一般都自带外置电源，供电基本不存在问题。IEEE 1394接口最大可提供1.5A电流，所以也无须外接电源。

（4）主要品牌　移动硬盘市场各档次产品划分较为清晰。移动硬盘的成本主要在于芯片，目前威刚NH03/1TB/USB 3.0移动硬盘和希捷睿品移动硬盘USB 3.0主控芯片均采用了ASMedia ASM1051芯片，效果较好。目前市场上质量较好的移动硬盘品牌有三星、希捷、西部数据、日立、联想、纽曼、忆捷、爱国者、东芝、清华同方等。

扫描二维码，观看移动存储设备选购视频。

扫码看视频

任务实施

一般情况下，移动硬盘在购买之后只有一个磁盘分区，不便于用户的使用。在使用之前，必须对新的移动硬盘进行分区与格式化。下面以西部数据My Passport USB 3.0/500GB移动硬盘为例，在Windows 7操作系统下进行分区操作。

操作步骤：

第1步：启动计算机，将移动硬盘通过数据线与计算机连接，在“计算机”窗口中，显示“新加卷（I:）”。

第2步：在“计算机”窗口中，选择“打开控制面板”，出现“控制面板”窗口，用于调整计算机的设置，在窗口中单击“管理工具”，出现“管理工具”窗口，如图13-12所示。

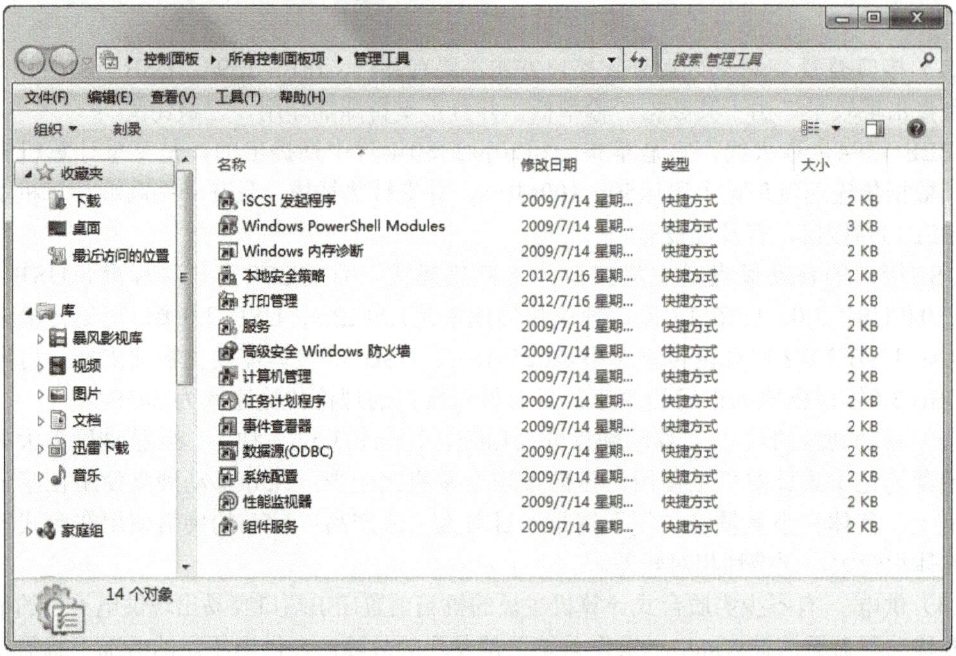

图 13-12　“管理工具”窗口

第3步：选择“计算机管理”，出现“计算机管理”窗口，在窗口左侧位置选择“磁盘管理”，出现当前计算机所管理的所有磁盘状态信息，如图13-13所示。

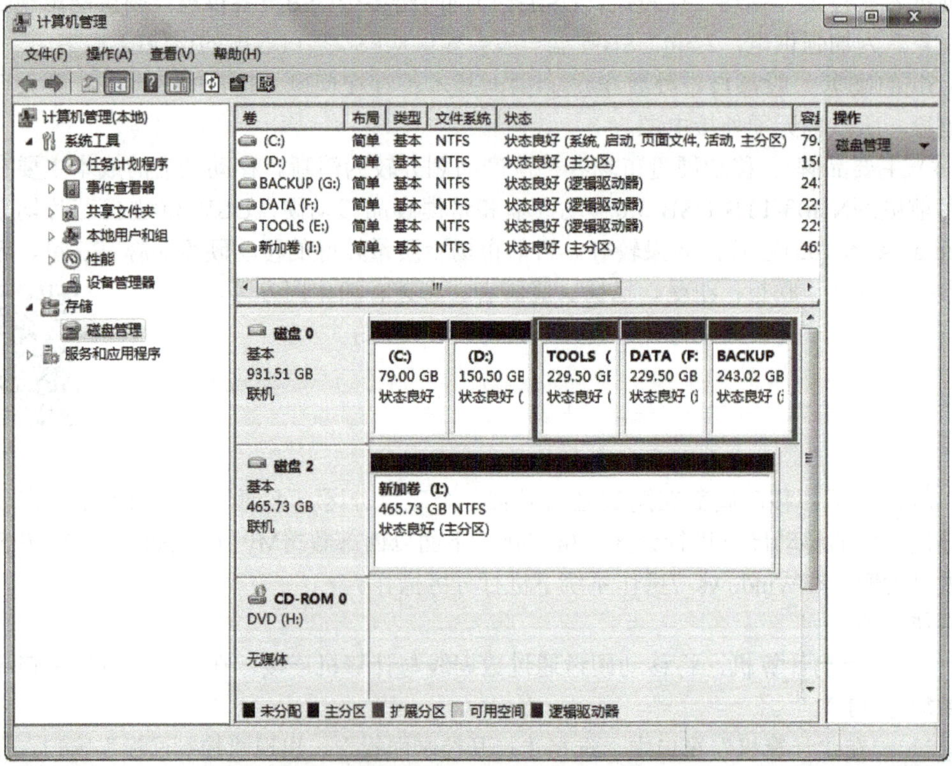

图 13-13　磁盘状态信息

第4步：在窗口中，“磁盘2”就是西部数据My Passport USB 3.0/500GB移动硬盘，由于计算方法不同，“新加卷（I:）”显示的磁盘大小为465.73GB。根据需要，要将该移动硬盘分为4个磁盘分区，每个分区大小约为120GB。在“新加卷（I:）”区域上单击鼠标右键，弹出快捷菜单，在菜单中选择“删除卷”菜单项，出现提示窗口，提示用户会造成数据丢失，单击“是（Y）”按钮，“新加卷（I:）”被删除，当前磁盘信息如图13-14所示。

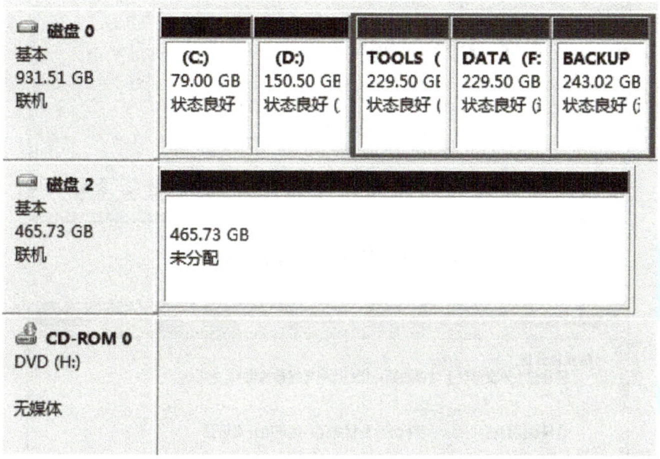

图 13-14　删除“新加卷”后的磁盘状态信息

第5步：在图13-14的“未分配”区域中，单击鼠标右键，弹出快捷菜单，在菜单中选择“新建简单卷（I）…”命令，出现“新建简单卷向导”对话框，单击“下一步”按钮，指定卷的大小，输入分区大小数值120 000MB，如图13-15所示；单击“下一步”按钮，分配驱动器号和路径，如图13-16所示，通常选择默认；单击“下一步”按钮，格式化分区，选择文件系统类型、分配单元大小、卷标等内容，通常选择默认，选择“执行快速格式化”选项，如图13-17所示；单击“下一步”按钮，出现正在完成新建简单卷向导操作，单击“完成”按钮。

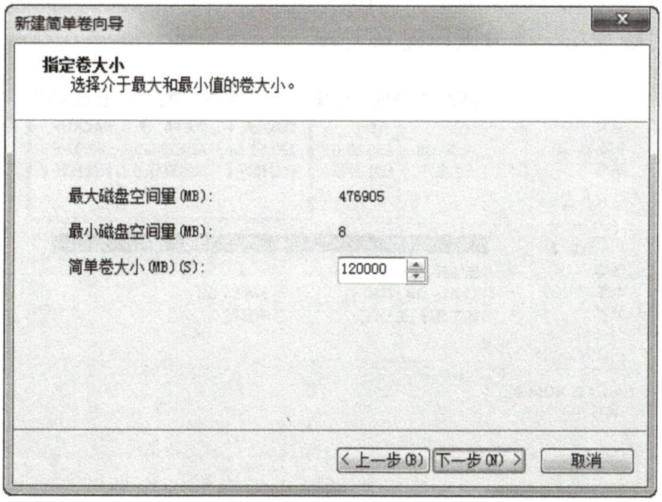

图 13-15　指定卷的大小

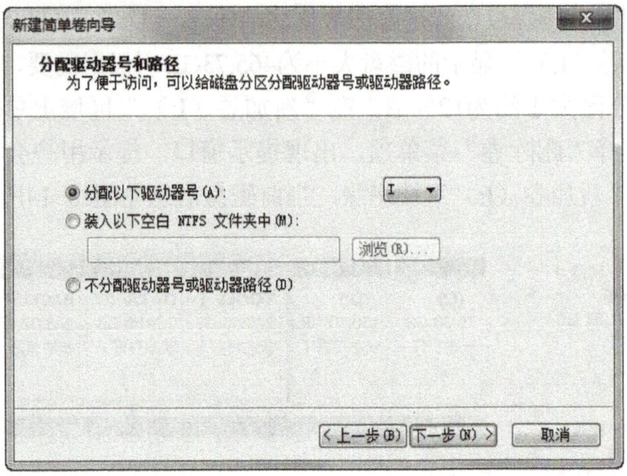

图 13-16　分配驱动器号和路径

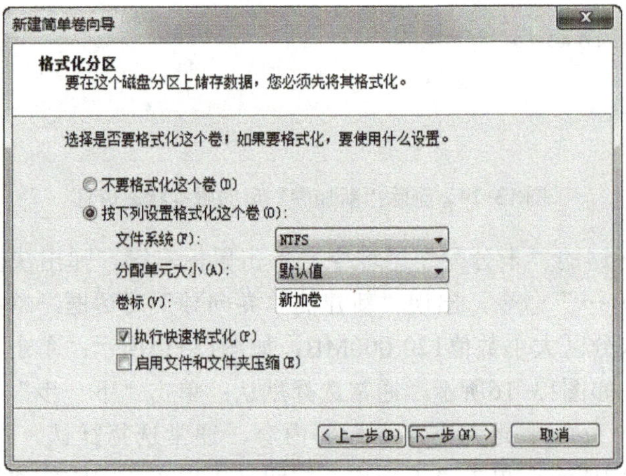

图 13-17　格式化分区

第6步：在执行完上述操作之后，在当前磁盘信息窗口中显示当前新建的磁盘分区，如图13-18所示。此时磁盘第一个分区已建立完成。

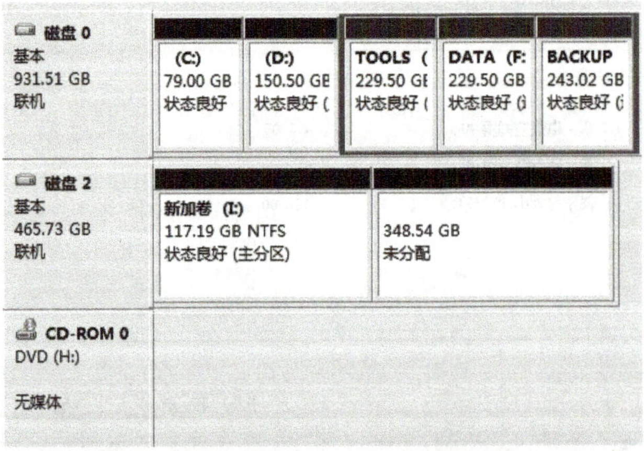

图 13-18　建立完成第一个分区后的磁盘状态信息

第7步：下面就要在348.54GB未分配的分区上建立其他分区。在图13-18的“未分配”区域中，单击鼠标右键，在弹出的快捷菜单中选择“新建简单卷（I）…”命令，重复执行第5步操作，执行完上述操作后，在当前磁盘信息窗口中显示当前新建的磁盘分区，如图13-19所示。此时磁盘第2个分区已建立完成。

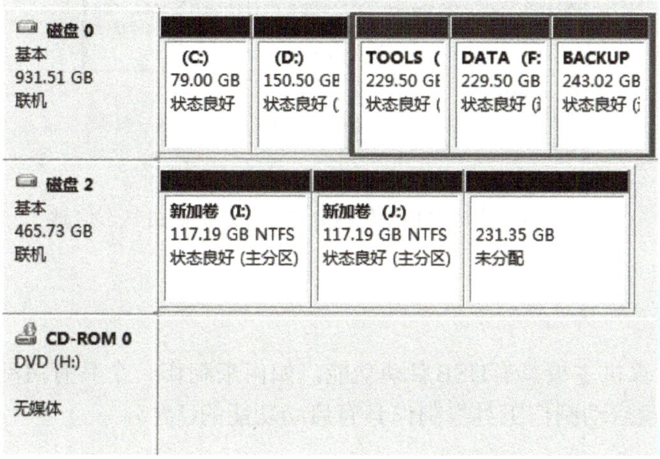

图 13-19　建立完成第二个分区后的磁盘状态信息

第8步：在图13-19的“未分配”区域中，单击鼠标右键，重复执行第5步操作，执行完上述操作后，在当前磁盘信息窗口中显示当前新建的磁盘分区，如图13-20所示。此时磁盘第3个分区已建立完成。

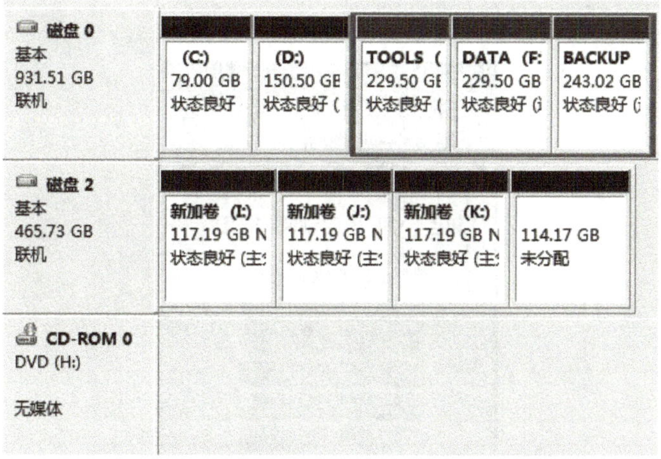

图 13-20　建立完成第三个分区后的磁盘状态信息

第9步：在图13-20的“未分配”区域中，单击鼠标右键，重复执行第5步操作，执行完上述操作后，在当前磁盘信息窗口中显示当前新建的磁盘分区，如图13-21所示。此时已将移动硬盘分为4个分区。

经过上述操作之后，新购买的移动硬盘就可以正常使用了。

扫描二维码，观看移动硬盘分区操作视频。

扫码看视频

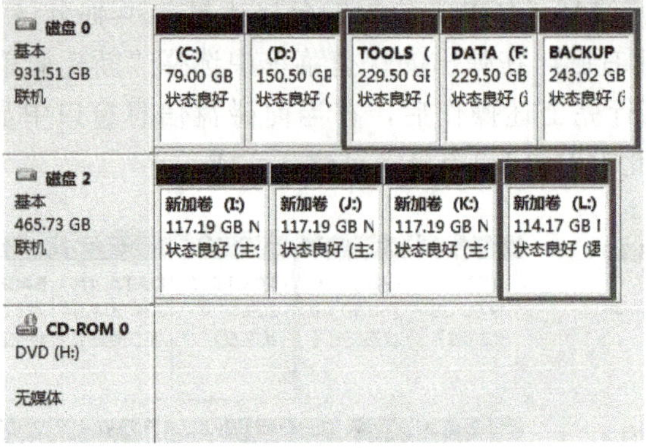

图 13-21　完成对移动硬盘分区操作后的磁盘状态信息

任务拓展

目前，许多计算机主板具有USB启动功能，如何来制作一个具有启动功能的U盘呢？可以使用“老毛桃U盘启动制作工具”制作具有启动功能的U盘。

1. 准备工作

从老毛桃官网下载老毛桃U盘启动制作工具，将虚拟光驱软件安装在计算机中。同时，准备一个8GB或以上大小的U盘。

2. 制作启动U盘

操作步骤：

第1步：在Windows 7操作系统中单击鼠标右键以管理员身份运行“老毛桃U盘启动制作工具”，程序启动界面如图13-22所示。

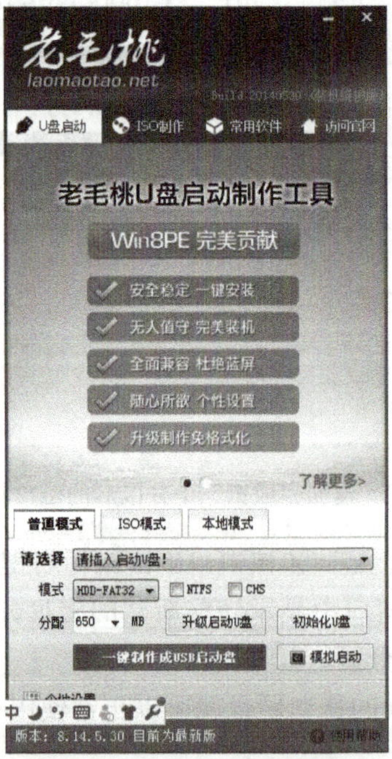

图 13-22　制作启动 U 盘第 1 步

第2步：插入U盘后，在磁盘列表里会自动列出当前计算机中所有的可移动磁盘的盘符、型号、容量等信息，设置好U盘的启动模式（一般为默认的“HDD FAT32”）和启动分区大小后，单击“一键制作成USB启动盘”按钮，如图13-23所示。

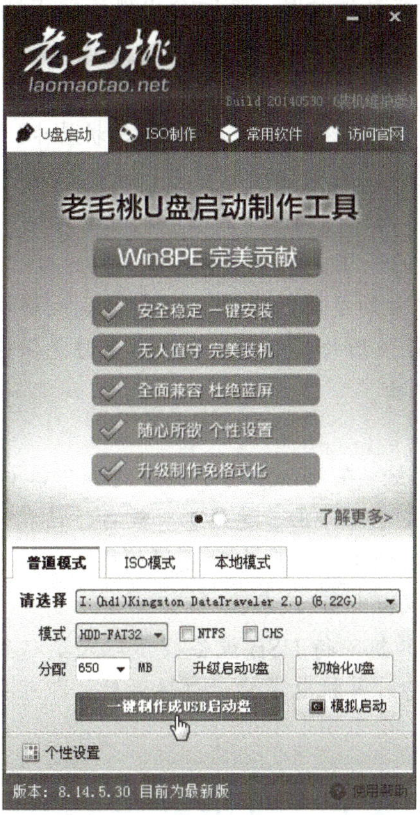

图 13-23　制作启动 U 盘第 2 步

第3步：程序会弹出对话框提示是否继续，确认所选U盘无重要数据后，单击“确定”按钮，开始制作，如图13-24所示。

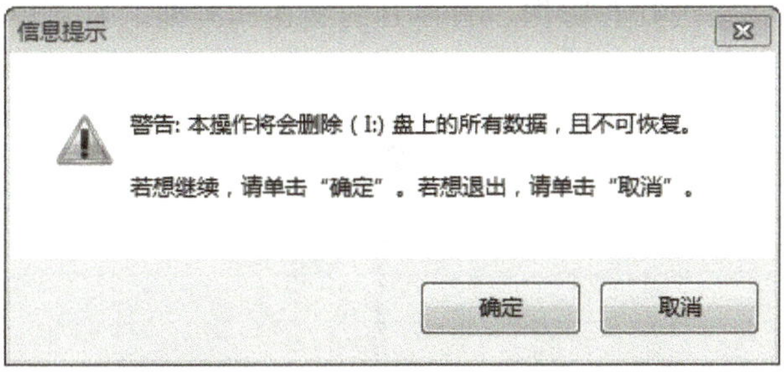

图 13-24　制作启动 U 盘第 3 步

第4步：制作过程根据计算机配置和U盘芯片的不同，耗时长短也不同，制作完成后重新启动计算机，进入BIOS将USB设备设为优先启动，按<F10>键保存并退出，就可以成功从U盘启动计算机了。

经验分享

USB设备使用经验

在计算机上使用U盘或移动硬盘时，有时会出现不能识别USB设备，或者无法移出USB设备等故障现象，这会给使用带来极大的不便，如何解决呢？

1．不能识别USB设备

故障原因：USB接口供电不足和使用外接的USB扩展卡。

解决方法：上述问题主要发生在大容量的U盘（如兼具MP3播放器或录音功能的U盘）或移动硬盘上。解决的办法很简单：利用产品附带的电源补偿线（也称“键盘取电线”），从USB连接线上接移动硬盘的一端，引出一根转接线，插入计算机背后的PS/2接口取电，这里可以提供比USB接口更大的电流。当然，如果U盘或移动硬盘的包装盒中提供了选配的电源适配器，则可以直接使用外接电源，从根本上避免供电不足的情况发生。

2．USB设备无法正常退出

故障原因：未知原因。

解决方法：一般解决方法：在Windows 7使用过程中，如果插上U盘、MP3、移动硬盘等设备，经常遇见“现在无法停止‘通用卷’设备，请稍候再停止该设备”的问题，想要安全删除它，会出现无法使用提示，有时关闭相应窗口，刷新几次就可以安全删除，不过大多数情况不得不强行拔出USB设备。

还有一个办法，关闭计算机，待USB设备指示灯灭了以后，即可安全拔出；如果是没有指示灯的闪存盘，那么待计算机电源指示灯熄灭后，即可安全拔出。

任务3　使用数字摄像头

1975年，美国柯达公司研发出世界上第一台数字照相机之后，数字摄像头也就随之产生。摄像头是一种视频输入设备，被广泛运用于视频会议、远程医疗及实时监控等方面，也可以通过摄像头在网络进行有影像、有声音的交谈和沟通。目前市场上比较流行的摄像头如图13-25所示。

图13-25　目前市场上流行的摄像头

任务情境

学生小张想与远方的父母进行视频聊天，就需要一个视频工具—— 数字摄像头，利用它不仅可以进行视频，还可以将它当作一个数字照相机使用。

任务分析

1. 摄像头的分类

（1）依据工作原理分类　摄像头依据工作原理可以分为数字摄像头和模拟摄像头两大类。模拟摄像头可以将视频采集设备产生的模拟视频信号转换成数字信号，进而将其储存在计算机里；数字摄像头可以直接捕捉影像，然后通过串口、并口或者USB接口传到计算机中。

现在计算机市场上的摄像头基本以数字摄像头为主，而数字摄像头中又以使用新型数据传输接口的USB数字摄像头为主。

（2）依据摄像头的形态分类　摄像头依据形态可以分为桌面底座式、高杆式及液晶挂式三大类型。随着人们对审美要求的提高，发现高杆式及液晶挂式的摄像头看起来让图像更美。目前，市场主流是高杆式及液晶挂式。

（3）依据摄像头的功能分类　摄像头依据功能可以分为防偷窥型摄像头和夜视型摄像头。防偷窥摄像头最早是由沃乐科技推出的，在不使用的时候把摄像头的电源切断，从而避免黑客远程启动摄像头，达到防偷窥的目的。夜视型指摄像头具备LED灯，可以弥补低照度下光线的不足。

（4）依据摄像头是否需要安装驱动程序分类　摄像头依据是否需要安装驱动程序可以分为有驱型与无驱型摄像头。有驱型指不论在什么系统下，都需要安装对应的驱动程序；无驱型指在Windows XP操作系统以上使用，无须安装驱动程序，插入计算机即可使用。无驱型摄像头由于使用便捷，已经成为市场的主流。

2. 摄像头的工作原理

摄像头的工作原理大致为：景物通过镜头（LENS）生成的光学图像投射到图像传感器表面上，然后转为电信号，经过A-D转换后变为数字图像信号，再送到数字信号处理芯片（DSP）中加工处理，再通过USB接口传输到计算机中处理，通过显示器就可以看到图像了。

3. 摄像头的结构组成

摄像头从硬件上来说主要由镜头、图像传感器与电源等组成。

（1）镜头　镜头的组成是透镜结构，由几片透镜组成，一般分为塑胶透镜或玻璃透镜。透镜越多，成本越高；玻璃透镜比塑胶贵。因此，一个品质好的摄像头应该是采用玻璃镜头，成像效果相对塑胶镜头会好。现在市场上多数摄像头采用塑胶镜头或半塑胶半玻璃镜头。

（2）图像传感器　图像传感器是组成数字摄像头的重要组成部分，根据元件的不同分为CCD与CMOS。目前CCD元件的尺寸多为1/3in或者1/4in，在相同的分辨率下，应选择元件尺寸较大的。CCD的优点是灵敏度高、噪声小、信噪比大，但是生产工艺复杂、成本高、功耗高；CMOS的优点是集成度高、功耗低、成本低，但是噪声比较大、灵敏度较低、对光源要求高。在相同像素下，CCD的成像通透性、明锐度都很好，色彩还原、曝光可以保证基本准确。而CMOS的产品往往通透性一般，对实物的色彩还原能力偏弱，曝光也都不太好。

（3）电源　摄像头在工作时需要两种工作电压：3.3V和2.5V，最新工艺的芯片有用到1.8V，电压越低，能耗越少。电压的稳定也是保证摄像头正常工作的一个因素。

任务实施

1. 摄像头的安装

摄像头驱动程序和应用程序的安装非常简单，只要将驱动程序及应用程序的光盘放入光盘驱动器中，系统会自动弹出程序安装界面，用户只要根据提示一步一步进行，即可完成驱动程序和应用程序的安装。这样摄像头就可以配合应用软件进行拍照、录像，照片编辑，及远程视频等相关操作。目前，许多摄像头是免驱动的，实现即插即用，非常方便。

2. 摄像头的使用

摄像头的使用非常简单。比如，在使用QQ聊天时，要想与远方的朋友进行视频聊天，只要单击聊天窗口中的“开始视频会话”按钮，此时发出“嘟嘟”的声音，同时在窗口的右侧弹出一个视频窗口，等待对方接受邀请，如果对方接受邀请，那么就可以进行视频聊天了。

任务拓展

选购摄像头，当然是图像清晰度高、图像流畅的较好。目前市场上摄像头的品种、款式非常多，在选购时依据性能指标准确进行判断，主要从以下几个方面考虑：

（1）成像质量，画面稳定性　消费者可以现场试用，看成像质量是否颜色真实、色彩鲜艳、还原性好；画面是否稳定。色彩还原性和画面稳定性对衡量一款摄像头的品质来说是重中之重。

（2）画面的层次感　好的摄像头能够还原出非常丰富的色彩层次和被摄范围的距离感。

（3）操作性和兼容性　对于使用新手来说非常重要。安装过程和操作是否简单，软件界面是否合理，软件功能是否强大都是需要考虑的因素。

（4）安全性　所有用户都希望在使用摄像头的同时确保一定的私密性。因此，建议用户采用大厂家的产品，通常知名品牌的产品都具有相关软件的支持，确保网络安全性。

经验分享

如何保养摄像头？

为了让摄像头发挥更大的功效，延长其使用寿命，需要在使用过程中，注意对摄像头进行有效的保养，可以从以下几个方面考虑：

1）不要将摄像头直接对准阳光，以免损坏摄像头的图像感应器件。

2）摄像头避免和油、蒸汽、水汽、湿气和灰尘等接触。

3）不要使用普通的清洁剂或有机溶剂擦拭摄像头。

4）千万不要用手指去摸镜头。如果镜头需要清洁，可用软刷和洗耳球清除尘埃，再用镜头纸擦拭。如果用硬纸、纸巾或餐巾纸来擦拭镜头，极易损坏摄像头。

5）不要拉扯或扭转连接线，那样可能会对摄像头造成损伤。

6）长期不使用摄像头，最好盖上镜头盖，或用布将摄像头罩起来。对于选择采用CMOS镜头的摄像头用户来说，由于CMOS的光线通透性一般，所以在使用时环境光线不要太弱，否则将影响成像效果。

任务4　使用碎纸机

1965年，世界上第一台电动碎纸机由德国马丁耶鲁国际有限公司研制发明。碎纸机是一种适合办公室销毁纸质机密文件的专用设备，它是由一组旋转的刀刃、纸梳和电动机组成的，纸张从相互咬合的刀刃中间送入，被分割成很多的细小纸片，以达到保密的目的，如图13-26所示。

图 13-26　碎纸机

任务情境

办公室为了对纸质文件进行保密，需要对文件进行销毁。这样就需要购买一台碎纸机。办公室委托小王去选购一台碎纸机。

“应该选购一台什么样的碎纸机呢？”

“可以碎订书钉的。”

“买价格贵，质量就能好。”

“买品牌的，放心，而且售后服务较好！”

如何为办公室选购一台碎纸机呢？

任务分析

1. 碎纸机的分类

（1）按照用户对象的不同分类

1）个人用户。这是一种可以放在办公桌上的微型碎纸机，入纸口很小，A4纸需要对折才能放入，一次碎纸不超过两页。该机型的特点是体积小、重量轻、整体结构简单、价格低廉，使用寿命较短。

2）办公室用户。这是一种体积较大的碎纸机，可以放置在办公桌旁，入口一般在230mm左右，A4纸可以轻松放入，一次碎纸量不大，效率较低，不适合长时间工作。由于价格较低，从经济角度出发，普通商务用户首选此机型。

3）部门用户。这是一种体积较大的碎纸机，其高度一般都超过办公桌，入口可以直接放入B4以上的纸张，一次碎纸可以达数十页。除碎纸外，还可以碎其他物品，如光盘、装订书籍等，此类设备又称为多媒体碎纸机，选购此类设备的用户一般碎纸量大、使用次数多。

4）单位用户。这是一种体积庞大的碎纸机，入纸口成台式或漏斗，通过传送带自动送入机器。一次性碎纸可达上百页。处理的对象除了纸张外，还包括塑料、皮革、订书钉、回形针等。这种碎纸机除了配有标准部件外，还有一些辅助部件，如传送带、打包机。这种设备属于专业级的，价格昂贵，只有特殊用途的单位才可能购买。

（2）按碎纸方式分类

1）条形切割碎纸机。这种机型在纵向上对纸张进行切割，形成细长的纸条，纸条宽度从4mm、6mm到8mm不等，长度在15mm以上，产生的碎片可以通过拼接的方法进行修复，这种机型的保密性较差，但结构简单，价格比较低廉。

2）十字切割碎纸机。这种机型对纸张既在横向上切割，也在纵向上切割，采用两只滚刀对口啮合，将纸切成碎片，碎纸的尺寸有条状（2mm、6mm、12mm）和粒状（2mm×15mm、0.8mm×12mm、0.8mm×4mm）等几种。保密级别越高，碎片越小，高级机型能将一页A4纸碎成6093片，甚至更多，可见其高度的保密性。

2. 技术指标

（1）入口宽度　碎纸机顶部送入纸张的长条形窗口，其长度就是入口宽度，以mm为单位。它决定了能平整地通过碎纸刀口的最大纸张尺寸。

（2）碎纸效果　碎纸效果指纸张经过碎纸机处理后所形成的废纸的大小，一般是以mm为单位。对于高度机密的文件，应采用可纵横切割的碎纸机，最好选用达到3mm×3mm及其以下规格碎纸效果的碎纸机。碎纸效果主要有末状、丝状、粒状、段状、条状等多种，碎片面积越小，保密效果越佳。

（3）碎纸能力　碎纸能力指碎纸机一次能处理的纸张厚度及纸张最大数目，而碎纸量是机件本身的吞吐量。一般碎纸机可每次碎13～15张，大型的碎纸机可每次碎60～70张。一般碎纸效果越好，其碎纸能力相对差些。

（4）碎纸速度　碎纸速度指在规定时间内通过刀具的纸张张数，通常以mm/s或m/min为单位。

（5）连线工作时间　连续工作时间指碎纸机在满负荷情况下，从开机连续碎纸直到因电动机过热而自动停机的这段时间，以min为单位。

（6）噪声　噪声指在距离碎纸机1m处测出的机器工作时产生的声音，通常以dB表示，使用在办公室的碎纸机噪声一般低于55dB。

（7）纸箱容积　纸箱容积指碎纸机收集纸屑的容器的最大容积，以L为单位。

（8）其他特性　其他特性指碎纸机除了本身应具有的功能外，与一般的碎纸机相比不同之处，如采用超级组合刀具，可碎信用卡、书钉；精密电子感应进纸或退纸功能。有些产品还具有超量、超温、过载、满纸、废纸箱开门断电装置，机头提起断电保护系统，全自动待机、停机、过载退纸等。

任务实施

1. 碎纸机的选购

目前，国内碎纸机的主要品牌有三木碎纸机、齐心碎纸机和科密碎纸机等。面对市场让人眼花缭乱的碎纸机产品，应该选择哪个品牌，有什么样的要求？质量怎么样？节能怎么样？下面介绍碎纸机的选择标准，会对选购设备有所帮助。

（1）保密等级　保密等级是首先要考虑的，对于重要或机密文件应该选择保密等级高的碎纸机，以保护资料不被泄露；而对于一些普通的文件，只要选择常规的就可以。

碎纸机的保密等级和碎纸方式有关，碎纸效果也不一样。常见碎纸机的碎纸方式有碎状、粒状、段状、沫状、条状、丝状几种。保密等级越高，一次性碎纸量就越少，但效果比较好。相对来说，保密等级高的碎纸机价格也相对高一点。

（2）纸箱容量　纸箱容量直接决定着碎纸机存放碎纸文件的多少，容量越少，能存放的纸屑就越多。

（3）进纸口　碎纸机进纸口基本上都是按A4纸大小来设计，如果碎纸是A3幅面，则需要对折。桌面型碎纸机入口更小，只有A4纸对折大。

（4）处理对象　企业级碎纸机不但用来碎纸，还可碎光盘、软盘等，这些都要根据自己的实际情况来选择，这类机器价格相对较高。

（5）工作噪声　碎纸机工作时，由于电动机的转动引起周围部件的共振，常常会产生不小的噪声，与安静的办公室环境形成了强烈的对比。因此，在选购碎纸机时也绝不能忽视。科密碎纸机和三木碎纸机这两个品牌不论在质量上还是售后服务上都是无可挑剔的，是值得信任的品牌。

扫描二维码，观看碎纸机选购视频。

扫码看视频

2. 安装碎纸机

碎纸机的安装非常简单，只要按下面的安装方式进行即可：

1）按设备外包装所示方向平放，向上拆开纸箱，取出机器，把机器放在平面上。

2）将电源插头插入220V 50Hz电源插座上。为了安全，电源插座应设有接地线。

3. 碎纸机使用

现以NS 230A碎纸机的使用进行说明。

操作步骤：

第1步：将三档式开关拨至“AUTO”，电源指示灯亮起，从进纸口放进纸张（或从专用碎盘片口放进CD盘片或信用卡），机器会自动进纸并粉碎。当纸张全部进入后，机器会自动停止操作。

第2步：当集纸斗中的废纸屑较满时，请关闭电源，并清理纸屑。

第3步：如果一次放入纸张过多，机器将停止进纸，按三档式开关至“REV”键退纸位置，入纸口便会退出纸张，减少纸张后再重新分批放入。

扫描二维码，观看碎纸机使用视频。

扫码看视频

任务拓展

碎纸机是一种相对简单的办公设备，使用时可能会出现一些故障。常见的故障及解决办法如下。

1. 碎纸机不进纸

故障原因：碎纸量太多或设备故障。

解决方法：首先断电，倒出碎纸，然后再开机；检查传感器是否工作正常；检查电路板是否工作正常；检查电动机是否工作正常。切记要断电操作。

2. 机器不能操作

故障原因：电压不稳定、机器温度过高或拨通开关时电动机运转的声音异常。

解决方法：将供电电压控制在220（1±10%）V之内；关闭碎纸机电源，等待冷却后再开机；碎纸机传动系统出了故障，保修期内应送到指定厂商处修理。

3. 机器噪声过大

故障原因：主机的机箱未放平整或设备有损坏。

解决方法：机器应放在平面上；检查刀具是否有损坏；检查是否碎纸屑太多，影响刀具正常工作；检查皮带是否有松动（在一些老机型中有皮带）；带电检查整机是否有摆动。

经验分享

如何保养碎纸机？

为了让碎纸机发挥更大的功效，在使用碎纸机过程中，可以从以下几个方面对设备进行有效的保养，延长其使用寿命。

1）不要将机器安装在高湿、高温及阳光可直射的地方。

2）长期不使用时，请拔除电源插头。

3）不要一次碎纸过多。

4）无论机器是否操作，请勿将衣角、领带、头发等卷入进纸口，以免造成意外损伤。

5）如果设备可以碎订书钉等，不要经常使用此功能。碎纸时，先移除这些金属物品，可以减小刀刃损耗，延长机器使用寿命。

6）当电源电压较低时，适当减少碎纸张数。

7）为了延长碎纸机的使用寿命，每次碎纸量应低于机器规定的最大碎纸量，连续工作时间尽量不超过规定值。

8）当机箱中废纸屑较满时，请及时清理，以免堵塞。

9）清洁机器外壳时，务必切断电源。可用软布蘸上中性肥皂水或清洁剂轻擦，切勿让溶液进入机器内部，以免刀具生锈。

10）如果在运行过程中出现异常噪声，应停电检修。如果机件缺油，需加润滑油。

项目小结

随着信息时代的到来，各种电子产品层出不穷，其使用也越来越人性化，越来越简单，为人们的工作和生活带来极大的便利。

本项目分别介绍了刻录机、移动硬盘、摄像头、碎纸机，从分类、选购、使用与维护等内容出发，使读者加深了对不同设备的了解。

实战强化

1. 移动硬盘的分区与使用

（1）目的要求　熟悉移动硬盘的分区操作，并会使用移动硬盘进行数据存储。

（2）相关材料与器材　预装Windows 7操作系统计算机一台、某品牌移动硬盘一个、USB连接线一根。

（3）实践内容

1）将移动硬盘与计算机进行正确连接。

2）将移动硬盘分为两个分区，并进行格式化。

3）将移动硬盘分为四个分区，并进行格式化。

（4）测试项目（见表13-1）

表 13-1　测试项目

序　号	项　目	操作项目	学生自评	教师评价	备　注
1	设备连接	设备连接			
2	移动硬盘分两个区	具体操作步骤			
3	移动硬盘分两个区	具体操作步骤			

2. 利用Nero制作音乐光盘与视频光盘

（1）目的要求

1）掌握Nero刻录软件的安装。

2）掌握Nero软件制作音乐光盘的方法。

3）掌握Nero软件制作视频光盘的方法。

（2）相关材料与器材

DVD光盘数张、DVD刻录光驱、Nero刻录软件。

（3）实践内容

1）Nero刻录软件的安装。

2）使用Nero软件制作音乐光盘。

3）使用Nero软件制作视频光盘。

（4）测试项目（见表13-2）

表 13-2　测试项目

序　号	项　目	操作项目	学生自评	教师评价	备　注
1	Nero刻录软件安装	具体操作步骤			
2	使用Nero软件制作音乐光盘	具体操作步骤			
3	使用Nero软件制作视频光盘	具体操作步骤			

参考文献

[1] 童建中，童华．现代办公设备使用与维护[M]．2版．北京：电子工业出版社，2014．

[2] 王建华．常用现代办公设备的使用与维护[M]．北京：电子工业出版社，2015．

[3] 曲延昌．办公自动化设备原理与维护[M]．北京：机械工业出版社，2008．

[4] 侯方奎．现代办公设备使用与维护立体化教程[M]．北京：人民邮电出版社，2015．

[5] 刘士杰．常用现代办公设备的使用与维护[M]．北京：人民邮电出版社，2009．

[6] 陈国先．办公自动化设备的使用和维护[M]．2版．西安：西安电子科技大学出版社，2011．

[7] 彭克发．现代化办公设备原理与维修技术[M]．2版．北京：中国电力出版社，2015．

[8] 钟勤．办公设备使用与维护[M]．重庆：重庆大学出版社，2008．

[9] 黄军辉，周挺兴．办公自动化设备使用与管理[M]．北京：电子工业出版社，2015．